그리스 로마 哲學 이야기

그리스 로마 哲學 이야기

박 규 철 지음

동과서

그리스 로마 哲學 이야기

찍은날 / 2011년 2월 17일
펴낸날 / 2011년 2월 28일

지은이 / 박규철
펴낸이 / 궁리나
편 집 / 황웅 김옥주 강진만

펴낸곳 / 도서출판 **동과서**
412-270
경기도 고양시 덕양구 화정동 986-8
대우마이빌오피스텔 608호
등록번호 / 제22-405호

D.K.S. Publishing Co.
608 Daewoomyvill-Officetel,
986-8 Hwajeong-Dong, Deokyang-Gu,
Goyang City, Gyunggi-Do, Korea 412-270

전화 / (02)333-7533
팩스 / (02)6280-2353
이메일 / philculture@hanmail.net
홈페이지 / www.book-dks.com

값 29,000원

ISBN 978-89-6525-103-3 (93100)

목 차

개정판을 내며

2005년도 출간되었던 <그리스 철학, 영화로 이해하기>란 책을 이번에 <그리스 로마 哲學 이야기>라는 책으로 완전 새롭게 펴냈다.

그 동안 이 책을 가지고 학생들을 가르치면서 시간이 되면 좀 더 수정 보완을 해야겠다는 생각을 가지고 있었는데도 연구와 강의 그리고 여러 가지 행정 등의 일에 매달리다 보니 그렇게 하지 못하였다. 하지만 강의를 하면 할수록 책의 부족한 부분들이 보이고 수정해야 될 것들도 많아 더 이상 미루고 있을 수만은 없었다. 다행히 이번 방학에 시간이 있어 근 두 달을 꼬박 이 책을 새롭게 만드는 일에 바쳤다. 그리하여 이 책을 새롭게 펴낼 수 있게 되었다.

2005년도 원고에서 싣지 못하였던 아리스토텔레스와 플로티노스 관련 부분을 새로이 첨가하였다. 그때 당연히 실었어야 했는데도 나의 게으름으로 그렇게 하지를 못하였다. 아리스토텔레스 파트는 관련 서적들을 참고하여 새로 썼으며, 플로티노스 파트는 기존에 학술지에 투고하였던 본인의 논문을 근간으로 하여 문장을 다듬고 관련 자료들을 보충하는 식으로 새롭게 구성하였다. 무엇보다도 학생들의 눈높이에 맞추어 뺄 것은 빼고 더할 것은 더하였다. 그리고 하나의 장으로 되어 있던 스토아 철학과 에피쿠로스 철학 관련 부분은 2 개의 장으로 나누었다. 아무래도 비중 있는 실천철학이라 그렇게 하는 것이 나을 것 같았다. 그리고 각 장에 언급된 내용들 중에서 불충분하게 설명되었던 것들도 조금 손보았다. 장마다 붙어 있던 '더 생각해 볼 문제'도 논리적 글쓰기의 주제가 되기에 충분하도록 좀 더 손을 보았다.

한다고 했는데도 아직 만족스럽지는 못한 것은 모두 나의 무능(無能) 때문이니라. 아직 내가 인지하지 못한 오류도 더러 있으리라고 생각한다. 그것은 모두 다음번에 내가 책임지고 해야 할 일일 것이다. 모쪼록 글을 읽으시는 분들의 애정 어린 질책을 기대한다. 항상 좋은 책을 만들어 준 동과서의 황웅 님께는 감사할 따름이다. 출판사에 내내 복된 일만 있기를 빈다.

2011년 2월 21일 낙성대 서재에서

우제(愚濟) 박규철 씀

저자의 글

이 자그마한 책은 서양철학(Western philosophy)을 처음 배우는 사람들에게 철학의 주요문제들에 친근하게 다가갈 수 있도록 만들어진 서양고대철학 입문서 또는 교양철학 개론서이다.

수업을 하다보면 학생들로부터 매번 대부분의 서양철학사 교재들이 철학 전공자들을 위해 만들어져 있어 이해하기 힘들다는 지적을 듣는다. 또한 좀더 재미있게 서양철학 내지는 철학일반을 배울 수 없겠느냐는 주문도 받는다. 지금의 학생들이 무거운 철학적 담론이나 개념적 담론에 익숙한 세대가 아니라서 그런 것 같다. 그래서 그런지 해가 거듭될수록 학생들의 이러한 요구는 늘어나고 있다.

대학에서 교양철학과 서양철학 일반을 가르치는 나로서도 학생들의 이러한 요구를 더 이상 외면할 수 없는 상황이다. 그래서 그 동안의 강의 경험을 바탕으로 조그마한 서양고대철학 입문서를 만들었다. 세상에 내놓기 부끄러운 수준의 글들이지만 조금이라도 철학에 관심을 가지고 있는 학생들에게 조그만 길잡이가 되었으면 하는 마음이다.

사실 서양고대철학사를 쉽게, 그러면서도 재미있게 구성할 수 있는 방법은 없다. 그럼에도 굳이 이 책을 출간하고자 하는 데에는, 그리고 내가 철학을 쉽고 재미있게 가르칠 수 있다고 확신하는 데에는 내 나름대로 믿는 구석(?)이 있기 때문이다.

다년간 학생들을 가르치다 보니까, 이미 기성세대로 분류되는 나와 학생들 사이에는 하나의 극복 불가능한 심연이 있었다. 아무리 거부한다고 해도 그것은 거부하기 힘들었다. 하지만 어긋난 코드처럼 평행선을 달리던 나와 학생들이 서로에게 친근하게 다가갈 수 있도록 만들어 준 것이 있었으니, 그것은 '영화(Cinema)'였다. 내가 그들에게 다가갔을 때, 그들은 이미 영화에 푹 빠져 있었다. 영상세대라는 말을 되풀이하지 않더라도, 그들은 이미 비주얼(visual)한 영상문화로 세계를 이해하고 있었다. 아직 그러한 문화에 익숙하지 않은 것은 '나'뿐이었다. 문제 해결은 간단하였다. 내가 영화 속으로 뛰어드는 것이었다. 겁이 많이 났다. 잘 모르는 것을 하려고 들면 으레 그러하듯이 말이다. 더욱이 젊은 후배들의 감각은 내가 따라잡기 힘든 능력이었다. 하지만 한계를 인정하고 나니까 자신감이 생겼다. 무에서 유를 창조하는 마음으로 덤벼들었다. 그래서 그런지 이제는 영화보는 것이 한결 재미있고 편해졌다. 예술성과 작품성이 뛰어난 작품으로부터 현대의 디즈니 애니메이션(Disney Animation)에 이르기까지 학생들에게 도움이 되는 것이라면 무조건 보았다. 그리고 그것이 어느 철학자의 어떤 사상과 연관되는지를 생각해보았다. 다분히 의도적인 기획이었음에도, 이러한 실험을 통하여 나는 진정으로 학생들과 하나 되는 체험을 만끽하였다. 이 책은 바로 그러한 현장 속에서 내가 경험한 것들을 정리한 소책자이다.

물론 철학을 영화에 접목시킬 경우, 철학의 주요개념들과 문제의식들이 왜곡되거나 변질될 위험성이 없지 않다. 그리고 이러한 '철학하기'의 방법론이 학적으로 완전히 정립된 것도 아니다. 그래서 지인들 중의 몇몇은 "전공 관련 논문이나 더 써서 실적이나 올릴 일이지, 왜 시간을 낭비하느냐?"라는 우정어린 충고를 아끼지 않는다. 생각해서 충고해 주는 거라서 화를 낼 수는 없다. 하지만 우리가 "도대체 철학이 무엇이며, 철학자가 해야 할 일은 무엇인가?"를 생각해 본다면, 그렇게만은 할 수 없을 것이다. 빨리 업적을 쌓아서 교수되고, 교수되더라도 고액의 연봉을 받으면서 강의하는 것이 소시민적 박사강사들의 속마음(?)이라고 할지라도, 소크라테스 이래 철학자의 고유한 '일'로 자리잡은 대중들과의 대화를 단절시킬 수는 없을 것이다. 만약 소크라테스가 환생(?)하여 이 땅에 온다면, 아마도 그에게 제일 먼저 꾸중을 들을 사람은 상아탑 속에서 안주하고 있는 철학자들일 것이다. 왜냐하면 현실을 비판하지도 않고 대중과 대화하지도 않는 사람들은 이미 '현실구제'라는 철학본연의 임무를 망각한 인물들이기 때문이다.

모든 철학의 역사가 그러하듯이, 서양철학사 역시 시간이라는 씨실과 논쟁이라는 날실로 구성된 하나의 거대한 흐름이다. 이때 서양 고대철학사의 씨실은 신화시대, 소크라테스 이전 자연철학자들의 시대, 소크라테스와 플라톤의 시대, 그리고 아리스토텔레스 이후의 헬레니즘 시대로 이루어져 있으며, 날실은 '존재와 무', '진리와 억견', '이성과 감성', 그리고 '회의와 원리'라는 개념 쌍들로 이루어져 있다. 철학사는 바로 이 씨실과 날실이 결합하고 분리됨으로써 이루어지는 일종의 '싸움터'이며, 텍스트(text)는 바로 그 싸움을 정리한 기록물인 것이다. 그런데 지금 우리가 접근하고자 하는 철학하기는 이 싸움의 장을 영화와 연결시키고자 한다. 정형화된 논쟁을 비(非)정형화된 영상의 흔적 속에서, 그리고 논리적인 논지를 영상의 이미지 속에서 찾아보자는 것이다.

사실 철학적 개념(concept)이 영상 이미지(image)와 동일한 것은 아니다. 왜냐하면 전자는 규정성(peras)의 틀 속에서 정립된 것인데 반해서, 후자는 비규정성(apeiron)의 터(topos) 속에서 자유롭게 유희(遊戱)하는 것이기 때문이다. 하지만 규정성과 비규정성의 세계가 완전히 단절된 두 개의 세계는 아니다. 오히려 그것은 서로 의지하고 서로 넘나드는 상보적인 세계이다. 그러기에 영화로 철학하고, 철학으로 영화를 보려고 하는 우리의 시도는, 비록 위험성을 안고 있음에도 불구하고, 분명 의미 있는 시도일 것이다. 곧 화이트헤드의 말대로, 관념의 모험인 것이다.

감사해야 할 분들이 많다. 그중에서도 제일 먼저 하나님께 감사한다. 그분은 우주를 창조하시고 삼라만상을 지배하는 분이시기 때문이다. 그 다음으로 감사해야 할 분들이 있다. 우선 나와 함께 철학공부를 같이한 아세아연합신학대학교(ACTS) 동지들에게 감사한다. 그들은 항상 나의 든든한 버팀목이다. 아울러 연세대학교, 성공회대학교, 한남대학교, 중앙대학교 동지들에게 감사한다. 그들은 모두 나의 훌륭한 지적 동반자들이다. 또한 이 책 구석구석에 숨어 있는 참신한 생각들의 '아이티아(aitia)'이기도 하다. 그들에 비하면 나는 오직 '쉰아이티아(synaitia)'일 뿐이다.

마지막으로 이 책을 읽는 모든 사람들이 조금이라도 철학에 가까워졌으면 하는 마음 간절하다.

2005년 7월 낙성대 서재에서
박규철

제1장

파리스가 심판한다
— 그리스 신화와 <헬렌 어브 트로이>

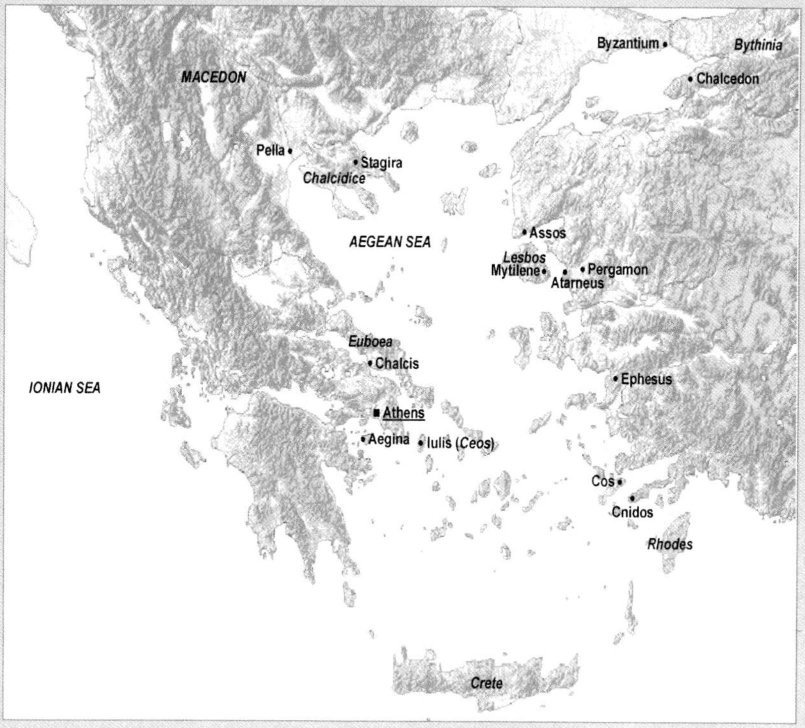

인간은 욕망을 추구한다. 원초적인 것에서부터 고차원적인 것까지. '권력(power)'에 대한 욕망, '지식(knowledge)'에 대한 욕망, '사랑(love)'에 대한 욕망, '명예(honor)'에 대한 욕망. 인간이 욕망을 가지고 있다는 것은 인간이 자아를 의식하는 존재임을 증거한다. 즉 '자기보존'과 '자기 확장'을 염원하는 존재 말이다. 일찍이 고대의 그리스인들은 자신들의 이러한 욕망을 신화 속에서 다양하게 표출하고 있다. 우리는 그것을 그리스 신화라고 한다. 여기에서는 <헬렌 어브 트로이>를 통하여 그리스 신화를 맛본다. 아울러 <리틀 부다>, <왕중왕>, <동방불패> 등을 통하여 욕망에 대한 다양한 관점을 공부한다. 욕망에 대한 집착과 초월, 그것이 이 장의 큰 주제이다.

* 앞의 그림은 <고대 그리스 지도>

트로이 전쟁

터키에 있는 트로이의 유적지. 에게해(海)와 흑해(黑海)를 잇는 헬레스폰투스 해협(다르다넬스 해협)에 위치한 트로이는 예로부터 교통의 요충지였다.

그리스[1] 신화는 일반인들에게 친숙한 이야기이다. 그중에서도 '파리스의 심판'[2] 이야기는 단연 돋보인다. 이 이야기는 호메로스가 지은 ≪일리아스≫(사실 일리아스는 '일리온(Ilion)'에 관한 시(詩, poiesis)라는 뜻이다. 이때 일리온은 '트로이'라는 도시의 옛 이름이다. 그러므로 ≪일리아스≫는 일리온 이야기, 즉 트로이 이야기라는 뜻이

---

1) '그리스'라는 영어 명칭은 라틴어 Graecia('그라키아' 또는 이탈리아식 라틴어 발음으론 '그라이치아')에서 유래한 것이다. 그런데 이 명칭은 유럽 내지는 미국식 표현으로, 역사적으로는 적합하지 않은 말이다. 오히려 모든 폴리스(polis)를 아우르는 '헬라스'라는 말이 더 적합할 것이다. '희랍'이라는 표기는 이 헬라스를 음차한 것이다(박종현, 2001). 하지만 필자는 이 책이 대중적 개론서임을 감안해 일반인들에게 친숙한 그리스란 말을 쓰기로 한다.

2) 이 부분은 1999년 5월 26일 연세대학교에서 개최된 인문과학연구소 정기발표에 힘입었다. 특히 유재원의 논문 "그리스 신화와 영화"를 참고하였다. 그후 유재원(2005)은 ≪신화로 읽는 영화 영화로 읽는 신화≫에서 이 부분을 다시 정리하고 있다.

다)에 나온다. 그곳에서 호메로스는 트로이 전쟁의 원인에 대해 설명하고 있다.

트로이 유적지 주변의 돌들. 아직도 발굴이 진행 중인 트로이 유적지에는 세월의 무상함을 느끼게 하는 이러한 유적들이 즐비하다.

트로이 전쟁의 불씨는 펠레우스(Peleus) 왕과 요정 테티스(Tethys)의 피로연에 나타난 불화(不和)의 여신 에리스(Eris)가 던진 황금사과 한 알이었다. 펠레우스와 테티스는 자신들의 피로연에 모든 신들을 초대하였지만 딱 한 명, 즉 불화의 여신 에리스만은 초대하지 않았다. 그 이유는 그녀가 혹시라도 손님들 사이에 분쟁을 일으켜 피로연을 망치지 않을까 하는 우려 때문이었다. 하지만 초대를 받지 못해서 화가 난 에리스는 피로연이 열리는 자리에서 황금으로 된 사과 한 알을 던지면서 "가장 아름다운 여신이 이 사과를 가져라"라는 악담을 한다. 사실 사과 한 알쯤이야 신들에겐 대수롭지 않은 것이었지만, "가장 아름다운 여신이 그것을 가져라"라는 말에는 에리스의 심술이 담겨있다. 역시나 이에 마음이 쏠린 '미(美)의 여신' 아프로디테와 '지혜의 여신' 아테네, 그리고 '결혼과 가정의 여신' 헤라가 누가 더 아름다운지를 놓고 경합을 벌이게 된다. 결론은 좀처럼 나지 않고 중재자로 나선 제우스마저 판결을 유보한다. 하지만 제우스마저 후환을 두려워한 나머지 그 판결을 인간, 즉 트로이의 왕자 파

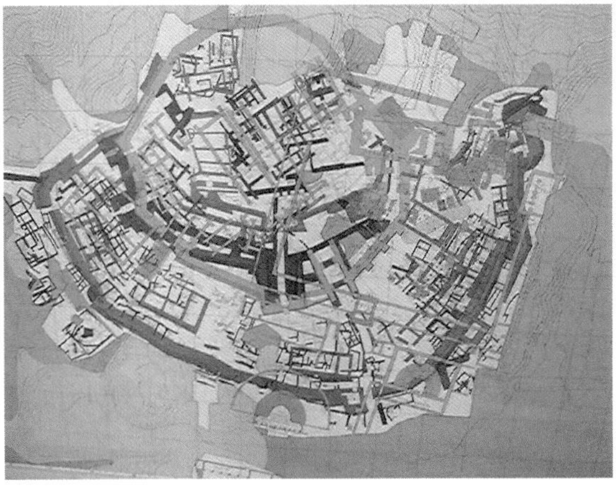

트로이 유적지 조감도. 유적지 입구에 위치한 건물에 관광객들을 위해서 안내조감도 및 모형들이 만들어져 있다. 사진촬영을 위한 목마상도 이 건물 옆에 있다.

리스(Paris)에게 미룬다.

이렇게 되자 세 여신은 파리스의 환심을 사기 위해 그에게 솔깃한 제안을 하게 되는데, 헤라는 유럽과 아시아의 '왕'의 자리를, 아테네는 모든 전쟁에서 승리할 수 있는 '지혜'를, 그리고 아프로디테는 세상에서 가장 아름다운 '여인'을 주겠다고 제의를 한다. 파리스는 이 중 아프로디테의 제의를 받아들이게 되어 황금사과는 아프로디테의 차지가 된다. 그런데 당대 그리스에서 가장 아름다운 여인으로 칭송받던 사람은 스파르타 왕비 헬레네였다. 아프로디테 여신의 도움으로 파리스는 그녀를 납치하는 데 성공하는데, 이 사건으로 트로이 전쟁은 발발한다.

미케네 왕국의 권력을 상징하는 사자문. 아마도 아가멤논은 이곳에서 트로이 정복의 꿈을 키웠을 것이다.

이 신화 속에서 생각해 볼 수 있는 것은 세 명의 여신들이 파리스에게 제안하고 있는 조건들이다. 그것들은 모두 파리스의 욕망을 자극하는 것들이다. 유럽과 아시아의 '왕'의 자리를 주겠다는 헤라의 제안은 '권력'에 대한 파리스의 욕망을, 모든 전투와 전쟁에서 이길 수 있는 지식과 지혜를 주겠다는 아테네의 제안은 '지식'에 대한 파리스의 욕망을, 그리고 세상에서 가장 아름다운 여인을 주겠다는 아프로디테의 제안은 '사랑'에 대한 파리스의 욕망을 대변한다. 파리스를 포함한 모든 인간들이 욕구하고 있는 이 세 가지 욕망 중에서 어느 하나를 선택하라는 것은, 어떻게 보면 매우 비현실적인 질문으로 비칠 수 있다. 하지만 이러한 질문에 답한다는 것은 자신이 진정으로 욕구하고 있는 것이 무엇인가를 반영하는 것이기도 하다. 즉 권

트로이 유적지 제9층 위에 위치한 오데온(음악당). 고대의 야외극장과 비슷하나 그 규모는 훨씬 작았다. 지붕이 있었다고도 한다.

력과 지식 그리고 사랑 가운데에서 하나의 요소를 절대화한다는 것은 개개인이 삶을 영위하면서 가장 소중하게 생각하고 있는 것이 무엇인지를 단적으로 보여주고 있는 것이다.

그런데 혈기왕성한 젊은 왕자 파리스는 권력이나 지식보다는 사랑이라는 요소를 절대화한다. 이것은 그가 사랑이라는 가치를 권력이나 지식이라는 가치보다 소중한 것으로 보고 있다는 것을 의미한다. 하지만 이것은 분명 감정에 의한 순간적인 판단이다. 결코 이성에 따른 깊이 있는 통찰은 아니다. 왜냐하면 그가 스파르타의 왕비 헬레네를 납치함으로써 그의 조국 트로이는 스파르타와 폴리스의 연합군에 대항하여 명운(命運)을 건 전쟁을 수행하게 되고, 결국에는 자기는 물론 자기 조국마저 멸망하는 비운을 맞기 때문이다. 이것은 파리스가 헬레네라는 미인을 획득한 대가로는 너무나 큰 것이다. 하지만 그리스 사람들은 사랑이라는 가치를 선택한 파리스의 선택을 아름다운 것으로 기억하고 그것을 신화로 남기고 있다.

<헬렌 어브 트로이(Helene of Troy, 2004)>

감독: 존 켄트 해리슨
각본: 로니 켄
출연: 시엔나 길로리(Sienna Guillory: 헬렌), 매튜 마스든(Matthew Marsden: 파리스), 루퍼스 스웰(Rufus Sewell: 아가멤논), 제임스 칼리스(메넬라오스), 다니엘 라패인(헥토르), 에밀라 포스(카산드라), 조 몬타나(아킬레우스)

<헬렌 어브 트로이>는 2003년 미국 케이블 채널 USA 네트워크가 제작한 4부작 4시간 분량의 TV 드라마용 미니시리즈이다. TV 드라마로는 상당한 제작비가 투입된 보기 드문 작품이다. 브래드 피트가 주연한 영화 <트로이>(Troy, 2004)와 비교해 보면 또 다른 재미를 만끽할 수 있다.

영화 <헬렌 어브 트로이> 포스터

<헬렌 어브 트로이>의 초반부(챕터 3)에는 파리스의 심판과 연관된 유명한 장면이 나온다. 사실 그리스 신화와 관련된 영화치고 파리스의 심판과 연관되지 않은 것은 없겠지만, 그중에서도 <헬렌 어브 트로이>는 헬렌에 대한 파리스의 열정적인 사랑, 그리고 그에 따른 트로이 왕국의 비극을 잘 다루고 있다. 아울러 "욕망은 전쟁이다(Desire is war)"라는 부제가 암시하듯이, 헬렌에 대한 아가멤논의 집착, 그리고 그의 탐욕이 빚어내는 전쟁의 광

기 등도 이 드라마의 중요한 요소 중의 하나이다.

두 작품 모두 공통적으로 원작 ≪일리아스≫를 변형시키고 있다. 가장 먼저 눈에 띄는 것은 파리스의 위상이다. 이 드라마에서 그는 주인공이다. 이러한 현상은 ≪일리아스≫의 주인공이 아킬레우스인 것과는 완전히 대조적이다. 그런데 드라마의 변형은 여기에서 끝나지 않는다. 우리가 종전에 알고 있던 모든 인물들의 이미지 또한 완전히 뒤바뀌어 버린다. 해체되어 재구성된다는 표현이 더 적합할 것 같다.

원작에서는 그리스 연합군의 총사령관이자 왕들 중의 왕으로 가장 무게감 있는 인물로 등장하였던 아가멤논은 단지 형편없는 독재자로 그려진다. 탐욕의 화신이라는 표현이 더 맞을는지 모르겠다. 게다가 후반부에서는 '성적 도착증(性的倒錯症, sexual perversion)' 증세까지 보이기도 한다. 아가멤논보다는 덜하지만 아킬레우스에 대한 묘사 역시 긍정적이지만은 않다. ≪일리아스≫의 최고 영웅이 싸움에 광분하는 삼류 영웅 정도로 변형된다. 메넬라오스와 오뒤세우스 역시 무능하고 평범한 이미지로 그려진다. 헥토르 역시 예외일 수 없다. 이처럼 모든 인물들의 이미지는 주인공 파리스를 위해서 편집되고 각색된다.

영화의 첫 장면(사실은 챕터 2. 챕터 1은 메넬라오스의 회상임)은 카산드라의 처절한 경고(?)와 함께 시작된다. 파리스(극 중에서는 알렉산드로스)가 탄생할 때, 카산드라는 그가 트로이를 잿더미로 만들 것이라면서 "그를 죽여라(Kill him)"고 예언하는 것이다. 평소 카산드라의 예지력을 잘 알고 있던 부왕 프리아모스는 그 말을 듣고 아들을 산 정상에서 떨어뜨려 죽이라고 명령한다.

카산드라: 그를 죽여, 그를 죽여, 죽여, 그를 죽여!
하인: 아들입니다, 전하, 아들요.
프리아모스: 그를 죽여, '그를'이라고 했지. 아무도 사내인지 모를 때잖아. 카산드라, 지금 막 환상을 봤니? 말해 봐!
헤쿠바: 프라이암, 와서 당신 아들을 봐요. 카산드라, 와서 동생 알렉산드로스를 보렴.
프리아모스: 자, 카산드라. 네가 환영을 본단 걸 안다. 다들 널 안 믿지만 난 믿어. 남자 아기를 봤지, 그지? 그 외에 뭘 봤니? 그 외에 말야.
카산드라: 그를 살려두면 트로이는 불타요.
프리아모스: 내 아들을 산으로 데려가라.
헤쿠바: 안 돼요!
프리아모스: 가장 높은 봉에서 던져버려.
헤쿠바: 안 돼요!
프리아모스: 지금 당장!
헤쿠바: 안 돼, 안 돼! 제발! 안 돼요! 제발! 내 아들!
(챕터2)

그런데 프리아모스 왕의 명령을 받은 하인은 어린 왕자를 차마 죽일 수가 없어서 그를 그냥 산에 내버려두고 온다.

그 이후, 파리스는 청년으로 성장하게 된다.

목동으로 성장한 후의 어느 날, 파리스 앞에 세 명의 여신이 나타난다. 헤라, 아테네, 아프로디테가 그들이다. 그들은 모두 '가장 아름다운 여신에게'라는 조건이 붙은 '황금사과'를 차지할 욕심으로 파리스에게 하나의 부탁을 하는데, 그것은 자신들 중에서 가장 아름다운 여신이 누구인지를 결정해 달라는 것이었다.

파리스: 누구죠.
아프로디테: 아름다움이 전부예요.
아테네: 승리는 강한 자에게 가죠.
헤라: 금이 인간을 지배하죠. 부는 힘이예요. 파리스 선택하세요. 우리 중 누가 제일인지. 판단하셔야 해요.
파리스: 당신들 누구세요?
헤라: 날 선택해요, 파리스. 난 헤라에요, 상상할 수 없는 부를 가져다 드릴 수 있어요.
아테네: 아테네는 영원한 승리와 영광을 가져다 드릴 거예요.
아프로디테: 이 얼굴을 들여다봐요, 파리스. 아프로디테가 주는 게 뭔지 봐요. 세상에서 가장 아름다운 여인. 헬렌이죠.
(챕터 3)

파리스에게 선택을 부탁하는 세 여신

그런데 무엇보다도 청년 파리스의 마음을 자극한 것은 자기를 뽑아주면, '세상에서 가장 아름다운 여인을 주겠노라'는 아프로디테의 제안이었다. 헤라가 주고자 한 세상의 권력보다, 아테네가 주기로 한 지혜보다 아프로디테의 제안은 파리스의 마음을 사로잡기에 충분하였다. 그리하여, 파리스는 아프로디테가 가장 아름다운 여신이라고 판단해 주고, 그 대가로 헬레네를 얻게 된 것이다.

헬레네: 당신은? 당신을 봤어요.
파리스: 물에서요.
헬레네: 당신도 봤어요.
파리스: 당신 데리러 왔소.
헬레네: 너무 늦었어요.
파리스: 신이 정한 거요. 아프로디테가 말이오.
헬레네: 그럼 신이 날 고문하는 거군요.
파리스: 어찌 그런 말을 하오?
헬레네: 그들과 함께 있을 땐, 아무 느낌이 없어요. 백 명의 왕들 앞에서 발가벗고 서 있는데도요. 그런데 오늘 밤 당신을 봤을 때, 뭔가가 나를 비집고 나

오기 시작했어요. 참을 수 없는 그 하나를 쏟아내기 위해서 말이죠. 희망요.
파리스: 이제 그걸 가졌소. 사랑하오.
헬레네: 날 사랑하면 사람들이 죽어요. 가족이 파괴되고 상상할 수 없는 슬픔을 초래해요. 지난 수년간 당신을 상상했소. 이제 당신을 찾았으니 놔줄 수 없소. 절대 당신을 안 떠날 거요. 떠나는 날은 내가 죽는 날일 거요.
(챕터 17)

하지만 문제는 바로 여기에서 출발한다. 바로 그 헬레네가 스파르타 왕 메넬라오스의 부인이었기 때문이다. 메넬라오스와 싸움이 있게 된다면, 메넬라오스의 형인 아가멤논과의 싸움 또한 피할 수 없을 것이다. 트로이와 그리스 연합군과의 10년 전쟁은 이렇게 시작된다.

☞ 더 보아야 할 DVD

<트로이(Troy, 2004)>

감독: 볼프강 피터슨(Wolfgang Petersen)
출연: 브래드 피트(Brad Pitt: 아킬레우스), 에릭 바나(Eric Bana: 헥토르), 올란도 블룸(Orlando Bloom: 파리스), 다이나 크루거(Diane Kruger: 헬레네), 피터 오툴(Peter O' toole: 프

리아모스), 브라이언 콕스(Brian Cox: 아가멤논), 브렌단 글리슨(Brendan Gleeson: 메넬라오스), 오뒤세우스(Sean Bean: 숀 빈)

원작: 호메로스

각본: 데이비드 베니오프(David Benioff)

음악: 제임스 호너(James Horner)

* 2억불의 제작비가 투입되어 완성된 장대한 대서사극.

욕망으로부터 탈출하기 — 싯달타

<리틀 부다(Little Buddha, 1993)>

감독: 베르나르도 베르톨루치(Bernardo Bertolucci)
각본: 루디 워리처(Rudy Wurlitzer), 마크 피플(Mark Peoploe)
원안: 베르나르도 베르톨루치(Bernardo Bertolucci)
출연: 키아누 리브스(Keanu Reeves), 루청 잉(Ruocheng Ying),
크리스 이삭(Chris Isaak),
알렉스 와이즌데인저(Alex Wiesendanger), 라주 랄(Raju Lal)
관련영화사: Miramax Films Presents
Recorded Picture Company and Ciby 2000
Presents

<리틀 부다>에서 열반한 티베트의 고승 도제 라마의 환생을 믿는 노부 라마는 도제 라마가 환생한 것으로 여겨지는 세 어린이를 찾아 헤맨다. 이 세 어린이 가운데에서 진짜배기가 누구인가를 시험하는 과정에서 '역사적 부처', 즉 싯달타의 수행이야기가 나온다.

도제 라마: 싯달타는 이렇게 생긴 나무 밑에 앉았단다. 중용의 길을 깨우친 그는 심신을 수양했지. 그런데 다섯 소녀가 나타났단다. 겉모습으로는 천진한 마을 소녀들 같았지.
하지만 소녀들은 암흑의 제왕인 마라의 다섯 딸들이었단다. 그들은 오만, 탐욕, 두려움, 무지, 욕망의 화신이었지. 마라는 딸들을 보내 싯달타의 수도를 방해하려 했던거란다.

(파도와 불덩이 그리고 중무장한 군인들이 싯달타를 위협한다.)

마라가 패배한 것처럼 보이기는 했지만 사실 그는 아직 싸움을 포기하지 않았단다. 결국 그는 다시 공격했지.

마라: 네가 가고자 하는 곳엔 아무도 없어. 나의 신이 되지 않겠나?
싯달타: 집짓는 자여, 드디어 너를 만났군. 너는 이제 집을 지을 수 없어. 하지만 난 너의 집이야. 넌 내 안에서 산다구. 내 분신이여. 넌 환상일 뿐이야. 넌 존재하지 않아. 대지가 내 증인이야.
(1:22-31분)

보리수나무 아래에서 수행을 하고 있는 싯달타 앞에 마왕(魔王) 마라가 등장한다. 삶의 본질을 깨치기 위해서 용맹정진(勇猛精進)하고 있는 싯달타를 방해하기 위해서 마라는 온갖 수단을 강구한다. 먼저 그는 자신의 다섯 딸을 보내어 싯달타를 유혹한다. 하지만 싯달타가 아무런 반응을 보이지 않자, 그는 몰아치는 파도와 하늘 가득한 불덩이 그리고 중무장한 군인들로 그를 위협한다. 하지만 이것 역시 그의 평정심(平靜心)을 방해할 수 없게 되자, 이번에는 수많은 군사들로 그를 위협한다. 하지만 이것 역시 그의 수행의지를 꺾을 수 없게 되자, 화가 난 마라는 그 자신이 직접 나타나 그를 유혹한다. 하지만 이것 역시 실패하자 그는 싯달타의 곁을 떠난다.

처음에 마라가 보낸 다섯 딸들은 '성적 유혹'을 뜻한다. 인간에게 주어진 가장 원초적인 욕망 가운데 하나는 아마도 성적 충동일 것이다. 성적 욕망을 강조하는 프로이트의 말을 빌리지 않더라도, 일상적인 영역에서 성적인 충동은 가장 강력한 '운동인(運動因)'이다. 싯달타를 유혹하기 위해서 마라가 가장 먼저 생각해 낸 계책도 바로 이것이다.

그 다음에 마라가 생각해 낸 것은 인간의 근원적인 공포심이다. 인간의 정신성이 깨어 있지 못할 때, 자연세계의 모든 현상들은 인간에게 공포의 대상으로 다가온다. 인간이 두려워하고 무서워한다는 것은 진정으로 계몽되지 못하였다는 것을 의미하기 때문이다. 마라가 노리고 있는 것 역시 이것이다. 하지만 진정한 지혜를 이미 획득한 싯달타에게 마라의 간계는 하나의 우연적인 장치에 지나지 않는다.

그리고 마라는 싯달타에게 진정한 권력자의 길을 제시한다. 수많은 군대를 데리고 세계를 호령하는 영웅. 그것은 득도 이전의 싯달타가 뿌리치기 힘든 유혹이었을 것이다. 수많은 도시국가로 분열되어 있던 인도에서 하나의 통일국가를 수립한다는 것은 누구나 한번쯤 상상해봄직한 이상이었을 것이다. 하지만 싯달타는 '칼' 대신 '지혜'로 세상을 지배하기를 원했다. 그래서 그는 권력에의 욕망마저 거부하는 것이다.

키아누 리브스가 연기한 싯달타

마지막으로 마라는 싯달타의 얼굴을 한 채, 그에게 나타난다. 싯달타의 해탈을 방해하는 것은 싯달타의 자아 밖에 있는 것이 아니라 그의 자아 안에 있다. 이것을 증명이라도 하듯이, 마라는 싯달타와 동일한 목소리로 그를 유혹한다. 하지만 싯달타는 그를 "내 안에서 집 짓는 이"라고 단정하면서 물리친다. 세상의 참 모습을 왜곡하여 인식해서는 안 된다는 자신의 신념을 표출하면서 싯달타는 마라의 모든 제안을 거절한다.

한계상황 극복하기
— 예수

<왕중왕(King of Kings, 1961)>

감독: 니콜라스 레이(Nicholas Ray)
각본: 필립 요르단(Philip Yordan)
출연: 제프리 헌터(Jeffery Hunter), 시옵한 맥케나, 허드 햇필드, 론 랜덜, 비브카 린드퍼스
관련 영화사: MGM Presents, Samuel Bronston's Pryduction

예수에 대한 마귀의 시험과 그 극복과정은 우리 인간이 당할 수 있는 한계상황을 극명하게 보여주는 하나의 모델이다. 예수가 광야에 있을 때, 마귀는 세 가지 질문으로 그를 시험한다.

첫 번째 주문은 돌로 떡을 만들라는 것이었다. 마귀의 이러한 유혹에 예수는 사람이 떡으로만 살 것이 아니요 하나님의 입으로 나오는 말씀으로 살 것이라고 하면서 이 시험을 물리친다.

마귀는 다시 예수를 높은 성전 꼭대기로 데려가서, 네가 만약 하나님의 아들이거든 성전 꼭대기에서 뛰어내려 보아라라고 제안한다. 이에 예수는 주 너의 하나님을 시험하지

말라고 하면서 다시 마귀의 유혹을 물리친다. 마지막으로 마귀는 예수를 높은 산으로 데려가 온 천하를 보여주면서, 자신에게 경배하면 이 세상 모든 권력을 주겠노라고 제안한다. 그러자 예수는 사탄을 물리치면서 오직 하나님만을 섬길 것이라고 천명한다. 이렇게 하여 예수는 마귀의 세 가지 유혹을 물리친다.

영화 <왕중왕>에는 다음과 같은 장면이 나온다.

40일 동안 악마의 유혹도 받았다

악마: 보라! 내가 여기 있다. 이리 와라! 내가 명령한다! 이리 와서 원하는 걸 구해봐라.
네가 하나님의 아들이면 이 돌을 빵으로 변하게 해봐.
예수: 인간은 빵으로만이 아니라 하나님의 말씀에 의해 산다.
악마: 보라! 내가 세상의 모든 왕국을 네게 보여주마. 그 모든 것과 그들의 영광을 네게 주겠다. 날 숭배하면 모두 네 것이다.
이 높은 곳으로 오라. 네가 하나님의 아들이면 여기서 몸을 던져 봐. 아무리 높아도 하나님이 널 죽음에서 구할 거 아니냐! 이곳까지 와봐라!
예수: 물러가라! 난 하나님만을 숭배한다. 그분만을 모실 것이다. 원한다면 이리 와라! 널 막기 위해 하나

님을 부르진 않을 것이며 나로 하여금 그분을 증명해 보이게 만들지도 못한다.

악마로부터의 모든 시련이 끝나자, 고행도 끝났다. (챕터 11-12)

이 대사의 원문은 ≪성서≫ <마태복음>에 잘 나와 있는데, 그것을 옮기면 다음과 같다.

그때에 예수께서 성령에게 이끌리어 마귀에게 시험을 받으러 광야로 가사 사십 일을 밤낮으로 금식하신 후에 주리신지라
시험하는 자가 예수께 나아와서 이르되 네가 만일 하나님의 아들이어든 명하여 이 돌들로 떡덩이가 되게 하라
예수께서 대답하여 이르시되 기록되었으되 사람이 떡으로만 살 것이 아니요 하나님의 입으로부터 나오는 모든 말씀으로 살 것이라 하였느니라 하시니
이에 마귀가 예수를 거룩한 성으로 데려다가 성전 꼭대기에 세우고 이르되 네가 만일 하나님의 아들이어든 뛰어내리라 기록하였으되 그가 너를 위하여 그 사자들을 명하시리니 그들이 손으로 너를 받들어 발이 돌에 부딪치지 않게 하리로다 하였느니라
예수께서 이르시되 또 기록되었으되 주 너의 하나님을 시험하지 말라 하였느니라 하시니
마귀가 또 그를 데리고 지극히 높은 산으로 가서 천하만국과 그 영광을 보여 이르되 만일 내게 엎드려 경배하면 이 모든 것을 네게 주리라

> 이에 예수께서 말씀하시되 사탄아 물러가라 기록되었으되 주 너의 하나님께 경배하고 다만 그를 섬기라 하였느니라
> 이에 마귀는 예수를 떠나고 천사들이 나아와서 수종드니라
> (4장 1-11절)

이때 첫 번째 시험은 예수의 인성(人性)에 대한 마귀의 시험이다. 즉 마귀는 예수가 인간의 몸으로 태어났기 때문에 인간의 기본적인 욕구인 '식욕(appetite)'에서 자유롭지 못할 것이라고 생각하고 있다. 예수의 인간적 한계를 문제 삼고 있는 것이다. 특히 예수는 40일간의 금식 기도 뒤에 매우 허기졌을 것이다. 인간인 이상 누구나 그러할 것이다. 마귀는 바로 이러한 예수의 틈새를 노리면서 그에게 접근하고 있는 것이다. 하지만 예수는 마귀의 이러한 유혹에도 아랑곳하지 않은 채, 그의 제안을 물리친다.

두 번째 시험은 예수의 지적 '허영심(vanity)'에 대한 마귀의 자극이다. 마귀가 생각하기에, 만약 예수가 하나님의 아들이라면 그는 분명히 다른 사람과 차별화되는 그만의 육체적·정신적 능력을 가지고 있을 것이다. 그리고 그것을 자신이 보는 앞에서 보여주려고 할 것이다. 마귀 자신은 항상 그렇게 행동하니까. 예수도 그러할 것이라고 생각하는 것이다. 그렇지만 예수는 마귀의 그러한 제안을 과감히 물리친다. 자신의 지적 허영심을 제어하고 신의 영광만을 드러내고자 하는 것이다.

세 번째 시험은 교묘하고도 구체적인 시험이다. 마귀는 예수의 '권력욕(a desire to power)'을 자극한다. 어떻게 보면

물질세계의 지배권은 당분간 마귀에게 있는지도 모른다. 하나님의 절대적 선(善)이 이 지상에 실행되기 전까지는 타락 천사 루시퍼가 지상의 지배권을 행사하고 있기 때문이다. 그러기에 만약 예수가 자신에게 무릎을 꿇고 경배한다면, 그는 자기가 관할하는 지상의 지배권을 넘겨줄 수 있다고 제안하는 것이다. 하지만 예수는 그 제안을 거절한다. 왜냐하면 예수가 마귀의 그러한 제안을 받아들이는 순간, 그는 마귀의 영향권 하에 있게 되기 때문이다. 곧 더 이상 하나님의 아들이 아니게 되기 때문이다. 그러기에 예수는 마귀의 마지막 제안마저 거절하는 것이다.

그런데 보통 사람들은 예수와 달리, 마귀의 시험에 쉽게 무너진다. 인간인 이상, 모두가 탐욕과 허영심, 그리고 권력욕을 추구하고 있다는 것은 사실이다. 하지만 종교적 진리는 이 모든 욕망과 유혹으로부터 자유로워지기를 요구한다. 욕망 그 자체로부터 자유로워지는 것, 그것이 종교적인 깨달음을 추구하는 사람들의 공통된 목표이기 때문이다.

〈왕중왕〉 중 예수

권력의지에서 사랑으로 — <동방불패>

종교적 진리와 달리, 문학적 가르침은 인간의 욕망을 내재화하기를 요구한다. 그래서 문학적 주인공들은 성욕이나, 권력욕, 그리고 지적 허영심에 사로잡혀 무너지고 다시 일어서는 인간적인 모습을 보여준다. 실존적 고통 속에서 방황한다 할지라도, 그리고 하나의 결단으로 인해서 비극적인 죽음을 맞이한다 할지라도, 그것이 추해보이지 않는 것, 그것이 바로 문학적 진리의 특이성인 것이다. 트로이의 왕자 파리스의 모습이 그러하고, 영화 <동방불패>의 주인공 동방불패가 그러하듯이 말이다.

<동방불패(笑傲江湖之東方不敗: Swordsman, 1991)>

감독: 정소동
제작: 서극
출연: 이연걸, 임청하, 관지림, 이가흔, 이자웅, 원결영
원작: 김용
각본: 서극, Hanson Chan, 장탄
장르: 액션, 드라마

일월신교의 새 교주가 된 동방불패(임청하)는 일본 무사들과 함께 중원대륙을 장악하고자 한다. 중원최고의 무사가 되기 위해서 그가 익힌 무공은 ≪규화보전≫에 나오는 무공이다. 그런데 이 무공을 익히게 되면 한편으로는 중원 최고의 절대고수가 될 수 있는 무공은 획득할 수 있지만, 또 다른 한편으로는 자신의 남성성을 상실해야 하는 운명에 직면하게 된다. 그런데 문제는 여기에서 발생한다. 왜냐하면 여성으로 변한 동방불패는 젊은 무사 영호충(이연걸)을 이성으로 대하게 되고, 그 결과 치명적인 실수를 저지르고 말기 때문이다.

동방불패는 영호충과 대결하면서 여러 번 집중력을 상실한다. 결정적인 순간마다 그와의 추억이 떠올랐기 때문이다. 그를 죽일 수 있는 여러 번의 기회가 있었음에도, 그는 원인 모를 감정에 이끌려 그를 살려준다. 자신의 정체를 숨겨가면서까지 말이다. 이것은 과거의 동방불패에게서는 찾아보기 어려운 인간적인 모습이다. 영화의 종반부에 있었던 동방불패와 영호충의 다음 대화는 그것을 잘 나타낸다.

> 영호충: 그전에 알고 싶은 게 있다. 그날 밤 네가 내 곁에 있었냐?
>
> (…)
>
> 동방불패: 웃어, 천하의 뜬구름을 쫓으려고 강호에 뛰어들어 권력을 잡았으나 세월을 보내니 인생의 참뜻을 잊게 됐다.

(…)
동방불패: 영호충, 난 널 진심으로 대해주고 여러 번 살려줬는데 이렇게 날 찌르다니?
영영: 어서 마무리를 지어요.
영호충: 부상당한 적을 공격할 순 없어.
영영: 그에게 정이 있어서 살려두는 거예요.
영호충: 네가 누구든 우리에겐 원한이 없다.
동방불패: 하하, 복수를 위한 것이냐, 사랑을 위한 것이냐? 네 앞에서 두 여자를 죽이겠다. (…) 누굴 구하는지 보겠다. (…) 인간이란 신의를 모르는데 왜 널 구했냐?
영호충: 그날 밤 같이 있은 사람이 네가 맞는지 알고 싶다.
동방불패: 네가 평생 후회하도록 절대 말해주지 않겠다.
영호충: 말해줘, 네가 시시냐?

<동방불패> 중 영호충

사실 동방불패는 천하의 권력을 잡기에 충분한 무공을 가지고 있는 절대강자이다. 무림 3대 기서 가운데 하나인 ≪규화보전≫을 익힌 그이기에 그의 무공은 신기에 가깝다. 자신의 목적을 위해서라면 사람 목숨 정도는 가벼이 여기는 냉혈한이기도 하다. 하지만 절대무공으로 인하여 그의 몸이 변해가자 그의 마음 역시 변해갔다. 그리하여, 권력에의 절대의지보다는 인

간적인 사랑에 매료되고 마는 것이다. 자신이 가졌던 모든 것을 잃어버리고 자신의 목숨마저 돌보지 않으면서 말이다. 절벽 아래로 떨어지면서도 마지막 힘을 다해 영호충을 밀어주고 죽음을 맞이하는 동방불패의 모습은 진한 감동을 주기에 충분하다.

☞ 더 보아야 할 DVD

<소오강호(笑傲江湖: Swordsman, 1990)>

감독: 호금전, 정소동, 허안화, 서극, 김양화
제작; 서극
출연: 허관걸, 장학우, 엽동, 장민, 원결영, 임정영
원작: 김용
각본: Man-Leung Kwan
장르: 액션, 드라마

<소오강호>는 중국의 대표적인 무협소설가 김용의 원작을 바탕으로 하여 제작되었다. 홍콩의 시네아티스트인 서극, 호금전과 무협 액션 연출의 대가인 정소동이 만나 제작한 화제작이다. 영화 속의 검기와 경공술 장면이 사실적이면서도 예술적이라는 평판을 받는 작품성 높은 영화이기도 하다.

영화의 배경은 명나라 만력 시기이다. 금궁(禁宮)의 장서를 보관하고 있는 내승운고(內承運庫)에 자객이 침입하여 최

고의 무공이 수록된 ≪규화보전(葵花寶典)≫이 도난당한다. 이를 맡아오던 총관 내시는 최근 관직을 떠난 호위무사 임준남을 유력한 범인으로 지목하고 그를 쫓는다. 그 임무는 황보천호(장학우)가 맡았으나, 화산파의 영호충(허관걸)이 나타나 그를 구한다.

총관 내시는 좌냉선까지 고용하여 ≪규화보전≫의 행방을 추적케 한다. 좌냉선은 임준남의 집에 침입해 그와 그의 가족을 몰살하나, 임준남은 영호충에게 ≪규화보전≫의 행방을 자신의 아들 임평지에게 전해줄 것을 당부하면서 죽는다. 그리고 총관 내시는 이번 사건이 일월교도의 소행이라고 주장하면서 그들을 탄압하기 시작한다.

영호충은 순풍당의 당주(우마)와 일월교의 곡장노(임정영)를 만나, 소오강호의 악보와 악기를 전해 받는다. 그리고 풍천양에게서 '독고구검'을 전수받는다. 또한 사부인 악불군을 조심하라는 충고까지 듣게 된다.

그런데 영호충은 임평지로 가장한 황보천호에게 ≪규화보전≫의 위치를 알려주나, 그는 황보천호의 계략에 속아 독주를 마시고 만다. 하지만 다행히 일월교의 남봉황과 교주의 도움으로 가까스로 목숨을 보존한다.

그 뒤, 총관을 죽이고 ≪규화보전≫을 손에 넣은 황보천호는 어디론가 사라져 버리고, 악불군은 ≪규화보전≫에 대한 욕심으로 영호충을 죽이고자 한다. 하지만 독고구검을 연마한 영호충은 오히려 그를 제압하고 길을 떠난다. 사매와 남봉황, 그리고 일월교 교주가 그를 동행한다.

비판적으로 생각해보기

파리스의 심판에서 젊은 청년 파리스는 권력이나 지혜보다는 '사랑'을 선택한다. 그리고 젊은 여인으로 탈바꿈한 동방불패 역시 권력보다는 '사랑'을 선택한다. 이는 인간의 여러 가지 욕망 가운데에서 인간에게 더 가까운 것은 이성에 대한 욕구, 즉 사랑임을 증거한다. 그러나 전자의 경우에 있어서, 사랑을 선택한 결과는 비참하다. 아마도 먼 장래를 내다보지 않고 순간의 '감정(pathos)'에 휩쓸렸기 때문인지도 모른다. 후자의 경우도 비슷하다. 하지만 아직도 많은 사람들은 권력만을 추구하는 인간보다는 사랑에 갈등하는 사람을 이야기의 주인공으로 기억하고 싶어한다. 그래서 아직까지도 문학의 주된 논제는 파리스와 동방불패의 사랑이야기일 것이다.

그런데 종교적 심성이 충만한 사람들은 감정에 이끌려 사랑을 선택하는 문학의 주인공들을 이상시하지 않는다. 그들은 어떠한 인간적인 감정에도 휩쓸리지 않는 초인적인 인간을 동경한다. 싯달타가 그러하고 예수가 그러하듯이 말이다. 실제로 마왕이나 마귀와의 싸움에서 보여지는 싯달타와 예수의 평정심과 지혜는 인간의 모든 감정을 벗어나 있다. 감정을 벗어나 있기에 감정적인 욕구 또한 발생하지 않는다. 발생한다 하더라도, 그것은 발산의 대상이 아니라 견제의 대상이다. 그들은 고등종교의 창시자답게 자신의 욕구를 초월해 있다.

그러면 철학자들에게 인간 욕망은 발산의 대상인가, 아니면 견제의 대상인가? 이 물음에 철학자들은 적어도 순간적인 감정에 치우쳐 인간이 추구해야 할 본질적인 것을 망각하지 말 것을 충고한다. 서구철학계의 큰 인물들, 예를 들자면 플라톤이나 아리스토텔레스 등은 한결같이 이러한 견해를 지지하고 있으며 합리주의 계열의 대부분의 철학자들 역시 인간 욕망을 견제와 통제의 대상으로 인식한다. 이런 점에서 철학은 문학보다는 종교에 가까이 가 있다.

하지만 다르게 생각해 보면, 비합리주의 계열의 철학자들은 끊임없이 인간 욕망의 자유로운 발산을 주장한다. 기원전 5세기 인류최초의 계몽주의 시대를 연 소피스트들을 비롯하여 현대의 니체에 이르기까지 이성보다 감성을 중요시하는 철학자들은 항상 있어왔다. 그들은 욕망의 자유로운 발산을 통해서 인간을 더 잘 이해할 수 있다고 주장한다. 현대인들에게는 비합리주의 계열의 철학자들이 합리주의 계열의 철학자들보다 더 설득력이 있다.

그렇다면 철학이라는 것은 무엇일까? 그리고 철학은 초월과 내재라는 양극(兩極) 사이에서 어떻게 작용할까? 플라톤은 사랑에 대해서 많은 이야기를 한다. 하지만 그는 가급적이면 세속적인 사랑을 초월하라고 한다. 그렇다고 해서 사랑을 완전히 초월하여 아무런 감정이 없는 상태로 가자고 하는 것은 아니다. 결국 초월과 내재의 긴장성이 중요하다.

흔히들 철학(philosophy)은 지혜(sophia)에 대한 사랑(philia)이라고 정의된다.[3)] 그런데 종교는 지혜를 추구하려 하지 않는다. 오히려 종교는 지혜를 '소유하려 하고 향유하려' 한다.

삶의 모든 고통으로부터 벗어나고자 하는 종교적 열망은 삶의 지혜를 이성적으로 관조하려는 철학적 열망과는 차별화된다. 시종일관 철학은 지혜를 '탐구'하고 '천착'하는 데 주안점을 두고 있다. 소크라테스가 "나는 현자, 즉 지혜로운 사람이 아니다"라고 이야기할 때, 이것은 그가 삶의 지혜를 독단적으로 점유하지 않겠다는 것을 의미한다. 이런 열린 생각이 그를 진정한 철학자로 자리매김 한다. 당대의 소피스트들이 모두 자신들을 '현자(sophist)'라고 주장하고 있는 것과는 대조적으로.

단상 하나 : 사랑의 향기

그런데 신화는 그 민족의 사상이나 관습을 반영한다. 예

3) 철학(philosophy)이라는 개념을 정의할 때, 또 하나 생각해 볼 수 있는 것은 철학의 어원이 그리스어로 '친구들'을 뜻하는 '필로스(philos)'와 '지혜'를 뜻하는 '소피아(sophia)'가 합해진 것이라는 생각이다. '지혜를 공유하는 친구들'. 이것이 철학에 대한 또 다른 정의이다. 현대에 있어서 철학이란 것은 철학자 개인의 독립적인 사유로 이해되나 피타고라스를 비롯한 대부분의 그리스 철학자들에게 있어서는 공통된 지혜를 공유하는 사람들의 우정이라는 의미가 강했다. "인간은 사회적 동물이다"라는 아리스토텔레스의 말을 빌리지 않더라도, 고대적 세계에 있어서 철학자들의 주장은 항상 그 주장을 이상시하는 동료들과의 연대 속에서 형성되었다.

를 들면, 그리스 사람들은 지혜나 권력이라는 가치보다 '사랑'이라는 가치에 더 많은 의미를 부여한다. 그런데 사랑이라는 가치는 세속적이고 비이성적이다. 이것을 선택하는 순간 자신뿐만 아니라 자신의 모국까지도 파국에 이른다. 하지만 그리스 사람들은 그런 결정을 내린 파리스를 아름답게 기억한다. 동방불패의 경우도 마찬가지이다. 처음에 동방불패는 ≪규화보전≫을 익혀 강호제일의 고수가 되길 원한다. 즉 지혜와 권력을 동시에 추구하는 양상을 보인다. 하지만 자신의 목표를 이루자, 그는 마음이 바뀐다. 지혜와 권력보다는 '사랑'이라는 가치를 더 중요하게 인식한 것이다.

이런 이야기를 들으면서 우리가 열광하는 것은 어쩌면 우리네 현실이 너무나 삭막하기 때문이 아닐까. 자기만을 위해서 살고 있는 현대인들. 남이야 어떻게 되든 말든, 오직 나만 잘 먹고 잘 살면 된다는 생각이 팽배하다. 이런 사회이다 보니까 순애보적인 이야기가 우리들의 마음을 자극하는 것은 아닐까. 현대를 살아가면서 나를 포함한 우리가 갈구하는 것은 종교적인 지혜도, 철학적인 통찰도 아니라 오히려 인간 욕망이 아름답게 묻어난 사람의 향기가 아닐까.

◆ 더 생각해 볼 문제

1. 인간은 평생 권력욕과 명예욕 그리고 성욕에 노출되어 있다. 그런데 인간은 이러한 욕망으로부터 자유로울 수 있는가? 있다면 그 구체적인 방법은 무엇인가?

2. 철학이란 무엇인가? 인간은 왜 철학을 해야 하나? 그리고 철학을 했을 때 인간에게 유익한 것은 무엇인가?

◆ 더 읽어야 할 책들

박종현. 2001. ≪헬라스 사상의 심층≫. 서울: 서광사.

유재원. 1998. ≪그리스 신화의 세계≫. 서울: 현대문학.

______. 1999. ≪그리스 신화의 세계 2≫. 서울: 현대문학.

______. 2005. ≪신화로 읽는 영화 영화로 읽는 신화≫. 서울: 까치.

이진성. 2004. ≪그리스 신화의 이해≫ 서울: 아카넷.

제2장

신화에서 이성으로

— 오뒤세우스와 <오뒤세이아> —

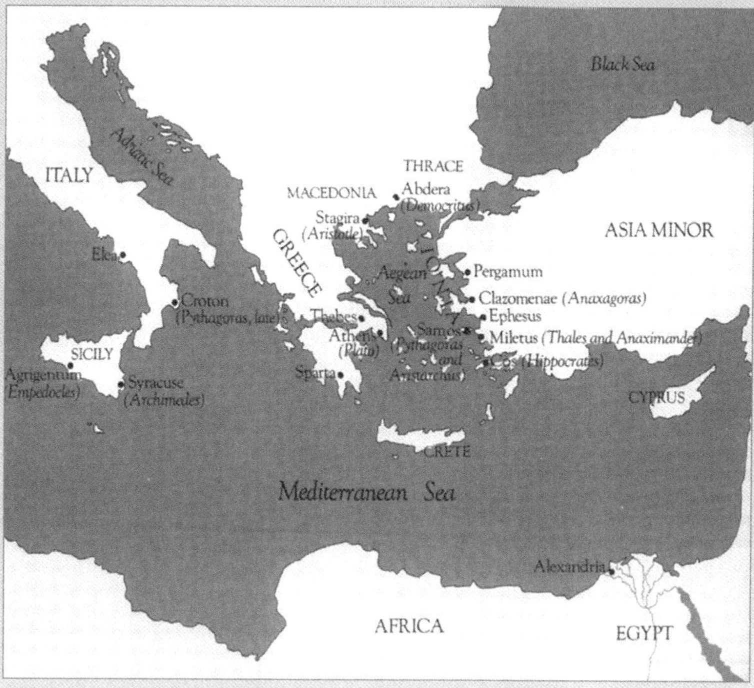

아킬레우스와 오뒤세우스는 그리스의 최고의 영웅들이다. 아킬레우스는 여신 테티스의 아들이자 천하제일의 용사이다. 오뒤세우스는 트로이의 목마로 유명한 지장이다. 호메로스는 ≪일리아스≫를 통해서는 영웅 아킬레우스의 영웅담을, 그리고 ≪오뒤세이아≫를 통해서는 지장(智將) 오뒤세우스의 모험담을 형상화하고 있다. 특히 ≪오뒤세이아≫에서 형상화되고 있는 오뒤세우스는 이성과 웅변을 중요시하는 서구인들의 원형이다. 이 장에서는 오뒤세우스로 대표되는 서구적 이성의 의미를 음미해보고, 그것의 한계를 규명해본다.

* <고대의 철학자와 연관된 도시를 보여주는 지중해 지도>

오뒤세우스 —
영웅 아닌 영웅

이성은 크게 보아 두 가지로 나눌 수 있다. 하나는 도구적 이성이고 다른 하나는 초월적 이성이다. 도구적 이성은 주어진 목표를 가장 효과적으로 성취할 수 있는 방안을 모색하는 지적인 능력을 말하며, 초월적 이성은 목적 그 자체의 타당성 및 가치를 궁극적으로 탐구하는 지적인 능력을 말한다. 전자는 호메로스가 기록한 ≪일리아스≫[4]와 ≪오뒤세이아≫의 주인공 오뒤세우스에게서 잘 드러나며, 후자는 보편·객관적 진리를 탐구하였던 소크라테스, 그리고 그의 사상을 계승한 플라톤 철학에서 잘 드러난다. 여기에서는 전자의 경우를 고찰해 본다.

전자의 경우를 살펴볼 때, 가장 먼저 언급해야 할 것은 오뒤세우스가 가지고 있던 지식의 의미이다. 그것은 자기 생존, 나아가 공동체의 생존에 필수불가결한 방안을 모색하고 그 해결책을 제시하는 것이다. ≪일리아스≫와 ≪오뒤세이아≫의 다른 주인공과 달리, 유난히도 타자에 대한 설득력, 곧 웅변실력이 뛰어났던 오뒤세우스는 아게멤논과의 불화 때문에 참전

4) 호메로스의 ≪일리아스≫, 호메로스의 ≪오뒤세이아≫, 헤시오도스의 ≪신통기≫, 아폴로도로스의 ≪원전으로 읽는 그리스 신화≫와 연관된 텍스트 인용은 천병희의 번역을 따른다.

을 거부하고 있던 아킬레우스를 설득하여 트로이와의 전투에 나가게 하는데, 이는 오뒤세우스적인 도구적 이성이 가장 잘 드러난 부분이다. 다음은 ≪일리아스≫에 나오는 오뒤세우스의 연설의 한 토막이다.

> 그러니 자, 일어서시오,
> 만약 그대가 지친 아카이아인들의 아들들을
> 비록 늦게나마 트로이아인들의 공격에서 구할 생각이 있다면.
> 그대 자신에게도 슬픔이 닥칠 것이며,
> 일단 불행이 일어난 뒤에는 고칠 도리가 없는 법이오.
> 그러니 늦기 전에 다나오스인들에게서 재앙의 날을 물리칠 방도를 강구해 보시오.
> 친구여, 그대의 부친 펠레우스께서 그대를 프티아에서 아가멤논에게 보내시던 날 신신당부를 했소이다.
> "내 아들아, 힘은 아테네와 헤라가 그럴 마음만 있다면
> 네게 내려주실 것이다.
> 하나 너는 거만한 마음을 가슴 속에서 억누르도록 하여라.
> 상냥한 마음씨가 더 나은 법이니까.
> 그리고 재앙을 꾀하는 말다툼을 피하도록 하여라.
> 그러면 아르고스인들이 노소불문하고 너를 더욱 존중하게 되리라."
> 이렇게 노인은 당부하셨건만 그대는 잊었던 모양이구려.
> 그러니 지금이라도 그만두고 마음 아프게 하는 노여움을 거두도록 하시오.
> (제9권 247-260)

주지하다시피 아킬레우스는 아가멤논이 자신의 애첩(愛妾)

'브리세이스(Briseis)'를 빼앗은 것으로 인하여 상당히 분노하고 있다. 그리고 그 분노는 참전거부로 이어지게 된다. 모든 사람들이 지적하듯이, 자신의 명예에 심각한 손상을 입었다고 생각하기 때문이다. 하지만 맹장(猛將) 아킬레우스가 참전하지 않는다면, 그리스 군은 결코 트로이 성을 함락할 수 없을 것이다. 더욱이 막강한 위용을 자랑하는 헥토르의 위세를 제압하기란 사실상 불가능할 것이다. 비록 수적으로는 그리스 군이 우세하다고 할지라도, 아킬레우스가 불참하고 헥토르가 버티고 있는 한, 그리스 군에는 희망이 없을 것이다. 그리하여 아가멤논은 오뒤세우스를 아킬레우스에게 보내어 참전을 권유하였고, 결과는 성공적이었다.

그 다음으로 살펴볼 것은, '목마(木馬) 사건'에서 보여준 오뒤세우스의 지략이다. 알려져 있듯이 오뒤세우스는 트로이 군에게 작별 선물인 냥 커다란 목마를 만들고 그 안에 병사들을 숨긴 뒤 트로이 성문 앞에 놓아두었다. 그리고 그리스 군은 싸움을 포기한 채 고국으로 돌아가는 척하였다. 그런데 트로이 병사들은 그 목마를 성안으로 끌고 들어갔다. 물론 처음에 그들이 그것을 수상히 여겼던 것은 사실이나, 이내 의심을 풀고 그것을 성안으로 끌고갔던 것이다. 하지만 이것은 트로이 군의 엄청난 실수였다. 왜냐하면 트로이 군들이 모두 잠든 사이, 목마 속에 숨어있던 그리스 군들이 빠져나와 트로이 성을 함락해버렸기 때문이다. 그 장면을 ≪오뒤세이아≫는 다음과 같이 기록하고 있다.

> "(…) 에페이오스가 아테네의 도움으로 목마를 만들자

> 고귀한 오뒤세우스는, 일리오스를 함락한 남자들로 가득 채운 다음,
> 이 올가미를 성채로 몰고 갔었지요.
> 만약 그대가 내게 그것에 관하여 제대로 이야기해 줄 수 있다면,
> 나는, 신께서 그대에게 신적인 노래를 흔쾌히 선사하였다고,
> 모든 사람에게 지체 없이 알릴 것이오."
> 이렇게 그가 말하자, 가인은 신의 부추김을 받아 노래하기 시작했다.
> 그의 노래는, 아르고스인들의 일부는 막사들에 불을 지른 다음 훌륭한 갑판으로 덮인 함선들을 타고 출항하고,
> 다른 일부는 이미 트로이아인들의 회의장에서 목마에 몸을 숨기고는
> 명성이 자자한 오뒤세우스 주변에 앉아 있던 대목에서 시작되었다.
> 목마는 트로이아인들이 손수 성채로 끌어들였던 것이다.
> 목마가 서 있는 동안,
> 트로이아인들은 그 주위에 모여 앉아 구구한 이야기들을 많이 했다.
> 세 가지 서로 다른 조언이 그들의 마음에 들었으니
> 그것은 속이 빈 목조물을 무자비한 청동으로 쪼개버리거나,
> 아니면 꼭대기로 끌고 가 바위에서 내던져버리거나, 아니면 신들을 기쁘게 해주기 위해 크나큰 자랑거리로서 그대로 내버려두는 것이었다.
> 그러나 결국 이 조언에 따라 일이 이루어지도록 정해져 있었으니,
> 트로이아인들에게 죽음과 운명을 가져다주려고
> 아르고스인들의 장수들이 그 안에 앉아 있던
> 거대한 목마를 받아들이자마자 도시는 파멸할 운명이었기 때문이다.
> (제8권 493-513)

셋째로는 외눈박이 거인인 '폴뤼페모스(Polyphemos)'에 대한 오뒤세우스의 대처이다. 포세이돈의 분노로 인해 전쟁이 끝난 후에도 고향으로 돌아가지 못하고 표류하던 오뒤세우스와 그

의 병사들은, 외눈박이 거인인 폴뤼페모스가 살고 있는 어떤 섬에 도착한다. 거인은 오뒤세우스와 병사들을 동굴에 가두어 놓고 한 사람씩 잡아먹는다. 하지만 오뒤세우스는 기지를 발휘해 거인에게 포도주를 먹여 취하게 한 뒤, 눈에 상처를 내고는 섬에서 탈출을 감행한다. ≪오뒤세이아≫에는 다음과 같이 기록되어 있다.

> 그리하여 그들은 끝이 뾰족한 올리브나무 말뚝을 움켜잡더니,
> 그의 눈에다 그것을 밀어넣었소.
> 한편 나는 그 위에 매달리며 그것을 돌렸소,
> 마치 어떤 사람이 송곳으로 선재(船材)에다 구멍을 뚫고,
> 그의 동료들은 밑에서 가죽끈의 양끝을 잡고는
> 송곳을 돌려대면 송곳이 계속해서 돌아갈 때와도 같이.
> (…)
> 그는 무시무시하고 크게 비명을 질렀소.
> 그러자 주위의 바위가 울렸고,
> 우리는 겁이 나서 급히 달아났소. 한편 그는 눈에서
> 피투성이가 된 말뚝을 뽑아,
> 괴로워서 두 손을 버둥대며 멀리 내던지더니,
> 바람 부는 산마루들을 따라 주위의 동굴 안에 사는
> 퀴클로페스족을 큰 소리로 불렀소.
> (제9권 382-400)

마지막으로 언급할 수 있는 것은 '세이렌(Siren)'의 유혹이다. 세이렌이 부르는 노랫소리를 듣게 된 사람들은 모두 그 소리에 휘말려 목숨을 잃고 만다. 오뒤세우스 일행 역시 그

옆을 지나게 되고 세이렌의 유혹 앞에 놓이게 된다. 지적 호기심이 많은 오뒤세우스는 세이렌의 유혹을 물리치기보다는 오히려 그 노랫소리의 비밀을 알고 싶어한다. 그래서 그는 일단 자신의 병사들에게는 밀랍으로 만든 귀마개를 착용하게 한다. 세이렌의 유혹으로부터 그들을 안전하게 보호하기 위해서이다. 그 다음에는 그들로 하여금 자신을 돛대에 묶고 자신이 아무리 애원을 하더라도 풀어주지 말 것을 명령한다. 목숨을 건 그의 실험은 성공하고 세이렌은 물러간다.

돛대에 몸을 묶고
세이렌의 노래를 듣는
오뒤세우스

> 여왕 키르케는 내게 이렇게 말했소.
> (…)
> 그대는 먼저 세이렌 자매에게 가게 될 것인데,
> 그들은 자기들에게 다가가는
> 인간들은 누구든지 다 홀리지요.
> 누구든지 아무 영문도 모르고 가까이 다가갔다가
> 세이렌 자매의 목소리를 듣게 되면,
> 더 이상 그의 아내와 어린 자식들은
> 집에 돌아온 그의 옆에 서지 못할 것이며,
> 그의 귀향을 반기지도 못할 거예요.
> 세이렌 자매가 풀밭에 앉아 낭랑한 노랫소리로
> 그를 흐리게 될 것인즉,

그들 주위에는 온통
썩어가는 남자들의 뼈들이 무더기로 쌓여 있고,
뼈 둘레에서는 살갗이 오그라들고 있지요.
그대는 얼른 그 옆을 지나가되,
꿀처럼 달콤한 밀랍(蜜蠟)을 이겨서
전우들의 귀에다 발라주셔요.
다른 사람은 아무도 듣지 못하도록 말예요.
그러나 그대 자신은 원한다면 듣도록 하셔요.
그러나 그대는 돛대를 고정하는 나무통에 똑바로 선 채,
그들로 하여금 날랜 배 안에다 그대의 손발을 묶게 하되,
돛대 자체에 밧줄의 끄트머리들이 매이게 하셔요.
그러면 그대는 즐기면서
세이렌 자매의 목소리를 듣게 될 거예요.
그리고 그대가 풀어달라고
전우들에게 애원하거나 명령하면,
그들이 더 많은 밧줄로 그대를 묶게 하셔요.
(≪오뒤세이아≫ 제12권 36-54행)

이렇게 하여, 오뒤세우스는 위기의 순간을 모면하였다. 이성으로 자신의 생존을 지켰던 것이다.[5)]

---

5) 이러한 오뒤세우스와 비교해 볼 때, 아킬레우스는 용감하고 기개가 높은 인물인 데 반해서 비논리적이고 비이성적인 인물로 그려진다. 가장 절친한 동료인 페트로클로스의 죽음에 분개해 당장 전장에 뛰어들어 헥토르를 죽이는 등 격한 감정에 휩싸이는 인물이다.

프로메테우스 — 인간을 사랑한 슬픈 영웅

신들의 왕 제우스를 비롯한 올림포스 신들과 죽게 마련인 인간들이 메코네(Mekone: 펠로폰네소스 반도 북동부에 있는 시퀴온 시의 옛 이름)에서 갈라섰을 때의 일이다. 프로메테우스가 큰 황소 한 마리를 잡아 제우스와 인간들에게 주고자 하였다.

그런데 프로메테우스는 제우스를 골탕 먹일 목적으로 음식물을 준비하였다. 먼저 맛있는 살코기와 내장은 소의 위(胃)로 덮은 다음 쇠가죽에 싸서 내놓았다. 맛없게 보이게끔 하기 위해서이다. 이에 반해, 먹지 못하는 뼈들은 반짝반짝 빛나는 것들로 쌌다. 맛있게 보이게끔 할 목적이었던 것이다. 그런 다음, 제우스에게 둘 중 하나를 선택하라고 하였는데, 아무것도 모르는 제우스는 겉으로 보기에 맛있는 것을 덥석 집었다. 하지만 그가 선택한 것은 도저히 먹을 수 없는 뼈뿐이었다.

> 그분 앞에 그는 살코기와 기름기 많은 내장을
> 소의 위로 덮은 다음 쇠가죽에 싸서 내놓았고,
> 한편 인간들을 위해서는 흰 쇠뼈들을 쌓은 다음
> 그것들을 반짝반짝 빛나는 기름 조각으로 쌌다.
> (≪신통기≫ 538-541)

프로메테우스에게 속은 것을 안 제우스는 분노하였다. 그렇지 않아도 프로메테우스에 의한 인간들의 타락을 못 마땅히 생각하고 있던 그로선, 이 일까지 겹치자 도저히 참을 수가 없었다. 이번에야말로 프로메테우스와 인간들의 버릇을 단단히 고쳐주어야겠다고 생각하였던 것이다. 게다가 프로메테우스는 제우스가 금한 불을 인간들에게 주기까지 하였다.[6]

> 그리고 그 이후로 그분께서는
> 언제나 마음속으로 화를 내시며
> 지상의 집에서 살고 있는 죽게 마련인 인간들을 위하여
> 물푸레나무들에게 지칠 줄 모르는 불의 힘을 주시지 않았다.
> 하나 이아페토스의 뛰어난 아들은 그분을 속이고는
> 속이 빈 회향풍 줄기 속에다 지칠 줄 모르는
> 불의 멀리 보는 화광(火光)을 훔쳤다.
> 높은 곳에서 천둥을 치시는 제우스께서는 이에 가슴이 쓰라리셨고,
> 인간들 사이에서 불의 멀리 보는 화광을 보시자
> 마음속으로 화가 나셨다.
> (≪신통기≫ 562-569)

그런데 우리가 이 사건에서 생각해 볼 수 있는 것은 신과 인간의 관계문제이다. 신과 인간의 만남의 공간이었던 제사는

---

6) 플라톤의 ≪프로타고라스≫에는 프로메테우스가 인간들에게 글쓰기와 셈하기, 목축술과 건축술, 그리고 조선술과 항해술 같은 고급지식까지 가르쳐 주었다는 이야기가 나온다. 이렇게 하여 인간에게 문화와 문명의 길이 열린 것이다.

이제 인간이 신에 귀의한다는 것을 보이기 위한 것이 아니라, 신의 분노를 피하며 실속을 챙기기 위한 인간의 의례적인 행사가 되어 버렸다. 인간 마음에 신에 대한 경배보다 자신의 이익에 대한 생각이 더 많아진 것이다.

그 다음으로 생각해 볼 수 있는 것은 자연과 인간의 관계문제이다. 프로메테우스가 인간을 도와주기 전까지, 불은 번개와 화산폭발 등의 자연현상과 마찬가지로 인간에게 공포와 두려움의 대상이었다. 즉 원인을 알 수 없는 신비한 것으로 여겨졌던 것이다. 그러나 프로메테우스의 도움으로 이제 불은 더 이상 무섭고 두려운 대상이 아니라 인간문명을 촉진시키는 계기가 되었다. 이렇듯 프로메테우스의 지혜는 자연의 예측불가능성을 예측가능성으로 바꾸어 놓았다. 인간이 자연의 지배자가 된 것이다. 마지막으로 생각해 볼 만한 것은, 프로메테우스의 이야기가 ≪성서≫의 이야기와 연관될 수 있다는 것이다. 제우스가 인간에게 불을 금지시킨 것은 하나님이 아담과 이브에게 선악과를 따먹지 못하게 한 것과 맥을 같이한다. 둘 다 인간이 넘지 말아야 할 선, 즉 한계선을 제시하고 있는 것이다. 하지만 두 가지 경우에서 모두 인간은 그 경계를 넘고 만다. <창세기>의 아담과 이브는 하나님이 주신 자유의지를 남용하고, 그리스 신화의 프로메테우스는 제우스가 내린 명령을 어긴다.

〈프로메테우스〉
(파리 모로 미술관 소장)

<창세기>에서 선악과를 범한 아담과 이브는 낙원으로부터

추방된다. 낙원으로부터 추방된 인간들은 당연히 하나님의 지혜로부터도 멀어진다. 하나님의 지혜로부터 멀어진 인간들은 외부세계를 있는 그대로 바라볼 수 없게 된다. 직관적 통찰력을 상실한 것이다. 그 결과 인간 정신은 분열되고, 그 이후의 인간 정신사는 이 분열을 극복하는 방향으로 전개된다.

프로메테우스로부터 불을 건네받은 인간들은 타자로부터 자신을 방어할 수 있는 확실한 생존도구를 확보하게 되었다. 다른 동물을 공격할 때도, 잡은 동물을 요리할 때도 불은 유용한 도구였다. 하지만 인간들이 불을 사용하게 되면서부터 원래부터 불이 지니고 있던 신성한 이미지는 소멸되었다. 인간의 자기생존과 타자 정복을 위한 도구로 전락해버린 것이다. 이에 제우스가 분노하고 있는 것이다. 비록 프로메테우스는 불쌍한 인간들을 위해서 불을 건네주었지만, 인간은 그 이상으로 불을 사용하고 말았던 것이다. 아니나 다를까, 제우스의 염려대로 인간들은 불을 획득한 이후부터 더욱 더 탐욕적으로 변해 갔다.

아킬레우스와 트로이 전쟁

그리스 신화에 의하면, 제우스는 천상세계를 통일하고 나서도 자신의 권력을 누군가가 빼앗지 않을까 전전긍긍하였다. 아버지 크로노스를 살해하고 얻은 권력이었기에 더욱더 그러하였다. 그리하여 제우스는 자신의 불안감을 불식하기 위해 자신의 생명의 비밀을 알고 있는 이를 수소문하였다. 그런데 이게 웬일인가? 그것은 공교롭게도 자신과 가장 껄끄러운 사이에 있던 프로메테우스가 알고 있지 않은가. "언젠가는 후회하게 될 그런 결혼을 하게 될 것이오. (…) 그녀는 아버지보다 더 강한 아들을 낳게 될 것이오.(≪결박당한 프로메테우스≫ 764-768)"

염려하던 것이 현실로 다가온 것을 안 제우스는 자신의 권좌를 지키기 위해 프로메테우스와 협상하고자 한다. 하지만 그런 제우스에게 프로메테우스의 태도는 냉담하기 그지없다. 제우스를 대신해 내려온 헤르메스에게 퍼붓는 그의 험담은 그것을 잘 보여주고 있다.

> 언젠가는 제우스 자신이 그의 오만한 마음에도 불구하고
> 의기소침해질 날이 올 것이오.
> 그는 벌써 자신을 권좌에서 내던져 보이지 않게 해 줄

> 그런 결혼을 준비하고 있으니 말이오.
> 그러면 그의 아버지 크로노스가 오래된 권좌에서
> 떨어지며 내뱉던 저주가 완전히 이루어질 것이오.
> 이런 불행을 물리칠 방도는 나말고는 신들 중에
> 어느 누구도 그에게 분명히 말해줄 수 없소.
> 나만이 그 일을, 그리고 그 일이 어떻게 이루어질 것인지 알고 있소.
> 그러니 그는 지금 허공의 굉음을 믿고,
> 불을 내뿜는 번개를 손으로 휘두르며 마음 놓고 앉아 있으라지!
> 그 모든 것도 그의 불명예스럽고 참을 수 없는
> 추락을 막아주지는 못할 테니까.
> (아이스퀼로스 ≪결박당한 프로메테우스≫ 908)

아마도 이러한 프로메테우스의 예언은 제우스의 간담을 서늘하게 하기에 충분했을 것이다. 제우스가 아무리 천하의 바람둥이라 할지라도, 자신의 권좌, 곧 자신의 목숨이 달린 일을 놓고서는 한가롭게 바람만을 피울 수 없었을 것이다. 그래서 그는 동생 포세이돈과 경쟁하면서까지 차지하려고 하였던 테티스를 포기하기에 이른다.

제우스가 택한 해결책은 여신 테티스를 인간 펠레우스와 결혼시키는 일이었다. 자기가 직접 결혼을 시켜버려야만 마음을 놓을 수 있었기 때문이다. 헤시오도스는 테티스와 펠레우스의 결합을 별 재미없이 기록한다. "한편 은족(銀族)의 여신 테티스는 펠레우스에게 눌려 대열의 돌파자로 사자의 마음을 가진 아킬레우스를 낳았다."(≪신통기≫ 1006-1007) 하지만 아폴로도로스는 그것을 좀더 재미있게 기록하고 있다.

> 나중에 펠레우스는 네레우스의 딸 테티스와 결혼했다. 제우스와 포세이돈은 그녀와 결혼하려고 경쟁했으나 그녀에게서 태어나는 아들은 아버지보다 더 강력할 것이라는 테미스의 예언에 물러섰다. 일설에 따르면 제우스는 그녀와 교합하기를 열망했으나 그녀가 그에게 낳아줄 아이는 하늘의 통치자가 될 것이라고 프로메테우스가 말해주었다고 한다. 또 다른 설에 따르면 테티스가 헤라에 의해 양육된 까닭에 제우스와 교합하기를 원치 않자 화가 난 제우스가 그녀를 인간과 결혼시키려 했다고 한다. 그래서 케이론은 펠레우스에게 그녀가 변심하더라도 꼭 붙잡으라고 일러주었다. 그리고 그녀가 때로는 불이 되고 때로는 물이 되고 또 때로는 짐승이 되어도 펠레우스는 그녀가 원래의 모습으로 돌아올 때까지 그녀를 놓아주지 않았다. 그리하여 그는 펠리온 산에서 그녀와 결혼을 했고 신들은 그곳에서 잔치와 노래로 그들의 결혼식을 축하해 주었다. 케이론은 펠레우스에게 물푸레나무 창을 한 자루 주고 포세이돈은 그에게 불사의 말들인 발리오스(Balios)와 크산토스(Xanthos)를 주었다.
> (≪원전으로 읽는 그리스 신화≫ 제3권 13장 5절)

여신 테티스와 인간 펠레우스 사이에서 태어난 아기가 바로 그 유명한 아킬레우스이다. 특별한 분들을 부모로 모셨기 때문에, 그의 어린 시절은 평범한 사람들에게서는 찾아보기 힘든 일들이 많았다. 특히 아들 아킬레우스에 대한 어머니 테티스의 정성은 대단했다. 낮에는 암브로시아(ambrosia. 그리스어로 '불멸하게 만들어주는 것들(음식들)'이라는 뜻을 지니고 있음. '죽음을 물리치다'라는 뜻을 지니고 있는 nectar와 유사함)로, 밤에는 담금질로 아킬레우스를 단련시켰다. 신들이 먹는 것들로 몸을 단련시켰으니, 몸이 얼마나 좋았겠는가. 천하

장사를 만들기에 부족함이 없는 과정 속에서 아킬레우스는 그리스 최고의 전사로 성장하였다. 비록 발뒤꿈치에 치명적인 약점을 안고 있었지만.

> 테티스는 펠레우스와의 사이에 아이가 태어나자 아이를 불사의 존재로 만들고 싶어서 펠레우스 몰래 아버지한테서 물려받은 필멸의 요소를 없애려고 밤에는 불 속에 묻어두고 낮에는 암브로시아를 발라주곤 했다. 이를 엿보고 있던 펠레우스는 아이가 불 위에서 몸부림치는 것을 보고 비명을 질렀다. 그리하여 계획을 이룰 수 없게 된 테티스는 어린 아들을 버려두고 네레우스의 딸들에게로 돌아갔다. 펠레우스는 아이를 케이론에게 데려갔다. 케이론은 그를 받아들여 사자와 멧돼지의 내상과 곰의 골수를 먹이고 아킬레우스라고 불렀으니 그것은 젖가슴에 입술(cheile)을 대본 적이 없기 때문이다.[7] 그때까지 그의 이름은 리귀론이었다.
> (≪원전으로 읽는 그리스 신화≫ 제3권 13장 6절)

그런데 이러한 아킬레우스에 비해서, 오뒤세우스의 탄생과 성장은 비참하기 이를 데 없다. '오디움(Odium)을 받은 자', 즉 '미움을 받은 자'라는 그의 이름이 암시하고 있듯이, 그는 암브로시오스 한 잔도 마시지 못하고 성장하였으며, 몸을 잘 단련하지도 못하였다. 하지만 불로 몸을 담금질한다 했더라도, 그의 몸은 아킬레우스처럼 단련되지는 못하였을 것이다. 왜냐하면 무쇠처럼 단련되기 전에 이미 그는 저 세상으로 갔을지

7) 아폴로도로스에 따르면 아킬레우스란 이름은 결성어 a와 cheile의 합성어이다(천병희 2004, 266).

도 모를 일이기 때문이다. 그래서인지는 몰라도, 오뒤세우스가 아킬레우스보다 전투능력이 떨어진다는 것은 명백한 사실이다.

그런데 그리스 사람들은 그런 오뒤세우스에게서 지장(智將)의 이미지를 읽고 있다. 이것은 분명 맹장(猛將) 아킬레우스에게는 없는 그만의 능력이었다. 삶이 그러하듯이, 인간은 무력만으로는 살 수 없다. 힘도 있어야 하지만 지혜와 지식, 때로는 간계도 있어야 하는 법이다. 그래야 자기를 보존하고 가족을 보호할 수 있기 때문이다. 그래서 호메로스는 ≪일리아스≫와 함께 ≪오뒤세이아≫를 후손들에게 물려주고 있는 것이다.

≪일리아스≫와 ≪오뒤세이아≫는,

☞ ≪일리아스≫는 1만 5천 693행으로 이루어진 영웅서사시로, 기원전 8세기 경에 제작된 것으로 전해진다. 지금과 같은 전체 24권이 모습을 갖춘 것은 기원전 3세기 경으로 알려져 있다. 배경은 10년에 걸친 트로이 전쟁이 종말에 가까울 무렵 약 50일간에 생긴 일들을 기록한 것으로 그 주된 주제는 '아킬레우스의 분노'이다. 주인공은 아킬레우스이나, 헥토르의 비중 또한 적지는 않다. 주요 권의 내용을 요약하면 다음과 같다.

제1권은 아가멤논에게 자신의 전리품인 브리세이스를 빼앗긴 아킬레우스의 분노를 그리고 있다.

제3권은 메넬라오스와 파리스가 일대일로 승부를 겨루는 것을 성벽 위에서 관망하는 헬레네와 프리아모스의 모습을 그리고 있다.

제6권은 헥토르와 그의 아내 안드로마케의 이별장면을 그리고 있다.

제9권은 아킬레우스에게 화해할 것을 요청하는 아가멤논과 그것을 거부하는 아킬레우스를 대조적으로 그리고 있다.

제16권은 파국적인 상황으로 변한 전황을 만회하기 위해 파트로클로스가 아킬레우스의 무구(武具)를 입고 싸우다 숨지는 이야기를 그리고 있다. 그를 살해한 사람은 트로이 제일의 맹장 헥토르이다.

제22권은 친구 파트로클로스의 원수를 갚기 위해 참전하는 아킬레우스의 모습을 그리고 있다. 아킬레우스가 헥토르를 살해하는 장면도 여기에 나온다.

마지막 24권은 아들 헥토르의 시체를 인수받기 위해 밤중에 아킬레우스의 진영을 찾아가는 프리아모스 왕의 모습을 그리고 있다.

☞ ≪오뒤세이아≫는 1만 2천 110행으로 이루어진 장편서사시이다. 총 24권으로 이루어져 있다. 트로이 함락 이후, 이타케의 왕 오뒤세우스가 고향으로 돌아오기까지의 여행이야기이다.

전체를 크게 나누어 볼 때, 그 첫째 부분은 오뒤세우스의 아들 텔레마코스가 아버지를 찾아 떠나는 여행이야기이다. 둘째 부분은 오뒤세우스가 이타케로 돌아올 때까지의 이야기이다. 셋째 부분은 고향에 돌아온 오뒤세우스가 아들 텔레마코스와 함께 아내 페넬로페의 모든 구혼자들을 물리치고 재회한다는 이야기이다. 주요 권의 내용을 요약하면 다음과 같다.

제5권은 오이기아섬에서 오뒤세우스가 요정 칼륍소의 포로가 된 이야기를 노래한다. 영원한 생명을 주겠다는 칼륍소의 유혹에도 부동심을 잃지 않는 오뒤세우스의 모습이 감동적인 부분이다.

제9권은 퀴클롭스 섬에서 식인인간 폴뤼페모스를 물리치는 오뒤세우스의 지혜를 노래하고 있다. 이 일로 오뒤세우스와 포세이돈의 관계는 더욱 더 악화된다. 왜냐하면 폴뤼페모스의 아버지가 바로 포세이돈이기 때문이다.

제10권은 아이올로스와 키르케의 이야기를 노래하고 있다. 아이올로스 이야기에서는 인간의 헛된 호기심에 대한 비판이, 키르케 이야기에서는 물질적 풍요로움에 대한 비판이 함축되어 있다.

제12권은 세이렌의 유혹과 괴물 스퀼라와 카륍디스의 위협을 극복하는 이야기를 노래하고 있다. 오뒤세우스의 지적 호기심과 위기대처 능력이 잘 드러나 있다.

제13-21권에는 이타케에 도착한 오뒤세우스가 복수를 준비하는 과정을 노래하고 있다.

제22권은 오뒤세우스가 아들 텔레마코스와 함께 구혼자들을 죽이는 이야기를 그리고 있다.

제23권은 페넬로페와의 재회를 노래하고 있으며, 제24권은 저승 속편이야기이다.

오뒤세우스적인 삶의 방식

테티스와 펠레우스의 결혼은 제우스가 자신의 권좌를 지키기 위한 계책에 의해서 이루어진 사업이었다. 그런데 에리스는 이 화려한 결혼식장에 초대받지 못하였다. 분노한 에리스는 황금사과로 올림포스 신들을 혼란에 빠뜨린다. 제우스는 그 혼란을 수습하지 못한 채, 그 결정권을 인간 파리스에게 맡긴다. 파리스는 지상에서 가장 아름다운 여인을 주겠다는 아프로디테의 제안에 눈이 멀어, 그녀가 천상에서 가장 아름다운 여신이라고 판결하고 만다. 그리고 아프로디테는 약속을 지키기 위해 세상에서 가장 아름다운 여인인 헬레네를 파리스에게 준다. 정확하게 말하자면, 아프로디테는 파리스가 헬레네를 납치하는 것을 도와준다. 트로이 전쟁은 바로 이 사건이 발단이 되어 시작된 것이었다.

트로이 전쟁에서 아킬레우스는 사망하고 오뒤세우스는 마지막 승리를 거둔다. 그런데 이 이야기에서 우리가 주목해야 할 것은 아킬레우스에 비하면 초라한 존재로 출발했던 오뒤세우스가 어떻게 최후의 승자가 될 수 있었는가 하는 점이다.

단적으로 말해서 오뒤세우스적인 삶의 방식은 로고스적인 것이다. 이에 비해 아킬레우스적인 삶의 방식은 파토스적인 것이다. 이 둘 모두 우리네 삶에 필수불가결한 것이나, 후자보다는 전자가 더 필요할 때가 많다. 왜냐하면 조금만 둘러보면 우리네 삶의 방식은 철저하게 이성에 의해 지배되기 때문이다.

자연은 본질상 내적인 질서를 함축하고 있으며 인간이성은 그것을 통찰한다. 이성에 의해서 인간은 자연을 이용하고 문화를 향유하는 것이다. 그러기에 생활세계에서는 감성적 능력보다는 이성적 능력이 더 강조된다.

트로이 전쟁의 승리에도 불구하고, 오뒤세우스는 자신의 고향 이타케(Ithake)로 돌아가지 못한다. 바다의 신 포세이돈의 노여움을 샀기 때문이다. 그 결과 그는 약 10년이라는 세월 동안 바다에 표류하게 된다.

바다에 표류하면서 그가 도착한 곳 중의 하나는 외눈박이 거인 퀴클롭스(Cyclopses)들이 살고 있는 섬이었다. 이들은 삼형제였는데, 그중에서도 오뒤세우스 일행들과 맞닥뜨린 퀴클롭스는 삼형제 중 가장 난폭하고 잔인하기로 소문이 자자한 폴뤼페모스였다.

> 그는 다른 함선들은 가까이 있는 섬에 남겨둔 채 배 한 척만 타고 퀴클롭스들의 나라에 접근하여 전우 열두 명과 함께 배에서 내렸다. 바다 가까운 곳에 동굴이 하나 있어 그는 마론이 준 포도주 부대를 갖고 그 안으로 들어갔다. 그 동굴은 포세이돈과 요정 토오사의 아들 폴뤼페모스의 것이었는데 그 자는 이마에 눈이 하나밖에 없는 야만적인 식인 거한이었다.
> 오뒤세우스 일행은 불을 피우고 새끼 염소를 몇 마리 제물로 바친 뒤 잔치를 벌이기 시작했다. 그러나 퀴클롭스들이 와서 양 떼를 몰아넣은 뒤 입구에다 엄청나게 큰 돌을 갖다 놓더니 그들을 보자 몇 명을 잡아먹었다.

> 오뒤세우스가 그 자에게 마론의 포도주를 마시라고 주자 그 자는 마시고 나서 더 달라고 하더니 두 번째로 마시고 나서 오뒤세우스에게 이름을 물었다. 오뒤세우스가 자기는 '우티스'로 불린다고 하자 그 자는 우티스를 맨 나중에 잡아먹고 다른 사람들을 먼저 잡아먹겠다고 위협했는데 그것이 바로 그 자가 포도주에 대한 보답으로 주겠다고 약속한 우정의 선물이었다. 그 자는 술에 제압되어 곯아떨어졌다. 그러자 오뒤세우스가 그곳에 있던 몽둥이를 찾아내어 전우 네 명과 함께 그것을 뾰족하게 깎은 다음 불에 달구어 그것으로 퀴클롭스를 눈멀게 했다. 폴뤼페모스가 주위의 퀴클롭스들한테 도와달라고 소리치자 그들이 와서 누가 그를 해코지하는지 물었다. 그가 우티스라고 대답하자 그들은 그를 해코지하는 사람이 아무도 없는 줄 알고 가버렸다.
>
> (≪원전으로 읽는 그리스 신화≫ <요약> 7장 4-7절)

오뒤세우스는 위기에 직면하는 순간순간 기지를 발휘하여 목숨을 부지한다. 자신의 부하들 중 일부를 희생하면서까지 그가 생각해 낸 것은 단순히 눈에 보이는 괴물을 죽이는 데 있는 것이 아니라, 굳게 닫힌 동굴 문을 어떻게 빠져나갈 것인지, 그리고 다른 퀴클롭스들의 추격을 어떻게 따돌릴 것인지를 동시에 생각하는 고도의 생존전략이었다. 그 결과 그는 폴뤼페모스의 눈을 찔러 그를 제압한 다음, 그의 힘을 이용하여 동굴 문을 열었다. 칼로 폴뤼페모스를 완전히 잠재울 수 있었음에도 불구하고, 그가 선택한 것은 그를 살려 이용하는 것이었다.

오뒤세우스의 기지가 가장 돋보이는 대목은 "이름이 무엇이냐?"라는 폴뤼페모스의 질문에 자신의 이름은 "우티스(outis)"

라고 대답하는 장면이다. ≪오뒤세이아≫ 원문에는 다음과 같이 기록되어 있다.

> 퀴클롭스여, 그대는 내 유명한 이름을 물었던가요?
> 내 그대에게 내 이름을 말할 터이니,
> 그대는 약속대로 내게 접대 선물을 주시오.
> 내 이름은 무인(無人: outis)이오.
> 사람들은 나를 무인이라고 부르지요,
> 어머니도 아버지도, 그리고 다른 전우들도 모두.
> (제9권 364-366행)

그리스어 우티스는 '아무것도 아닌 자'라는 뜻을 지니고 있다. 영어의 nobody, 독일어의 Niemand와 같은 말이다. 그런데 그의 이러한 대답은 매우 지혜로운 말이다. 그리고 아무나 생각해 낼 수 없는 독창적이면서도 의미심장한 말이다. 왜냐하면 이 말 때문에 그는 목숨을 부지하기 때문이다. 즉, 눈이 멀게 된 폴뤼페모스가 옆 동굴에 살고 있는 형제들에게 도움을 요청했을 때, 폴뤼페모스의 꼴을 보고 심히 놀란 퀴클롭스들이 "도대체 너를 이렇게 만든 놈이 누구냐?"라고 물었을 때, 폴뤼페모스가 대답할 수 있었던 것은 "아무도 아니야, 아무도 아니야"라는 울부짖음뿐이었는데, 만약 그가 "오뒤세우스란 놈이 날 이렇게 만들었어"라고 형들에게 고자질했다면, 아마도 오뒤세우스는 퀴클롭스 섬을 무사히 빠져나오지는 못하였을 것이기 때문이다. 하여튼 오뒤세우스는 지혜로웠기에 생존할 수 있었다.

이성에의 모험

헤라클레이토스의 말을 빌리지 않더라도, 세계는 항상 변한다. 인간은 세계의 변화에 민감하게 반응해야 한다. 만약 이성이 세상의 변화에 적절하게 대응하지 못한다면, 인간은 생존할 수 없을 것이다. 화이트헤드(A. N. Whitehead)의 주장대로, 우리는 '관념에의 모험'을 감행해야 하는 것이다. 그런데 그리스 신화에서 가장 모험정신이 투철한 사람은 오뒤세우스이다. 그의 이러한 모험정신은 세이렌의 자매들과의 대결에서 절정에 이른다. 세이렌의 목소리를 들으면 누구든지 죽는다는 것을 뻔히 알고 있으면서도, 그는 그 목소리를 듣고 싶어하는 것이다.

> 여왕 키르케는 내게 이렇게 말했소.
> 그 모든 일들이 이루어졌군요.
> 그대는 지금 내가 그대에게 말하는 그대로 들으셔요.
> 그리고 어떤 신이 친히 그대에게 그것을 상기시켜 줄 거예요.
> 그대는 먼저 세이렌 자매에게 가게 될 것인데,
> 그들은 자기들에게 다가가는 인간들은 누구든지 다 홀리지요.
> 누구든지 아무 영문도 모르고 가까이 다가갔다가
> 세이렌 자매의 목소리를 듣게 되면,

더 이상 그의 아내와 어린 자식들은
집에 돌아온 그의 곁에 서지 못할 것이며,
그의 귀향을 반기지도 못할 거예요.
세이렌 자매가 풀밭에 앉아 낭랑한 노랫소리로
그를 홀리게 될 것인즉,
그들 주위에는 온통 썩어가는 남자들의 뼈들이
무더기로 쌓여있고,
뼈 둘레에서는 살갗이 오그라들고 있지요.
그대는 얼른 그 옆을 지나가되,
꿀처럼 달콤한 밀랍(蜜蠟)을 이겨서
전우들의 귀에다 발라주셔요.
다른 사람은 아무도 듣지 못하도록 말예요.
그러나 그대 자신은 원한다면 듣도록 하셔요.
그러나 그대는 돛대를 고정하는 나무통에 똑 바로 선 채,
그들로 하여금 날랜 배 안에다 그대의 손발을 묶게 하되,
돛대 자체에 밧줄의 끄트머리들이 매이게 하셔요.
그러면 그대는 즐기면서 세이렌 자매의 목소리를
듣게 될 거예요.
그리고 그대가 풀어달라고
전우들에게 애원하거나 명령하면,
그들이 더 많은 밧줄로 그대를 묶게 하셔요.
(≪오뒤세이아≫ 제12권 36-54행)

세이렌 자매들의 목소리들 듣기 위해 오뒤세우스는 철저하게 준비한다. 그 이전에 비해, 그의 로고스는 확장되고 견고해졌다. 지적으로 발전했던 것이다. 하지만 만약 오뒤세우스가 이러한 지적인 모험을 감행하지 않았다면, 아마도 그는 이타

케의 한 평범한 왕으로 머물렀을 것이다. 이처럼 오뒤세우스는 인류지성사의 첫 페이지를 장식하고 있다.

전체적으로 볼 때, 그리스 신화에 나타난 오뒤세우스는 단순한 영웅의 이미지를 벗어나 있다. 한편으로는 물리적 폭력에서 벗어나 도구적 이성을 극대화하는 지식인의 모습을 하고 있으며, 또 다른 한편으로는 자연환경의 애매성·우연성·불확실성, 즉 아페이론(Apeiron)을 정복해 나가는 개척자의 모습을 하고 있다. 즉, 이미 정형화된 자연의 질서, 즉 일차원적인 질서(명령)에 만족하지 않은 채, 비(非)정형화된 자연의 무질서 속에서 새로운 질서를 탐구하고 있는 것이다.

그런데 근대 서구의 지식인들은 이러한 오뒤세우스적인 도구적 이성을 확대해석하였다. 그 결과, 타자에 대한 불관용과 자연환경 파괴라는 부정적인 문제들을 부각시켰으며, 대부분의 현대철학은 역시 이성적인 근대철학에 반기를 드는 반(反)이성적인 경향을 띨 수밖에 없었다. 하지만 오뒤세우스가 지금 우리에게 보여주고 있는 것은 자연의 애매·모호성으로부터 인간의 자기생존을 가능하게 하고, 인간의 인간다움을 지혜로움에서 찾으려고 한 진정한 철학자의 모습이었다. 나아가 소크라테스와 플라톤의 사상 역시 이러한 오뒤세우스적인 이성을 비판적으로 계승·발전시킨 것이다. 그리하여 인류지성사는 자기생존을 위한 도구로서의 이성에서 존재이해를 위한 초월적 이성으로 발전해왔던 것이었다. 이렇게 볼 때 인류지성사에서 오뒤세우스가 차지하는 비중은 결코 작다고는 할 수 없는 것이다.

단상 하나: 농업혁명

인간의 로고스는 규정성(peras)이다. 규정성으로서의 인간 이성은 혼돈보다는 조화를, 무질서보다는 질서를 우선적으로 지향한다. 그러기에 존재세계에 펼쳐지는 무규정성(apeiron)은 견제와 통제의 대상이지 지향의 대상은 아닌 것이다.

로고스의 관점에서 인류 역사상 가장 주목할 만한 사건은 '농업혁명'이다. 땅에 씨를 뿌리고 나서 일정한 시간이 지나면 인간이 먹을 수 있는 곡식을 획득할 수 있다는 것은 문화사에 등장하는 여느 발견과 같이 단순한 것이 아니라, 인간의 삶의 방식을 뒤바꾸어 놓은 거대한 사건이었다. 아울러 인간이 자연환경에 의해서 지배받지 않고 능동적으로 자연환경을 지배할 수 있다는 것을 보여준 사건이었다. 인간 이성의 진보를 보여주는 철학적인 사건이기도 하다.

단상 둘: 사상의학 유감

한국인들은 체질에 따라서 한약을 먹는다. 아마도 동무(東武) 이제마(李濟馬) 선생의 사상의학(四象醫學) 이론에 입각해서 그러할 것이다. 사람을 태양(太陽), 소양(少陽), 태음(太陰), 소음(少陰) 네 가지 유형으로 나누고, 그 유형에 따라서 약을 처방하는 것이다. 이것은 사람의 몸을 구성하고 있는 본질에 대한 이제마의 통찰이다. 즉 몸 일반이 가지는 특정한 성질에 대한 인식인 것이다.

그런데 이러한 규정성이 21세기 오늘날의 한국사람에게도 그대로 적용이 될 수 있는가? 종종 "약발이 잘 받지 않는다"라는 말을 듣는다. 사람 몸이란 것이 변하기 마련인데 사상체질론이 오늘날에도 그대로 적용된다고 믿는 것은 매우 소박한 생각일 것이다. 시간이 지나면 물질세계는 변하기 마련이다. 그리고 그것에 기반한 이론 역시 재조정되어야 할 것이다. 이제마 선생이 살던 시대에 비해, 오늘 한국 사람들은 서구적 먹거리에 익숙해 있다. 치즈와 피자가 우리들의 입맛을 지배하고 있다. 사상의학이란 것이 된장이나 고추장 같은 전통적인 음식문화에 기반하여 구성된 이론일 텐데, 우리는 그 배경을 무시하고 있는 것은 아닐까?

단상 셋: 말 바꾸기

현실세계의 정치인들은 끊임없이 자신의 말을 바꾼다. 자기를 변명하면서 말이다. 그런데 이러한 현상에는 두 가지 생각이 있을 수 있다. 하나는 개인 및 공동체의 이익을 위해서라면 상황에 따른 적절한 말 바꾸기가 필요하다는 생각이다. 심지어는 거짓말까지도 용인하자고 한다. 삶은 정치이고, 정치가는 다양한 전략과 전술을 구사해야 한다는 것이 그들의 논리이다.

또 다른 하나는 상황이 바뀌더라도 자기가 한번 내뱉은 말은 바꾸어서는 안 된다는 생각이다. 특히 정치가들의 말은 국민들과의 약속이기에 더욱 그렇게 해야 한다는 것이 그들의 논리이다.

그런데 우리는 이 두 가지 삶의 방식 가운데 하나를 강요받고 살고 있다. 대체적으로 삶의 무규정성에 익숙한 사람들은 전자를 따르려고 하고, 삶의 규정성에 철저한 사람들은 후자를 따르고자 한다.

맹자(孟子)는 후자를 지지한다. 그는 "수오지심, 의지단야(羞惡之心, 義之端也)", 즉 "자신의 잘못과 모순된 것을 알아 부끄러워하고, 다른 사람의 잘못과 모순된 것을 알아 미워하는 것은 의로움의 싹이다"라는 말을 통해서, 흔들리지 않는 양심의 절대성을 강조한다. 사실 지식인에게 중요한 것은 정치적 책략이 아니라, 원칙에 대한 확고한 준수이다. 융통성이 없어서는 안 되지만, 원칙 자체를 훼손하는 태도변경은 위험한 일이다. 자기모순을 범하고서 어떻게 다른 사람을 설득할 수 있겠는가? 그러기에 가장 부끄러워해야 할 것은 다른 사람의 허물을 들추어내는 것이 아니라, 자기 말과 행동의 일치성을 유지하는 일이다.

단상 넷: 아프로디테와 아레스

예전에 미모의 로비스트와 고위공직자가 연루된 스캔들 하나가 있었다. 미인계를 이용하여 정책결정자를 유혹하려 한 사건이다. 비록 관할기관에 의해서 관련자들이 모두 법의 심판을 받았지만, 로비스트의 미모가 세간의 화제가 된 적이 있었다.

밀로섬 출토의 아프로디테(파리 루브르 박물관 소장)

아마도 미인과 권력자가 밀착된 스캔들로 가장 오래된 것은 아프로디테와 아레스(Ares)의 간통사건일 것이다. 잘 알다시피 아프로디테는 그리스 신화에서 가장 아름다운 여신으로 알려져 있고, 아레스는 건장한 육체와 엄청난 완력을 자랑하는 미남의 신이었다. 사건의 발단은 미남 아레스에 비해 자신의 남편이 너무 모자란다고 판단한 아프로디테의 생각 때문이었다. 못난이에다가 절름발이이기까지한 헤파이스토스에게서 사랑을 느끼지 못한 것이었다. 하지만 꼬리가 길면 잡히기 마련이지 않은가? 남편 몰래 아레스와 바람을 피우던 아프로디테는 남편이 쳐 놓은 그물에 걸려, 신들의 왕 제우스 앞에 끌려가는 수모를 겪게 된다.

그런데 여기에서 흥미로운 것은 아프로디테와 아레스가 통해서 낳은 자식들의 이름들이다. 그들 사이에서는 두 명의 남자아이와 한 명의 여자아이가 있었는데, 그 첫째 아이는 '포보스(Phobos)', 둘째 아이는 '데이모스(Deimos)', 그리고 막내는 '하르모니아(Harmonia)'란 이름을 가지고 있었다. 이때 포보스란 이름은 두려움이란 뜻을 가지고 있으며, 데이모스란 이름은 공포라는 뜻을 지니고 있고, 하르모니아라는 이름은 조화라는 뜻을 가지고 있다. 이때 조화라는 이름은 긍정적인 의미를 지니고 있으나, 두려움과 공포라는 이름은 부정적인 의미를 지니고 있다. 재미있는 일이다. 같은 부모를 두고서 이렇게 다른 성격이 부여되다니. 그럼 이것은 무엇을 상징하고 있을까?

주지하다시피, 아프로디테는 미(美)의 여신이고 아레스는 전쟁의 신이다. 아프로디테는 아름다움을 상징하고 아레스는 무력을 상징하는 것이다. 그런데 아름다운 것과 힘 있는 것은 항상 공존하기 마련이다. 우리들은 근육이 잘 발달된 사람을 보면서 아름다움을 느낀다. 아름다운 사람에게서 거부하기 힘든 강력한 힘을 느낀다. 그런 점에서 막내 하르모니아는 아름다움과 힘의 긍정적인 관계를 상징적으로 보여준다.

그러나 아름다움과 힘이 항상 긍정적으로만 매개되는 것은 아니다. 오히려 부정적인 모습으로 매개될 경우가 더 많다. 권력남용, 정경유착, 조직폭력 등 역사상 모든 권력자들의 비리에는 항상 크고 작은 미인계들이 있어 왔지 않은가? 도덕성과 경건성이 없다면, 아름다움은 부패할 것이고, 힘은 폭력으로 변할 것이다.

명심해야 할 것이 하나 있다. 부도덕한 짓을 저지르면 반드시 양심의 가책을 받는다는 사실이다. 즉 두려움에 떨고 무서워한다는 것이다. 우리가 아프로디테와 아레스의 스캔들에서 배워야 할 것은 바로 이러한 깨달음이 아닐까?

단상 다섯: 거슬러 올라가기

하나의 물고기가 살아 있음을 증거하는 방법은 그 물고기가 어느 정도 물을 거슬러 올라갈 수 있느냐에 있다. 죽은 물고기는 절대로 물을 거슬러 갈 수 없다.

예전에 인상 깊게 본 사진이 하나 있다. 폭포수 아래에서 물을 거슬러 올라가는 사슴들 사진이었다. 무엇을 향해, 그리고 왜 그렇게 힘겹게 뛰어가고 있는지는 알 수 없는 사진이었다. 하지만 그 장면은 아직까지 나의 뇌리에 깊이 박혀 있다. 그리고 지금까지 분명하게 남아 있는 것은 그 사슴들이 살아있다는 사실이었다. 살기 위해서 몸부림치는 것이 아니라, 저 높은 곳을 향해서 힘차게 질주하는 에너지 같았다. 맨 앞에 선 우두머리 놈과 그 놈을 따르는 한 떼의 무리들, 그들은 분명 전사의 얼굴을 하고 있었다.

수니온 곶에 있는
포세이돈 신전 앞에서.
아래 가운데가 필자.

◆ 더 생각해 볼 문제

1. 이성이란 무엇인가? 이성은 감성과 어떻게 차이 나는가? 이성적으로 사는 것은 인간에게 어떤 의미가 있는가?

2. 그리스 신화는 무엇인가? 그리스인들은 왜 신화에서 벗어나 철학을 탐구하였는가? 그리고 유독 그리스에서 철학이 탄생은 이유는 무엇인가?

◆ 참고 문헌

M. 그랜트·J. 헤이즐. 1993. ≪그리스·로마 신화사전≫. 김진욱 역. 서울: 범우사.

아폴로도로스. 2004. ≪원전으로 읽는 그리스 신화≫. 서울: 숲.

헤시오도스. 2004. ≪신통기≫. 천병희 역. 서울: 한길사.

호메로스. 1996. ≪오뒤세이아≫. 천병희 역. 서울: 단국대출판부.

________. 2003. ≪일리아스≫. 천병희 역. 서울: 단국대출판부.

장영란. 2005. ≪그리스 신화≫. 서울: 살림.

제3장

모든 것은 흐른다
— 헤라클레이토스와 <8월의 크리스마스> 그리고 <봄날은 간다> —

그리스 본토에서 이주해 온 사람들이 거주하고 있던 소아시아 이오니아 지역에서 최초의 철학적 사유가 일어났다. 그 첫 걸음은 탈레스(Thales)가 시작하였고, 아낙시만드로스(Anaximandros)가 그 뒤를 따랐다. 아페이론(apeiron), 곧 '무한정자(無限定者)'가 그의 중요 개념이었다. 그런데 이오니아 철학의 독창성은 헤라클레이토스(Heracleitos)에 와서 그 빛을 발한다. 변화 속에서 통일의 원리를 탐구하였던 그의 사색은 변화를 부정하면서 존재의 제일원리를 모색하였던 이탈리아 철학과 좋은 대조를 이루고 있다. 헤라클레이토스의 철학을 <8월의 크리스마스>와 <봄날은 간다>를 통하여 이해해보자.

* 앞의 사진은 밀레토스 남쪽 근교에 위치한 디디마의 <아폴론 신전의 두상>. 고대 세계의 신탁지 중에서 가장 거대한 것 중의 하나로 알려져 있다.

탈레스, 아낙시만드로스, 헤라클레이토스

호메로스(Homeros)의 시대가 끝나고 난 뒤, 철학이 그 자리를 대신한다. 특히 소아시아 이오니아 지역의 탈레스는 그 이전의 신화적 사유를 마감하면서 이성에 근거한 새로운 사유를 전개한다. 바야흐로 철학적 사유의 길이 열린 것이다. 과학적이면서도 분석적인 사유가 신화적이면서도 직관적인 사유를 대신한 것이다. 이런 점에서, 탈레스는 철학사가들에 의해서 서구철학의 아버지라 불린다.

그런데 탈레스의 전통을 계승한 아낙시만드로스는 이오니아 철학의 깊이를 더한다. 철학다운 철학, 또는 사유다운 사유는 탈레스가 아니라, 아낙시만드로스에 의해서 가능해진다. 어떻게 보면, 철학의 진정한 아버지는 아낙시만드로스라 해야 할지도 모른다. 왜냐하면 아낙시만드로스는 개별적인 사물, 또는 4가지 물질적 실체들을 뛰어넘는 궁극적인 것, 즉 존재하는 것들의 궁극적인 원리를 모색하고 있으나, 탈레스는 그러지 못했기 때문이다. 다시 말해서, 비록 탈레스가 철학의 역사에서 그 첫머리를 차지하는 영광을 획득했는데도, 그의 사유에는 아직도 4가지 물질적 실체 중 하나가 세계를 지배한다는 소박한 생각이 들어있기 때문이다. 그러므로 진정한 철학의 역사는 아낙시만드로스에서 찾아야 할 것이다. 구체적으로 말해서, 탈레스는 물, 불, 공기, 흙이라는 4가지 물질적 실체, 즉 4원소를 설명하면서, 물이 중심 원소라는 생각을 펼치고 있다. 그가 생각하기에 가장 생명력이 충만한 것이 바로 물이었기 때문이다. 인간이 태어나서 죽을 때까지의 전 과정을 살펴보면, 그의 이러한 설명은 설득력을 가진다. 현대의학계의 보고에 의하면, 갓 태어난 아기의 몸은 80%이상이 물로 구성되어 있으며, 늙어가면서 그 비율은 점점 줄어든다고 한다. 그리하여, 자연적 죽음에 이르렀을 때의 인간의 몸은 약 50% 미만의 수분밖에 소유하지 못한다고 한다. 더욱이 탈레스가 살던 소아시아 지역이 지중해 연안에 위치해 있기 때문에, 자연환경에서 물이 차지하는 비중 또한 필수 불가결했을 것이다. 어쨌든 탈레스는 4원소 가운데에서도 유독 물을 삼라만상(森羅萬象)의 시원(始原)으로 규정하고 있는 것이다. 하지만 아낙시만드로스가 볼 때, 그의 이러한 생각은 소박하기 그지없다. 왜냐하면 물이란 원소가 4원소 가운데에서 가장 강력한 것이긴 하나, 절대적인 것은 아니기 때문이다. 물은 불에 의해서 끊임없이 위협을 받고 있으며, 공기와 흙 역시 자신들만의 독자적인 세력이 있기 때문이다. 이런 점에서 네 가지 원소 모두를 포괄하면서도 그것들에 대한 실

에페소스의 켈수스 도서관. 아시아의 집정관이자 총독인 티베리우스 율리우스 폴레마이아누스를 기리기 위해서 그의 아들인 집정관 티베리우스 아퀼라 폴레마이아누스가 세운 도서관이다.

기원전 2세기 초반에 세워진 에페소스 켈수스 도서관의 정면 장식. 장식의 하단부에는 지혜를 뜻하는 소피아(sophia)라는 단어가 새겨져 있다.

제적인 지배력을 가지고 있는 원리에 대한 요구가 생겨난다. 즉 4가지 원소와 차별화되는 '그 어떤 것', 또는 물질적 실체성을 벗어나 있는 '제3의 것'을 요청하게 되는 것이다. 아페이론(apeiron)으로 대답될 수 있는 이 개념으로 인하여, 아낙시만드로스는 이오니아 최고의 사색가로 자리매김하게 된다.

그런데 아낙시만드로스를 계승하는 헤라클레이토스(Heracleitos)는 사유의 깊이와 넓이 면에서 아낙시만드로스와 대등하거나, 오히려 그를 훨씬 능가하는 사람이다. 일찍이 헤겔(Hegel)이 "내가 하는 말 가운데에서 헤라클레이토스의 글에서 인용하지 않은 것은 하나도 없다"라고 칭찬할 정도로, 그는 박학다식하고 심오한 철학자였다. 그리고 지금까지 변화와 생성 그리고 로고스와 변증법에 관심을 가지고 있는 사람들에게 끊임없이 영감을 불어넣어주고 있는 사람이기도 하다. 세계에서 머리 좋은 사람 열 사람을 뽑을 때 그 가운데에는 들어가지 않을지는 몰라도, 가장 통찰력 있는 철학자 두 사람을 고르라고 한다면 파르메니데스와 함께 반드시 들어갈 만한 사람이다. 하여튼 그는 보기 드문 직관력으로 후대 철학자들을 긴장시켰다.

철학은 변방으로부터

그리스인들의 식민 활동은 기원전 750년경부터 시작되어 기원전 550년경까지 계속되었다. 그리하여 흑해와 지중해 연안 그리고 섬들에 많은 식민도시가 건설되었다. 이러한 식민 활동의 중심적인 지역으로는 코린토스와 메가라, 그리고 소아시아의 밀레토스 등이 있다. 마르세유와 나폴리, 그리고 이스탄불 등은 오늘날까지도 번성하고 있는 도시들이다. 하지만 아프리카 북부해안의 서쪽 지역은 카르타고인의 세력이 강하여서 그리스인들의 식민 활동이 거의 불가능하였으며, 동부 지중해 연안 역시 아시리아·페니키아인의 세력으로 인하여 많은 어려움을 겪었다. 그리스인들의 식민 활동은 크게 보아 두 가지 방향으로 진행되었다. 한쪽은 지중해 동쪽 해안에 위치한 소아시아의 이오니아 지역, 그러니까 지금의 터키 서쪽 해안 지역을 공략하는 것이었으며, 다른 한쪽은 지중해 서쪽 해안의 '마그나 그라시아(Magna Gracia)' 지역, 그러니까 지금의 이탈리아 반도 쪽을 경영하는 것이었다. 그런데 이러한 식민활동은 그리스인들에게 정치·군사적인 성취감만 제공한 것은 아니었다. 철학적인 성취 또한 괄목할 만하게 진행되었다. 이오니아 지역에서는 탈레스와 아낙시만드로스 그리고 헤라클레이토스 등에 의해서 과학적 사유의 기틀이 마련되었으며, 마그나 그라시아 지역에서는 피타고라스와 파르메니데스 그리고 제논 등에 의해서 형이상학적·논리적 사유의 기반이 마련되었다. 이 두 지역의 철학자들은 지적인 라이벌 관계를 형성하면서 소크라테스 이전의 그리스 자연철학을 꽃피웠다. 이처럼, 서구의 철학사는 역설적으로 식민지역에서 시작되고 있는 것이다.

터키 이스탄불의 성 소피아 성당 내부.

그리스의 아테네가 그리스 철학, 나아가 그리스 문화의 중심지로 등장하게 되는 때는 기원전 5세기를 전·후로 해서이다. 아테네에 민주정치가 뿌리내리고, 식민지역으로부터 많은 지식인들이 모여들기 시작하면서부터이다. 소피스트라 불리는 지식인들이 바로 그러한 사람들이었는데, 그들은 공통적으로 돈을 받고 학생들을 가르쳤다. 수사술과 웅변술이 그들의 주된 교육과목이었다. 그런데 이들과 뜻을 달리하는 사람이 한 사람 있었는데, 그 사람이 바로 소크라테스였다. 그는 대부분의 소피스트들과 달리, 수업료를 받지 않고 학생들을 가르쳤다. 그러나 그의 이러한 행동은 동료 소피스트들의 심기를 불편하게 하였는데, 그 이유는 돈에 연연해하지 않는 그의 올곧은 성격 때문이었다. 그런데도, 아테네 시민들은 그를 소피스트 중의 한 사람, 경우에 따라서는 가장 위험한 소피스트로 인식하곤 하였는데, 그 이유는 아테네 민주정체에 대한 그의 과도

한 비판 때문이었으리라. 어쨌든 소크라테스는 플라톤에 의해서 올바르게 평가받기 전까지는 소피스트로부터도, 동료 시민 그 누구로부터도 환영받지 못한 존재였다.

그리스 철학이 중심이 아닌 주변에서 시작되었다는 것은 흥미로운 현상이다. 구체적으로, 탈레스가 태어난 곳은 밀레토스이며 헤라클레이토스가 태어난 곳은 에페소스이다. 모두 그리스의 식민 도시였다. 알렉산더의 스승인 아리스토텔레스가 태어난 곳도 그리스 북부의 한 조그마한 도시인 스타게이로스(Stageiros)였다. 원자론의 아버지인 데모크리토스와 소피스트 프로타고라스 역시 아리스토텔레스와 같이 마케도니아의 한 조그마한 도시인 압데라(Abdera)에서 출생하였다. 소크라테스 이전 철학자들 중에서 가장 주목할 만한 사람으로 손꼽히는 피타고라스 역시 지중해의 자그마한 사모스 섬 출신이었다. 그 후 그는 남부 이탈리아의 식민도시인 크로톤에 자신의 학당을 열었다. 수사술 역시 시칠리아에서 발달해, 아테네로 유입되었다. 이처럼 그리스의 철학은 식민 도시에서 발흥하여 아테네로 유입되는 양상을 보이고 있다.

헤라클레이토스에 대하여

인간이라면 누구나 태어난 이상 죽게 마련이다. 삶과 죽음은 인간이 가지고 있는 가장 기본적인 문제이다. 그러기에 강인한 의지를 가지지 못한 사람들은 대부분 죽음을 두려워한다. 어찌 보면 죽음에 대한 두려움은 인간이 지닌 가장 원초적인 본능인지도 모른다. 철학자들은 죽음을 어떻게 이해하고 있었을까? 이오니아의 대표적인 철학자인 헤라클레이토스의 이야기를 들어보자.

헤라클레이토스는 소(小)아시아 지역의 에페소스(Ephesos)에서 출생하였다. 에페소스는 ≪성서≫에 나오는 사도 요한의 고향이기도 하다. 그런데 헤라클레이토스가 언제 태어났는지는 분명하게 알려져 있지 않다. 이것은 당대 역사가들의 기술방식과도 관련이 깊다. 당시에는 해당 인물의 일대기를 기록할 때, 그 사람이 출생한 해보다는 그 사람의 전성기[8]를 기준으로 그의 행적을 기록하는 것이 관례였다. 한 사람이 가장 정력적으로 활동했던 시기를 중심으로 기록하였던 것이다. 예를 들자면, "헤라클레이토스는 제 69차 올림픽 경기가 치러지

---

8) 그리스 남성들에게 있어서 한 개인의 전성기는 보통 40세를 기준으로 설정된다.

던 해에 전성기를 맞이하였다”라는 식으로 표현을 하였던 것이다(김내균 1996, 129).

철학자 헤라클레이토스에 관한 일화는 많다. 하지만 그 모든 것이 믿을 만한 것인지에 대해서는 의문의 여지가 있다. 그런데도 확실한 것은 그가 매우 유서 깊은 가문에서 태어났다는 사실이다. 대대로 제사장을 지낸 귀족집안에서 그것도 장손으로 태어났다고 한다. 그런데도 그는 그 모든 것을 버리고 고독한 철학자의 길로 접어들었다.

헤라클레이토스 자신의 단편들에도 잘 드러나고 있듯이, 그는 기존의 체제나 질서에 강한 반감을 가지고 있었다. 그리고 그는 어느 특정한 스승으로부터 가르침을 받은 적도 없었다. 당연히 기존 학풍에 대해서 비판적이었다. 성격 또한 괴팍하였다. 특히 세상을 보는 지혜가 모자라는 사람이나 미신 같은 것을 맹목적으로 믿는 사람들에게는 경멸의 말을 서슴지 않았다. ‘자기인식(self-knowledge)’ 외의 어떠한 것도 믿을 만한 것이 못 됨을 확신하였다. 워낙 다른 사람들의 의견을 무시하였기 때문에, 모든 철학자들에 대해서 비판적인 자세를 견지하였다.

지나치다 싶을 정도의 자기교만과 자부심에도 불구하고, 헤라클레이토스는 정치적인 야심을 전혀 갖고 있지 않았다. 일화에 의하면, 헤라클레이토스는 페르시아 대왕의 제안, 즉 자신에게 봉사하면 온몸을 뒤덮을 정도의 금은보화를 주겠노라는 대왕의 제안조차도 거절하였다. 정치적 야심이란 뻔뻔스럽고 만족을 모르는 요물과 같은 것이기에, 마음속에 시기심만 불러일으키고 결국에는 자기 자신을 망친다는 것이 그의 거절 이유였다.

오늘날까지 그의 저작은 단 한 권도 전승되지 않고 있다. 다만 그의 변증적 사유를 담은 약 130여 개의 토막글들만이 전해져 내려오고 있을 뿐이다. 그나마 남아 있는 것도 애매모호하여, 그 글을 읽는 사람들의 마음을 무겁게 하고 있다. 그래서 그에 대해 비판적인 사람들은 그를 가리켜 '수수께끼를 이야기하는 사람'이라고도 말한다. 하지만 그가 사용하는 비유와 상징은 상당한 직관력을 소유한 사람만이 표현할 수 있는 그러한 것들이다. 그래서 플라톤이나 헤겔 같은 사람들은 그런 그의 토막글들에서 영감을 얻고 있는 것이다.

그런데 모든 철학자들이 신비주의적 경향을 띤 헤라클레이토스의 철학을 칭찬하고 있는 것은 아니다. 엄격한 논리적 사고를 강조하는 아리스토텔레스는 헤라클레이토스 철학이 논리적이지 못하다고 공격하고 있기 때문이다. 하지만 헤라클레이토스에 대한 아리스토텔레스의 비판은 재고되어야 한다. 왜냐하면 아리스토텔레스의 사유방식은 모순을 배제하는 연역논리인데 반해서, 헤라클레이토스의 사유 방식은 모순까지도 포함하는 변증 논리이기 때문이다.

하여튼 철학사에 드러나는 이러한 이중적인 평가에도 불구하고, 헤라클레이토스는 자신만의 독특한 철학을 전개한 독창적인 철학자임에 분명하다.

만물유전

헤라클레이토스는 '만물유전(panta rhei)'의 철학자이다.(아리스토텔레스 ≪천체론≫ 3권 1장, 298b 30) 그는, 변하지 않는 불변의 실체(實體)를 강조하고 구체적으로 그것을 천착해 왔던 실체론자들에게 맞서서, 만물유전 사상을 강조하였다. 글자 그대로 만물유전이란 것은 이 세상에 존재하는 모든 것들은 그것이 존재하는 한에 있어서는 한 순간도 쉬지 않고 끊임없이 흘러가며, 궁극적으로는 변화한다는 것이다. 유전, 즉 '흘러가고 변화하는 것'이야말로 만물의 참모습이다. 그러기에 그는 다음과 같이 주장한다.

71. 플루타르코스(DK22B91)[9)]

---

9) 소크라테스 이전 철학자들의 단편에 대한 언급 중 헤라클레이토스, 피타고라스, 크세노파네스 그리고 파르메니데스에 대한 인용은, 정암학당 고전학연구실의 김인곤, 강철웅, 김재홍, 김주일, 양호영, 이기백, 이정호, 주은영이 선집하고 번역한 ≪소크라테스 이전 철학자들의 단편 선집≫(대우고전총서 012)을 따르기로 한다. 통상적으로 많이 인용되고 있는 헤르만 딜스-발터 크란츠의 ≪소크라테스 이전 사람들의 단편들≫(이하 DK)의 번호도 병기하였다. 그러기에 '71. 플루타르코스(DK22B91)'라고 인용된 것

> 같은 강에 두 번 발을 담글 수 없고 가사적인 것을 고정된 상태에서 두 번 접촉할 수 없다. 그것은 변화의 급격함과 빠름에 의해서 흩어졌다 또다시 모이고(아니 '다시'도 '나중'도 아니며, 차라리 '동시에') 합쳐졌다 떨어지며, 다가왔다 멀어진다. (≪델포이의 E에 관하여≫392b)

> 69. 아레이오스 디뒤모스(DK22B12)
> 같은 강에 발을 담근 사람들에게 다른 강물이, 그리고 또 다른 강물이 계속해서 흘러간다. 그리고 혼들은 젖은 것들로부터 증발되어 나온다. (에우세비오스의 ≪복음의 준비≫ XV. 20에 인용됨)

그런데도 헤라클레이토스는 만물의 아르케를 '불'이라고 하였다. 이것은 어떻게 이해해야 할까? 분명한 것은 그가 생각한 불은 이전의 철학자들이 주장하였던 '물'이나 '공기'와 같은 물질적 실체는 아니라는 것이다. 물질적 세계에서 변화하지 않는 것이란 결코 존재하지 않는다. 예전의 이오니아 철학자들이 자신들의 철학적 사유를 만물을 지배하는 물질적 실체에 집중하고 있는 것과 달리, 그는 변화를 주재하는 우주의

은 플루타르코스의 저작, 정확히 말해 ≪델포이의 E에 관하여≫ 392b에 등장하는 헤라클레이토스의 관련 언급으로 정암학당 고전학연구실의 것에서는 71번째로 배열되어 있으며, DK에서는 91번째의 직접단편(B-단편)으로 배열되어 있다는 것을 뜻한다. DK에 있는 알파벳 A는 B-단편과 구별되는 A-단편(간접단편)을 말하고, 숫자 22는 DK에서 관련철학자 헤라클레이토스가 배열된 순서를 뜻한다.

궁극적인 '힘'에 몰두하였다. 그런 점에서 그가 주목하고 있는 것은 힘으로서의 불인 것이다.

물론 불도 우주에 상존하는 물질적 실체 가운데 하나이다. 하지만 헤라클레이토스가 보고자 하는 것은 삼라만상에 가득 찬 힘과 같은 것으로서의 불이다. 요즘 말로 하자면 '에너지'와 같다.

> 75. 알렉산드리아의 클레멘스(DK22B30)
> 이 세계(kosmos)는, 모두에게 동일한데, 어떤 신이나 인간이 만든 것이 아니라 언제나 있어왔고 있고 있을 것이며, 영원히 살아있는 불로서 적절한 만큼 타고 적절한 만큼 꺼진다. (≪학설집≫ Ⅴ.105)

> 78. 플루타르코스(DK22B90)
> 모든 것은 불의 교환물이고 불은 모든 것의 교환물이다. 마치 물건들이 금의 교환물이고, 금은 물건들의 교환물이듯이. (≪델포이의 E에 관하여≫388e)

이처럼 아르케로서의 불은 존재하는 모든 것들을 역동적으로 변화시킨다. 인간에게 있어 그 힘, 즉 아르케는 무엇인가? 헤라클레이토스는 그것을 인간 영혼에서 찾는다.

로고스

불과 함께, 헤라클레이토스가 강조하는 것은 '로고스(Logos)'이다. 아니 어떻게 보면 헤라클레이토스 철학의 진수(眞髓)는 로고스 사상일지도 모른다. 사실 철학에 있어 로고스만큼 많이 언급되고 중요하게 취급되는 개념은 없을 것이다. 헤라클레이토스는 로고스 개념에 철학적 의미를 부여한 첫 번째 철학자이다. 그에게 있어 로고스는 모든 존재하는 것들을 존재하게 하는 것이다. 변화하는 가운데에서도 이것만은 변화하지 않는다. 일찍이 동양의 현자들은 ≪주역(周易)≫에 나타난 생각들을 정리하면서 세 가지 생각들, 즉 '세상에 존재하는 것들은 모두 변한다', '변하는 가운데에서도 변하지 않는 것이 있다', '변하지 않는 것의 이치는 간단하다'라는 결론들을 이끌어 냈는데, 헤라클레이토스의 로고스 사상 역시 이와 유사하다.

4. 섹스투스 엠피리쿠스(DK22B1)

이 로고스는 언제나 그러한 것으로 있지만, 사람들은 듣기 전에도, 일단 듣고 나서도 언제나 이해하지 못한다. 왜냐하면 모든 것이 이 로고스에 따라서 생기건만, 내가 각각의 것을 본성에 따라 구분하고 그것이 어떠한지를 보이면서 상술하는 그러한 말들과 일들을 그들이 경험하면서도, 그들은 경험 없는 사람들 같기 때문이다. 남들은 깨어

> 서 하는 모든 것들을 알아채지 못하는데, 이는 마치 그들이 자면서 하는 모든 것을 잊어버리는 것과 같다. (≪학자들에 대한 반박≫ Ⅶ. 132)

> 5. 섹스투스 엠피리쿠스(DK22B2)
> 이 때문에 '공통의 것'을 따라야만 한다. 그런데 로고스는 공통의 것이거늘, 많은 사람들은 마치 자신만의 생각을 지니고 있는 듯이 살아간다. (≪학자들에 대한 반박≫Ⅶ. 133)

> 48. 휘폴리토스(DK22B50)
> 나에게 귀를 기울이지 말고 로고스에 귀를 기울여, '만물은 하나이다(hen panta einai)'라는 데 동의하는 것이 지혜롭다. (≪모든 이교적 학설들에 대한 논박≫ Ⅸ.9)

그러기에 로고스는 변화의 이면에 감추어져 있는 존재의 질서로 다음 두 가지 특징을 지닌다. 첫째, 보편적으로 만물을 지배한다. 둘째, 모든 사람들이 똑같이 이해할 수 있는 것이다.

투쟁은 만물의 아버지

헤라클레이토스는 이 세상을 투쟁과 대립이 지배하는 거대한 싸움터로 보았다. 조화는 대립에 의해 이루어지며, 존재하는 모든 것들은 다툼에 의해 생성된 결과물이다. 그러므로 투쟁은 반물의 아버지이다.

> 65. 포르퓌리오스(DK22B103)
> 원의 둘레에서 시작과 끝은 공통이다. (≪일리아스에 관한 호메로스적 물음들≫200)

> 67. 저자불명(DK22B48)
> 활(toxon)에게 그 이름은 삶(bios)이지만, 하는 일은 죽음이다. (단편 48)

이 중에서 단편67(DK48)을 보자. 여기에 등장하는 그리스어 '비오스(bios)'라는 말은 생명과 죽음이라는 두 가지 모순된 의미를 동시에 지니고 있다. 비오스라는 말에서 앞에 있는 모음 'i'에 강세가 오면 그 뜻은 직접적으로 '생명'이라는 의미를 나타낸다. 그런데 뒤에 있는 모음 'o'에 강세가 오면 그 뜻은 '활(bow)'이라는 의미를 지니는데, 그것은 궁극적으로 죽음을 의미한다. 왜냐하면 활을 당기는 행위 자체는 활에게 생명을 부여하는 일이지만, 그 활시위를 놓았을 때 쏘아진 화살이 하는 일은 살아 있는 생명체의 생명을 거두는 것이다. 이처럼 그리스 사람들은 생명이라는 뜻을 지닌 활이 하는 일을 역설적으로 죽음과 연관 지어 생각하였던 것이다.

하지만 헤라클레이토스는 현상적으로 대립되어 있는 것처럼 보이는 것은 본성적으로는 동일한 것이며, 그 변화는 동일한 존재의 상이한 출현으로 보아야 한다고 주장하였다. 그리고 이러한 주장은 헤라클레이토스의 다른 단편들에서도 계속해서 등장한다.

54. 플루타르코스(DK22B88)
동일한 것 … 살아있는 것과 죽은 것, 깨어 있는 것과 잠든 것, 젊은 것과 늙은 것. 왜냐하면 이것들이 변화하면(metapesonta) 저것들이고, 저것들이 다시 변화하면 이것들이기 때문에. (≪아폴로니오스에게 보내는 위로의 말≫106e)

103. 스토바이오스(DK22B77)
젖는다는 것은 혼들에게 죽음이 아니라 즐거움(terpsis)이다. 그들에게는 즐거움이란 생성으로 떨어지는 것이다. 다른 곳에서 그는 말하기를 우리는 저들의 죽음을 살고, 저들은 우리의 죽음을 산다. (단편 35, 포르퓌리오스의 ≪님프의 동굴≫10에 인용됨)

결론적으로 헤라클레이토스는 세상에 존재하는 대립적인 것들을 하나의 개념으로 통일시키고자 한 화합의 철학자였다.

얼핏 보기에 모순되고 대립하는 것처럼 보이는 모든 것들을 하나의 개념으로 통일시켜 인식하고자 한 철학자 헤라클레이토스는, 분명 모순 속의 '숨은 질서(hidden harmony)'를 통찰한 최초의 철학자인 것이다.

> 51. 히폴리토스(DK22B54)
> 보이지 않는 조화가 보이는 것보다 더 강하다.
> (≪모든 이교적 학설들에 대한 논박≫ Ⅸ.9)

> 45. 테미스티오스(DK22B123)
> 본성(physis)은 스스로를 감추곤(kryptesthai) 한다.
> (≪연설집≫ 15쪽, 69)

<8月의 크리스마스(1997)>

감독: 허진호
출연: 심은하, 한석규, 신구, 오지혜
촬영감독: 유영길
음악: 조성우
개봉: 1998.1.24.

영화의 구성:
1. 오프닝 2. 다림의 기다림 3. 저녁식사
4. 지원과 만남 5. 사진관 휴식 6. 부탁
7. 아이스크림 8. 술 한 잔 9. 뭐해요?

10. 가족사진 11. 한밤의 빗소리
12. 동창모임 13. 비디오 보기
14. 데이트(놀이공원) 15. 이별 준비
16. 기다림 17. 다시 찾은 사진관
18. 마지막 뒷모습 19.세상을 떠나며
20. 엔드크레딧

<8月의 크리스마스>중
정원의 사진관

<8월의 크리스마스>는 많은 것을 생각나게 하는 영화이다. 사는 것과 죽는 것, 보는 것과 존재하는 것, 사랑과 이별, 순간적인 것과 영원한 것 등, 많은 철학적 주제들이 영화 곳곳에 배치되어 있다. 영화 전체를 꼼꼼하게 감상한다면 삶과 죽음, 인간과 우주에 대한 헤라클레이토스의 사상을 조금이나마 이해하는 데 큰 도움이 될 것이다. 자 이제 본격적인 영화여행을 떠나보자.

어머니도, 아버지도
자신도 언젠가는
죽을 것이라는
생각을 하는 정원

영화필름이 돌아간 지 얼마 안 되어 초등학교 운동장에 서 있는 주인공 정원(한석규)이 보인다. 곧이어 힘겹게 철봉에 올라가는 그의 모습이 잡힌다. 그러면서 정원의 목소리로 다음과 같은 독백이 흘러나온다.

> 내가 어렸을 때 아이들이 모두 가 버린 텅 빈 운동장에 남아 있기를 좋아했었다.
> 그곳에서 돌아가신 어머니를 생각하고, 아버지도, 그리고 나도 언젠가는 사라져 버린다는 생각을 하곤 했었다.
> (챕디 1)

사람은 죽는다. 존재하는 것들은 모두 죽기 마련이다. 주인공의 '죽음'을 암시하는 첫 번째 내레이션이 영화 전체를 지배하고 있다. 이 독백으로 우리는 주인공 정원이 죽음을 앞둔 시한부 존재임을 직감하게 된다. 바야흐로 삶과 죽음의 문제가 전면에 배치되고 있는 것이다.

그런데 정원의 병이 어떤 것인지에 대해서는 어떠한 언급도 없다. 다만 그 병으로 인해 그가 시한부 인생을 살고 있다는 사실만이 드러나 있을 뿐이다. 그런데도 그는 열심히 살아가고 있다. 약도 먹고, 술도 먹고, 병원도 가고, 술집도 가고, 효도도 하고, 사랑도 하면서 그는 열심히 살아가고 있다.

어느 일식집 앞에서 친구와 나누는 다음 대화는, 죽어가고 있는 자기 자신에 대한 불안과 생에 대한 집착을 잘 보여주고 있다.

정원: 빨리 나와. 계산 맞아. 빨리 와. 철구야. 나 한잔만 더 먹고 싶어.
철구: 안돼. 나 몸도 예전 같지 않고 그래 가지구.
정원: 모퉁이 집 가서 한잔만 더 하면 되잖아.
철구: 그만해. 이 새끼 술꾼 다 됐네.
정원: 너 스물아홉 살 마지막 날에 니가 나한테 뭐라고 그랬어?
철구: 내가? 몰라.
정원: 몰라?
철구: 저 새끼 이상하네.
정원: 술 먹고 죽자.
철구: 이히힝. 야 너 어디가? 야 임마. 야, 너 왜 그래? 엉? 무슨 일 있냐 너? 안 먹던 술까지 먹고.
정원: 말 시키지 마
철구: 말해봐. 에이 씨, 오줌도 안 나오네. 어유, 되게 마려웠는데 안 나오네.
정원: 나 곧 죽는다.
철구 : 야 이 새끼 이거 술 처먹을려고 별 수작을 다하네. 그래 임마 먹자. 이 새끼야.
정원: 술 먹어?
철구: 쳐 먹어 그래 이 새끼야.
정원: 술 먹어?
철구: 먹어 이 새끼야.
정원, 철구: 술 먹고 죽자!
(챕터 8)

비극적 사랑을 주제로 하는 멜로물에서는 대체로 주인공이 백혈병이나 암과 같은 병으로 죽어간다. 관객들로 하여금 동정심을 불러일으키게 하기 위해서이다. 물론 효과가 있을 경우도 있지만, 이제는 식상한 줄거리이다. 만약 이 영화에서조차 주인공 정원이 백혈병이나 암에 의해서 죽어가는 존재로 설정되었다면, 이 영화의 신선함은 현저하게 줄어들었을 것이다. 너무나 상투적인 사건이기 때문이다.

정원의 사진기

정원의 직업은 '사진사'이다. 사진이란 것이 무엇인가? 순간적인 것을 영원한 것으로 간직하고자 하는 예술이 아닌가. 그러기에 사진사는 변화하는 현재를 영원히 담보하고자 하는 제작자 아닌가. 그런 점에서 시한부 인생을 살고 있는 정원의 직업을 사진사로 설정한 것은 역설적이다.

대부분의 사람들은 자신이 살아가면서 가장 기억하고 싶은 장면을 사진 속에 담는다. 그리고 그렇게 찍혀진 사진들은 사람들의 기억을 가능하게 한다. 사진을 매개로 해서 인간은 과거와 대화할 수 있는 것이다. 그런 점에서 사진은 '영원성'을 갈구하는 인간의 이념이 반영된 예술작품이다.

그런데 또 다른 측면에서 볼 때, 사진은 소멸되어 가는 자신을 보존하기 위한 집착의 산물, 또는 욕망의 산물은 아닐까? 늙어가는 얼굴을 더 늙기 전의 상태로 간직한다든지, 불어나는 몸을 더 날씬한 상태로 간직한다든지 하는 것은 영원성을 획득하고자 하는 인간의 몸부림은 아닐까? 하지만 이 영화에서는 인간의 그러한 욕망들이 추하게 느껴지지는 않는다.

프로이트적으로 볼 때, 정원이 갈구하는 것은 생에 대한 '사랑과 욕망(eros)'이다. 그는 이미 자신이 '죽음(tanatos)'의 세계에 진입해 있다는 것을 알기에, 생에 대한 욕망을 더 간절하게 표출하고 있는 것이다.

삶과 죽음

죽음을 앞둔 사람에게 가장 중요한 것은 '일상'이다. 돈도 그 자리를 대신할 수 없다. 권력도 그 자리를 대신할 수 없다. 명예도 그 자리를 대신할 수 없다. 감독은 이 영화를 통해서, 시한부 인생을 살고 있는 한 사람의 사랑과 이별, 그리고 죽음이 지니는 일상의 의미를 잔잔하게 그리고 있다.

또 다른 주인공인 다림(심은하)과의 사랑이 깊어질수록 점점 죽어가는 자기 자신을 발견하는 정원. 그리고 자신의 영정사진을 자기 손으로 찍고 있는 정원. 그리고 제사상에 올라갈 자신의 영정사진을 좀더 예쁘게 나오게 해 달라고 조르는 할머니. 이들의 뇌리 속에는 어떤 생각이 자리잡고 있을까? 혹시, 삶과 죽음은 둘이 아니라 하나라는 생각이 들어있지는 않을까? 다음은 자신의 사진을 다시 찍고 싶다고 말하는 할머니와 정원의 대화이다.

정원: 어 할머니. 사진 아직 안 나왔는데요.
할머니: 낮에 찍은 사진.. 그..

정원: 다시 찍으시게요?
할머니: 다시 찍을 수 있겠지?
정원: 예 다시 찍어 드릴게요.
할머니: 돈은 안받는 거지?
정원: 예 그냥 거저 해 드릴게요.
할머니: 아유 고마워.
정원: 저쪽으로 가세요.

정원: 할머니 준비 다 됐네요. 이쪽으로 오세요.
할머니: (의자에 앉으며) 나, 사진 이쁘게 찍어 줘야 돼.
정원: 왜요?
할머니: 아 이거 제사상에 놓을 사진이야
정원: 예, 제가 할머니 잘 찍어 드릴게요. 잠깐만요.

정원: 할머니 젊으실 때 고우셨겠어요.
할머니: 이쁘긴 뭐가 이뻐.
정원: 자 할머니 찍을게요. 자 할머니 죄송하지만 안경 한번 벗어보세요.
(…) 아유 훨씬 이쁘세요. 자 할머니 찍을게요.
할머니 고개 약간만 오른 쪽으로요. 예, 자, 할머니 한 번 웃어 보세요. 예 찍을게요. 웃으시구요.
하나, 둘, (찰칵) 잠깐만요. 할머니 한 장만 더 찍을게요.
(챕터 10)

이런 점에서 삶과 죽음은 슬픔의 대상도 두려움의 대상도 아니다. 그것은 우리가 깊이 성찰해야 할 일상의 사건이다. 죽음을 앞두고 영정사진을 준비하는 할머니의 미소에서, 그리고 시한부 인생을 사는 정원의 눈물 속에서, 우리는 그 평범한 진리를 읽을 수 있다. 헤라클레이토스의 철학은 바로 이러한 일상성 속에 진리가 감추어져 있음을 강조한다.

<8월의 크리스마스> 후반부(챕터 19)에는 정원 혼자서 자신의 얼굴을 찍는 장면이 나온다. 어색한 표정으로 카메라 앞에 앉아 마지막 포즈를 취한다. 약간 방심하는 듯한 순간 카메라 플래시가 터지고, 화면은 이내 그의 죽음을 암시하는 영정사진으로 바뀐다.

정원의 죽음은 이 영화 전체의 주된 흐름이다. 어찌 보면, 정원과 다림의 사랑은 이 죽음이라는 주제 안에 삽입된 하나의 소주제이다. 그것은 결코 죽음의 문제와 동등하게 취급되지는 않는다. 보통의 로맨스 영화에서는 오히려 이성 간의 사랑이 더 큰 주제로 다가올 수 있겠지만, 이 영화에서는 그렇지 못하다. 즉 에피소드로 위치하는 것이다.

하지만 그 에피소드는 결코 가볍지 않다. 그 에피소드는 마치 '맛있지만 질긴 고기'의 제 맛을 살리는 일급 소스와 같다. 그러기에 우리는 죽음이라는 무거운 주제를 접하고 나서도 질식하지 않고, 상쾌한 마음으로 이 영화를 끝까지 볼 수 있는 것이다. 특히 영화의 마지막 장면은 정원의 죽음을 가벼운 이별로 만들고 있다.

눈 쌓인 사진관, 다림의 사진이 정숙과 지원의 사진이 있던 자리에 걸려 있다. 사진관 문이 열리면서 아버지가 나와 '출장 중' 팻말을 걸어 놓는다. 멀리서 교회의 종소리가 들리면서 아버지는 스쿠터를 타고 어디론가 떠난다. 그 순간, 다림이 나와서 자신의 사진이 걸려 있는 창문을 본다. 쇼윈도에 걸려 있는 자신의 사진을 보면서 그녀는 웃는다. 그녀의 웃는 모습이 클로즈업되면서 영화는 막을 내린다.

존재자 전체를 지배하는 힘은 무엇일까? 헤라클레이토스에 의하면, 그것은 로고스(Logos)이다. 로고스를 상징화하여 표현한 것이 바로 '불'이다. 그런데 제2차 세계대전 이후, 하이데거(Martin Heidegger)는 숲 속에서 은둔생활을 하면서 헤라클레이토스의 단편들을 열심히 공부하였다고 전해지는데, 특히 그의 집으로 향하는 길에는 "번개가 모든 것을 지배한다"라는 단편 64가 적혀 있었다고 전해진다.

그럼 그는 왜 이 단편을 자기 집 앞에다 새겨놓기까지 하였는가? 혹시 그가 산 삶이 애매모호함으로 가득 차 있었다는 것을 인정이라도 하는 것은 아닐까? 세월은 번개와 같이 지나가고, 자신은 그 흐름 속에서 죽음으로 향하고 있으니까.

"내가 또 다시 해 아래에서 헛된 것을 보았도다"(<전도서> 4:7)라는 솔로몬 왕의 말을 빌리지 않더라도, 우리네 삶에서 완전하고 영원한 것은 쉽게 찾아질 수 없다.

영화 마지막 장면에서 다림이 입고 있는 옷은 오랫동안 나의 뇌리에 남는다. 마치 정원의 죽음을 애도하기라도 하듯이, 다림은 까만색 정장을 하고 있다. 그런데 영화는 그 까만색 정장 안에 있는 빨간색 니트를 보여주고 있다. 아직 생명의 불길이 꺼지지 않았음을 말하듯이.

정원은 어쩌면 다림의 기억 속에 영원히 살아있을지도 모른다. 평소 정원이 사진으로 자신의 기억을 간직하려 했듯이, 다림은 자신의 기억 속에 정원을 각인시키고 있는 것이다. 그래서 영화 마지막 장면은 다음 대사로 끝난다. 처음이자 마지막인 사랑고백처럼 말이다.

> 내 기억 속의 무수한 사진들처럼 사랑도 언젠간 추억으로 그친다는 것을 난 알고 있었습니다. 하지만 당신만은 추억이 되질 않았습니다. 사랑을 간직한 채 떠날 수 있게 해준 당신께 고맙다는 말을 남깁니다.

소크라테스에 의하면 "철학은 죽음을 준비하는 것이다." 산다는 것은, 그것도 철학적으로 의미 있게 산다는 것은, 바로 삶의 종점인 죽음을 진실 되게 준비하라는 뜻일 것이다. 만약 인간이 눈앞에 벌어지는 일에만 몰두한 채 자신의 죽음을 준비하지 않는다면, 그것은 결코 올바른 삶의 자세는 아니다.

죽음을 앞두고 주변을 정리하는 정원

영화에서 정원은 자신의 죽음을 앞두고 주변을 정리한다. 자신이 어떻게 죽을 것인지, 그리고 자신의 주변 사람들과는 어떻게 관계 맺어야 할 것인지를 생각한다. 치매에 걸린 아버지께 자세하게 비디오 작동법을 가르쳐드리고, 이루어질 수 없는 사랑하는 사람과의 관계 또한 단절시킨다. 중간중간 더 살고 싶다는 인간적인 면모를 보이지 않는 것은 아니지만, 전체적으로 차분하면서도 이성적인 자세로 죽음을 맞이한다. 도를 깨친 사람처럼 말이다. 경건함마저 느끼게 하는 그의 죽음은, 앞만 보고 내달리고 있는 우리 현대인들에게 자신들의 삶을 차분히 반성하게 만든다.

<봄날은 간다(One Fine Spring Day, 2001)>

감독: 허진호
출연: 유지태, 이영애, 백성희, 박인환, 신신애, 백종학
시나리오: 류장하, 이숙연, 신준호, 허진호
음악: 조성우
수상: 제22회 청룡영화상 최우수 작품상 수상, 제38회 백상예술대상 감독상 수상

허진호 감독의 두 번째 작품 <봄날은 간다(One Fine Spring Day, 2001)>는 <8월의 크리스마스>의 변주(變奏)이다. 사진사 정원은 사운드 엔지니어 상우(유지태)로, 주차 단속원 다림은 지방 방송국 라디오 PD 은수(이영애)로, 죽음의 문제는 '열병 같은 사랑'으로 바뀌어 등장한다.

첫 번째 변주는 의미심장하다. 전작에서 허진호는 '시각(視覺)'의 이미지에 몰두하고 있다. 즉 눈으로 볼 수 있는 것을 영원히 간직하고 싶어하는 인간의 욕구를 성찰하고 있다. 사

소리를 따는 상우

진이란 것이 본래 그러한 것이니까. 그런데 후작에서 허진호는 '청각(聽覺)'의 이미지에 몰두한다. 서구적 수채화에서 동양적 판소리(?)로의 변화라고나 할까. 물론 시각의 이미지가 없는 것은 아니다. 소리를 담고 있는 '풍경'은 그 어느 영화보다 뛰어나다. 대나무 숲의 전경은 압권이다. 하지만 연속적인 측면이 없는 것은 아니다. 두 작품에서 감독은 변화하는 가운데에서도 변하지 않는 것을 잡으려고 하는 정원과 상우의 갈등을 잘 보여준다. 특히 "어떻게 사랑이 변하니?"라는 상우의 서글픈 대사는 그 자신의 실존적 모습을 보여주기에 충분하다. 마치 공중으로 사라지는 소리를 붙잡으려는 사람과 같이.

두 번째 변주는 다소 부정적이다. 하지만 현실을 보여주기에는 적당하다. 다림이 수채화 같은 사랑을 만들어가는 순수한 여인으로 스크린에 등장했다면, 은수는 진한 유화(油畵)냄새를 풍기면서 다가온다. 관계 또한 다르다. 정원과 다림이 대등한 관계에서 사랑을 나누는 데 반해서, 상우와 은수는 불평등한 관계에서 사랑을 나눈다. 자연스럽게 종속적·예속적 관계가 성립한다. 이때 주도권은 은수에게 있고 상우는 일방적으로 은수에게 종속되어 있다. 그리고 다림이 정원의 사랑을 조용히 감싸 안는 존재라면, 은수는 상우의 사랑을 조종하고 지배하는 존재이다. 결국에는 상우의 순정까지도 제거한다.

전작(前作)에서 두 주인공이 각기 하나의 축을 형성하고 있었던 데 반해서, 후작에서는 하나의 축만이 있다. 은수를 병적으로 사랑하는 상우라는 축 말이다. 물론 이야기상, 상우를 지배하고 있는 것은 은수이나, 그녀는 그의 진정한 지배자는 아니다. 왜냐하면 그녀는 상우의 질문, 즉 "어떻게 사랑이 변하니?"라는 물음에 어떠한 답변도 해 주지 않기 때문이다. 그녀가 보이는 헤어지자라는 메시지는 상우의 본질적 질문에 대한 충분한 답변이 아니라, 자신에게 종속된 약자를 향한 일방적인 폭력일 뿐이다.

상우: 데려다 줄까?
은수: 괜찮아.
상우: 나 실수한 거 없지?
은수: 갈께.

은수: 잠깐만 세워주세요.
우리 헤어지자.
상우: 내가 잘할게.
은수: 헤어져.
상우: 너 나 사랑하니?
어떻게 사랑이 변하니? 허, 허 …
헤어지자.
(챕터 29-30)

그런데 그들의 이별은 이미 챕터 22에 암시되어 있다. 다음은 그들의 갈등이 표면화되는 대화 내용이다.

은수: 상우씨, 이제 뭐할 거야, 이 일도 끝나가는데?
상우: 무슨 말이야?
은수: 그냥 끝나간다고.
상우: 뭐가 끝나는데?
은수: 끝나간다고, 내 말 못 들었어?
상우: 뭐가 끝나가는데?
은수: 어휴, 답답해.
상우: 차 …
은수: 일이 끝나간다구, 뭐할 거냐구 앞으로? 어?
상우: 나 어디 좀 갔다올게.
은수: 빨리 와서 라면이나 끓여! 어?
상우: 나 일 있어.
은수: 무슨 일? 내가 모르는 일 있어? 어디 가서 술이나 마실려고 그러지.
상우: 은수 씨! 내가 라면으로 보여! 말 조심해!
(챕터 22)

이처럼 <봄날은 간다>는 <8월의 크리스마스>가 간직하고 있던 수채화 같은 풍경을 의도적으로 배제한다. 대신, 영화는 그 자리에 현실의 감정에 충실한 여인과 그 여인의 변화를 이해하지 못하는 한 남자의 자아를 유화적인 이야기로 풀어

<봄날은 간다>는 현실의 감정에 충실한 여인과 그 여인의 변화를 이해하지 못하는 한 남자의 자아를 유화적인 이야기로 풀어낸다.

내고 있는 것이다.

세 번째 변주는 발전이 아니라 퇴보이다. 전작에서 감독은 죽음이라는 고차원적인 문제를 소프트(soft)하게 풀어내고 있다. 많은 관객들에게 감동을 안겨주기에 충분하였다. 왜 그랬을까? 그것은 진정한 사랑이 부재(不在)하는 현실을 역행해 갔기 때문이다. 그럼 그런 현실은 무엇인가. 우리에게 주어진 현실은 사랑을 포기하기를 강요한다. 철학도 포기하기를 강제한다. 죽음이라는 문제를 성찰하는 것보다는 '잘 먹고 잘 사는 법'을 요구하는 것이다. 이루어지지 못한 아름다운 사랑의 이야기를 '기억'하기보다는 내 눈 앞에 있는 욕망을 따라 갈 것을 권유하는 것이다.

우리 눈에 보이는 모든 사랑은 변한다. 특히 남녀간의 사랑은 그 시작도 그 끝도 알 수 없다. 불같이 타올랐다가도 얼음같이 차가워지는 것이 남녀간의 사랑 아니던가. 손을 맞잡고 있을 때에는 영원히 변하지 않을 것 같아 보이다가도 마음이 떠나고 나면 원수보다 더 미운 존재가 아니던가.

영화에서 은수는 분명 악녀로 등장하고 있다. 하지만 그녀는 그저 평범한 여자일 뿐이다. 비록 영화가 현실의 부조리한 측면을 극단화하고 있다고 할지라도, 영화의 현실성은 현실의 현실성에 미치지 못한다. 즉 우리 주변에 있는 은수, 우리 내면에 감추어진 은수는 그녀보다 더 악할 수 있고, 또한 실제로 더 악하기 때문이다. 영화가 슬프게 느껴지는 것은 아마도 우리가 이러한 현실을 살아갈 수밖에 없다는 사실을 수용해야 한다는 것 때문이리라.

☞ 이 영화에는 재미있는 장면과 대사들이 많이 나온다. 그 대표적인 장면들을 따라가면서 생각들을 심화시켜보자.

할머니와 상우의 봄날

다음 장면은 기차역 대합실에서 상우와 할머니가 나누는 대화이다.

상우 : 할머니 이제 가요.
할머니: 할아버지랑 같이 가야지.
상우: 할아버지 돌아가셨어요. 이제 여기 없어요, 할머니. 가요 이제 정신 좀 차리세요, 이제 정신 좀 차리세요.
할머니: (사탕을 꺼내 손자의 입에 넣어준다.)
(챕터 32)

영화 초반부와 후반부에 등장하는 상우의 할머니는 세월의 '변화'에 익숙하지 않은 사람들이다. 변한 현실에 적응하지 못해 갈등하고 있는 인물이다. 그런 할머니를 향해서 상우는 할머니가 가장 아름답게 기억하고 있는 추억의 인물인 할아버지가 부재(不在)한다고 이야기한다. 비록 할아버지의 외도로 인해서 마음에 큰 상처를 안고 사는 할머니인데도, 그녀의 뇌리 속에 가장 아름다운 추억으로 남아있는 것은 할아버지와의 로맨스이다.

(상우와 할머니, 고모가 둘러앉아 할아버지 모습이 담긴 사진첩을 보고 있다.)
고모: 증조할머니, 증조할아버지.
할머니: 살살 넘겨야 해.
상우: 야, 할머니 이쁘다.
고모: 엄마, 엄마, 엄마, 아빠가 몰던 기차도 있네.
상우: 할머니 누구야?
할머니: 우리 신랑 …
상우: 할머니, 그럼 이건 누구야 ?
할머니: 누구냐 이 늙은인?
고모: 엄마, 아버지. 아버지잖아. 젊었을 때의 아빠, 나이 들었을 때의 아빠.
(챕터 5)

이러한 장면은 우리를 슬프게 한다. 할머니는 아름다웠던 과거에 매몰된 채, 현실을 완전히 부정한다. 그녀는 현실을 살지 않고, 과거를 산다. 아니, 살아있으면서도 죽은 사람이다. 그런데 그녀의 죽음은 아름다움만을 현실로 인정하려는 그의 고집에서 나온다. 변하는 가운데에서도 변하지 않는 것이 있기 마련인데도, 그녀는 변화를 정지시킨 채, 과거만을 받아들인다. 젊었을 때의 할아버지 사진을 보고는 기뻐하고, 늙었을 때의 할아버지 사진을 보고서는 슬퍼하는 할머니를 통해서, 우리는 스스로에게 물어보아야 한다. "우리에게 진정 봄날은 있는가?"

그런데 우리는 오히려 그런 할머니의 모습 속에서 지금 갈등하고 번민하고 있는 상우의 모습을 읽을 수 있다. 왜냐하면 감정에 충실하고 변화에 익숙한 은수에 비해 상우는 어리석을 만큼 변하지 않는 사랑에 집착하는데, 그의 그러한 행동은 바로 할머니가 지금 보여주고 있는 행동과 맥을 같이하기 때문이다. 즉, 그들은 모두 인생의 황금기를 그리워하고 있는 것이다. 이제는 떠난 그 '봄날'을 말이다. 그래서 돌아가시기 전에, 할머니가 상우에게 해준 다음 충고는 더욱 더 가슴 아프게 다가온다.

> 할머니: 힘들지? 버스하고 여자는 떠나면 잡는 게 아니란다.
> (챕터 35)

더 좋은 소리

다음은 소리에 대해서 은수와 상우가 나누는 대화 내용이다. 삶에 대한 그들의 차이점이 잘 드러나 있다.

> 상우: 세 번째 소리가 더 좋아요
> 은수: 두 번째 걸로 해요
> 상우: 세 번째 소리가 더 부드러워요. 왜냐하면 (…) 세 번째 소리가 더 좋아요.
> (챕터 4)

'소리'에 대해서 각기 다른 생각을 가지고 있는 상우와 은수

상우와 은수는 '소리'에 대해서 각기 다른 생각을 기지고 있다. 상우는 소리다운 소리를 따기 위해 며칠 밤낮을 기다리는 사람이다. 좀더 부드러운 소리를 찾기 위해서 힘겨운 발품을 마다하지 않는 사람이다. 아마도 변하는 것 가운데에서 변하지 않는 것을 찾으려고 하는 상우의 열정 때문이리라. 이에 반해서, 은수는 기다림보다는 변화에 익숙한 사람이다. 그는 자신이 원하는 대로 행동한다. 소리다운 소리가 있다는 상우의 믿음에 원천적인 거부감은 표시하진 않지만, 그것을 절대화하지는 않는다. 오히려 그녀는 모든 것은 변한다는 사실에 주목하고 있다. 나도 변하고 너도 변하고 모든

것이 변한다는 것이 그녀의 생각이다. 이처럼 두 사람의 사랑이 싹트기도 전에, 이미 그들은 다른 길을 가고 있는 것이다. 다음은 산사에서 둘이 나누는 대화 내용이다.

> 상우: 오늘은 좀 소리 따기는 그럴 것 같은데요?
> 은수: 그러게요, 내일까지 기다려야겠는데.
> 상우: 아까 뭐 빌었어요?
> 은수 : 까먹었다.
> (챕터 7)

은수는 아마도 바람이 불게 해달라고 빌었을 것이다. 하지만 그는 금방 그 사실을 까먹는다. 그녀의 머리 속에는 기억보단 망각이 더 강한 힘을 발휘하고 있기 때문이다. 그녀는 순간순간을 충실하게 살려고 한다. 자기감정에 충실하고, 또한 그것을 행동으로 옮기려고 한다. 모든 것은 변하기 마련이라는 생각이 그녀를 사로잡고 있는 것이다. 그러기에 그녀는 소리다운 소리를 찾기 위해 오랜 시간을 투자하는 상우를 신기한 듯이 바라보고 있는 것이다.

이런 은수와 달리, 상우는 어떠한 소리도 까먹지 않으려고 한다. 망각보다 기억을 더 소중하게 생각한다. 바람소리에서도 더 좋은 것, 즉 바람소리다운 것을 찾고 있는 것이다. 그러기에 그는 흔한 바람소리처럼 변하는 은수의 마음을 이해하지 못한다. 마치 과거의 할아버지만을 자신의 기억에 간직하고자 하는 할머니처럼, 그 역시 과거의 은수만을 사랑하고 있는 것이다.

봄날은 간다

잔치가 벌어지던 날, 할머니 친구분들 중의 한 분이 상우 할머니를 부축하고 나오면서 반주도 없이 부르는 다음 노래는 이 영화의 정조를 잘 대변해주고 있다.

> 연분홍 치마가 봄바람에 휼날리더라.
> 오늘도 옷고름 씹어가며 산제비 넘나드는 성황당 길에
> 꽃이 피면 같이 웃고 꽃이 지면 같이 울던
> 알뜰한 그 맹세에 봄날은 간다.

게다가 술 취한 상우의 아버지가 할머니에게 "우리 엄마 왜 이렇게 늙어버렸냐!"라고 하는 말은 보는 이의 마음을 울적하게 하기에 충분하다.

괴로워하는 상우

은수 문제로 친구인 정국과 나누는 다음 대화는 사랑 때문에 힘들어하는 상우의 모습을 상징적으로 보여주고 있다. 이전에는 제일 좋아했지만 이제는 가장 미워한다는 그의 고백 속에서 우리는 현실의 모순에 괴로워하는 주인공의 마음을 엿볼 수 있다.

> 상우: 오랜만이다. 밥도 안 먹었냐?
> 정국: 먹고 있잖아. 왜 또 강릉가자고? 술이나 한 잔 하자?
> 상우: 나 별로 취하고 싶지 않아. 나 술 취하면 나 기다릴 것 같애, 그 여자가.
> 정국: 상우야 그 여자 잊어. 그 여자 할머니 되었다고 생각해 봐.
> 머리도 하얗고, 주름살도 많고, 그렇지 않냐? 그런 생각하면 좀 도움 되지 않냐? 아무튼 잘 생각해 보자.
> 상우: 그러네. 그러니까 불쌍해진다. 근데, 그래두 보고 싶다.
> 정국: 일어나자.
> 상우: 조그만 더 있자.
> (챕터 33)

인간의 존재의미는 기억이 아닐까? 기억 속에 존재하는 것은 존재하고 기억 속에 존재하지 않는 것은 존재하지 않는 것은 아닐까? 그런데 지금 상우의 기억 속에는 은수에 대한 생각밖에 없다. 물론 그것이 미워하는 감정과 혼재되어 있다 할지라도, 상우에게 은수의 존재는 절대적이다. 변하는 세상 속에서, 그것도 이미 마음이 떠난 여인에게서 변하지 않는 것을 찾으려는 상우의 시도는 힘겹기만 하다. 논리적 비약을 전제하고 말하자면, 그 옛날 변화하는 세상 속에서 변화하지 않는 통일의 원리를 찾으려고 한 헤라클레이토스의 마음이 흡사 이 영화 속의 주인공 상우의 마음과 그 맥을 같이하지는 않을까?

다시
헤라클레이토스로

헤라클레이토스는 로고스의 철학자이다. J. 데리다(Jacques Derrida)가 서양 철학을 '로고스 중심주의'라고 비판할 때, 그 비판의 중심이 되는 로고스 개념은 이때 등장하였다.

하지만 헤라클레이토스의 로고스 개념은 존재를 정태적으로 파악하는 그러한 것은 아니다. 오히려 그것은 존재하는 모든 것들을 변화하는 그 자체로 파악하고자 하는 동태적인 것이다. 변화하면서 변화하지 않는 것, 그것이 바로 헤라클레이토스가 통찰하고자 한 세계의 진상이다.

그럼 변화하지 않는 것이란 무엇인가? 기본적으로 인도와 중국, 그리고 그리스 사람들은 물질적 원소 가운데에서 변하지 않는 것을 찾았다. 그 결과 그들이 찾은 것은 물, 불, 공기, 흙이라는 4가지 원소였다. 이것은 물질적 실체이다. 인도 사람들은 이것을 가리켜 '4대(四大)'라 하였으며, 그리스 사람들은 그것을 '4원소'라고 하였다.

물론 탈레스는 4원소 가운데에서 '물'을 가장 중요하게 생각하였다. 이것이 세계를 지배한다고 생각하였기 때문이다. 즉 물이 '헨 카이 판(Hen kai Pan)'이며, 그 '하나'로서 '전체'를 설명하고자 한 것이다.

사실 사람의 몸은 약 70%가 물로 구성되어 있다. 그리고 모든 생명체들의 생명을 존속시키는 것은 물이기도 하다. 이러한 이유에서 그는 물을 세계를 지배하는 힘으로 보았다. 아마도 이것은 해양문명권의 지식인으로서 탈레스가 가질 수 있는 당연한 입장인지도 모른다.

탈레스의 계보를 잇고 있는 아낙시메네스(Anaximenes)는 '공기'를 절대적인 것으로 인식하였다. 물보다 '공기'가 생명체의 생명을 유지하는 데 있어 더욱더 필수적이다. 물을 먹지 않고선 며칠을 살 수 있지만, 숨을 쉬지 않고서는 단 몇 분도 버틸 수 없다. 그러므로 '숨' 쉬는 것이야말로 가장 원초적인 생존현상이다.

그리스어로 바람 또는 공기는 '프네우마(pneuma)'이다. 영혼은 '프쉬케(psyche)'이다. '용감하다'는 뜻을 지니고 있는 단어는 '메갈로 프쉬코스 에코(megalo psychos echo)'인데, 이것을 직역하자면 많은 공기를 소유하고 있다는 뜻이다. 그리고 ≪성서≫ <마태복음> 1장 18절에는 "성령으로 잉태하사(en gastri echusa ek pneumatos hagiu)"라는 구절이 등장한다. 이 말을 문자 그대로 옮기자면 "성스러운 공기가 애기 집 속으로 들어가서"라는 뜻이다.

그런데 이것과 달리, 이것과 연관된 속된 표현들도 많다. 만용을 부리는 사람이나 겁 없이 용감한 사람을 가리켜, '허파에 바람 든 놈'이라고 하는데, 이것은 공기를 실체로 생각하는 문화권에서 흔히 볼 수 있는 표현들이다.

아낙시메네스의 이러한 생각은 스승 아낙시만드로스의 생각을 좀더 구체화시키고자 하는 자신의 문제의식에서 유래한다. 물이라는 물질적 실체에 집착하는 탈레스를 비판하면서 아낙시만드로스가 제시한 존재의 아르케는 '아페이론'이었다. 앞에서도 언급했듯이 아페이론은 어떠한 종류의 물질적 실체도 거부한다. 그것은 물이나 흙 같이 눈에 보이는 어떠한 것도 아니다. 그런데도 그것은 존재하는 모든 것들의 시원이 된다. 일종의 블랙박스(black box)를 연상시키는 이 개념은 고도로 추상화된 생각이기에 일반인들이 이해하기에는 매우 힘들다. 이러한 문제의식에서 아낙시메네스는 스승의 원리를 좀더 쉬운 개념으로 환원시키고자 하는 작업을 진행한다. 이때 그가 생각한 것이 다름 아닌 '공기'인 것이다.

헤라클레이토스는 아낙시메네스와 아낙시만드로스의 사유를 혼합한다. 헤라클레이토스가 말하는 '불'이라는 개념은 아낙시만드로스의 아페이론 개념과 아낙시메네스의 공기라는 개념을 신비적으로 종합한 개념이다. 아페이론은 개념화되지 않는 것이다. 공기는 존재하나 가시적인 것은 아니다. 불은 이 두 가지 특성을 모두 소유하고 있다. 그러기에 불은 4원소의 하나로서 인식되어서는 안 된다. 그것은 상징적인 것이다.

단상 하나: 자연이란

동양에서 자연(自然)이라는 개념은 '문화 이전'이라는 의미를 함축하고 있다. 즉 문명이나 문화와 대립하는 개념이다. 하지만 그리스에서 자연이라는 개념인 '퓌시스(physis)'는 반드시 문화와 대립하는 개념은 아니다.

그리스어 퓌시스는 '퓌오(phyo)'를 그 원형으로 가지고 있는데, 이것의 의미는 '자라다, 또는 성장하다'라는 것이다. 다분히 식물이 자라고 생장하는 모습을 담고 있다. 그러기에 그리스인들에게 있어서 자연, 즉 퓌시스는 식물적인 특징을 가지고 있다. 다시 말해, 식물적인 안정성과 번식력이 그리스인들이 생각한 자연의 본래적인 이미지인 것이다.

이에 반해, 라틴 문화권에서 자연이라는 개념은 동물적인 의미를 함축하고 있다. 라틴어로 자연을 뜻하는 '나투라(natura)'라는 개념은 어원적으로 여성의 '자궁'을 뜻하는 말과 잇닿아 있다. 그러기에 나투라라는 개념은 식물적인 특성을 강조하는 퓌시스와 달리 동물적인 의미를 함축하고 있는 것이다.

그럼 자연 개념이 왜 이렇게 다른 의미를 함축하고 있는가? 그것은 아마도 그들의 삶의 방식, 즉 농경문화와 유목문화[10]의 상이성에서 기인한 것은 아닐까?

---

10) ≪구약≫ 역시 유목 문화권의 자연 개념을 보여주고 있다. <창세기>에 처음으로 등장하는 개념인 "태초에"라는 말은 어원적으로 "머리가 나올 때"라는 의미를 지니고 있다. 즉 동물적인 자연 개념에 근거해 있는 것이다. 이것은 라틴 문화권과 히브리 문화권의 깊은 연관성을 보여주는 하나의 사례가 될 것이다.

◆ 더 생각해 볼 문제

1. 인간에게 죽음이란 무엇인가? 철학자들은 죽음의 문제를 어떻게 이해하였나? 그리고 우리는 죽음의 사태를 어떻게 받아들여야 하나?

2. 변하는 가운데에서도 변하지 않는 것은 있는가? 있다면 그것은 무엇인가? 동양과 서양의 철학자들은 이 문제를 어떻게 이해하였나?

◆ 참고문헌

김내균. 1996. ≪소크라테스 이전의 그리스 철학≫. 서울: 교보문고.

탈레스 외. 2005. ≪소크라테스 이전의 철학자들의 단편 선집≫. 김인곤, 강철웅, 김재홍, 김주일, 양호영, 이기백, 이정호, 주은영 옮김. 서울: 아카넷.

제4장

영혼은 윤회한다

— 피타고라스와 <뱀파이어와의 인터뷰> —

피타고라스는 천재적인 수학자이자 깊이 있는 종교가였다. 그리고 지혜로써 세상을 변화시키고자 한 정치적 혁명가이기도 하였다. 하지만 그가 가장 우선시한 것은 인간 영혼 그 자체에 대한 탐구였다. 영혼을 구제하는 것이 그의 철학함의 주된 목적이었기 때문이다. 이때 영혼을 정화하기 위해서 그가 제시한 것은 '수(arithmos)'에 대한 공부였다. 모든 것은 수로 이루어져 있기 때문이다. 이렇게 하여 이오니아의 자연철학과 차별화되는 이탈리아만의 독특한 형이상학이 전개되기 시작하였다. 파르메니데스의 존재론 역시 피타고라스의 이러한 수리철학과 그 전통을 공유하고 있다.

* 앞의 사진은 <사모스섬의 피타고라스 조각상>

피타고라스 그는 누구인가

피타고라스(Pythagoras)는 기원전 570년 경, 에게 해(海)의 사모스(Samos)섬에서 출생하여 496년까지 생존하였는데, 참주 폴리크라테스의 박해로 이탈리아의 크로톤으로 이주하였다고 전해진다. 그의 탄생 배경에는 여러 가지 신비스러운 이야기들이 있다. 그 가운데에서도 가장 흥미로운 것은, 그가 아폴론(Apollo) 신의 아들이었다는 내용이다. 잘 알려져 있듯이, 아폴론은 '목자(牧者)의 신'에서 점차 '의술, 광명, 예언의 신'으로 변모하였던 올림포스의 신이 아니었던가? 특히 국가의 중요한 도덕이나 법률은 그가 주관하였던 것으로 유명하다. 니체(F. W. Nietzsche)의 말을 빌리지 않더라도, 그가 그리스 문명의 한 축을 담당하였다는 것은 분명하다.

피타고라스

신화에 의하면, 아폴론은 태어난 지 얼마 되지 않아 델포이(Delphoi)를 지배하고 있던 뱀 신 '퓌톤(Python)'을 해치운다. 본래 퓌톤은 땅의 여신 가이아(Gaia)의 아들로 거대한 뱀의 형상을 하고 있었다. '퓌티아(Pythia)'라 불리는 여자 무당들이 그를 시중들었다. 그런데 퓌톤은 불행하게도 신탁소(神託所)를 찾아 헤매던 아폴론에 의해서 죽음을 맞이하게 된다. 그를 따르던 퓌티아 역시 아폴론에게 종속된다.

피타고라스는 이러한 신화적 배경을 전제해야만 이해될 수 있는 이름이다. 왜냐하면 피타고라스라는 그의 이름은 퓌티아와 '아고레인(agorein)'이라는 개념으로 나누어질 수 있는데, 그 뜻은 '퓌티아가 말하다', 즉 '아폴론 신을 숭배하는 종교집단의 사람들이 말하는 것'이라는 의미를 담고 있기 때문이다. 아마도 이것은 피타고라스의 가계가 퓌티아의 전통을 계승하고 있던 사제계급이었을 가능성이 농후함을 뒷받침해주고 있다. 비록 그의 실존성 자체에 대한 논의가 완전히 마무리된 것이 아님에도 불구하고, 그가 아폴론 신과 연관된 종교적 인물이었다는 것만은 무시하기 힘든 역사적 사실이다.

태양·의술·예언의 신 아폴론

역사적 자료에 의하면, 피타고라스는 젊은 시절 탈레스 등에게서 가르침을 받았으며, 그후에는 동방으로 건너가 여러 가지 학문을 배웠다. 교단을 통하여 철학과 종교 등을 발전시키고 정치적 영향력을 행사하던 피타고라스는 크로톤 귀족 출신의 정적(政敵) 킬론의 박해로 메타폰티온에서 비참한 최후를 맞이하였다(기원전 496년).[11] 그가 죽은 뒤 뮤즈들의 신전으로부터 곧장 하늘로 올라갔다는 이야기가 전해지기도 하는데, 아마도 이것은 그가 우주를 '수적인 조화로 공명(共鳴)

11) 현대와 달리 고대에서 철학은 정치와 밀접한 관계를 맺고 있다. 철학자가 정치적 발언을 하는 것은 권리이자 의무였다. 피타고라스 역시 고대 그리스 철학의 이러한 전통에서 예외일 수 없다.

하는 악기'라고 표현한 데서 기인한 하나의 전설일 가능성이 높다. 그는 자신의 저술을 직접 남기지 않았는데, 이것 때문에 그에 대한 신비스러운 이야기들이 많이 생겨났다. 그러기에 그에 대한 연구는 대부분 후대 철학자인 아리스토텔레스나 플라톤 등의 저서, 또는 전기 작가들의 이야기를 통해서 간헐적으로 이해되고 있는 실정이다.

피타고라스의 고향인
사모스섬의 전경

피타고라스의 철학

특이하게도 피타고라스가 활동하던 기원전 6세기는 인류문명의 전환점을 마련한 위대한 철학자들이 많이 배출된 시기였다. 중국에서는 공자(孔子)와 노자(老子), 인도에서는 싯달타, 그리고 페르시아에서는 조로아스터 같은 대(大)사상가들이 모두 이 시기에 살았다. 실존주의 철학자 카알 야스퍼스에 의해서 '차축시대(車軸時代)'로 명명된 이 시기는 사상계와 종교계의 천재들이 등장하여 활발한 활동을 벌인 시기였다. 문화사적으로 볼 때도 의미심장한 시기였다.

피타고라스의 철학은 이오니아 학파의 철학과 마찬가지로 자연(physis)의 합리적인 탐구뿐만 아니라, 영혼(psyche)의 구제라는 삶의 궁극적인 목적을 달성하는 데도 관심을 기울였다. 그래서 그는 영혼의 정화와 구제라는 구체적인 삶의 목표를 달성하기 위해서 세속적인 관습을 탈피하여 절제되고 경건한 종교적인 생활을 강조하였다. 아울러 관조적인 삶, 즉 우주에 대한 명상과 성찰을 강조하기도 하였다. 만약 인간이 자연과 우주에 대한 참된 인식을 결여하고 있다면, 인간은 결코 영원한 윤회의 수레바퀴로부터 벗어나지 못할 것이다. 그래서 그는 관상(theoria)과 질서(kosmos) 그리고 영혼의 정화(katharsis)를 강조하는 것이다.

영혼의 불멸성과 윤회에 대한 피타고라스의 생각은 오르페우스교의 영향 아래에서 형성되었다. 하지만 영혼을 정화하는 방법에 대해서 피타고라스는 오르페우스와 큰 차이를 보인다. 오르페우스교가 절제된 삶이나 종교적인 예식 또는 규율을 강조하는 데 반해서, 피타고라스는 수학이나 음악 그리고 천문학 등의 학문적 진리 탐구에 더 큰 비중을 두고 있기 때문이다. 이처럼 피타고라스는 그 무엇보다도 영혼 탐구의 합리적 정신을 강조하고 있다.

피타고라스의 영혼론

다른 철학자들과 달리, 피타고라스는 인간 영혼에 대해서 많은 이야기들을 하고 있다. 특히 그는 영혼의 불멸과 윤회를 강조한다. 그런데 그것은 비단 인간에게만 국한된 현상이 아니다. 그 외연은 동물이나 식물에게까지 확대된다.

23. 헤로도토스(DK14A1)

그리고 이집트인들은 다음과 같은 이야기를 처음으로 한 사람들이다. 즉 사람의 혼은 불사적이며 몸이 소멸할 때면 그때마다 태어나는 다른 동물 속으로 들어가고, 육지나 바다에서 살거나 날아다니는 모든 짐승을 거쳐 윤회하고 나면, 태어나는 사람의 몸속으로 다시 들어간다는 것이다. 그리고 그들은 혼에 있어 그 윤회(periēlysis)가 3,000년에 걸쳐 이루어진다고 한다. 헬라스인들 가운데 어떤 이들은 앞서서, 어떤 이들은 나중에 이 이야기를 마치 자신들의 것인 양 이용했다. 나는 그들의 이름을 알지만 기록하지는 않는다. (≪역사≫ Ⅱ. 123)

24. 포르퓌리오스(DK14A2)

내가 헬레스폰토스와 폰토스에 사는 헬라스인들에게서 들은 바로는, 이 살목시스(Salmoxis)는 사람으로서 사모스에서 노예살이를 했는데, 므네사르코스의 아들인 피타고라스에게 노예살이를 했다. 거기에서 그는 자유인이 되어 많은 돈을 벌었고,

> 돈을 번 뒤에 자신의 나라로 되돌아갔다. 그런데 트라케 사람들은 못살았고 아주 무분별했지만, 이 살목시스는 헬라스인들 및 헬라스인들 중 아주 빼어난 현자인 피타고라스와 교제했으므로, 트라케적인 것보다는 더 깊이가 있는 이오니아적인 삶의 방식과 성격을 알고 있었다. 그래서 그는 연회장을 짓고 도시들의 지도자들을 그곳으로 맞아들여 융숭하게 대접하면서, 그 자신도 그의 술손님들도 그리고 끊임없이 이어지는 이들의 자손들도 죽지 않을 것이고, 영원히 살아남아 온갖 좋은 것을 소유할 곳으로 가게 될 것이라고 그들에게 가르쳐주었다. (≪역사≫Ⅳ. 95)

피타고라스에 의하면, 인간의 환생(還生) 주기는 216(6×6×6)년이다. 영혼의 본성을 철저하게 '수(數: arithmos)'의 변형으로 이해하였던 피타고라스다운 생각이었다. 그는 세계가 조화롭게 질서 잡혀 있다고 생각하였다. 하지만 타락한 영혼은 스스로의 무지로 인하여 우주와 자신의 본성 속에 내재한 질서를 통찰하지 못한다고 생각하였다. 우주의 조화로운 화음도 듣지 못한 채, 혼돈과 무질서 속에서 윤회하는 그런 삶을 살아야 한다고 생각했던 것이다.

윤회의 사슬로부터 벗어나기 위해서는 영혼을 정화해야만 한다. 한편으로는 경건한 종교생활을 통해서, 또 다른 한 편으로는 세계와 인간에 대한 합리적인 이해를 통해서 영혼의 정화는 가능해진다. 특히 수에 대한 철학적 공부는 영혼 정화에 필수불가결한 요소이다.

비판적으로 생각해보기

헤시오도스는 ≪신통기(Theogony)≫를 저술함으로써 그리스인들의 신화적 사유를 일목요연하게 정립한다. 그런데 정리한다는 것은 체계화한다는 것을 뜻하고, 체계화한다는 것은 사태를 이성적·개념적으로 재정립한다는 것을 뜻한다. 즉 헤시오도스는 비(非)합리적인 신들에 관한 이야기를 로고스를 동원하여 합리적으로 재구성하고 있는 것이다.

그러나 탈레스는 헤시오도스의 이러한 설명에 반기를 든다. 그의 신화적인 합리성에 만족하지 못하였던 것이다. 아울러 합리적이면서도 더 고차원적인 설명 방식을 탐구하였다. 그래서 그가 제시한 방식은 과학적이면서도 논리적인 설명방식이었다. 한편으로는 생물학적인 특징을, 또 다른 한편으로는 유물론적인 특징을 띠고 있는 방법에 근거하여 그는 존재하는 모든 것들을 설명하였다. 이것은 분명 헤시오도스 철학에 대한 탈레스의 '안티(anti)'였다.

하지만 탈레스가 말한 세계설명 방식은 지극히 단순한 것이었다. 4원소 중의 하나인 물로서 모든 것을 설명하였기 때문이다. 물 역시 물질적 실체라는 본성을 벗어날 수 없기에, 아낙시만드로스는 그 이상의 아르케를 요구하였고, 이렇게 하여 아페이론이 탄생하게 된 것이다. 철학의 아버지 탈레스가 한 방 맞은 사건이었다.

그런데 아낙시만드로스의 아페이론은 매우 비극적인 개념이기도 하다. 왜냐하면 그의 설명에 의하면, 삼라만상 전체는 원래 아페이론이란 궁극적인 존재에서 분리되어 나온 것으로 처음에는 물, 불, 흙, 공기라는 4원소로 구성되어 있는데, 이들이 조화를 이루고 있으면 존재자들이 발생하지 않으나, 이들의 조화가 깨져 어느 하나가 우위를 차지하거나, 아니면 힘의 균형이 깨어지게 되면, 그 결과로 존재자들이 발생하기 때문이다. 즉, 아낙시만드로스에게 있어 존재하는 것들은, 원래는 존재해서는 안 되는 것들이었으나 어쩔 수 없는 상황으로 인하여 존재하게 된 그런 것들이기 때문이다. 이처럼 현존하는 것들은 불완전한 것들이고, 불완전한 것들은 필연적으로 완전한 것으로 이행해야만 한다. 이것이 바로 존재하는 모든 것이 아페이론으로 회귀해야만 하는 이유이다.

어떻게 생각하면 아낙시만드로스의 철학은 '부정'의 철학이다. 이것을 인간에게 적용하면 그의 철학은 죽음의 철학이다. 그런데도 그것은 매우 고차원적인 사유이다. 하지만 피타고라스는 아낙시만드로스의 부정적인 철학에 반기를 든다. 그러면서 페라스와 아페이론의 관계를 역전시킨다. 즉 아낙시만드로스에게 있어 아페이론이 페라스를 지배하는 존재의 제1원리인데 반해서, 피타고라스에게 있어 아페이론은 페라스의 지배를 받는 존재의 제2원리이기 때문이다. 페라스를 강조하는 피타고라스의 이러한 생각은, 그후 소크라테스와 플라톤을 거쳐서 서구존재론의 주류를 형성한다.

무질서한 것은 그 자체로 존립 불가능하다. 그것은 규정성의 지배 아래 있어야 하기 때문이다. 피타고라스의 '수(數)'의 철학은 이러한 생각에 근거하고 있다. 헤라클레이토스 역시 피타고라스의 '조화'관념을 수용한다. 하지만 그는 피타고라스의 조화가 이 세상에 드러나 있다는 것에 대해서는 동의하지 않는다. 왜냐하면 그가 생각하기에 피타고라스가 강조하는 조화는 이 세상에 드러나 있지 않고 '숨어(hidden)' 있기 때문이다. 하여튼 피타고라스와 헤리클레이토스의 사상은 그 이후의 많은 형이상학자들에게 많은 영감을 주고 있다.

수(數)로 본 세계

그리스어로 수는 '아리스모스(arithmos)'이다. '배우다(learn)'라는 뜻을 지니고 있는 그리스어는 '만타노(manthano)'이다. 여기에서 '배우는 사람'이라는 뜻을 지니고 있는 '마테테스(mathetes)'가 유래하였다. 영어로 수학을 뜻하는 개념은 'mathematics'인데, 이것은 민타노 또는 바테테스와 깊이 연관되어 있다.

피타고라스 시대에서 배운다는 것은 우주의 원리인 수를 공부하는 것을 뜻한다. 수야말로 진정한 지식의 대상이었기 때문이다. 우주의 본질을 규명한다는 점에서 수에 대한 탐구는 가장 신비스러운 학문으로 자리매김 되었다. 그 뒤 이러한 전통은 '수비학(數秘學)'으로 계승되었는데, 중국의 수리역학(數理易學)과도 상당한 유사성을 띠고 있는 이 수비학을 소개하면 다음과 같다.[12)]

> 1: 동서고금을 막론하고 1은 절대자의 완전성을 상징하는 숫자이다. 1은 모든 수에 깃들어 있다. 1은 모든 수를 통일시키고 있지만 저마다의 다양성은 배제한다. 1은 언제나 자신과 동일하며 변화하지 않는다. 1을 제곱해도 결과는 언제나 1일 뿐이다. 1의 속성은 단순한 긍정 표현으로는 언급되지 않는다.

---

12) 수비학에 대한 상세한 설명은 프란츠 칼 엔드레스·안네마리 쉼멜(1996)의 ≪수의 신비와 마법≫을 참고하였다.

그것은 오직 철저한 부정을 통해서만 언급 가능하다. 인도의 지식인들도 그런 방법을 쓰고 있다. ≪우파니샤드≫에서 1은 '이중부정', 즉 '네티(neti) - 네티(neti)'를 통해서 표현된다. ' - '도 아니고 ' - '도 아니라는 것이다. 이것은 유한자 인간이 절대자 신을 표현할 수 있는 유일한 길이기도 하다.

2: 2는 1로부터 분쟁과 갈등이 일어나 갈라지는 것을 의미한다. 2는 의심이고 분쟁이다. 불화와 분열이며 양성이다. 2는 하나의 가지에 두 열매로, 그 맛은 달면서도 쓰다. '인간'이나 '생명', 그리고 '의식'도 이원성이다. 여성을 상징할 수도 있다. 최초의 짝수에 여성성을 부여하기 때문이다. 또한 중국인들은 양과 음이라는 두 가지 힘으로 세계를 이해하였다. 양과 음의 두 힘은 남성적인 것과 여성적인 것, 능동적인 것과 수동적인 것, 불과 물, 낮과 밤 등이다. 이것은 상보적인 관계를 상징한다. ≪주역≫에 나오는 괘들은 심리학적 요소가 삼투된 고도로 발전된 예언술의 일종이다.

3: 3은 이원성이 가지는 분열, 갈등을 중재하고 조화시키는 역할을 한다. 포용의 종합이다. 인간과 신의 관계를 설명할 때 사용한다. '삼위일체'라는 개념은 이러한 맥락에서 이해가능하다. 인간적으로는 남성성을 상징한다. 절대 수 1을 제외한 최초의 홀수이기 때문이다. 고대 수메르인들은 아누, 엔릴, 에아라는 세 신이 하늘과 공기와 땅을 다스린다고 믿었다. 철학과 심리학은 3을 분류의 수로 이용해 왔다. 시간, 공간, 인과율은 인간의 지각과 사고 가능성의 세 가지 유형이다. 플라톤 시대 이후 진, 선, 미는 이상이 되었다. 아우구스티누스는 존재, 인식, 의지를 존재의 범주로 보았다. 인도의 ≪찬도그야 우파니

샤드≫는 세계를 삼원적 구조로 이해했다. 헤겔 역시 존재를 즉자적 존재, 대자적 존재, 즉자-대자적 존재라는 세 가지 양태로 이야기한다. 불교 역시 불, 법, 승을 해탈에 이르는 세 가지 근원, 즉 삼보로 이해하고 있다.

4: 4는 동·서·남·북을 가리키며, 물질의 질서를 가리킨다. 시간과 공간의 질서이다. 4는 세상에서 최초로 인식된 질서와 연관된다. 4는 다양성에 질서를 부여한다. 달은 초승달, 상현달, 보름달, 하현달이라는 네 가지 변화 모양을 갖는다. 지구가 정방형 모양을 하고 있으리라는 생각은 많은 사람들의 통념이었다. 중국인들은 모든 집과 땅을 정방형으로 구성하였다. 고대 유럽인들도 비슷하였다. 4는 분명하게 인식할 수 있는 기하학적 형태를 구성한다. 테트락튀스는 만물을 포괄하는 통일의 수이다. 4원소로부터 인간의 4기질이 유래한다.

☞ 테트락튀스(Tetraktys): 이 개념은 네 글자라는 뜻을 지니고 있다. 구체적으로는 1, 2, 3, 4 네 글자를 합한 완전수 10을 의미한다. 피타고라스 공동체의 상징적 개념이다.

테트락튀스

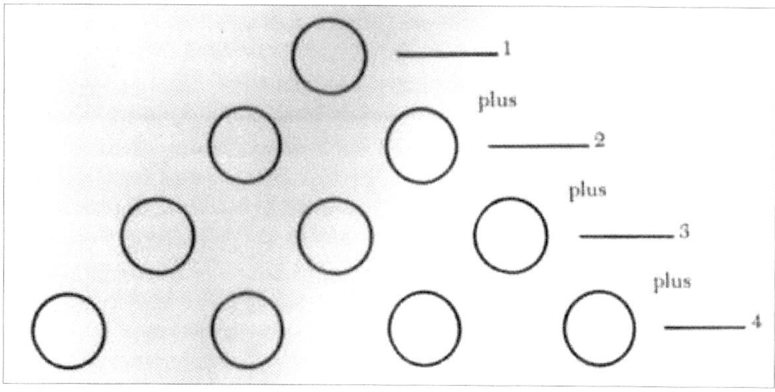

5: 5는 1을 제외한 최초의 홀수인 3과 짝수인 2의 합이다. 생명과 사랑을 상징한다. 불란서의 유명한 향수 '샤넬 No. 5'는 이러한 수리적 원리에 의해서 명명(命名)되었다. 5는 지혜를 담은 경전이나 말씀에서 발견된다. 불가에서는 세속에 있는 신자들이 지켜야 할 다섯 가지 계율을 가르치고 있다. 아리스토텔레스는 다섯 가지 덕을 강조한다. 모세오경도 이러한 예에 속한다. 페르시아의 장편 서사시들은 5행 연속 시구로 되어 있다. 인간은 다섯 손가락을 가지고 있다. 중세의 연금술사들은 생명의 근간을 이루는 제5원소를 찾기 위해 힘든 노력을 경주하기도 하였다.

6: 6은 최초의 남성과 최초의 여성이 하나가 됨을 상징한다. 5와 달리, 곱셈에 의해서 이루어진다. 결혼이나 행복을 상징한다. 고대와 신플라톤주의 수 체계에서 6은 가장 완전한 수였다. 6은 약수들의 합이면서 곱이다. 심리학적 관점에서 보자면, 2와 3의 곱은 가장 간단한 형식의 분석과 종합이다. 그러기에 정육면체를 이루는 여섯 개의 정방형은 밀폐된 건축물의 이상적인 형태가 된다. ≪성서≫는 하나님에 의한 6일간의 창조를 기록하고 있다. 육각형 구조는 자연에서 가장 이상적인 제작의 원리이다. 육각형으로 이루어진 벌집과 눈송이의 모양은 인간을 매료시키기에 충분하다.

7: 7은 지혜의 기둥이다. 7은 창조의 원리인 3과 4대 기본 원소의 합으로 이루어져 있다. 7은 정신적인 것과 물질적인 것이 결합해서 이루어진 것이다. 중세 기독교 전통은 이러한 해석을 지지한다. 중세 대학의 7학예는 트리비움(문법, 논리, 수사의 3학예)와 크아드리비움(산수, 기하, 음악, 천문의 4학예)

로 이루어져 있다. 이처럼 7은 다양한 의미를 지니고 있다. 특히 재미있는 것은 7이 여성의 신체리듬을 나타내는 데 사용된다. 배수에 따라 다양한 신체현상이 설명되는데, 7×1은 여성의 1차 성징이 나타나는 7살, 7×2는 초경이 시작되는 14살, 7×7은 임신이 불가능한 폐경기인 49살을 의미한다. ≪성서≫에도 7에 대한 언급이 많이 나온다. 아담의 7대손인 라멕은 777세를 누렸으며, 여호와는 라멕을 해치는 사람은 77배로 벌을 내리겠다고(<창세기> 4:24) 약속한다. 노아가 방주에 들어간 후 7일 후 홍수가 온 땅을 덮었다.

8-10: 8은 4의 두 배이다. 4는 물질을 상징하는 개념이기에 4를 두 배 한다는 것은 물질성의 충만을 나타낸다. 지역을 나눌 때 흔히 사용되는 개념이다. 9는 완전수 10에 미치지 못한다는 점에서 불완전성을 뜻한다. 그러나 유한자 인간에게는 가장 높은 수준의 단계이다. 바둑의 명인(名人)이 가질 수 있는 최고 단계 역시 9단이다. 10은 완전수이다. 세계의 완전성을 의미한다. 십진법 문화권에서는 완결을 뜻한다.

<뱀파이어와의 인터뷰(Interview with the Vampire: The Vampire Chronicles, 1994)>

감독: 닐 조단
출연: 탐 크루즈, 브래드 피트, 안토니오 반델라스, 스티븐 레아, 크리스찬 슬레이터, 커스틴 던스트, 도미지아나 지오다노, 탠디 뉴튼, 인

드라 오브, 로 마르사
원작·각본: 앤 라이스
장르: 드라마, 공포
시간: 123분

<뱀파이어와의 인터뷰>는 앤 라이스의 소설 ≪뱀파이어 연대기≫의 첫 번째 이야기를 원작으로 하여 만들어진 영화이다. 감독은 <크라잉 게임>으로 유명한 닐 조단(Neil Jordan)[13]이다.

〈뱀파이어와의 인터뷰〉 영화 포스터

무엇보다도 이 작품에서 특징적인 것은 사람의 피를 먹고 살아가는 뱀파이어의 세계를 뱀파이어 자신의 입장에서 그리고 있다는 점이다. 이것은 종래의 뱀파이어 작품에서는 찾아보기 힘든 특징이다. 즉 기존의 영화가 뱀파이어를 단순한 공포의 대상으로만 묘사하고 있는데 반해서, 닐 조단은 존재자로서 뱀파이어가 겪는 내면적 갈등과 고민을 철학적 시각에서 고찰하고 있는 것이다. 죽고 싶어도 죽을 수 없는 운명을 지니고 살아가는 고독한 뱀파이어, 그는 어떤 삶을 희구하는가?

---

13) 닐 조단 감독은 아일랜드의 현실과 문화를 바탕으로 하여 힘있는 영화를 만드는 감독이다. 그의 작품경향은, 한편으로는 <크라잉 게임>과 같이 조국의 현실을 깊이 있게 천착하면서, 또 다른 한 편으로는 <두 번째 이별>, <푸줏간 소년>처럼 환상적이면서 동시에 리얼하다. 가장 훌륭한 작품으로 손꼽히는 것은 <모나리자>이다. 1999년에는 <인 드림스>를 제작하였다.

영화는 샌프란시스코의 어두운 밤을 배경으로 하고 있다. 특종을 꿈꾸는 라디오 방송작가 다니엘이 뱀파이어를 인터뷰하고 있다. 그는 뱀파이어 루이(브래드 피트)에게 어떻게 뱀파이어가 되었으며, 왜 그러한 삶에서 빠져나오지 못했는지를 이야기해 줄 것을 요구한다. 그래서 영화는 과거회상의 형식을 띠고 있다.

인터뷰 상대인 루이는 200년을 살아온 뱀파이어이다. 그는 아내와 아이를 잃고 슬픔에 잠겨있는 약한 인간이다. 그런 그에게 뱀파이어 레스타드(탐 크루즈)는 영원한 삶을 약속하며 그를 유혹한다. 마치 악마 메피스토펠레스(Mephistopheles)가 노(老)학자 파우스트(Faust) 박사를 유혹하듯이. 이제 루이는 죽을 수밖에 없는 인간의 세계를 벗어나 고통도 죽음도 없는 영원한 젊음의 세계로 들어간다. 즉 영생(?)의 세계로 들어가는 것이다.

하지만 영원한 젊음의 삶을 찾았음에도 불구하고, 루이는 그러한 삶에 만족하지 못한다. 왜냐하면 영생을 보장받은 뱀파이어도 밤마다 다른 사람의 신선한 피를 마시지 못하면, 단 하루도 버틸 수 없는 비참한 삶이기 때문이다. 그런데 루이는 인간적인 마음 때문에 사람의 피를 거부한다. 그리고 깊은 번뇌에 빠진다. 오히려 그는 인간을 그리워한다.

사람의 피를 거부한 채, 동물들의 피로 연명하던 루이는 어느 날 엄마를 잃은 고아 소녀 클로디아(커스틴 던스트)를 만나 연민을 느낀다. 하지만 그것은 뱀파이어의 본능으로 연결되어 그녀를 해치는 사태에 이르게 된다. 괴로워하는 루이의 마음을 알아차린 레스타드는 그녀를 또 하나의 뱀파이어로 만들어 셋은 한 가족을 이룬다.

그런데 클로디아는 30년이 넘도록 자라지 않고 아이로만 머물러 있다. 세월이 흐르면서 성숙해 가는 자신의 정신과는 달리 자라지 않는 자신의 몸을 저주한다. 그는 자신의 삶에 반항하면서 루이와 함께 창조자 레스타드를 살해한다.

그 후 루이와 클로디아 두 사람은 프랑스 파리로 향하고 그곳 극장에서 알몬드(안토니오 반데라스)를 만난다. 알몬드는 루이가 지금까지 만났던 뱀파이어들 중에서 가장 세련된 감성을 소유한 자이다. 루이는 그에게 자신의 삶의 의미에 대한 해답을 기대한다. 그러나 알몬드 역시 루이에게 아무런 답변도 주지 못한다. 오히려 그는 레스타드를 살해했다는 이유로 클로디아를 죽인다. 루이마저 관에 갇히는 신세로 전락한다. 클로디아를 잃은 루이는 분노심으로 알몬드를 제외한 전(全) 뱀파이어들을 죽인다. 하지만 루이는 뱀파이어 역시 인간적인 고통으로 가득 차 있다는 것을 깨달으면서 마음의 안정과 평화를 되찾는다. 그런데 방송작가 다니엘은 부활한 레스타드를 만난다. 이것은 또 다른 시작이기도 하다.

등장인물 이해하기

먼저 루이는 철학자 뱀파이어이다. 뱀파이어인데도, 그는 매우 이지적이고 인간적이다. 그는 뱀파이어로서의 자신의 존재와 죽을 수도 없는 자신의 현실을 반성한다. 인간이 자신의 존재의미를 알기 위해서 고뇌하는 것처럼, 그 역시 뱀파이어로서의 자신의 존재의미를 알기 위해 고뇌한다. 그런 점에서, 그는 철학자 뱀파이어인 것이다.

이에 반해서 레스타드는 대단한 카리스마를 지닌 독재자 뱀파이어이다. 악의 화신이기도 하다. 그는 자신의 삶에 대해 어떠한 반성도 하지 않으면서 오직 눈에 보이는 현실 그 자체만을 중시한다. 이런 점에서 그는 끊임없이 존재의미를 탐구하는 루이와는 철저하게 대비되는 인물이다. 오직 "정의란 강자의 이익이다"라는 트라시마코스 플라톤의 ≪국가≫ 제1권에 등장하는 소피스트의 명제를 뱀파이어 세계에 실현시키려는 듯, 그는 독재자로서의 이기주의적인 속성을 유감없이 보여준다.

다음 대화에서 그들의 성격이 잘 드러나 있다.

루이: 날 이 지옥에 빠뜨렸어!
레스타드: 지옥 같은 건 몰라. (루이, 레스타드를 밀친다.) 이래야지. 증오, 분노, 그래서 널 선택했어. 하지만 날 죽일 순 없어 루이. 맘대로 해. 원하는 걸 먹어. 쥐, 닭, 푸들. 간섭하지 않을게. 어떻게 하나 보자. 하지만 기억해. 내가 없는 삶은 더 견디기 힘들 거야.
(레스타드가 닭을 잡아먹고 있는 루이를 본다. 울부짖는 사람들과 종교의식 장면이 나온다.)
레스타드: 넌 운이 좋아. 파리에서 살려면 더 먹어야 해, 여러 가지 이유로.

루이: 파리?
레스타드: 여기에선 송곳니만 있으면 되지.
루이: 넌 파리 출신인가?
레스타드: 날 이렇게 만든 놈도.
루이: 그 얘기를 해 줘, 그 친구에게서 무엇을 배웠어?
레스타드: 아무것도 안 배웠어. 그때 나에겐 선택의 기회조차 없었어.
루이: 우리의 존재의미에 대해 뭔가 알 거 아냐?
레스타드: 왜 내가 그런 걸 알아야 해? 너는 알아? 저 소음, 저것 때문에 미치겠어. 몇 주나 저 소음만 들으면서 갇혀 있어야 하다니.
루이: 우리 정체를 알아챘어. 우리가 빈 접시에서 먹고 빈 잔을 마시는 걸 보았지.
레스타드: 그럼 뉴올리언즈로 가자. 파리 오페라단이 왔대. 프랑스 요리를 먹어보자고.
루이: 이 꼴이 되었지만 인간처럼 살고 싶어.
레스타드: 곧 닭도 떨어질 거야, 루이.
(챕터 6, 7)

독재자 뱀파이어 레스타드(左)와 철학자 뱀파이어 루이(右)

이들과 달리 클로디아는 허무주의적 성격을 지닌 뱀파이어이다. 그녀의 창조자는 레스타드이다. 그러기에 그녀는 단지 타인에 의해 부여된 삶을 수동적으로 살아가는 존재이다. 세월이 지나면서 점차 삶의 의미에 대해 갈등하나 그 해결책은 없다. 독재자 레스타드를 살해하나 그 역시 다른 뱀파이어들에게 살해되는 비극을 맞는다.

클로디아: 사랑하는 루이, 당신이 불멸의 키스를 해주었기에 난 영원한 생을 얻었어. 당신은 나의 부모야. 난 영원히 당신 것이야. 이제 종지부를 찍어야 해. 그를 떠날 때가 되었어.
루이: 우리를 놓아주지 않을 거야.
클로디아: 그럴까?
레스타드: (클로디아를 보고) 뭐야? 꺼져! 보기만 해도 짜증난다.
(…)
클로디아: 당신과 화해하려고 왔어요. 당신은 거짓말만 하지만 옛날처럼 사이좋게 지내요.
레스타드: 그럼 나 화나게 만들지 마.
클로디아: 그럴게요. 선물도 준비했어요.
레스타드: 성숙한 미녀였으면 좋겠다, 너는 될 수 없는.
클로디아: 너무 하세요. 제대로 못 드셨죠? 안색이 나빠요. 이리 오세요. 화내지 마세요. 애들을 보는 순간 당신 취향이란 걸 알았죠. 취했어요. 브랜디에 곯아 떨어졌죠.
레스타드: 클로디아, 이건 … 이렇게까지 하다니.
클로디아: 시체는 꼭 치울게요.
레스타드: 그럼 화해하는 건가?
클로디아: 네.

레스타드: 압쌩트, 저들에게 압쌩트를 주었어?
클로디아: 아니. 아편.
레스타드: 아편? 그래. 불행히도 죽어버렸지만, 피는 계속 따뜻하게 유지되더군.
레스타드: 감히 나에게 죽은 피를 줘? 죽은 피를 마시게 해?
클로디아: 당신이 가르쳐준 것 딱 한 가지야. 죽은 자의 피를 마시지 마라.
레스타드: 날 관에 넣어 줘, 관에 넣어 줘.
클로디아: 넣어주고 말고!(레스타드의 목을 벤다.)
루이: 세상에!
클로디아: (루이에게) 날 올려줘. 잘 자요, 왕자님. 지옥에서 안식을 누리기를.
(챕터 12)

이들과 달리 알몬드는 탐미주의적 뱀파이어이다. 뱀파이어로서의 자신의 삶에 대해 회의적이다. 이러한 측면에서 그는 루이와 비슷한 캐릭터를 소유하고 있다. 하지만 루이가 철저하게 사유를 통해서 자신의 존재근거를 탐구하는 데 반해서, 그는 퇴폐적 아름다움에서 삶의 탈출구를 찾는다.

알몬드: 우리는 지하에서 살지, 감상하게.
루이: 끔찍하군.

알몬드: 그래, 하지만 아름답지. 내 집에 잘 왔다. 마셔. 두 흡혈귀가 신세계에서 왔다. 우리를 새로운 시대로 인도해주기 위해. 우리의 모든 것들은 서서히 시들어 썩어가고 있지.

루이: 당신이 여기 우두머리요?

알몬드: 굳이 말하자면, 그렇다고 할 수 있지.

루이: 당신은 닭을 아는가?

알몬드: 뭐가 궁금한데?

루이: 우리는 무엇이지?

알몬드: 흡혈귀는 흡혈귀일 뿐야.

루이: 누가 우리를 만들었지?

알몬드: 알고 있잖아?

루이: 하지만 누가 그를 만들었지? 이 모든 것의 근원이 뭐지? 이 악 말이야?

알몬드: 알겠어. 극장에서 나를 봤지. 고통스러워하더군, 그 여자에 대한 동정심으로. 남을 죽일 때 너도 죽어. 피를 빠는 자신이 죽어 마땅하다고 생각하는군. 그래서 자신이 악하다는 건가? 그렇다면 선을 인식하면 선한 사람이 되나?

루이: 선과 악이 없다고?

알몬드: 아마도. (손가락을 촛불 속으로 넣으면서) 하지만 이 느낌, 이것만이 유일한 악이야.

루이: 신은 존재하지 않는다고?

알몬드: 나는 신을 몰라, 악마도. 본 적도 계시를 받은 적도 없고 저주도 구원도 받은 적 없어. 내가 알기론 그래. 난 400살이야. 이 세상에서 가장 나이 많은 흡혈

귀지.
루이: 두려워하던 대로군.
알몬드: 넌 두려움이 너무 많아. 나까지 두렵게 만드는군. 널 만든 흡혈귀가 그런 얘기 안 해 주던가? 구대륙을 떠나 신대륙으로 간 흡혈귀 말이야.
루이: 그는 아무것도 몰랐어. 관심도 없었지.
알몬드: 그래.
클로디아: 가자, 그만 떠날 시간이야. 배가 고파 사냥감을 찾자.
(챕터 17)

알몬드: 생각해 봐, 영원히 살 수 있는 흡혈귀는 아주 적어. 다들 금방 자멸해버리지. 세상은 변하는데 우리는 안 그래. 그 모순이 결국 우리를 죽여. 너를 통해 이 시대를 살아가고 싶다.
루이: 나? 알잖아, 난 시대의 정신이 아니야. 어디에도 적응 못 하고 항상 변두리에 머물지.
알몬드: 그게 바로 이 시대의 정신이야. 그게 핵심이지. 타락해가는 너의 기품, 그게 이 시대의 모습이야.
루이: 극장에 사는 흡혈귀들은?
알몬드: 멍청이들, 쓰레기들이지. 텅 빈 껍데기야. 하지만 넌 아니야. 너는 이 시대의 슬픔을 담고 있어. 인간의 영혼을 가진 흡혈귀지. 인간의 감정을 가진 흡혈귀, 너는 정말 아름다워, 친구. 널 만들었을 때 레스타드는

울었을 거야.
루이: 그를 아나?
알몬드: 그래, 알지. 그래서 그의 죽음을 애도하지 않아.
루이: 나는 마침내 평화를 느꼈어. 레스타드는 찾지 못했던 스승을 찾게 된 거야. 알몬드는 무한한 지식을 갖고 있었어. 그의 지식이 온몸에서 발산되고 있었지.
(챕터 20)

과연 오늘 우리들의 자아는 어떤 얼굴을 하고 있을까?

☞ 더 보아야 할 DVD

<아름다운 이야기(La Bellle Historie, 1992)>

감독: 클로드 를루슈
출연: 제라르 랑방, 베아트리스 달, 마리 소피 L., 벵상 린돈, 페트릭 체스나이스
장르: 판타지

이 영화는 2000년 전 로마 군정 치하의 한 처형장에서 예수(제라르 랑방)와 그를 따르는 사람들의 이야기를 다루고 있다. 예수를 사랑하는 창녀 오도나(베아트리스 달)와 벌꿀을 바치고자 하는 마리(마리 소피 L.), 그리고 병사 시몽(벵상 린돈)과 암벽에 조각을 새기는 피에르(페트릭 체스나이스)가 주요 등장인물들이다. 흥미로운 것은 이들이 모두 20세기 말 불란서에 다시 태어나게 된다는 것이다. 다분히 윤회를 전제하고 있다. 그리하여 예수는 집시 여인의 아이로, 오도나는 거리의 도둑으로, 시몽은 형사로, 그리고 마리는 교사로 다시 태어나는 것이다. 사랑이라는 테마를 중심으로 기독교적인 소재와 불교적인 주제, 과거와 현재, 그리고 파리와 이스라엘을 혼합하고 있는 이 영화는 사실적인 것이라기보다는 판타지적인 성격을 띠고 있다. 그러기에 비판적 접근이 요구되는 영화이다.

영화 초반부에서 트리코 선생이 하는 말은 이 영화 전체의 분위기를 잘 반영하고 있다.

> 마지막 수업은 항상 힘이 들어. 작은 변화를 겪게 되거든. 하지만 또 만나게 될 거야.
> (…)
> 끝나는 것은 아무것도 없단다. 모든 것이 계속될 뿐이지. 점점 더 좋아질 수도 있어.

<환생(Yomigaeri: 黃泉がえり, 2003)>

다른 이름: Yomigaeri
감독: 시오타 아키히코
출연: 쿠사나기 츠요시(초난강), 타케우치 요코, 아이카와 쇼우, 야마모토 케이치

원작: 신지 카지오
각본: 이누도우 이쉰, 사이토 히로시
장르: 판타지, 멜로, 로맨스, 드라마

이 영화는 신지 카지오의 소설 ≪요미가에리(黃泉がえり)≫(국내 출판 제명은 ≪부활≫)를 영화화한 것으로, 일본 내에서 폭발적인 인기를 누렸던 영화이다.

2003년 일본 개봉 당시 죽은 자들이 3주밖에 생존하지 못한다는 영화 내용에 착안해 3주간만 상영될 예정이었으나, 영화가 재미있다는 소문이 퍼지면서 당초의 제한상영 방침을 철회하는 에피소드를 빚기도 한 작품이다.

만약 죽은 사람이 다시 살아 돌아온다면 이라는 윤회사상에 입각해서 만들어진 이 영화는, 환생하는 구체적인 현상 그 자체를 탐구하는 작품이라기보다는 환생을 둘러싸고 진행되는 주위 사람들의 배경에 더 많은 포커스를 맞추고 있는 작품이다. 다분히 판타스틱 멜로물 경향을 띠고 있다.

영화의 공간적 배경은 일본 큐슈 지방의 한 마을이다. 죽은 자들이 다시 살아 돌아온다는 보고에 후생성 직원 헤이타는 이 사건을 조사하기 위해서 파견된다. 여기에서 그는 죽은 자들이 살아 돌아오는 데 하나의 법칙이 있다는 사실을 발견한다. 그것은 죽은 자들이 3주밖에 살지 못한다는 사실이었다. 분명 다소 기이한 발상에 근거한 영화이지만, 죽은 사람에 대한 간절한 사랑을 담고 있다. 우리들로 하여금 자신의 사랑을 반성하게 만든다.

포가튼(The Forgotten)

감독: 조셉 루벤(Joseph Ruben)
주연: 줄리언 무어(Julianne Moore, 텔리 파레타 역)
출연: 도미닉 웨스트(Dominic West, 애쉬 코렐 역) 외
장르: 미스터리 공포물, 97분

이 영화는 피타고라스가 강조하였던 '기억'의 힘을 생각할 수 있게 해준다. 이런 종류의 영화로는 <알츠하이머 케이스>(2003)와 <내 머리 속의 지우개>(2004) 등이 있으나, <포가튼>이 철학적인 이야기꺼리가 가장 풍부한 것 같다.

먼저, 이 영화는 SF 스릴러물의 성격을 띠고 있다. 외계존재자를 연상시키는 등장인물들과 그들이 만들어내는 사건들이 영화 곳곳에 배치되어 있다. 특히, 영화 후반부에 등장하는 3인의 승천(?) 장면은 우리로 하여금 이러한 생각을 하게 만들기에 충분하다. 다시 말해, 영화에는 주인공을 염탐하던 익명의 경찰관(스콧 니콜슨 역) 한 명과 그 사건을 수사하던 수사관 앤 포프(알프레 우다드 역) 그리고 주인공에게서 기억을 제거하고자 하였던 '친절한 남자(외계존재자)' 3인이 모두 하늘로 올라가는 장면이 나오는데, 이것은 이 영화가 SF스릴러물임을 암시해준다.

다르게 보면, 이 영화는 어머니의 사랑의 힘이 얼마나 강한지를 보여주는 한 편의 휴머니즘 영화라고도 할 수 있다. 왜냐하면 아버지를 비롯한 모든 사람들은 외계존재자들의 조작

에 놀아나 9살짜리 샘의 존재를 부정하는 데 반해서, 어머니인 텔리만은 끝까지 아들에 대한 사랑의 끈을 놓지 않았기 때문이다. "여자는 약하나 어머니는 강하다"라는 세간의 말을 실감하게 해주는 영화이다.

하지만 이 영화는 피타고라스가 강조하였던 기억의 힘을 강조하는 하나의 철학적 영화이기도 하다. 영화에 감추어진 사실 중의 하나는 외계존재자들이 인간을 상대로 '망각 유도 실험'을 하고 있다는 것이다. 그 실험에서 텔리 주변의 모든 사람들은 샘의 존재를 너무나 쉽게 망각해버렸다는 사실이다. 아버지도 예외는 아니었다. 하지만 텔리만은 그렇지 않았다. 지구에서 실험을 담당하고 있었던 '친절한 남자'는 아들 샘에 대한 텔리의 첫 번째 기억만 지우면, 실험이 성공하리라 확신하고 그렇게 한다. 하지만 텔리는 아들 샘이 태어나기 이전의 상황, 즉 샘을 임신하고 있었을 때를 기억해내며 그에게 저항한다. 결국 그의 시도는 실패로 끝나고, 외계존재자들 역시 텔리에 대한 실험을 포기하고 만다. 영화는 아들 샘이 다시 텔리의 품안으로 돌아오는 것으로 끝이 난다. 실로 위대한 정신성의 승리인 것이다.

☞ 다음 개념을 구별해 봅시다

혼(魂) vs. 백(魄): 혼(魂)은 영혼을 말한다. 그런데 그것은 위로 상승하는 기운을 가지고 있는 부드러운 영혼을 말한다. 아래로 하강하며 불투명한 기운을 가지고 있는 것을 가리킬 때는 백(魄)이란 말을 사용한다. 제 정신을 차리지 못해 정신이 오락가락하는 것을 표현할 때 흔히 사용하는 말인 '혼비백산(魂飛魄散)'이라는 사자성어는, 위로 올라가버린 혼과 아래로 흩어져버린 백을 언급하고 있다.

모(矛) vs. 과(戈) vs. 극(戟): 이 세 글자는 모두 창을 가리킨다. 하지만 이것들은 모두 각기 다른 기능을 가지고 있다. 먼저 모(矛)라는 창은 찌르기를 주로 하는 것이다. 이에 비해, 과(戈)라는 창은 베기 위한 목적에서 만들어진 창이다. 그리고 극(戟)이란 창은 모와 과의 두 가지 기능을 결합한 창을 일컫는다.

그런데 이 세 가지 종류의 창 가운데에서 아마도 가장 치명적인 것은 모일 것이다. 왜냐하면 모는 상대방을 완전히 제거하기 위한목적에서 사용되기 때문이다. 그것은 찌르는 사람과 찔리는 사람의 관계를 극단적으로 대립시키고 있다. 그러기에 인류의 전쟁사에 등장하는 무기들 가운데에서도 모는 가장 치명적인 무기 중의 하나일 것이다.

이와 달리, 과는 좀 재미있는 무기이다. 무기를 재미있다고 하면 어색하게 들릴 수도 있겠지만, 어쨌든 이것은 독특한 기능을 하고 있다. 찌르는 모와 달리, 과는 '도려내는' 무기이기 때문이다. 타자를 제거하기 위한 것이 아니라, 타자와 자신의 경계를 분명히 하기 위한 도구인 것이다. 아울러 자신의 정체성을 훼손하는 비(非)본래적인 것을 제거하는 것이다. 아마도 사유의 시원적 단계에서 가장 시급하게 요구되는 것은 자기의 온전한 정립일 것이다. 경계선을 분명하게 설정하는 것, 이것이 철학의 시작은 아닐까?

열(說) vs. 락(樂): "학이시습지, 불역열호"(學而時習之, 不亦說乎), "유붕자원방래, 불역락호"(有朋自遠方來, 不亦樂乎)라는 구절은 한학에 조금이라도 관심이 있는 사람이라면 금방 알 수 있는 구절들이다. 그리고 이것이 ≪논어≫에 나오는 구절이라는 것 또한 잘 알려진 사실이다. 그런데 이 문장에서 일반적으로 기쁘다(반갑다)라는 의미로 옮겨지고 있는 '열(說: 기쁘다)'과 '락(樂: 즐겁다)'이라는 개념은 특별한 주의를 요하는 것들이다. 왜냐하면 전자의 열은 불연속적인 기쁨을, 후자의 락은 연속적인 기쁨을 의미하기 때문이다. 즉 열은 잘 몰랐다가 알게 되었을 때의 기쁨, 즉 '돈오(頓悟)'적인 기쁨을 말하는 것이다. 그러기에 기쁨을 느끼게 하는 대상은 주체에 익숙한 것이 아닌 새로운 것이다. 예를 들자면, 유명한 마술사의 마술을 구경하고 난 뒤의 기쁨과 같은 것이다. 이에 반해, '락'은 연속적인 즐거움이다. 친숙한 대상과의 관계 속에서 은근히 갖게 되는 그런 즐거움이다. 예를 들어, 낚시를 무척이나 좋아하는 사람이 내일 있을 낚시를 생각하면서 낚싯대를 손질할 때 얻는 그러한 즐거움이다.

◆ 더 생각해 볼 문제

1. 인간에게 영혼이란 무엇인가? 영혼은 인간 존재에 어떤 의미를 주나? 그리고 인류는 영혼에 대한 생각을 언제부터 가졌나?

2. 존재의 신비를 수로 이해하고자 하는 학문을 '수비학'이라고 한다. 동양과 서양에는 어떤 수비학적 전통이 있는가?

◆ 참고 문헌

존 스트로마이어. 2005. ≪피타고라스를 말하다≫. 류영훈 역. 서울: 퉁크.

프란츠 칼 엔드레스·안네마리 쉼멜. 1996. ≪수의 신비와 마법≫. 오석균 역. 서울: 고려원미디어.

클라우스 헬트. 2000. ≪그리스-로마 철학 기행≫. 최상안 역. 서울: 백의.

제5장

존재만을 생각하라

— 파르메니데스와 <카게무샤> 그리고 <이집트 왕자> —

우주가 태어나기 이전에 무는 없었다. 오직 존재만이 있었다. 이것이 세계와 우주에 대한 파르메니데스의 생각이다. 그로부터 우리는 엄청난 위력을 지닌 통찰을 전수받게 되는데, 그것이 바로 존재에 대한 탐구이론인 존재론(ontology)이다. 그런데 파르메니데스 이후, 서구의 철학은 아직까지도 그의 영향력 아래 놓여 있는데, 감각과 지성, 그리고 감각적 세계와 지성적 세계를 분리하는 이원론적 전통은 그가 수립한 전통이다. 이러한 그의 철학은 다음 세 가지 테제로 이루어져 있다. 그 첫째는 있는 것(존재)은 있고 없는 것(무)은 없다는 것이고, 둘째는 있는 것은 지성에 의해 알려진다는 것이고, 셋째는 있는 것과 알려지는 것은 동일하다는 것이다. 이런 점에서, 그의 철학은 플라톤을 존경과 두려움의 상태로 몰고가기에 충분하였다.

*앞의 그림은 <파르메니데스>

존재론의 개척자 파르메니데스

파르메니데스는 기원전 6세기 이탈리아의 엘레아(Elea: 현재의 Velia) 지역에서 활동한 철학자로, 그 당시에는 의사 또는 박물학자로 알려져 있었다. 그런데 파르메니데스를 포함해 엘레이 지역에 거주하고 있던 사람들은 원래 소아시아의 포카이아(Pokaia: 현재 터키의 포차) 지역에서 이주해온 사람들의 후예들이있다. 당시 페르시아의 지배자였던 퀴로스(Cyros) 대왕의 식민지 정책에 반발하면서 새로운 삶의 터전을 모색하고 있었던 그들에게, 이탈리아 캄파니아 지역의 엘레아는 그들의 꿈을 펼칠 수 있는 유일한 터전이었기 때문이다.

파르메니데스는 존재론의 아버지이다. 그의 명제 '토 온 에스틴(to on estin)'은 '있는 것은 있다(무엇이다)'[14]라는 의미이다. 얼핏 보기에는 동어반복적인 것처럼 들릴 수도 있으나, 이 명제는 철학사의 방향을 바꾸어 놓은 의미심장한 개념이기도 하다. 왜냐하면 지금까지의 철학사는 바로 파르메니데스의 이 명제를 옹호하거나 비판하는 방향으로 전개되어 왔기 때문이다.

일찍이 파르메니데스가 있음이라는 개념과 있음의 절대적

---

14) '토 온(to on)'이라는 개념은 '있음' 또는 '무엇임'을 뜻하며, '에스틴(estin)'은 '있다', 또는 '이다'를 뜻한다.

존재성을 강조함으로써 이야기하고자 하였던 것은, 있음이라는 사태가 이 우주에서 유일무이한 것이며, 또한 있음만이 인간 사유의 고유한 대상임을 천명하고자 한 데 있다. 종교가 전체 대상을 총체적으로 탐구하면서도 비개념적인 방법에 머무르고 있고, 개념적인 방법을 사용하는 과학도 전체 대상을 총체적으로 파악하지 못하는 한계를 보이고 있을 때, 오직 철학만은 전체 대상을 개념적인 방법으로 탐구하고 있다. 그런데 타 학문과 차별화되는 철학의 이러한 고유한 특징을 수립한 사람은 바로 존재론의 시조인 파르메니데스이다. 그러기에 소크라테스 이전의 철학사에 등장하는 수많은 철학자들, 예를 들어 그리스철학의 개척자인 밀레토스의 탈레스나 이탈리아 형이상학의 시조인 피타고라스, 그리고 변증법의 선구자인 에페소스의 헤라클레이토스도 파르메니데스와 비교하면 그 업적이 작아 보이는 이유도 바로 여기에 있는 것이다.

여신 므네모쉬네

≪자연에 관하여≫에서 파르메니데스는 길을 진리의 길과 억견의 길로 양분한다. 존재와 지성에 근거한 탐구는 진리로 나아가지만, 가상과 억견에 근거한 탐구는 진리 아닌 것에로 나아간다는 것이다. 여기에서 그는 존재와 가상, 참과 거짓을 엄격하게 이분한다. 그런데 이것은 서구철학사상 최초로 전개되는 이원론이기도 하다. 현대인들에게는 너무나 익숙한 구분법이지만, 파르메니데스 당대에는 생소한 것이었다. 하지만 철학의 역사는 그 생소함을 혁명으로 받아들였다. 그리고 그 혁명의 선두에 파르메니데스가 서 있는 것이다. 그의 육성을 들어보자. 다음은 그의 첫 번째 단편이다.[15)]

> 7. 단편1 섹스투스 엠피리쿠스/심플리키오스(DK28B1)
>
> 충동(thymos)이 미치는 데까지 나를 태워 나르는 암말들이 [나를] 호위해 가고
> 있었다, 그들이 나를 이끌어 이야기 풍성한(polyphēmos), 여신의(daimonos) 길로 가게 한 후에.

15) 본문에서 파르메니데스의 단편번호를 명시할 때에는 딜스-크란츠의 체제에 준해서 한다.

아는 사람을 모든 도시들에 두루 데려다 주는 그 길로.
거기서 나는 태워 날라지고 있었다. 즉 거기서 아주 명민한 (polyphrastoi) 암말들이 마차를 끌면서
나를 태워 나르고 있었고, 처녀들(kourai)이 길을 인도하고 있었다.

축은 바퀴통들 속에서 열을 내면서 피리 소리를 내고 있었다.
(돌아가는 두 바퀴에 의해
양쪽으로부터 힘을 받고 있었기 때문에),
뉙스(밤)의 집을 떠나 빛을 향해 온 헬리오스(태양)의 딸들(Hēliades)인 처녀들이
머리에서부터 너울을 손으로 밀어젖히고는 [나를] 서둘러 호위해 가고 있을 때.

거기에 뉙스와 에마르(낮)의 길들의 문이 있고,
그 문을 아래 위 양쪽에서 상인방과 돌로 된 문턱(oudos)이 에워싸고 있다.
그리고 에테르에 있는 그 문은 커다란 문짝들로 꽉 차 있는데,
많은 대가를 치르게 하는(polypoinos) 디케(정의)가 그 문의, 응보의(amoibos) 열쇠를 가지고 있다.

처녀들이 부드러운 말(logoi)로 그녀를 달래면서
영리하게 설득했다, 어서 자기들을 위해 내리잠금목으로 꽉 죄어진 (balanōtos)
빗장을 문으로부터 밀어내 달라고. 그리고는 이 문이
마개못과 핀으로 짜 맞춰진, 청동으로 된 두 회전기둥을 [축받이]구멍 속에서 번갈아 돌린 후에

활짝 나래 펴듯 열리면서 문짝들의 떡 벌어진 틈(chasma)을 만들어냈다.
그러자 그 문을 통해
곧장 처녀들이 마차와 암말들을 마찻길로 이끌었다.

그리고 '여신'(정신과 지성의 므네모쉬네 여신: 필자)이 나를 반갑게 맞아들였는데, [내] 오른손을 [자신의] 손으로
맞잡고는 다음과 같은 이야기(epos)를 하면서 내게 말을 걸었다.

"오, 불사(不死)의 마부들과 더불어,
그대를 태워 나르는 암말들과 함께 우리 집에 온 젊은이(kouros)여!
잘 왔다. 그대를 이 길로 오도록 보내준 것은 나쁜 모이라(운명)가 아니라(실로 이 길은 인간들이 밟고 다니는 길에서 멀리 떨어져 있으니까 하는 말이다.),
테미스(옳음)와 디케(정의)이니 말이다. 자, 그대는 모든 것들을 배워야(pythesthai) 한다,
설득력 있는(eupeitheos) 진리의 흔들리지 않는 심장과,
가사자들의 의견들(doxoi)을. 그 속에는 참된 확신(pistis)이 없다.
그렇지만 그대는 이것들도 배우게(mathēseai) 될 것이다. … 라고 여겨지는 것들(ta dokounta)이 어떻게, 내내 전부 있는 것들로서(per onta) 받아들여질 만하게(dokimōs) 있어야 했던가를."
(1-30행: 섹스투스 엠피리쿠스 ≪학자들에 대한 반박≫ Ⅶ. 111-114/ 28-32god; 심플리키오스 ≪아리스토텔레스의 〈천체에 관하여〉 주석≫ 557)

여기에서 파르메니데스는 진리의 세계로 들어가는 과정을

하나의 판타지 형식으로 표현한다. 우선 눈에 띄는 것은 4명의 여신들에 대한 언급이다. 기억의 여신인 므네모쉬네와 운명의 여신인 모이라, 그리고 올바름의 여신인 테미스와 정의의 여신인 디케. 이 중에서 파르메니데스를 맞이하고 있는 것은 므네모쉬네 여신이다.

기억의 여신 므네모쉬네

그리스 신화에 의하면, 므네모쉬네 여신은 그리스 신들 가운데에서 독특한 위상을 점하고 있다. '기억'이라는 추상적 개념을 인격화한 신이기 때문이다. 그래서 그녀는 정신과 지성의 활동 모두를 관장한다. 오르페우스교의 영향권 하에 있는 피타고라스 공동체에 의하면, 므네모쉬네 호수에서 나오는 므네모쉬네 여신의 물은 삶과 죽음의 경험으로부터 인간을 해방시켜준다고 전해진다. 이처럼 파르메니데스는 기억의 여신인 므네모쉬네에 근거해서 진리의 세계로 나아가고 있는 것이다.[16)]

---

16) 보이오티아의 레바디아에 있는 트로포니오스 신전에서 신탁을 받았던 사람들은 망각의 샘물 레테와 함께 기억의 샘물을 마셔야만 했다. 피타고라스는 기억의 여신이 갖는 철학적 의미를 잘 보여주고 있다(김내균 1996, 95): 피타고라스는 헤르메스의 아들 아이탈리데스로 태어났다고 생각하였다. 헤르메스는 불멸을 제외하고 그가 원하는 것이 있으면 무엇이든지 말하라고 하였으므로, 아이탈리데스는 그가 살아 있을 때에나 죽었을 때에도 그에게 일어났던 모든 일들에 대한 기억을 간직하고 싶다고 요청하였다. 이렇게 해서 그가 살아 있을 때에는 모든 일을 상기할 수 있었고, 그가 죽었을 때에는 동일한 기억을 그대로 간직했음이 틀림없다.(디오게네스 라에르티오스, ≪철학자들의 생애≫, Ⅷ, 4)

테미스(Themis)는 올바름(rightness)의 여신이고, 디케(Dike)는 정의(justice)의 여신이다. 그런데 이 두 여신은 구별 가능하다. 테미스는 종교의 원리이며 귀족 중심의 법률을 상징한다. 이에 반해서, 디케는 윤리적 삶의 원리이며 민중들의 법칙을 상징한다. 그런데 이들과 달리, 모이라 여신은 파르메니데스의 단편에서 부정적으로 묘사되고 있다. 사실 모이라 여신은 모든 존재자들의 운명을 결정하는 막강한 여신이 아니었던가? 그리하여 신들의 왕인 제우스까지도 그녀의 힘은 예외로 인정하지 않았던가? 하지만 파르메니데스는 자신이 새로 그리고 있는 존재의 세계에서 그녀의 위상을 약화시키고 있다. 대신 그 자리에 기억의 여신인 므네모쉬네를 자리매김 하고 있다.

므네모쉬네 여신은 파르메니데스를 밤의 세계로부터 빛의 세계로 인도한다. 여기에서 밤은 어둠의 여신인 뉙스(Nyx)를 말한다. 그런데 그것은 공교롭게도 운명의 여신인 모이라의 모신(母神)이다. 파르메니데스가 빛과 진리의 세계를 강조하면서 제거되어야 할 어둠의 세계로 모이라의 어머니를 설정한 것은, 다분히 파르메니데스 자신의 세계관, 즉 므네모쉬네와 디케가 지배하는 새로운 세계를 염두에 두었기 때문이다.

또 한 가지 생각해 볼 수 있는 것은, 불멸에 대한 파르메니데스의 열망이다. 고대로부터 그리스인들을 가장 괴롭혔던 문제는 인식의 문제도, 사회 통합의 문제도 아니었다. 그것은 아마도 삶에 대한 고통과 죽음에 대한 두려움으로부터 인간을 구제해 줄 수 있는 것이 무엇일까 하는 문제를 천착하는 것이었다. 파르메니데스는 바로 그러한 그리스인들의 열망을 충족시켜주고자 노력하였으며, 그가 제시한 존재 개념이 그 구체적인 대안이었다. 비록 그의 존재 개념이 인간의 주관적인 생각을 부정하고서야 획득할 수 있는 그러한 것이었음에도 불구하고, 그것은 모든 존재자들이 느끼는 세상의 무상성(無常性), 곧 모든 존재하는 것들은 소멸되기 마련이라는 허무주의적 인식으로부터 인간을 구제할 하나의 '방어기제'였던 것이다. 이런 점에서 파르메니데스의 존재론은 인간 영혼을 구제하려는 고대종교의 이상과 그 맥을 같이하고 있는 것이다.

8. 단편2 프로클로스(DK28B2)

자, 이제 내가 말할 터이니, 그대는 이야기(mythos)를 듣고 명심하라,
탐구의 어떤 길들만이 사유를 위해(noēsai) 있는지.
그중 하나는 있다(estin)라는, 그리고 있지 않을 수 없다라는 길로서,
페이토(설득)의 길이며(왜냐하면 진리를 따르기 때문에),
다른 하나는 있지 않다라는, 그리고 있지 않을 수밖에 없다라는 길로서,
그 길은 전혀 배움이 없는 길이라고 나는 그대에게 지적하는 바이다.
왜냐하면 바로 이 있지 않은 것을 그대는 알게 될(gnoiēs) 수도 없을 것이고(왜냐하면 실행가능한 일이 아니기에) 지적할(phrasais) 수도 없을 것이기에.
(≪플라톤의 〈티마이오스〉 주석≫ Ⅰ. 345)

이 부분은 난해하다. '있다', 즉 '에스틴([It] Is)'이라는 말이 난해하기 때문이다. 먼저 눈에 띄는 것은 에스틴이 주어 없이 동사 형태로 등장하고 있다는 것이다. 실체적 사고에 익숙한 현대인들에게 이것은 주어를 결여한 불완전한 것으로 비칠 수 있다. 그리고 그 빈 자리에 무엇인가를 삽입시키고자 하는

강한 충동을 느낄 수도 있다. 하지만 생략된 3인칭 문장의 주어가 무엇인가에 대한 논의보다 더 중요한 것은, 파르메니데스가 세계를 어떠한 것으로 보고 있는가 하는 것이다.

단적으로 말해서, 파르메니데스는 존재하는 세계가 일차적으로 동사(動詞)로 이루어져 있다고 생각하였다. 즉 있음의 사태, 다시 말해 동사로서의 있음의 사태가 진정으로 존재한다는 것이다. 존재 세계의 주인은 눈에 보이는 개별적인 것들이 아니라, 눈에 보이지 않는 순수한 있음 그 자체라는 것이다. '토 에온(to eon: 존재하는 것)' 역시 동사로서의 존재의 활동성이 그 자체로 실현되어 있는 것을 말한다. 곧 있음의 활동성이 그 자체로 온전히 담지되어 있는 것을 말한다. 이처럼 파르메니데스는 존재 세계에서 하늘의 북극성과 같은 것을 천착하고 있는 것이다.

> 9. 단편3 클레멘스/플로티노스(DK28B3)
> … 왜냐하면 같은 것이 사유함을 위해 또 있음을 위해 있기 때문에.
> (클레멘스 ≪학설집≫ Ⅵ.23/ 플로티노스 ≪에네아데스≫ Ⅴ.1.8)

단편 3은 존재와 사유의 동일성을 언급한다. 이것은 파르메니데스 존재론의 고유한 원리이다. 그에게 존재의 기본적인 속성은 '유일성'이다. 그 유일성을 깰 수 있는 것은 아무것도 없다. 만약 신이 존재하다면, 그 역시 존재와 동일할 것이라고 파르메니데스는 생각한다.

그런데 파르메니데스에게 존재와 맞먹는 신적인 것이 있다. 정신, 사유가 그것이다. 그리고 정신과 사유는 존재 그 자체를 통찰할 수 있다. 그런데 사유와 정신의 직관력은 거기에서 멈추지 않는다. 사유는 존재의 신비까지도 파헤칠 수 있고, 존재의 비밀까지도 규명할 수 있는 것이다. 그리하여 사유는 존재와 동등한 권리를 주장하는 것이다. 바야흐로, 인간 사유에 의한 존재 정복(?)의 길이 열린 것이다.

하지만 파르메니데스의 이러한 사유 방식은 확대 해석되어서는 안 된다. 왜냐하면 철학적 사유를 결여한 사람들의 생각까지 존재와 동일시한다면, 그것은 파르메니데스 철학의 본의를 훼손하는 일이 될 것이기 때문이다. 그러기에 우리는 파르메니데스적인 존재와 사유의 동일성을 인간 정신성의 무한한 가능성, 또는 사유와 존재의 근원적인 통일성으로 이해해야지, 결코 주관적 사유에 의한 일방적인 존재 파악으로 이해해서는 안 되는 것이다. 그리고 그럴 경우, 우리는 상식을 거부하면서까지 철학자 파르메니데스가 강조하고자 했던 바의 진실을 읽어낼 수 있는 것이다. 다음은 확고한 진리 앞에서 부동의 마음을 유지하라는 파르메니데스의 충고가 배어 있는 소중한 단편들이다.

10. 단편4 클레멘스(DK28B4)

그런데 멀리 떨어져 있음에도 불구하고 곁에 있는 것들을 누스(지성)로 확고하게 바라보라.

왜냐하면 그것은 있는 것을 있는 것에 붙어 있음으로부터 떼어내지 않을 테니까,

그것이 전적으로 질서에 따라(kata kosmon) 모든 곳에 퍼져 있는 상태에서도 그럴 수 없을 것이고

그러그러하게 함께 결합되어 있는 상태에서도 그럴 수 없을 것이기에. (≪학설집≫ Ⅴ.15)

11. 단편5 프로클로스(DK28B5)

… 그런데 어디서부터 내가 시작하든 내게는
마찬가지다. 왜냐하면 그리로 나는 다시 돌아갈 것이니까.
(≪플라톤의 〈파르메니데스〉 주석≫ 708)

12. 단편6 심플리키오스(DK28B6)

말해지고 사유되기 위한 것은 있어야만 한다. 왜냐하면 그것은 있을 수 있지만,
아무것도 아닌 것(mēden)은 그렇지 않으니까. 이것들을 곰곰이 생각해보라고 나는 그대에게 명한다.
왜냐하면 그대를 탐구의 이 길로부터 우선 <내가 제지하는데>
그러나 그 다음으로는 가사자들이 아무것도 알지 못하면서
[5] 머리가 둘인 채로 헤매는 (왜냐하면 그들의 가슴 속에서 무기력함이
방황하는 누스를 지배하고 있기에) 그 길로부터 [그대를 제지하기에]. 그들은
귀멀고 동시에 눈먼 채로, 어안이 벙벙한 채로, 판가름 못하는 무리로서, 이끌려 다니고 있는데,
그들에게는 있음과 있지 않음이 같은 것으로, 또 같지 않은 것으로도 통용되어 왔다.
그런데 [그들에게는] 모두 것들의 길이 되돌아가는 길이다.
(≪아리스토텔레스의 〈자연학〉 주석≫ 117)

불생·불멸·부동·불가분의 존재

불생·불멸·부동·불가분의 특징을 지니고 있는 파르메니데스의 존재 개념은 부정적인 표현방식과 초월적인 이념으로 유명하다. 서구 형이상학 역사상 가장 혁명적인 아이디어로 손꼽히는 이 개념이 정립되어가는 사유의 과정을 추적해 보자.[17)]

---

17) 파르메니데스의 스승으로 간주되는 크세노파네스 역시 초월적 존재 개념을 언급한다. 그는 신인동형동성론적인 견해를 비판하면서 유일신 관념을 형성한다(김내균 1996). 16. 알렉산드리아의 클레멘스(DK21B14): "그러나 가사자들은 신들이 태어나고, 자신들처럼 옷과 목소리와 형체를 갖는다고 생각한다."(≪학설집≫ V. 109); 17. 알렉산드리아의 클레멘스(DK21B16) "아이티오피아 사람들은 <자신들의 신들이> 코가 낮고 [피부가] 검다고 말하고, 트라키아인들은 <자신들의 신들이> [눈이] 파랗고 머리카락이 붉다고 <말한다>".(≪학설집≫ Ⅶ.22.1); 21. 심플리키오스(DK21B26): "그런데 그는 언제나 같은 곳에 전혀 움직이지 않은 채 머물러 있다. 또한 이때는 여기, 저때는 저기로 옮겨다니는 것은 그에게 어울리지 않는다." (≪아리스토텔레스의 〈자연학〉 주석≫ 23.10) 아에티오스(DK21B27): "땅에서 모든 것이 생기고, 땅으로 모든 것이 끝난다." 섹스투스 엠피리쿠스(DK21B33): "우리 모두는 흙과 물에서 생겨났으니까."

우선 파르메니데스는 절대적 무를 절대적으로 부정한다. 존재의 지평에서는 무가 부정되는 것이다. 사유의 지평에서도 무는 사라진다. 어떠한 경우에도 존재를 벗어나 무에 접근할 수 없다. 만약 그렇게 된다면, 인간은 자신의 존재마저 부정하게 되기 때문이다. 그러기에 존재하는 것은 오직 존재뿐이다.

무는 소멸되고 존재가 정립된다. 어떠한 변화에서도, 어떠한 운동에서도, 어떠한 생성에서도, 어떠한 소멸에서도 자유로운 존재가 정립되는 것이다. 그런데 그 존재는 현상계의 존재자들이 겪는 어떠한 불완전성도 허용하지 않는다. 완전한 존재인 것이다. 불생, 불멸, 부동, 불가분, 유일무이함이 존재의 속성이다. 이처럼 파르메니데스의 존재는 초월적인 것이다.

그런데도 파르메니데스는 가시적인 용어로 존재를 표상한다. 존재를 '구체의 덩어리'와 같은 것으로 묘사하는데, 구체의 중심에서 표면까지 동일한 거리를 유지하고 있는 둥근 공과 같은 것이다. 하지만 존재의 가시성은 확대 해석되어서는 안 된다. 왜냐하면 존재를 구체와 동일시하는 파르메니데스의 언급은, 절대적 인식을 결여하고 있는 인간들을 위해 고안된 방편적 설명이기 때문이다.

그럼에도 파르메니데스는 상식을 거부한다. 그는 결코 현실을 구제하지는 않는다. 오히려 그는 현상 구제를 염원하는 플라톤을 비웃기라도 하듯이, 철저한 현실 부정을 강조한다. 그런 점에서 그는 철저한 이상주의자이다. 제논(Zenon)의 역설[18)]

18) 제논은 스승 파르메니데스의 존재론을 옹호하기 위하여, 스승의 논지에 역행하는 반대 주장들이 얼마나 모순된 결론에 이르

은 여기에서 힘을 얻고 있다. 다음은 파르메니데스의 초월성이 잘 드러난 단편들이다.

13. 단편7 플라톤/섹스투스 엠피리쿠스(DK28B7)
그 이유는 이렇다. 이것, 즉 있지 않은 것들이 있다는 것이 결코 강제되지 않도록 하라.
오히려 그대는 탐구의 이 길로부터 사유를 차단하라.

게 되는지를 그의 4가지 역설을 통하여 보여줌으로써, 스승의 존재론이 유의미함을 밝히고 있다. '귀류법'이라고 명명되는 이 논증방법을 통하여 제논은 논리학사에도 큰 족적을 남겼다. '아킬레우스와 거북이의 역설'과 '이분법의 역설' 그리고 '화살의 역설'과 '경주로의 역설'이 그 4가지이다. 먼저, 아킬레우스와 거북이의 역설은 달리기 경주에서 뒤쳐진 아킬레우스는 결코 앞선 거북이를 따라잡을 수 없다는 것을 논증하는 것이고, 이분법의 역설은 움직이는 어떤 것이 목표 지점에 도달하기 위해서는, 출발 지점과 목표 지점 사이에 있는 무한한 수의 중간 지점을 통과해야하는데, 이는 유한한 시간 속에서는 불가능한 것임을 논증하는 것이다. 그리고 화살의 역설이란 날아가는 화살은 날아가는 각 순간만큼은 자기가 점유한 하나의 공간 속에 있어야 되는데, 그러는 한 날아가는 화살은 항상 정지 상태에 있다는 것을 논증하는 것이며, 마지막으로 경기장의 역설이란 동일한 속도로 서로 반대 방향으로 달리는 물체들의 그룹 중 한 그룹은 다른 그룹보다 동일한 시간 내에서 2배 더 멀리 간다는 것을 논증하는 것이다. 제논의 이러한 논증들은 모두 '무한분할가능성'을 전제하고 있으며, 특히 앞의 두 논증은 공간과 시간에 대한 '연속적' 관점, 그리고 뒤의 두 논증은 공간과 시간에 대한 '불연속적' 관점을 견지하고 있다.

그리고 습관(ethos)이 [그대를] 많은 경험을 담은 이 길로 [가도록],
즉 주목하지 못하는 눈과 잡소리 가득한 귀와 혀를 사용하도록 강제하지
못하게 하라. 다만 나로부터 말해진 많은 싸움을 담은 테스트(polydēris elenchos)를 논변으로(logōi) 판가름하라(krinai).
(1-2행: 플라톤 ≪소피스트≫ 237a, 258d/ 2-6행: 섹스투스 엠피리쿠스 ≪학자들에 대한 비판≫ Ⅶ.111)

14. 단편 8 심플리키오스(DK28B8)

… 길에 관한 이야기(mythos)가 아직 하나 더
남아 있다, 있다 라는. 이 길에 아주 많은 표지들(sēmata)이
있다. 있는 것은 생성되지 않고 소멸되지 않으며,
온전한 한 종류의 것(oulon mounogenes)이고 흔들림 없으며 완결된 것(ēde teleston)이라는.

그것은 언젠가 있었던 것도 아니고, 있게 될 것도 아니다. 왜냐하면 지금 전부 함께
하나로 연속적인 것으로 있기에. 그것의 어떤 생겨남을 도대체 그대가 찾아낼 것인가?
어떻게, 무엇으로부터 그것이 자라난 것인가? 나는 그대가 있지 않은 것으로부터라고
말하거나 사유하는 것도 허용하지 않을 것이다. 왜냐하면 있지 않다 라는 것은
말할 수도 사유할 수도 없기 때문이다. 그리고 어떤 필요가
먼저보다는 오히려 나중에 그것이 아무것도 아닌 것에서 시작해서 자라나도록 강제했겠는가?
따라서 전적으로 있거나 아니면 전적으로 없거나 해야 한다.

또 확신의 힘은 있지 않은 것으로부터 도대체 어떤 것이
그것 곁에 생겨나도록 허용하지도 않을 것이다. 그것을 위해 디케(정의)는
족쇄를 풀어서 생겨나도록 또 소멸하도록 허용하지 않았고,
오히려 꽉 붙들고 있다. 이것들에 관한 판가름(krisis)은 다음의 것에 달려 있다.
있거나 아니면 있지 않거나이다. 그런데 필연인 바 그대로,
한 길은 생각될 수 없는 이름 없는 길로 내버려두고 (왜냐하면 그것은 참된
길이 아니므로) 다른 한 길은 있고 진짜이도록 허용한다는 판가름이 내려져 있다.
그런데 어떻게 있는 것이 나중에 있을(epeita peloi) 수 있겠는가? 또 어떻게 그것이 생겨날 수 있(었)겠는가?
왜냐하면 생겨났다면 그것은 있지 않고, 언젠가 있게 될 것이라면 역시 있지 않기에.
이런 식으로 생성은 꺼져 없어졌고 소멸은 들리지 않는다.

[그것은] 나누어질 수 있는 것도 아니다. 왜냐하면 전체가 균일하기에.
또 여기에 조금도 더 많이 있지도 않고(그런 상태는 그것이 함께 이어져 있지 못하도록 막게 될 것이다),
조금도 더 적게 있지도 않으며, 오히려 전체가 있는 것으로 꽉 차 있다.
이런 방식으로 전체가 연속적이다. 왜냐하면 있는 것이 있는 것에 다가가기 때문이다.

그러나 [그것은] 커다란 속박들의 한계들 안에서 부동(不動)이며

시작이 없으며 그침이 없는 것으로 있다. 왜냐하면 생성과 소멸이 아주 멀리 쫓겨나 떠돌아다니게 되었는데, 참된 확신이 그것들을 밀쳐냈기 때문이다.
같은 것 안에 같은 것으로 머물러 있음으로써, 그 자체만으로 놓여 있고
또 그렇게 확고하게 그 자리에 머물러 있다. 왜냐하면 강한 아낭케(필연)가
그것을 빙 둘러 에워싸고 있는 한계의 속박들 안에 [그것을] 꽉 붙들고 있기 때문이다.

그러므로 있는 것이 미완결이라는 것은 옳지(themis) 않다.
왜냐하면 결핍된 것이 아니며, 만일 결핍된 것이라면 그것은 모든 것이 결핍된 것일 테니까.

같은 것이 사유되기 위해 있고 또 그것에 의해 사유가 있다.
왜냐하면 있는 것 없이([생각이] 표현된 한에서는 그것에 의존하는데)
그대는 사유함을 찾지 못할 것이기에. 왜냐하면 있는 것 밖에 다른 그 아무것도
있거나 있게 될 것이 아니기 때문에. 왜냐하면 모이라(운명)가 바로 이것을 온전하고
부동의 것이게끔 속박하였기 때문이다. 이것에 대해 모든 이름들이 붙여져왔다,
가사자들이 참되다고 확신하고서 놓은 모든 이름들이,
즉 생겨나고 있음과 소멸되어감, 있음과 있지 않음,
그리고 장소를 바꿈과 밝은 색깔을 맞바꿈 등이.
그러나 맨 바깥에 한계가 있기에, 그것은 완결된 것,

모든 방면으로부터 잘 둥글려진 공의 덩어리와 흡사하며,
중앙으로부터 모든 곳으로 똑같이 뻗어나와 있는(isopales) 것이다. 왜냐하면 그것이
[45] 저기보다 여기에서 조금이라도 더 크다든가 조금이라도 더 작다든가 해서는 안 되기 때문이다.
왜냐하면 그것이 같은 것(homon)에로 도달하는 것을 막을 만한 있지 않은 것이란
있지 않고, 또한 있는 것은 있는 것 가운데 더 많은 것이 여기에, 그리고 더 적은 것이
저기에 있게 될 길이 없기 때문에. 왜냐하면 그것은 전체가 불가침이기에.
왜냐하면 모든 방면으로부터 자신과 동등한 것으로서, 한계들 안에 균일하게 있기에.
(≪아리스토텔레스의 〈자연학〉 주석≫ 145-146)

현상계의 의미

파르메니데스에 의하면, 없는 것은 존재의 세계나 사유의 세계에서 완전히 배제된다. 그리고 그런 절대불변의 존재 세계에 비추어 볼 때, 인간의 현상계는 없는 것이나 마찬가지인 세계이다. 하지만 파르메니데스는 그런 현상계에 그 나름대로의 실재성을 부여한다.19)

> 14. 단편 8 심플리키오스(DK28B8)
> [50] 여기서 나는 그대를 위한 믿을 만한 논변(pistos logos)과 사유(noēma)를 멈춘다,

---

19) 15. 단편 9 심플리키오스(DK28B9): "그러나 모든 것들이 빛과 밤으로 이름 붙여져 있고 그것들이 그 힘들(dynameis)에 따라 이것들에 그리고 저것들에 갖다 붙여져 있기 때문에, 전체는 함께 빛과 보이지 않는 밤으로 함께 꽉 차 있다, 둘이 동등한 채로. 왜냐하면 둘 중 어떤 것에도 아무것도 아닌 것이 관여해 있지 않기에."(≪아리스토텔레스의 <자연학> 주석≫180); 26. 단편19 심플리키오스(DK28B19): "이렇게 의견에 따라 이것들이 생겨났고 지금 있으며 장차 이것으로부터 자라서 끝나게 될 것이다. 그런데 사람들은 이것들 각각에 대해 구별되는 이름을 정해 놓았다."(≪아리스토텔레스의 <천체에 관하여> 주석≫558)

> 진리에 관해서. 그리고 이제부터는 가사적인 의견들을
> 배우라, 내 이야기들(epē)의 기만적인(apatēlos) 질서(kosmos)를 들으면서.
> 왜냐하면 그들은 이름 붙이기 위해 두 형태(morphai)를 마음에(gnōmais) 놓았는데,
> 그것들 가운데 어느 하나도 그래서는 안 된다. 바로 그 점에서 그들은 헤맸던 것이다.
> [55] 그리고 그들은 형체(demas)에 있어 정반대인 것들을 구분하였고
> 그것들 서로간에 구분되게 표지들을 놓았다.
> 즉 한편에는 에테르에 속하는 타오르는 불을,
> 부드럽고, 아주 가벼우며, 모든 방면에서 자신과 동일하되,
> 다른 하나와 동일한 것이 아닌 [불을 놓았다]. 그런가 하면 [그들은] 저것도, 즉 그 자체만으로
> 정반대인 어두운 밤도, 조밀하고 무거운 형체인 [밤도 놓았다].
> [60] 이 배열(diakosmos) 전체를 그럴 듯한(eoikōs) 것으로서 나는 그대에게 설파한다.
> 도대체 가사자들의 그 어떤 견해(gnōmē)도 그대를 따라잡지 못하도록.
> (≪아리스토텔레스의 〈자연학〉 주석≫ 38-39)

그런데 이것은 파격적인 발상이다. 일반인들의 상식을 부정하면서 극단적인 초월논리를 이야기하던 그가 어떤 심경의 변화로 이런 주장을 하게 되는 걸까? 만약 그가 이 주장을 강하게 밀고 나간다면, 그는 자기모순을 범하게 될 것이다. 많이 양보하여, 이것이 죽을 수밖에 없는 인간들에 대한 파르메니데스의 충고라 하더라도, 이미 야기된 문제는 그리 쉽게 해결

되지는 않는다. 이 텍스트를 두고 많은 연구가들이 이런저런 해석들을 내놓고 있기는 하지만 어느 것 하나 똑 부러지는 설명은 내놓고 있지는 못하다. 그럼에도 한 가지 분명한 사실은 파르메니데스처럼 가장 고고한 철학자라고 할지라도, 우리 인간이 몸담고 있는 이 현상계, 곧 감각의 세계는 쉬 떨쳐버릴 수 없는 '아낭케(ananke: 필연)'의 세계라는 것이다. 비록 천재 철학자의 지성에 의해서는 정신적으로 해방될 수 있다고 하더라도 말이다.

<이집트 왕자(The Prince of Egypt, 1998)>

감독: 스티브 히크너, 브렌다 챕먼, 사이몬 웰스
출연: 발 킬머(모세 목소리), 미셸 파이퍼(십보라 목소리), 산드라 블록(미리엄 목소리), 랄프 파인즈(람세스 목소리)
제작: 스티븐 스필버그, 산드라 로빈스
각본: 니콜라스 메이어, 켄 하샤
장르: 뮤지컬

<이집트 왕자>는 ≪성서≫ <출애굽기>를 바탕으로 하여 만들어진 애니메이션이다. 애니메이션의 배경은 기원전 13세기 이집트이다. 당시, 이스라엘 민족은 이집트의 지배를 받고 있었다. 히브리 노예들의 반란과 메시야 출현을 경계하고 있던 이집트 왕은 새로 태어난 이스라엘 남자아이를 모두 죽이라는 명령을 내린다. 그때 태어났던 모세(Moses) 역시 예외일 수

없었는데, 그의 부모, 곧 라헬 일족 레위 가계의 아므람과 요개벳은 모세를 살리기 위하여 그를 광주리에 담아 나일강물에 띄워 보낸다. 하지만 모세는 다행히도 이집트의 공주(하트세프수트)에게 구출되어 람세스와 함께 왕궁에서 자란다.

그런데 이집트 왕자로 장성한 모세에게 인생의 전환점이 되는 사건이 하나 발생한다. 도망간 미디안 처녀인 십보라를 쫓다가, 친남매인 미리암과 아론을 만나고, 거기서 자신의 출생비밀을 알게 된 것이다. 더 이상 이집트 왕자로서 살 수 없게 된 모세는, 자신의 정체성을 찾기 위해 사막을 방황한다. 그 와중에 십보라와 결혼하여 행복한 생활을 영위한다.

그러던 어느 날, 모세는 여호와 하나님과 만나는 신비한 체험을 하게 된다. 잃어버린 양을 찾다가 불붙은 떨기나무를 목격하면서 하나님의 계시를 받게 된 것이다. 하나님의 계시는 이집트로 돌아가 히브리인을 구하라는 것이었다.

그런데 그 당시 이집트는 파라오 세티가 죽고 그의 아들, 그러니까 모세의 형 아닌 형이었던 람세스가 즉위하여 이집트를 통치하고 있었다. 람세스는 동생의 출현에 한편으로는 기뻐하면서도, 또 다른 한편으로는 강한 거부감을 보였다. 왜냐하면 그는 히브리인들을 해방시켜 달라는 모세의 부탁을 들어줄 수 없었기

모세와 람세스

때문이다. 어찌할 수 없는 상황에 다다랐을 때, 모세는 하나님의 말씀과 능력에 힘입어 이집트에 열 가지 재앙을 내린다. 곧 (1) 나일강의 물이 피로 변하는 재앙. (2) 땅이 개구리로 뒤덮이는 재앙. (3) 이(흡혈 기생충)의 재앙. (4) 파리 떼의 재앙. (5) 가축 전염병의 재앙. (6) 악한 종기의 재앙. (7) 우박의 재앙. (8)메뚜기의 재앙. (9) 암흑의 재앙. (10) 이집트의 모든 장자가 사망하는 재앙을 내리는 것이다. 처음에는 하나님의 존재를 거부하면서 모세의 말을 믿지 않던 람세스도 자신의 장자가 죽어가는 열 번째 재앙 앞에서는 결국 무릎을 꿇고 만다.

하지만 람세스는 모세와 히브리인들을 죽이기 위해서 그들을 뒤쫓는다. 위기에 직면한 히브리인들 앞에, 하나님은 모세에게 홍해를 건널 수 있는 힘과 능력을 준다. 그리하여 히브리인들은 무사히 홍해를 건너고, 그들을 뒤쫓던 이집트 군사들은 모두 죽는다. 이상이 <이집트 왕자(The Prince of Egypt)>의 대강의 줄거리이다.

여기에서 우리가 주목해야 할 부분은 모세와 하나님의 대화이다. 다음과 같다.

하나님: Moses. Moses. Moses. Moses.
모세: Here I am.
하나님: Take the sandals from your feet, for the place on which you stand is holy ground.
모세: Who are you ?

하나님: I am that I am.
모세: I don't understand.
하나님: I am the God of your ancestors, Abraham, Isaac and Jacob.

이것과 연관된 ≪성서≫ 원문은 <출애굽기> 3장 1절부터 15절에 있다. 그 내용을 옮겨 적으면 다음과 같다.

하나님의 음성을 듣는 모세

> 모세가 그의 장인 미디안 제사장 이드로의 양 떼를 치더니 그 떼를 광야 서쪽으로 인도하여 하나님의 산 호렙에 이르매
> 여호와의 사자가 떨기나무 가운데로부터 나오는 불꽃 안에서 그에게 나타나시니라 그가 보니 떨기나무에 불이 붙었으나 그 떨기나무가 사라지지 아니하는지라.
> 이에 모세가 이르되 내가 돌이켜 가서 이 큰 광경을 보리라 떨기나무가 어찌하여 타지 아니하는고 하니 그때에
> 여호와께서 그가 보려고 돌이켜 오는 것을 보신지라 하나님이 떨기나무 가운데서 그를 불러 이르시되 모세야 모세야 하시매 그가 이르되 내가 여기 있나이다.
> 하나님이 이르시되 이리로 가까이 오지 말라 네가 선 곳은 거룩한 땅이니 네 발에서 신을 벗으라.
> 또 이르시되 나는 네 조상의 하나님이니 아브라함의 하나님,

이삭의 하나님, 야곱의 하나님이니라 모세가 하나님 뵈옵기를 두려워하여 얼굴을 가리매
여호와께서 이르시되 내가 애굽에 있는 내 백성의 고통을 분명히 보고 그들이 그들의 감독자로 말미암아 부르짖음을 듣고 그 근심을 알고
내가 내려가서 그들을 애굽인의 손에서 건져내고 그들을 그 땅에서 인도하여 아름답고 광대한 땅, 젖과 꿀이 흐르는 땅 곧 가나안 족속, 헷 족속, 아모리 족속, 브리스 족속, 히위 족속, 여부스 족속의 지방에 데려가려 하노라.
이제 가라 이스라엘 자손의 부르짖음이 내게 달하고 애굽 사람이 그들을 괴롭히는 학대도 내가 보았으니
이제 내가 너를 바로에게 보내어 너에게 내 백성 이스라엘 자손을 애굽에서 인도하여 내게 하리라.
모세가 하나님께 아뢰되 내가 누구이기에 바로에게 가며 이스라엘 자손을 애굽에서 인도하여 내리이까.
하나님이 이르시되 내가 반드시 너와 함께 있으리라 네가 그 백성을 애굽에서 인도하여 낸 후에 너희가 이 산에서 하나님을 섬기리니 이것이 내가 너를 보낸 증거니라.
모세가 하나님께 아뢰되 내가 이스라엘 자손에게 가서 이르기를 너희의 조상의 하나님이 나를 너희에게 보내셨다 하면 그들이 내게 묻기를 그의 이름이 무엇이냐 하리니 내가 무엇이라고 그들에게 말하리이까.
하나님이 모세에게 이르시되 나는 스스로 있는 자이니라 또 이르시되 너는 이스라엘 자손에게 이같이 이르기를 스스로 있는 자가 나를 너희에게 보내셨다 하라.
하나님이 또 모세에게 이르시되 너는 이스라엘 자손에게 이같이 이르기를 너희 조상의 하나님 여호와 곧 아브라함의 하나

> 님, 이삭의 하나님, 야곱의 하나님께서 나를 너희에게 보내셨다 하라 이는 나의 영원한 이름이요 대대로 기억할 나의 칭호니라.

자신의 본질을 드러내 달라는 모세의 요구에, 하나님은 "나는 스스로 있는 자이다(I am that I am)"라고 말한다. 이 우주에 생명체가 있기 전부터 '있어 왔으며', 현재에도 '있고', 미래에도 '영원히 있을' 존재임을 천명하는 것이다.

사실 피조된 모든 존재는 사라지기 마련이다. 하지만 만물을 지으신 하나님은 절대로 사멸하지 않는 완전한 분이다. 그런 점에서 하나님은 자신의 존재근거를 자신 안에 가지고 있다. 완전한 존재, 독립적인 존재인 것이다. 이것과 밀접하게 연관되는 ≪성서≫ 구절은 다음 두 개이다.

> 나 여호와라 처음에도 나요 나중에 있을 자에게도 내가 곧 그니라. (<이사야> 41:4)

> 나는 알파와 오메가라. 이제도 있고 전에도 있었고 장차 올 자요 전능한 자라. (<요한계시록>1:8)

이처럼 모세에게 전해진 하나님의 본질은 영원불변의 존재라는 것이다. 그런데 이것은 파르메니데스의 존재 개념과 상당한 유사성을 띠고 있다. 물론, 독립적으로 존재하는 영원불변의 존재자로서의 하나님의 본질에 대한 모세의 직관과 절대무를 배제하면서 획득된 순수존재로서의 파르메니데스의 직관 사이에는 일정한 차이가 있을 수밖에 없다. 하지만 그럼에도 전혀 다른 시-공간과 전혀 다른 사유의 패러다임 하에서도 존재에 대한 놀라운 유사성을 보이고 있는 두 천재의 통찰력은 절대로 간과되어서는 안 된다. 왜냐하면 그들의 통찰력과 유사성은 분열과 대립의 시대를 살고 있는 오늘 우리에게 필수적으로 요구되는 시대적 이념이기 때문이다.

<카게무샤(影武者, 1980)>

감독: 구로사와 아키라(黑澤明)
주연: 나카다이 타츠야(카게무샤, 다케다 신겐), 야마자키 츠토무(다케다 노부카도), 하기와라 케니치(다케다 카스요리)
수상: 1980년 칸느 영화제 그랑프리 수상

<이집트 왕자>와 더불어 파르메니데스의 존재 개념을 이해하는 데 도움이 되는 영화로는 <카게무샤>가 있다. 이 영화는 일본을 대표하는 감독 중의 한 사람인 구로사와 아키라(黑澤明)의 1980년 작품으로, 16세기 중엽 일본의 전국시대를 배경으로 하고 있다.

그 당시 일본 각 지방의 영주들은 왕도(王都)인 쿄오토를 선점하고자 피비린내 나는 전쟁을 계속하였는데, 그 전쟁의 한가운데에는 천하무적의 기마대를 자랑하는 다케다 신겐의 군대가 자리잡고 있었다. 신겐과 대립하고 있던 인물로는 토

쿠가와 이에야스가 있었는데, 그는 오다 노부나가와 동맹하여 신겐의 군대를 견제하고 있었다.

영화는 다케다 신겐의 '카게무샤' 역할을 수행할 인물의 등장으로 시작한다. 주지하다시피, 카게무샤란 영주를 대신하여 존재하는 '그림자 무사'를 뜻한다. 다른 문화권에서도 그러했듯이, 일본 전국시대의 영주들은 자신의 신변을 보호할 목적으로 카게무샤를 비밀리에 양성하곤 하였다. 영주가 위험에 처했을 때 영주를 대신하여 죽거나, 영주가 죽고 난 이후 영주의 죽음을 은폐하기 위해서 잠시 동안 영주행세를 하였다. 영화에 등장하는 카게무샤 역시 이러한 목적 하에서 기용되었다.

다케다: 음, 꼭 닮았군.
노부카도: 형님이 또 한 분 계시는 것 같소. 나도 오랫동안 형님의 카게무샤를 해왔지만 이렇게 닮지는 못했소.
다케다: 어디서 찾아냈지?
노부카도: 카마나시강 처형장에서요.
다케다: 처형장?
노부카도: 사형당하기 직전에 주워왔지요. 형님 카게무샤로 어떨까 해서요.
다케다: 무엇하는 자냐?
노부카도: 영내를 시끄럽게 한 도둑놈이죠.
다케다: 도둑이라고?
(챕터 1)

신겐(中)과
노부카도(左)
그리고 도둑(右)

영화에서 신겐의 카게무샤를 선발하고 훈련시키는 일은 신겐의 동생이자 카게무샤이기도 한 다케다 노부카도가 맡았다. 외모에서부터 걸음걸이나 말투, 심지어 손짓 하나하나가 너무나 흡사한 카게무샤는 보는 사람들을 놀라게 하였다.

그런데 카게무샤가 훈련을 시작한 지 얼마 되지 않아, 신겐이 총에 맞아 목숨이 위태로운 상황에 직면하게 되었다. 노다성(城) 함락을 목적에 둔 상황에서, 성안에서 들려오는 피리소리를 듣기 위해 적진 가까이 간 것이 그만 화근이었다. 하지만 천하를 제패하기에 충분한 영웅답게 신겐은 죽어가면서도 성을 보존할 수 있는 하나의 비책(秘策)을 일러준다. 자신이 죽더라도 자신의 죽음을 비밀로 할 것이며, 적어도 3년 동안은 공격보다는 방어에만 전념하라는 것이었다.

이렇게 하여 도둑이었던 카게무샤가 영주 신겐의 빈 자리를 대신한다.[20] 노심초사하는 주위사람들의 염려에 아랑곳없

20) 신겐이 죽은 것을 안 이후 카게무샤는 갈등한다. 다음 대사는 그의 갈등을 잘 보여준다: “가짜 역할도 가끔씩 해야지 이렇게

이, 가짜 신겐은 진짜 신겐 역할을 훌륭히 수행한다. 아니, 오히려 신겐보다 더 신겐답게 행동한다. 적들도 속고 옆에 있는 가족들도 속는다. 가장 속이기 어려운 것이 어린애일 테지만, 가짜 신겐의 연기는 어린 손자 다케마루까지도 속아넘어가게 한다. 완벽에 가까운 연기가 몇 년간 지속된다.

그런데 "과하면 모자람만 못하다"고 했던가. 가족과 적들까지도 감쪽같이 속였던 카게무샤의 연기는 진짜 신겐만이 탈 수 있었던 '흑마(黑馬)'에게만은 통하지 않았다. 그만 말을 타다가 떨어지고 말았던 것이다. 상처를 치료하던 중, 진짜 신겐에게는 남아있어야 할 몸의 흉터자국이 보이지 않자, 애첩들은 그가 가짜임을 알아차린다. 그리고 그 사실은 성 안에 있는 모든 사람들에게 알려진다. 그리하여 가짜 신겐은 쓸쓸히 성에서 쫓겨난다. 사랑하는 어린 손자 다케마루를 뒤로 한 채 말이다.

카게무샤, 곧 가짜 신겐이 쫓겨나자 다케다 가문의 권력은 신겐의 아들인 카쓰요리가 차지한다. 그는 비록 다케다 가문의 장자임에도 불구하고, 신겐 생전에 다케다 가문의 후계자로 지명되지도 못했으며, 신겐 사후에도 카게무샤의 카리스마에 눌려 자신의 야망을 펼치지 못하고 있었다. 카쓰요리는 다케다 가문의 권력을 손에 넣고, 영주 자리를 차지한다. 영주로 취임한 그가 제일 먼저 한 것은 오다 노부나가·토쿠가와 이에야스의 연합군을 공격하는 것이었다. 1575년 봄, 2만 5천의 군

계속 하다간 병이 날 수밖에. 영주님은 죽었는데 내겐 숨기고 부려만 먹다니. 난 인형이 아니야 니들 마음대로는 안 돼."(19: 10)

사를 이끌고 나키시노로 향한 카쓰요리는 총을 사용한 연합군의 반격에 밀려 처참하게 패배한다. 사실 이것은 연합군의 새로운 전략이기도 하였다. 공격하지 말고 방어에 전념하라는 신겐의 충고를 무시한 채 무모하게 공격한 대가로 카쓰요리는 아버지가 물려준 천하무적의 기병대를 모두 잃고 만다. 완전한 패배였던 것이다.

그런데 이때 쓰러진 병사들 사이로 질주하는 한 사람이 있었는데, 그는 바로 쫓겨났던 카게무샤였다. 마치 자기가 신겐이 된 듯이, 그는 다케다 신겐 군대를 상징하는 '풍림화산(風林火山)' 깃발을 휘날리며 적진을 향해 뛰어든다. 자신의 죽음을 준비하면서 말이다.

카게무샤와 파르메니데스

이 영화는 장엄한 비장미와 함께, 거장(巨匠) 구로사와 아키라의 영상미학을 극명하게 보여준다. 파르메니데스의 존재 개념과 연관하여, 이 작품에서 눈여겨 볼 만한 것은 '실체'와 '그림자'의 상관관계이다.

분명 카게무샤는 실체성을 결여한 그림자적인 존재이다. 자기의 존재 이유를 자기 안에 가질 수 없는 비실체적인 존재, 그것이 바로 카게무샤의 모습이다. 자기 자신이 카게무샤이기도 하였던 신겐의 동생 노부카도는 카게무샤로서의 새로운 삶을 시작하고자 하는 가짜 신겐에게 다음과 같이 충고한다.

> 실은 나도 카게로 출진했지만 그게 결코 쉬운 일이 아냐. 자기를 죽이고 남의 그림자 노릇을 한다는 건 힘들고 고된 임무다. 때로는 자기 자신으로 돌아와서 맘대로 하고 싶거든. 그림자란 원래 실체없이 혼자서는 존재할 수 없는 거다.
> 형님의 카게였다가 갑자기 형님을 잃은 나도 어째야 좋을지 모르고 있다.
> (챕터 2)

이처럼 노부카도는 실체와 그림자, 또는 진짜 신겐과 가짜 신겐과의 근원적인 불일치성·비동일성을 이야기한다. 그런데도, 가짜 신겐은 진짜 신겐의 실체성을 획득하고자 노력한다. 그에게는 그 길만이 자신의 존재 이유를 확인할 수 있는 길이기 때문이다.

진짜 신겐이 살아 있을 때, 가짜 신겐의 그러한 노력은 충분히 충족되었다. 실체인 진짜 신겐이 존재성을 분유해 주었기 때문이다. 하지만 실체가 소멸되고 난 뒤, 상황은 복잡해진다. 그림자인 가짜 신겐이 기댈 수 있는 실체가 존재하지 않기 때문이다.

이제 그에게 남아 있는 것은 소멸된 실체의 흔적들이다. 이것에 의존하여 그는 자신의 존재성을 유지한다. 그러나 그것마저 사라져버렸을 때, 그가 의존할 수 있는 것은 무엇인가? 없다.

카게무샤가 실체성을 결여한 허깨비라는 것은 진짜 신겐의 애마(愛馬)였던 흑마가 제일 먼저 알아차렸다. 보는 것에 익숙한 사람들이 카게무샤의 얼굴이나 몸짓으로 그를 판단하였던 데 반해서, 신겐의 애마는 촉각과 후각을 이용해서 그를 판단하였던 것이다. 곧 그가 진짜 주인이 아님을 알아차렸던 것이다.

자신의 정체가 노출된 카게무샤는 이제 더 이상 카게무샤가 아니다. 사실 타자를 기만하기 위해 은폐된 상태로 존재하는 사람이 카게무샤인데, 그 비밀스러움이 모든 사람들에게 공개되어 버린다면 그 카게무샤는 더 이상 존재할 이유를 가지고 있지 못한 것이다.

그런데 그렇다고 하여 그 카게무샤가 본래의 도둑으로 돌아갈 수는 없는 일이다. 이미 도둑으로서의 자기정체성은 그가 신겐의 카게무샤를 맡았던 이후부터 사라져버렸다. 이제 그는 도둑도 카게무샤도 아니다.

그럼 지금 존재하는 그는 누구인가? 도둑도 아니고 영주도 아니라면, 그는 도대체 누구란 말인가? 여기에서 카게무샤는 실존적 결단을 내린다. 신겐으로 자기 자신을 정립하고자 하는 것이다. 그러나 그가 신겐을 지향하다고 해도 그가 획득할 수 있는 것은 아무것도 없다. 실체도 없고, 영광도 없고, 권력도 없다. 이미 신겐의 군대는 전멸하였다. 카게무샤 역시 죽음에 직면해 있다. 그런데도 그는 죽음을 향해 자신을 던진다. 무(無)에 자신을 던짐으로써 그림자로서의 자신의 삶을 마감하는 것이다.

☞ 더 보아야 할 DVD

<애니메이션 성서이야기> 중 '모세(Moses)'

<애니메이션 성서이야기>는 ≪구약성서≫의 주인공 9명의 이야기를 애니메이션으로 엮은 것이다. 어렵게 얻은 아들을 번제물로 바치면서까지 하나님께 순종한 아브라함, 이스라엘 민족을 이집트에서 탈출시킨 모세, 사자 굴에서 살아남은 다니엘, 돌팔매와 믿음으로 위기에 처한 이스라엘을 구한 양치기 소년 다윗, 하느님 뜻을 거역하다 물고기 뱃속까지 들어갔다 나온 요나 등 ≪성서≫에 등장하는 주요 인물들의 영웅적

인 이야기가 펼쳐진다. 이 가운데에서도 모세 이야기는 <이집트 왕자>와 비교하면서 볼 만한 가치가 있는 작품이다.

영국 BBC사(社)와 영국 S4C사가 공동으로 제작한 것으로, 97년 TV 부문 아카데미상이라 불리는 에미상을 수상하였으며, 같은 해 샌프란시스코 영화제에서도 애니메이션 상을 받기도 하였다.

<란(亂: Chaos, 1985)>

감독: 구로자와 아키라
출연: 나카다이 다츠야, 류 다이스케, Yoshiko Miyaza
원작: William Shakespeare ≪King Lear≫
장르: 전쟁

<카게무샤>와 함께 파르메니데스 사상을 이해하는 데 도움이 될 만한 영화로는 구로자와 아키라(黑澤明) 감독의 <란>이 있다. 이 작품은 구로자와 아키라의 1985년도 작품으로, 셰익스피어의 4대 비극 중 하나인 ≪리어왕≫을 일본 전국시대를 배경으로 재구성한 작품이다. 평소 셰익스피어 4대 비극에 관심이 많았던 구로자와 아키라는 1957년 ≪맥베드≫를 일본식으로 각색한 <거미둥지의 성>을 제작하고 난 뒤, 28년 만에 ≪리어왕≫을 각색한 <란>을 만들었다. 앞의 작품에서 감독은 탐욕 때문에 자멸해가는 무사 '와시주'의 이야기를 그렸으며, 뒤의 작품에서는 광기에 가득 찬 왕의 증오와 세 아들의 배신과

탐욕을 극적으로 그리고 있다. 존재에 대한 통찰을 결여한 채, 억견에만 사로잡힌 왕의 모습을 통해서 파르메니데스적 존재와 지성의 의미를 이해하는 데 많은 도움을 주는 영화이다.

전체적으로 역동적이고 남성적인 스타일의 영화로 대규모 전투신과 리얼한 액션장면이 볼 만하다. 화려한 의상 또한 관객들의 눈을 사로잡기에 충분하다. 1986년 아카데미 의상상을 수상하기도 하였다.

〈란〉의 한 장면

◆ 더 생각해 볼 문제

1. 서구 철학은 항상 본질과 본질 아닌 것을 구분한다. 그리고 그것을 감각이 아닌 이성에 의해서 파악하고자 하였다. 그럼 이런 경향을 지닌 서구 철학의 의미와 한계는 무엇인가?

2. 독일 철학자 야스퍼스는 인류의 정신문명이 꽃피었던 기원전 500년경(800년-200년 사이)을 '차축시대(Achsenzeit, Axial Age)'라 일컬었다. 그럼 과연 이 시기에 동양과 서양에서는 어떠한 철학(종교)적 변화들이 있었나?

◆ 참고문헌

김내균. 1996. ≪소크라테스 이전의 그리스 철학≫. 서울 교보문고.

암스토롱, 카렌. 2010. ≪축의 시대≫. 정영목 역. 서울: 교양인.

야스퍼스, 칼. 2005. ≪위대한 사상가들-소크라테스, 서가모니, 공자, 예수≫. 서울: 책과 함께.

이병담. 2001. ≪너, 일본영화 어떻게 보았니?≫. 서울: 행복한 집.

제6장

말이 세계를 지배한다

— 소피스트와 <프라이멀 피어> —

소피스트들은 자연철학을 인간학으로 바꾸었다. 그래서 그들은 객관적인 존재의 질서를 탐구하는 데 관심을 쏟기보다는 주관적인 감정의 흐름을 파악하는 데 진력하였다. 그들에게 중요한 것은 “있는 것처럼 보이는 것을 어떻게 다른 사람들에게 믿게 하느냐” 하는 것이었다. “무엇이 존재하는가”, “무엇이 진리인가”, 그리고 “우리는 그것을 어떻게 알 수 있는가” 하는 것은 중요한 문제가 아니었다. 언필칭 소피스트, 즉 현자라고 불리는 그들의 주장에서 우리는 오늘날 사이비 지식인들의 모습을 발견할 수 있다. 당대 제일의 수사학자 프로타고라스와 고르기아스가 이 장의 주된 탐구 대상들이다.

* <펠로폰네소스 전쟁 지도>

소피스트의 등장

소피스트들이 활동했던 시기의 사회적 배경으로는 페르시아 전쟁 이후 발달한 상공업과 그로 인한 민주헌법의 제정 및 시민의식의 발달이 있었다. 타(他)민족의 종교와 신화가 유입되고 전통적 세계관에 대한 강한 회의가 수종을 이루었다. 절대적 가치가 붕괴되고 사회 또한 다양성을 뛰어넘어 무정부주의적인 양상까지 보였다. '설득'에 대한 부질없는 열정이 가득하였으며, 아르케에 대한 탐구는 그 빛을 잃었다.

페르시아로부터 그리스를 구한 스파르타의 영웅 레오니다스 왕

본래 그리스 철학은 '세상의 근원'을 탐구하던 이론적인 학문이었다. 탈레스의 물, 아낙시만드로스의 아페이론, 아낙시메네스의 공기 등은 모두 실체에 대한 그리스 철인들의 사유의 결과물이었다. 변화와 통일에 주목하는 헤라클레이토스의 사유 또한 마찬가지이다. 로고스는 그가 제시한 세상의 근원이다. 피타고라스의 수 개념도 마찬가지이며, 파르메니데스의 존재 개념 역시 마찬가지이다.

파르메니데스 이후, 그리스 철학계는 다원주의자들이 지배한다. 엠페도클레스(Empedocles)

는 우주의 근원적 실체를 물, 불, 공기, 흙이라는 네 가지 '뿌리(rhizomata)'로 보았으며, 아낙사고라스는 그것을 '씨앗(spermata)'으로 이해하였다. 그런데 주목할 만한 발전은 이 다원적 실체를 지배하는 또 다른 '힘'이 있다는 생각이었다. 엠페도클레스의 '사랑(philia)'과 '미움(neikos)', 그리고 아낙사고라스의 '누스(nous)'가 그것이다. 사랑은 다원적 실체들을 결합시키는 것이고, 미움은 그것들을 분리시키는 것이다. 누스는 모든 씨앗들을 지배하는 제일의 힘이다. 이렇게 해서 물질적 실체를 초월하는 새로운 원리가 그리스 철학계에 공식적으로 등장한다.

그리스 철학계에서 다원주의자들의 등장은 의미심장한 사건이다. 이전 철학자들과 달리, 그들은 하나의 원리 대신 여러 가지 원리를 도입한다. '하나이면서 전체(hen kai pan)'라는 그리스인의 생각은 잠시 유보된다. 이러한 지적 배경 하에서 소피스트 철학은 등장한다.

그리스의 지도

프로타고라스의 인간척도설

가장 먼저 등장하는 소피스트는 압데라(Abdera) 출신의 프로타고라스(Protagoras: 기원전 490-420)이다. 그는 기원전 5세기 후반에서 초반까지 활동한 사람으로, 당대의 정치가, 시인, 역사가, 웅변가 등에게 지대한 영향을 끼쳤다. 유명한 자연철학자인 데모크리토스(460-370)도 그의 영향권 하에 있다.

그는 인간인식의 상대성을 주장한 것으로 유명하다. 있는 것과 없는 것, 선한 것과 악한 것을 포함한 모든 사태에 인간이 최종 심판권자임을 주장한 것이다. 철학사에서는 그것을 가리켜 '인간척도설'이라 한다.

원래부터 지각 가능한 객관적인 대상이 존재하는 것은 아니다. 지각 가능한 능력은 우리 인간 안에 있다. 인간이 좋다고 인식하면 좋은 것이고 나쁘다고 인식하면 나쁜 것이다. 그러기에 인간이 만물의 척도이다.[21]

---

21) 플라톤은 ≪테아이테토스≫에서 프로타고라스의 생각을 "지식은 지각 이외의 다른 것이 아니다(151d-e)" 또는 "사물들이 나에게는 나에게 보이는 대로이고, 너에게는 너에게 보이는 대로이다(152a-b)"라고 정리한다. 하지만 프로타고라스의 논리대로라면 사람이 아닌 돼지도 만물의 척도가 될 수 있다. (161c). 그런데 진리의 상대성은 자신의 진리마저 상대화시키며, 그것이 거짓일

그럼 프로타고라스가 반론을 예상하면서도 인간척도설을 주장한 이유는 무엇일까? 어떻게 보면, 그 이유는 간단하다. 소피스트 운동의 연장선상에서, 그는 소피스트들의 정치적 입장과 당대의 철학적 입장, 즉 인식론적 상대주의를 결합하고자 염원하였기 때문이다.

기원전 5세기의 그리스 지성계는 인식론적 상대주의가 힘을 얻고 있었다. 정치적으로는 민주주의가 꽃을 피우고 있었다. 프로타고라스 자신이 페리클레스의 정치참모를 맡고 있었다는 사실만 보더라도, 상대주의적 인식론과 아테네 민주정치가 밀접하게 연관되었다는 것은 자명해진다. 이처럼 프로타고라스의 인간척도설은 인식론 중심의 소피스트 철학과 페리클레스 중심의 아테네 민주정치를 결합시키고자 했던 프로타고라스의 생각이 녹아 있는 정치적 선언서인 것이다.[22] 다음은 그 유명한 프로타고라스의 첫 번째 단편이다.

수 있는 가능성까지도 함축한다. 그러기에 플라톤은 ≪법률≫ 제4권에서 프로타고라스의 인간척도설에 반대하여 "우리 눈에는 신이 만물의 척도일 것입니다. 사람들이 흔히 말하는 것처럼, 인간이 만물의 척도는 아닙니다(716c)"라고 말하는 것이다.

22) 프로타고라스의 인간척도설과 존재론의 아버지 파르메니데스 철학과는 대립한다. 왜냐하면 파르메니데스는 인간의 경험을 오류의 원천으로 본 데 반해서, 프로타고라스는 인간과 관련된 사태에 있어서 그 사태가 어떠하든지 간에 인간의 경험이 척도임을 주장하고 있기 때문이다. 그리하여 프로타고라스는 순수지성에 의해서만 파악되는 파르메니데스적 진리에 맞서 경험을 기초로 한 판단, 즉 독사(doxa)의 세계를 옹호하고 있는 것이다.

> 인간(anthropos)은 만물(panton chrematon)의 척도이다(panton chrematon metron anthropon einai). 그러한 것에 대해서는 그러하다는 것(ton men onton, hos esti)의, 그렇지 않은 것에 대해서는 그렇지 않다는 것(ton de me onton, hos ouk estin)의 척도이다. (단편 1)

인간척도설에 대한 해석에서 가장 먼저 눈에 띄는 것은 인간이라는 단어이다. 이것은 직접적으로는 경험의 주체로서의 인간을 의미하나, 궁극적으로는 공동체(polis)의 척도로서 보편적 인간을 뜻한다. 인간이 현실을 주도하며, 보편적 정치질서를 수립할 수 있다는 것이다. 그리고 인간척도설은 인간의 경험을 넘어서는 초월적 도그마가 폴리스에서 설정되어서는 안 된다는 의미까지 함축하고 있다. 이처럼 프로타고라스는 상식을 강조하는 현실의 철학자이다.23)

상식을 강조하는 프로타고라스 철학과 상식을 부정하는 파르메니데스 철학의 차이점이 극명하게 부각된 한 이야기가 있다. 좁쌀을 놓고 파르메니데스의 제자인 제논과 프로타고라스가 논쟁을 벌인다. 구체적으로, 좁쌀 논쟁이라고 이름붙일 수 있는 것으로, 좁쌀 2말을 떨어뜨리면 소리가 나지만, 과연 좁쌀 한 개를 떨어뜨려도 소리가 날까 하는 문제이다. 제논은 1개/2말 만큼의 소리가 난다고 주장하나, 프로타고라스는 아무런 소리도 나지 않는다고 주장한다. 왜냐하면 프로타고라스에게는 1개/2말 만큼의 소리는 들리지 않는 거나 마찬가지이기

23) 인식론과 연관해서, 프로타고라스는 개별적 인식주체로서의 구체적인 인간의 경험을 강조한다. 특히 감각 경험에서 인간의 주관성과 상대성이 중요하게 대두된다.

때문이다(DK29A29). 이처럼 프로타고라스는 개별적 인간의 경험을 중시한다.

또한 상식의 철학자로서 프로타고라스의 생각이 잘 드러나 있는 것은 그의 네 번째 단편이다. 여기에서 그는 불가지론적 입장을 내비치는데, 이것은 그의 상대주의적 인식론과 그 맥을 같이하고 있다.

> 신들에 관해서 나로서는 그들이 존재하는지 또는 존재하지 않는지를 또한 그들이 어떠한 모습을 하고 있는지를 알 어떠한 가능성도 가지고 있지 않다. 왜냐하면 그와 같은 지식에 이르는 데에는 그 존재 자체의 불분명함과 인생의 짧음을 포함하여, 많은 장애물이 있기 때문이다. (단편 4)[24]

프로타고라스에 의하면, 인간은 유한한 존재이다. 인간의 인식 또한 유한하다. 그런데 신은 인간의 인식을 초월한 존재이다. 그러기에 인간의 삶 속에서 신을 경험한다는 것은 불가능하다.

신이 없기에 초월적 원칙이나 세속 밖의 기준에 근거한 법칙 또한 존재할 수 없다. 인간 세상에서 말하는 정의나 법이라는 것은 인간이 정한 것일 뿐이다. 폴리스의 법이 옳다고 하면 옳은 것이고, 그르다고 하면 그른 것이다. 이처럼 신이 없는 세상에서 인간은 신을 대신하고 있는 것이다.[25]

---

24) 소피스트와 연관된 단편번호는 DK의 체제를 따른다. 이하 DK는 생략한 채 단편번호만을 명기한다.

25) 꼬집어 이야기하자면 신에 관한 프로타고라스의 입장은 '불가

그런데 프로타고라스의 이러한 인간척도설은 권력의 자기정당화에 있어서 심각한 문제점을 안고 있다. 물론 프로타고라스 자신은 현실 국가의 법적인 자기정당성을 인정하고 있으나, 비판적으로 볼 때 그것은 어디까지나 통치권자와 연계된 일부 소수의 정치이론가, 특히 소피스트들에 의해서 이루어진 자기정당화일 뿐이다. 결코 그것은 객관적이면서도 보편적인 의미의 정당화가 아니다. 게다가 소피스트들에 의해서 이루어진 자기정당화는 민주주의 이념 그 자체를 위협할 수도 있다. 왜냐하면 만약 권력의 자기정당화가 다수결의 힘이나, 폭력적 독재에 의해 이루어지든, 그것이 만약 법을 상세적으로 조종할 수 있는 자들에 의해서 이루어진다면, 폴리스의 법이니 정의니 하는 것은 단지 이름뿐이기 때문이다. 트라시마코스가 말했듯이, 그것은 단지 권력의 이해관계가 만들어낸 '가면'일 뿐이다. 그러기에 프로타고라스적인 의미에 있어서 권력의 자기정당화는 재고되어야만 한다.

지론'에 가깝다. 그러기에 그의 종교관은 근대적인 의미의 무신론과 동일시되어서는 안 된다.

프로타고라스의 수사술

프로타고라스는 수사술에 대해서도 다양한 생각들을 개진하고 있다. 수사술에 대한 그의 생각에서 우리는 힘의 논리를 읽을 수 있다. 그는, 비록 어떤 한 의견도 다른 의견보다는 더 참되지는 않지만, 한 의견이 다른 의견보다 더 나을 수 있는 가능성은 있다고 말함으로써, 진리의 조작 가능성을 주장한다. 그리고 그는 절대 진리를 상대화시키는 그의 인식이론 속에서 강자의 자연권을 극대화하는 권력주의 이론을 주장하기도 한다. 기원전 443년, 실제로 그는 아테네의 식민지 가운데 하나인 남이탈리아의 튀리이에 파견되어, 새로운 식민지 건설에 필요한 제반 법률들을 기초하는 일을 하기도 하였다. 이렇게 볼 때, 프로타고라스는 수사술을 타자 지배의 무기로 이용한 최초의 정치철학자이다.

우선적으로 살펴볼 수 있는 것은, 프로타고라스의 현실인식이다. 그는 단편 6a에서 "모든 논쟁점들에는 각각 서로 대립하는 두 개의 진술이 있다"고 말함으로써, 절대적이거나 객관적인 진리의 가능성을 원천적으로 봉쇄한다. 나아가 그는 단편 6b에서 "약한 의견을 강한 것으로 만드는 것"을 강조함으로써, 적극적으로 상대적 진리의 절대화를 꾀한다. 이처럼 프로타고라스는 한편으로 절대 진리의 불가능성을 암시하면서도 또 다른 한편으로 모든 의견의 진리 가능성을 언급함으로써, 향후 전개될 소피스트 운동의 방향성을 결정짓는다. 그가 개발한 수사술의 힘이 어떠했는지는 다음 인용문이 잘 보여주고 있다.

> 프로타고라스는 '일반논증(이중논변)'이라고 불리는, 유명한 주제들에 대해서 준비하여 집필하였다. 에우아틸로스는 압데라의 프로타고라스로부터 그가 개발한 기술(수사술)을 1만 데나리온의 수업료를 지불하고 배웠다고 전해진다. 이러한 사람들 중에서 프로타고라스와 고르기아스가 일반논증(이중논변)을 논의한 최초의 인물이었으며, 프로디코스, 히피아스, 또 다시 프로디고라스, 그리고 트라시마코스는 '감정'을 논의한 최초의 인물들이었다. (단편 6)

프로타고라스는 이상적인 존재론자가 아니었다. 그는 철저한 현실주의자였다. 아테네 민주정체가 지향하는 것을 생각하였고, 페리클레스가 배우고자 하는 것을 가르쳐주었고, 아테네 시민들이 욕망하는 것을 충족시켜주었다. 그는 실용주의자였던 것이다.

다음은 수사술과 관계된 프로타고라스의 나머지 단편들이다.

> 연습 없는 기술과 기술 없는 연습은 아무것도 아니다. (단편10)

> 교육이 큰 깊이를 가지지 않는 한, 영혼 안에서 발아될 수는 없다. (단편11)

(프로타고라스가 말한 그리스-시리아 격언들) 노동과 일, 교수와 교육, 그리고 지혜는 유창한 말솜씨의 꽃들로 엮어지고 달변을 좋아하는 사람들의 머리 위에 놓인 명성의 화환이다. 그러나 유창함은 어려운 것이며, 아직 그것의 꽃들은 풍부하고 새롭다. 그리고 청중, 박수치는 사람들, 그리고 선생들은 기뻐하고 학자들은 나아가며, 우둔한 사람들은 애타한다. - 또는 아마도 우둔한 사람들은 초조해하지도 않을 것이다. 왜냐하면 그들은 충분한 통찰력을 가지고 있지 않기에. (단편12)

(…) 기술 전반, 혹은 개개의 기술에 관하여, 그러한 것들을 배우려는 사람들에게 있어서, 각각의 기술을 실제적으로 훈련하는 사람들에게 모순적으로 사용되어지는 논증들은 어딘가에 쓰여 있거나 배우려는 사람 앞에 놓여 있다.
내 생각에, 당신은 레슬링이나 다른 기술들에 관한 프로타고라스의 저작을 언급하는 것 같습니다. (단편 8: 플라톤 ≪소피스테스≫ 232d-e)

고르기아스의 회의주의

고르기아스는 기원전 485년과 480년 사이에 시칠리아에서 출생하였다. 다원론자 엠페도클레스의 제자로 기원전 427년에 시라쿠사와 대치 상태에 있던 조국을 구하기 위해 사절단을 이끌고 아테네로 왔다. 그 뒤, 테살리아, 보이오티아, 아르고스, 델포이 등을 여행하였으며, 올림피아에서는 축제기간 중에 수많은 군중들 앞에서 연설을 하여 큰 성공을 거두었다. 다시 아테네에 돌아왔다가 테살리아로 가서 군주 비아손을 도왔고, 그곳에서 여생을 마쳤다. 109세까지 장수하였다고 전해진다.

고르기아스는 프로타고라스의 생각을 더 극단적으로 밀고 간다. 그는 당대 철학계의 지배자였던 파르메니데스와 진검 승부를 벌인다. "존재는 존재한다. 존재하는 것은 알려진다. 존재와 인식은 동일하다"라는 파르메니데스의 세 가지 테제를 정면으로 비판하였던 것이다. "어떠한 것도 존재하지 않는다. 만약 어떤 것이 존재한다 할지라도, 그것은 알 수 없다. 만약 알 수 있다 할지라도, 그것은 전달되지 않는다"라는 것이 그의 주장이다. 다음은 ≪비존재에 관하여 또는 자연에 관하여≫라는 타이틀이 붙은 그의 단편 3이다.

(1) 아무것도 존재하지 않는다. 만일 어떤 것이 존재한다면, 그것은

존재이거나 비존재이어야 한다. 혹은 존재와 비존재의 뒤엉킴이어야 한다. a) 그것은 비존재일 수가 없는데, 비존재는 존재하지 않는 까닭이다. 비존재가 존재한다면, 그것은 존재인 동시에 비존재인 것이 될 터인데, 그러한 사태는 불가능하다. b) 그것은 또한 존재일 수도 없는데, 존재는 존재하지 않기 때문이다. 만일 존재가 존재한다면, 그것은 영원불변하거나, 창조되었거나, 혹은 그 두 가지의 뒤섞임이 되어야 한다. ① 먼저 존재는 영원불변할 수 없다. 만약 그러하다면 시작이 없을 것이고, 따라서 경계가 없이 무한할 것이며 그렇게 광대 무궁한 존재라면 위치를 가지지 않을 것이다. 위치를 갖는 것이란 무엇인가에 포함되어 있는 부분이 될 것이므로 더 이상 경계가 없이 무변 광활한 전체가 아니기 때문이다. 포섭하는 자는 포섭되는 자보다 광범위하여 무궁한 전체보다 광범위한 것은 있을 수 없다. 그렇게 되면 포함하는 자와 포함되는 자가 동일하게 되어 존재는 위치와 본체의 두 가지 양상을 띠게 될 것인데 그러한 사태는 부조리하다. 요컨대, 존재가 영원불변하다면, 그것은 경계가 없이 무궁무진한 형상으로 파악될 것이다. 만일 무궁무진한 것이라면 위치를 가지지 않는(어디에도 없는) 무엇이 될 것이며, 존재하지 않는 어떤 것으로 귀결될 것이다. ② 마찬가지로, 존재는 만들어진 것일 수 없다. 창조된 피조물이라면 존재이거나 비존재로부터 생성되어야만 하는데, 두 경우 모두 불가능하다.(존재하는 자기 자신으로부터 창조된 것이라면 그 존재는 더 이상 자기 자신일 수 없을 것이다) ③ 마찬가지로 존재는 영원불변하면서 창조된 것이 될 수도 없는데, 양자는 상반된 것이기 때문이다. 그러므로 존재는 존재하지 않는다. ④ 존재는 하나일 수 없는데, 만일 그러한 존재가 존재한다면 크기를 갖게 될 것이고 무한대로 쪼개질 수 있을 것이기 때문이다. 그것은 길이와 넓이, 깊이라고 하는 적어도 세 가지의 요소를 가지게 될 것이다. ⑤ 존재는 여럿일 수도 없는데, 여럿은 많은 수의 하나들이 집합을 이룬 것이며 이미 하나가 존재하지 않는 이상, 여럿 또한 존재하지 않을 것이기 때문이다. c) 존재와 비존재의 뒤엉킴은 불가능하다. 그리하여 존재가 존재하지 않는 이상, 아무것도 존재하지 않게 된다.

(2) 만일 어떤 것이 존재한다 하더라도, 그것을 인식할 수 없다. 정신에 의해 만들어지는 관념들이 실재가 아니라면 실재는 사유가 될 수 없을 것이다. 생각된 어떤 것이 하얗다면, 하양은 생각된 것이다. 사유된 어떤 것이 존재하지 않는다면, 비존재가 사유된 것이다. 이러한 것은 '존재나 실재는 사유되지 않으며 사유될 수 없는 것이다'라는 언명과 다를 바가 없다.(정신에 의해 사유된 많은 것들은 실재하는 사물들이 아니다.) 우리는 물위를 달리는 전차를 떠올릴 수도, 날개가 달린 사람을 상상할 수도 있다. 한편 보이는 사물들은 시각의 대상들이고, 들리는 사물들은 청각의 대상들이며, 어떤 대상의 소리를 듣지 않고 다만 봄으로써 그 대상의 실재성을 받아들이고 또 이와 반대의 경우에도 마찬가지이므로 보고 듣는 감각경험이 없이 다만 사유되는 대상들 또한 듣는 감각경험이 없이 다만 사유되는 대상들 또한 실재하는 사물들로 받아들여야만 할 것이다. 하지만 이러한 것들은 결국 물위를 헤쳐가는 전차와 같은 가공의 대상들을 믿는 것과 다를 바가 없을 것이다. 그러므로 실재나 존재는 사유의 대상이 아니며(정신의 사유기능으로 이해될 수도 없다), 감각기관과 대비되는 것으로서의 순수사유, 혹은 감각기관과 동등하게 타당한 척도로서의 순수이성은 하나의 신화에 불과한 것이다.

(3) 만약 어떤 것이 이해된다 하더라도, 그것을 전달할 수는 없다. 존재하는 사물들 중 시각의 대상들은 시각에 의해 감지되고, 청각의 대상들은 청각에 의해 감지되며, 그들 상호간에 매개체가 존재하지 않는다. 따라서 그러한 감각지각들은 서로 맞닿을 수가 없다. 더구나 우리가 의사소통의 도구로 사용하고 있는 도구는 언어인데, 언어는 존재하고 있는 사물들, 즉 지각 가능한 개별자들과 동일한 것이라 말

> 할 수 없다. 우리는 존재하고 있는 사물들을 전달하고 있는 것이 아니라 단지 언어를 소통시키고 있는 것이다.
> 보이는 대상이 들리는 대상과 다른 것처럼 우리의 언어는 우리 밖에 존재하는 실재적인 사물들과 동일한 것이 될 수 없다. 나아가 언어는 정신의 외부, 다시 말하면 개별자들로부터 받아들인 지각의 결과물로부터 만들어지는 것이다. 따라서 우리의 언어가 개별자의 지각된 성질들을 전달하는 것이 아니라, 개별자의 지각된 성질들이 우리의 언어를 만들어 내는 것으로 볼 수 있다. 덧붙여 우리의 언어는 결코 존재자의 지각된 인상들을 여실히 반영해낼 수 없는데, 언어는 개별자의 지각된 성질들과 명백하게 다를 뿐 아니라, 각각의 개별 존재자들을 지각하게 하는 신체기관과 언어를 창출하고 활용하는 신체기관과 별개의 것이기 때문이다. 그리하여 시각의 대상들은 다른 감각기관이 아닌 오직 시각을 통하여 드러나고, 여러 상이한 감각기관들은 그들 각각이 파악한 인지의 정보들을 서로 주고받을 수 없으며, 마찬가지로 우리의 정보들은 서로 주고받을 수 없으며, 마찬가지로 우리의 언어는 존재자의 지각된 성질들에 대하여 어떠한 정보도 제공할 수 없다. 결론적으로 어떠한 것이 존재하고 이해된다고 할지라도, 그것에 대하여 이야기 할 수는 없다.

책 제목에 붙어 있는 '비존재'란 말은, 고르기아스가 죽고 난 이후에 붙여진 이름일 것이다. 그것은 그의 책이 파르메니데스의 철학에 대립한다는 것을 뜻하기 위해서 첨가되었을 가능성이 높다. 어쨌든 고르기아스의 사상은 당대의 주류철학이었던 파르메니데스 사상을 비판하고 해체한다. 존재는 없고, 존재는 알려지지 않으며, 존재는 생각과 말로 전달될 수 없다는 것이다. 그리하여 고르기아스의 사유에서 파르메니데스적 존재의 순수성은 사라지고 마는 것이다.

이러한 고르기아스 사상의 전략은 철학의 기본 범주인 존재론과 인식론, 그리고 커뮤니케이션에 있어서 파르메니데스적 절대성을 부정한다. 그가 말하고 싶은 것은 실제로 존재하는 것은 지속적으로 변화하는 현상의 세계이고, 인간이 알고 있는 지식 역시 감각지각일 뿐이며, 인간의 의사소통 역시 수사(修辭)의 기술일 뿐이라는 것이다.

고르기아스의 수사술 — ≪헬레네 찬양≫

고르기아스의 수사술은 ≪헬레네 찬양≫이라 불리는 그의 단편 11에 잘 나타나 있다. 잘 알려져 있듯이, 헬레네는 스파르타 왕 메넬라오스의 아내이다. 그런데 트로이의 왕자인 파리스와 사랑에 빠져, 그만 그와 함께 트로이로 도망을 가고 만다. 이에 화가 난 메넬라오스는 형 아가멤논에게 지원을 요청하고, 아가멤논은 그리스 연합군을 결성해 트로이를 공격한다. 10년간의 트로이 전쟁은 이렇게 하여 발생하였는데, 헬레네가 그리스 사람들에게 비난의 대상이 되었던 것은 바로 그녀가 트로이 전쟁의 불씨를 제공했기 때문이다.

〈헬레네와 파리스〉 (Jacques Louis David, 1788, Louvre, Paris) (파리 루브르 박물관 소장)

하지만 고르기아스는 자신의 수사술로 그리스인들이 가지고 있던 헬레네에 대한 잘못된 인식을 뒤바꿀 수 있다고 호언장담하였다. 즉 헬레네에게는 잘못이 없으며, 잘못이 있다손 치더라도 그것은 헬레네로서는 어찌할 수 없는 불가항력적인 것이었다는 것이 그의 주된 논지였다. 아울러 이 논지를 논증하기 위해서, 그는 운명이나 신들의 의지, 필연의 구속, 물리적 강제력, 언어적 설득, 그리고 사랑을 헬레네가 트로이로 갈 수밖에 없었던 다섯 가지 원인, 즉 근거로 제시하고 있는 것이다. ≪헬레네 찬양≫ 요약문은 다음과 같다.

1) 폴리스의 자랑은 용기이고, 육체의 자랑은 아름다움이며, 영혼은 지혜, 행위는 미덕, 언설의 자랑은 진실입니다. 칭찬할 만한 일은 칭찬하고, 비난받을 만한 일은 비난하는 것이 어느 경우에 있어서나 올바른 행위입니다.

2) 진실을 말하고 허위를 논박하는 것은 사람된 도리라 하겠습니다. 헬레네는 모든 사람으로부터 힐난의 대상이 되고 있으며 재앙의 상징으로 인식되고 있습니다. 하지만 이 고르기아스는 감히 그녀의 자초지종을 합당하게 검토하여 무지한 대중들의 중상으로부터 그녀의 명예를 되찾아주고자 합니다.

3) 헬레네는 고귀한 가문의 영애였습니다. 부친으로 알려진 틴다리오스는 세상에서 가장 유력한 인물 가운데 한 사람이었으며 진정한 아버지인 제우스신은 우주만물의 지배자이십니다.

4) 이러한 혈통으로부터 말미암은 천상의 아름다움은 수많은 이성들의 가슴 속에 사랑의 열정을 불러일으켰고 헤아릴 수 없이 많은 추종자들이 구혼의 줄을 잇게 만들었습니다. 그들 사람 중 일부는 큰 재산을 가졌으며, 일부는 유서 깊은 귀족가문 출신이었고, 일부는 민활하고 용감한 무사들이었으며, 다른 일부는 뛰어난 지혜의 소유자들이었습니다.

5) 여기에서 과연 어떤 인물이 그녀의 사랑을 독차지했으며 어떠한 방법으로 그녀의 마음을 사로잡았는지를 늘어놓지는 않겠습니다. 모두가 익히 알고 있는 내용을 재차 이야기한다는 것은 그것이 분명한

사실일 것이라는 우리들의 믿음만을 강화시킬 뿐, 흥미를 자아내지는 못할 것이기 때문입니다. 각설하고 헬레네의 명예를 지키기 위한 변론으로 돌아가서, 그녀가 트로이로 항해하게 되었던 가능한 이유들을 살펴보도록 하겠습니다.

6) 헬레네가 트로이를 여행한 것은 운명이나 신들의 의지, 필연의 구속 때문이거나, 강제로 붙들려갔거나, 언어에 설복되었거나, 사랑의 포로가 되었기 때문일 것입니다. 만일 그녀의 여행이 첫 번째 원인에서 비롯되었다면 비난받아야 마땅한 존재는 그녀를 나무라는 일반 대중들일 것입니다. 인간의 어떠한 선견지명도 신의 의지를 훼방할 수는 없기 때문입니다. 강한 자는 약한 자에 의해 좌우될 수 없으며, 신이 가진 능력은 모든 측면에서 인간의 능력보다 우월한 것입니다. 따라서 그 이유가 운명이라면 그녀에게는 아무런 잘못도 있을 수 없습니다.

7) 만일 강제력에 의해 끌려간 것이라면, 헬레네는 운이 좋지 않았을 뿐, 그녀를 유괴한 문제의 인물이 해악을 끼친 장본인입니다. 포악하고 몰염치한 범죄를 저지른 야만스러운 그 자가 비난과 모욕과 처벌을 받아야 마땅하며, 조국과 친구들을 송두리째 잃어버린 가여운 그녀는 이제까지의 비방이 아닌 연민의 대상이 되어야 할 것입니다.

8) 헬레네를 설복하고 헬레네의 영혼을 현혹시킨 것이 언어일 경우, 그녀를 위한 저 자신의 변론은 여전히 용이합니다. 사람의 말이란 눈에 띄지 않는 최소한의 수고를 들여 최대한의 업적을 이룰 수 있는 위대한 능력인데, 두려움과 슬픔을 물리치고 환희를 불러일으키며 동정심을 유발시키기도 하는 까닭입니다. 그러면 지금부터 이 점을 입증해 보이겠습니다.

9) 무릇 시가란 율격을 갖춘 언설이라 말할 수 있겠습니다. 낭송을 경청하는 우리들은 격렬한 공포감에 몸서리치고, 연민의 시린 마음에 눈물을 떨구며, 애달픈 동경으로 가슴조여야 합니다. 언어가 전달하는

감동에 사로잡힌 우리의 영혼은 행·불행으로 점철된 삶의 이야기가 환기시키는 타인의 감정상태를 자신의 것인 양 체험하게 됩니다.
10) 영감을 일으키는 언어의 마술은 기쁨을 잉태해내고 비탄의 마음도 돌이킬 수 있는데, 마술의 힘은 영혼 속에 내재한 감성과 결합하여 위로하고 설득하며 넋을 잃게 만들 수도 있기 때문입니다. 이제까지 고안된 두 종류의 비방은 영혼에 있어서의 오류와 지성에 있어서의 기만이라 할 수 있겠습니다.
11) 날조된 허구를 이용한 설득방식의 예들은 이루 헤아릴 수 없이 많습니다. 하지만 모든 사람들이 과거의 일들을 기억하고 현재의 상황을 충실히 파악하며 미래에 대해서도 잘 안다면, 연설의 힘은 그리 대단하지 않을 것입니다. 하지반 사람들이 과거의 일도 잘 기억하지 못하고, 현재의 일도 잘 파악하지 못하며, 미래의 일도 잘 알지 못한다면, 기만은 수월해지는 것입니다. 그래서 대다수의 사람들은 바치 신성한 영혼을 돕는 권유라도 되는 것처럼 스스로의 억견을 들이밀게 되는 것이지요. 어차피 억견이란 믿을 수 없는 견해인 까닭에 그것을 받아들이는 뭇 사람들을 한결같이 불확실한 운명 속으로 밀어넣게 되는 것입니다.
12) (원문훼손) 이야기를 듣고 난 그녀가 항해의 요청에 동의하지 않을 수 없었던 것처럼, 언어를 통한 설득은 강제력에 의한 유괴와 다를 바 없습니다. 과오의 책임을 짊어져야 할 사람은 그러므로 헬레네가 아니라 그녀를 꼬드겨낸 말쟁이입니다.
13) 설득은 언설에 부가되었을 때, 의도하는 바의 인상을 영혼 속에 새겨 넣을 수 있습니다. 이에 대한 대표적인 사례로서 먼저 기상학 연구자들의 논변을 들 수 있는데, 그들은 어떤 하나의 의견을 제거한 뒤 또 다른 견해를 이식함으로써 보이지 않고 믿을 수 없는 이야기들을 지성의 눈앞에 펼쳐 보입니다. 두 번째 사례는 법정의 논쟁에서 드러나는 바로서, 어떤 한 논변은 그것이 가지는 진솔성보다는 문장

구성상의 기교에 힘입어 청중들을 매료하고 지배하게 됩니다. 세 번째의 사례는 철학적인 토론에서 보여지는데, 사고가 갖는 기민함이 대중들이 지닌 소견을 쉽게 바꾸어 놓는 것 같습니다.

14) 영혼을 지배하는 언설의 힘은 육체의 상태에 영향을 미치는 약물의 효과에 비교될 수 있습니다. 어떤 약물이 갖가지의 체액들을 몰아냄으로써 질병이나 생명을 파괴하는 것과 다름이 없는 것입니다. 다양한 언설들은 슬픔과 기쁨 혹은 두려움을 불러일으킬 수 있으며, 더욱이 해로운 설복 수단을 사용할 경우, 영혼을 마비시키거나 넋을 잃게 만들 수도 있겠습니다.

15) 만약 헬레네가 사랑의 힘에 매료된 것이라면 고르기아스의 변론은 꼭 같이 어렵지 않습니다. 우리가 바라보는 대상들은 우리 자신의 의지와는 상관없는 고유한 본성을 지니는 법이며, 우리의 영혼은 시각이 유발하는 인상이나 감동으로부터 자유로울 수 없기 때문입니다.

16) 예를 들어, 전장의 병사들은 살벌하기 짝이 없는 전열을 갖춘 적진을 바라보고는 닥쳐올 위험이 이미 눈앞에 다가선 것과 같은 공포의 전율을 일으켜 병영을 이탈하기도 하는 것이지요. 관습이 마련하는 견고한 규범들은 시각경험이 유발시킨 공포감으로 말미암아 전복되고야 마는 것인데, (공포감은) 공동체의 관습이 영예를 부여해온 미덕들과 전투의 승리가 미래에 가져다 줄 온갖 혜택들을 망각 속에 빠트리기 때문입니다.

17) 공포감의 힘은 엄청난 것이어서 소름끼치는 광경을 목도한 사람들은 제 정신을 잃어버리기 십상입니다. 또한 인간의 마음속에 각인되는 사물들의 이미지는 너무나 강렬한 것이어서 사람들을 무의미한 노고에 시달리게 하거나 지독한 질병과 불치의 정신이상으로 몰아갑니다.

18) 그런데 그림을 그리는 장인들은 온갖 색채를 구사하여 어떠한 형상을 창조함으로써 우리의 시각에 즐거움을 제공하고, 조각품이 산출

하는 즐거움 또한 숭고한 것입니다. 이처럼 세계 안의 대상들은 사람들의 마음속에 다양한 모습과 율동들에 대한 사랑의 느낌을 불러일으킵니다.

19) 따라서 파리스의 모습에 반한 헬레네의 영혼이 사랑의 열정을 싹틔웠다고 해서 놀라운 일이 되는 것은 아닙니다. 나약한 우리 인간들로서는 신들이 행하는 위대한 역사에 관여할 수 없는 것 아니겠습니까? 그리고 영혼의 무지에 따른 이러한 마음의 병이 인간적인 차원으로서 받아들여질 수 있다면 그러한 사태는 죄악으로 단죄될 것이 아니라 불행한 사건으로 위로 받아야 할 것입니다. 왜냐하면 그러한 마음의 질병은 자유의지의 선택에 따르는 바가 아니라 어쩔 수 없는 운명의 올가미에 빠져든 결과이기 때문이며, 술수와 간계에 의한 것이 아니라, 억누르기 힘든 사랑의 충동으로 말미암은 것이기 때문입니다.

20) 그러므로 이상에 열거한 네 가지 이유 가운데 그 어떤 것이 트로이여행으로 이끌었다 하더라도 그녀에게는 아무런 죄가 없는 것입니다.

21) 이제까지 저 고르기아스는 논의라고 하는 수단을 통하여 헬레네의 불명예를 씻어주었고 변론의 서두에서 마련한 합당한 절차들을 엄정히 준수하였습니다. 본인은 헬레네에게로 향한 부당한 힐난과 대중들의 무지몽매한 억견들을 분쇄시키고자 노력했으며 트로이 헬레네를 예찬하는 저 자신의 즐거움을 위하여 이 연설문을 쓰게 된 것입니다.

고르기아스에 의하면, 수사술은 중립적이다. 그런데 수사술이 중립적이라는 그의 의미는 그것이 파르메니데스와 같은 절대 진리를 찾거나, 아니면 존재하지 않는 거짓된 이야기를 만들어낸다는 것이 아니라, 그때그때의 사정에 사실을 밝혀나가는 상황의 논리라는 것이다. 그래서 수사술은 사람들이

지각하고 욕구하는 것을 지향한다. 즉, 사람들이 지각하고 욕구하는 것을 따라가고, 말로서 그 지각과 욕구를 설득하고, 필요에 따라서는 자신이 원하는 대로 그들의 지각과 욕구를 변화시켜 행동할 수 있도록 하는 것이 수사술의 능력인 것이다. 그러기에 고르기아스는 능력 있는 수사가란 모름지기 A나라에 가면 A나라에 적합한 상황논리로, B나라에 가면 B나라에 적합한 상황논리로 시민들을 설득해야만 한다고 주장하는 것이다. 이처럼 고르기아스에게 있어 세상은 말로 이루어져 있고, 인간은 그 말의 기술로 살아가는 것이다.

> 경쟁을 위해서는 용기와 지혜(간교한 지혜)라고 하는 두 가지 덕목이 요구됩니다. 용기의 속성은 위험을 감내하는 것이고, 지혜의 요체는 상대방의 약점을 공략하는 것입니다. (단편 8)

수사술의 전지전능성에 대한 고르기아스의 신념은 단편 11a에도 잘 나타나 있다. ≪팔라메데스 옹호≫라고 불리는 이 단편에서 그는 오뒤세우스에 의해서 무고하게 죽은 팔라메데스를 옹호한다.

주지하다시피 팔라메데스(Palamedes)는 오뒤세우스보다 지략이 뛰어난 인물로 간주되는 트로이 전쟁의 영웅이다. 그는 오뒤세우스가 트로이 전쟁에 참가하지 않으려고 미친 척하고 있을 때, 오뒤세우스의 아들 텔레마코스를 이용하여 그가 연기하고 있음을 간파해낸다. 이 일로 앙심을 품은 오뒤세우스는 위조된 편지를 이용하여 팔라메데스가 트로이와 내통하였다고 모함을 한다. 그리고 그를 죽게 만든다. 지금 고르기아스는 그 팔라메데스를 옹호하는 연설을 하고 있는 것이다.

> 재판은 모든 이들에게 들이닥치는 죽음의 문제를 다루고 있는 것이 아니라, 한 인간이 올바르게 죽느냐 또는 불명예의 멍에 속에서 부당하게 죽느냐 하는 것을 문제삼고 있습니다.
> 여러분들에게는 사태를 판단할 수 있는 권능이 주어져 있습니다. 여러분들이 본인의 죽음을 선포하는 것은 결코 어려운 일이 아니며, 본인은 여러분들이 내리는 평결의 권위에 대하여 어떠한 영향력도 행사할 수 없습니다.
> 만일 원고인 저 오뒤세우스가, 이방인들의 편에 서서 헬라스를 배반하려 했나는 확실한 증거를 가지고 본인을 기소하려 한다면, 그는 반역자에 대한 처벌은 물론이거니와 조국과 헬라스의 모든 형제자매들의 안위를 도모하고자 하는 위대한 시민으로서 가장 높은 추앙을 받아 마땅할 것입니다. 하지만 그가 본인에 대한 추악한 악의를 품고 이번 사건을 조작해냈다면, 위에서와 정반대의 천박하고 비열한 인간으로서 모멸의 대상이 되어야 마땅한 것입니다.
> 어디서부터 본인의 변론을 시작해야 할까요? 증거에 입각하지 않은 소송의 제기는 당혹감을 불러일으키며 진실과 현실적인 필요성이 역사를 인도하지 않는 이상 말문을 막아버리기 마련인 때문이지요. 고발인은 본인이 그러한 범죄를 저질렀다는 사실에 대하여 확신을 가지고 있는 것은 아닌데, 저 자신 스스로가 범죄를 저지르지 않았다는 사실을 (그 역시) 명확히 알고 있기 때문입니다. 만일 그가 단순한 추측만을 가지고 이 소송을 제기한 것이라면 저는 아래의 두 가지 측면에서 오뒤세우스의 과실을 증명해 보일 수 있습니다.
> 첫째, 반역행위란 명백히 공모로부터 출발할 수밖에 없는 까닭에, 본인은 그러한 대역죄를 저지를 수 없었습니다. 무릇 모의란 회동을 전제하는 것인데, 어떤 사람도 본인에게 접근할 수 없었고 누구에게도

찾아갈 수 없었을 뿐더러 어떠한 서찰도 전달받을 수 없는 상황이었으므로 애당초 회합이란 불가능했던 것입니다.

나아가, 그리스인인 저 자신과 적국 사람인 가상의 이방인 사이에는 직접적인 의사소통 또한 불가능했는데, 서로의 언어에 대한 이해의 능력이 부재했기 때문입니다. 한편, 통역자가 있었을지도 모른다는 억측은 곧바로 공범이 존재함을 의미하게 되므로 어불성설이라 아니할 수 없습니다.

하지만 설령 의사의 교류가 이루어졌다고 가정하더라도, 상호간의 신뢰를 다짐하기 위하여 볼모나 인질과 같은 서양의 징표들이 교환되었을 것인데, 이런 일들이 실제로 이행되었더라면 법정에 출두한 여러분께서 모르고 계실 턱이 없지 않겠습니까?

혹시 금품 따위가 오간 것은 아닐까요? 그토록 위험한 계획을 성사시키기 위하여 보잘것없는 액수가 거래되었을 리는 만무하고, 그렇다고 많은 액수였다면 거금의 운송을 위하여 여러 공모자들의 조력이 필요했을 것입니다.

금품의 운반은 밤이었을 경우 파수병들의 경비로 인해 어려웠을 것이며, 낮 시간에는 쉽사리 눈에 띌 것이므로 불가능했을 것입니다. 본인은 한시도 막사를 떠나본 적이 없었고 적국 사람들도 감히 근접할 수 없었습니다. 설사 어떤 수를 써서든 금품을 수수했다 치더라도 그것을 감출 도리가 없었던 것입니다.

그런데 이 모든 불가능한 일들이 실현되었다고 한번 가정해봅시다. 의사소통이 이루어지고 서약의 징표들이 교환되었다고 말입니다. 그러면 이제 모반의 실행만이 남아 있게 될 것이고, 이것은 혼자의 힘이든지 공모자의 조력을 빌어 수행되어야 했을 것입니다. 그렇다면 그들 공범자들은 자유시민이었을까요? 아니면 노예들이었을까요? 그들이 만약 자유시민들이었다면, 여러분들 가운데 자초지종을 알고 계시는 분들이 있을 것인데, 그렇다면 여기로 나와서 한번 증언해 주십

시오. 또 다른 가능성으로 남은 노예들의 경우, 노예들이란 으레 그러하듯이 믿을 수 없는 족속들입니다. 그들은 스스로 자유를 얻기 위해서든 자백의 강요에 의해서든 피고인 팔라메데스를 비방하려들 것입니다.

적병들은 피고인 본인의 도움을 받아 살문을 통해서나 담장을 넘어서 침입할 수도 없었는데, 우리의 파수병들이 삼엄한 경계를 펴고 있었기 때문입니다. 더구나 저 자신의 손으로 담벽을 허물어내기도 어려웠는데, 병영이라는 장소 내에서 그렇게 비밀스러운 행위가 이루어지기란 불가능하기 때문입니다. 따라서 이러한 모든 범죄행위는 본인에게 전적으로 불가능한 것이었습니다.

그렇다면 이 팔라메데스가 반역음모를 꾀하게 된 동기는 과연 무엇이었을까요? 여러분들이나 혹은 이방인들에 대한 절대적인 권력욕이었을까요? 여러분들이 향유한 용기와 부(富), 영육(靈肉)의 강건함, 폴리스에 대한 통치능력들을 감안한다면 전자의 경우는 어려운 일이 될 것입니다.

이방인들에 대한 지배욕 또한 반역의 동기를 제공할 수는 없는데, 그들을 무력으로 복속시킬 수도 없고, 언설의 기교로써 설복시킬 수도 없으며, 동시에 (그들이) 자발적으로 통치의 권능을 양도하지도 않을 것이기 때문입니다. 국왕의 권위 대신 노예의 굴종을 선호하는, 최상의 것을 포기한 채 최악의 상태를 선택하는 사람은 없기 때문입니다.

부귀 역시 범죄의 동기가 될 수는 없습니다. 본인은 이미 적당한 규모의 자산을 가지고 있으며 더 이상을 필요로 하지 않습니다. 금전의 힘은 씀씀이가 큰 소인배들이 추구하는 목표입니다. 그것은 욕망의 노예로 전락하고 돈으로 명예를 구매하고자 하는 어리석은 무리들의 갈구대상일 뿐, 자연스런 욕구들을 원숙하게 조율할 수 있는, 지혜로운 시민들의 소망이 될 수 없습니다. 여러분들께서는 이 팔라메데스의 지난 삶의 방식이 그들 저속한 무리들의 그것과는 사뭇 달랐다는

> 사실을 상기해 주시기 바랍니다.
> (단편 11a)

이처럼 고르기아스의 수사술은 진리와 무관한 채 말에 의해서 상대방을 설득하려는 전문적인 기술이다. 그리고 경우에 따라서는 진리 아닌 억견을 진리로 만들어내는 데미우르고스적인 역할도 수행한다. 만약 이것이 정치적 약자가 아닌 강자, 즉 집권층의 권력자에게 주어진다면, 폴리스 전체의 정의와 질서는 보장받기 힘들 것이다. 그러기에 소크라테스와 플라톤은 소피스트들의 수사술이 철학의 외연을 확장하고, 시민들의 교양을 업그레이드한다는 점에서는 긍정적으로 평가를 하면서도, 전지전능한 수사술이 지닌 탈도덕적 성향, 즉 정의와 선을 지향하지 않는 수사술이 무한한 힘을 갖게 되었을 때의 위험성을 경계하고 있는 것이다.

소크라테스와 플라톤은 소피스트의 수사술을 비판한다. 그리고 소피스트에게 호의적인 반응을 보이고 있는 아리스토텔레스 역시 소피스트가 지식 분야의 장사꾼이라는 데 동의한다. 이들의 권위에 힘입어 소피스트 수사술에 대한 평가는 철학사에서 부정적으로 자리매김 되고 있다.

죽음에 대한 소크라테스와 싯달타의 이해

소크라테스가 독배를 마시던 날의 일이다. 독 기운에 의해서 몸이 경직되어가면서도 소크라테스는 자신의 죽음을 슬퍼하는 동료들과 제자들을 위로한다. 죽어가는 사람이 살아 있는 사람들을 위로하는 진풍경(珍風景)이 펼쳐지는 것이다.

> 그러나 그분께서는 말씀하셨습니다. “이 사람들아, 무슨 짓들을 하고 있나! 사실은 무엇보다도 이 때문에 내가 여자들을 보내 버린 걸세. 이런 엉뚱한 짓들을 하는 일이 없도록 하기 위해서였네. 또한 숙연한 가운데 죽음을 맞아야만 한다고 나는 들었으니 말일세. 하면, 조용히들 하고 의연들 하게나.” (≪파이돈≫ 117d-e)[26]

몸보다 영혼을 돌보는 철학자 소크라테스에게 있어 육체적인 죽음은 진정한 죽음이 아니다. “몸은 죽여도 영혼은 능히 죽이지 못하는 자들을 두려워하지 말고 오직 몸과 마음을 능히 지옥에 멸하시는 자를 두려워하라”(<마태복음> 10:28)라는 ≪성서≫ 말씀처럼, 소크라테스는 영혼의 죽음을 두려워한다. ≪파이돈≫ 115c-e에서 소크라테스는 크리톤에게 다음과 같이

---

26) ≪파이돈≫을 비롯한 플라톤의 대화편들에 대한 번역은 특별한 경우를 제외하곤 박종현의 것을 따른다.

말한다.

> 여보게들! 나는 크리톤을 설득하지 못하고 있네. 내가 이 소크라테스라는 사실을, 즉 지금 대화를 나누고 있으며 또한 논의된 것들 각각을 정리해 오고 있는 사람이라는 사실을 말일세. 하지만 그는 나를 잠시 뒤에 주검으로서 보게 될 그런 사람이라 생각하고서는, 나를 어떻게 매장할 것인지 묻고 있네. 한데, 내가 한참동안 긴 논변을 한 것이, 내가 독약을 마시고 나면, 나는 더 이상 자네들 곁에 머물지 않고, 저 축복받은 자들의 행복한 세상으로 떠나가게 될 것이라고 한 것이, 한편으로는 내 자신을 위로하면서, 내가 이런 말을 하고 있는 것이 이 사람한테는 공연히 하고 있는 걸로 내겐 생각되는구먼. 그러니 이번에는 자네들이 크리톤에게 내 보증을 서 주게나.
> 이건 이 사람이 재판관(배심원)들한테 내 보증을 서 주었던 것과는 반대의 보증일세. 이 사람은 내가 단연코 머물 것이라는 데 대해 보증을 섰으니까. 그러나 내가 죽으면, 단연코 머물지 않고, 떠나가 버릴 것이라는 걸 자네들이 보증해 주게나. 크리톤이 수월하게 견디어 낼 뿐만 아니라, 내 몸이 태워지거나 묻히는 것을 보고서 내가 끔직스런 일을 당하는가 싶어서 언짢아하지 않도록 말일세. 그가 장례식장에서 소크라테스를 입관시킬 준비를 한다는 둥, 장송을 한다는 둥, 또는 매장을 한다는 둥 하고 말하는 일이 없게 말일세.
> 여보게나, 크리톤! 잘 알아두게나. 말을 옳게 하지 못한다는 것은 그 자체로서도 잘못하는 것일 뿐만 아니라, 우리의 혼들에 대해서도 나쁜 걸 심어주고 있다는 점을 말일세. 하지만 자네는 확신을 가져야만 하네. 그리고 내 몸을 매장한다고 말하게. 그러니 자네 좋을 대로 그리고 자네가 가장 관습에 맞는 것으로 생각하는 대로 매장하게나. (박종현 2003, 453-5)

이처럼 소크라테스는 죽음에 대해 관조적인 입장을 견지한다. 하지만 이와 달리, 인도의 싯달타는 죽음에 대해 실천적 입장을 견지한다. 역사적 싯달타의 초기 언행이 기록되어 있다고 전해지는 ≪아함경(阿含經)≫(<중아함 전유경>)[27]에서 싯달타는 실천적 지식인으로서의 면모를 보여준다.

일명 '독화살의 비유'라고 알려진 이야기를 통하여, 싯달타는 자신의 실천철학을 개진한다. 독화살을 맞고 쓰러져 있는 사람이 있다. 그때 주위에 있는 사람이 할 수 있는 최선의 일은, 가능한 한 빨리 해독제를 구해서 그 사람을 살리는 일이다. 그 독은 어떤 독인가, 그 화살은 어떤 재료로 되었는가를 따지는 것은 어리석은 짓이다. 왜냐하면 중요한 것은 죽어가는 사람을 살리는 일이지, 그것을 이론적으로 밝히는 일이 아니기 때문이다. 싯달타는 그 점을 강조하고 있는 것이다.

> 이를테면 어떤 사람이 독 묻은 화살을 맞아 견디기 어려운 고통을 받을 때, 그 친족들은 의사를 부르려고 했다. 그런데 그가 '아직 이 화살을 뽑아서는 안 되오. 나는 먼저 화살을 쏜 사람이 누구인지를 알아야겠소. 그리고 그 활이 뽕나무로 되어 있는지, 물푸레나무로 되어 있는지, 화살은 보통나무로 된 것인지 대로 된 것인지를 알아야겠

---

27) '아함'이란 팔리어의 Agama에서 음역된 것으로 '오는 것' 또는 '귀착(歸着)'이라는 의미를 지니고 있다. 여기에서 아함경은 전해진 경전 또는 전승의 경전이라는 의미를 지닌다. 한역(漢譯) 4아함은 장(長) 아함경 22권 30경(經), 중(中) 아함경 60권 224경, 잡(雜) 아함경 50권 1362경, 별역(別譯) 잡아함경 16권 364경, 그리고 증일(增一) 아함경 51권 472경으로 구성되어 있다.

> 소.' 이와 같이 말한다면 그는 그것을 알기도 전에 온 몸에 독이 번져 죽고 말 것이다.

소크라테스와 싯달타가 세상을 보는 시각은 다르다. 소크라테스는 명상적인 인물이다. 죽음 앞에서도 자신을 관조할 줄 아는 이론가이다. 반면에 싯달타는 철저하게 행동하는 사람이다. 죽음 앞에서 사람을 살리고자 하는 실천가이다.

소크라테스는 로고스주의자이다. 세상을 이성으로 관찰하고 행동한다. 건축가가 집을 짓듯이, 그는 이성에 의해서 세계를 논리적으로 구성한다. 하지만 ≪아함경≫의 싯달타는 반(反)로고스주의자이다. 그는 소크라테스적인 이성주의를 거부한다. 이성보다는 오히려 '자비'와 '배려'를 강조한다. 무엇보다도 '감정(pathos)'이 '함께(sym: together)' 하는 '동정심(sympathy)'을 원한다.

인도철학사에서 싯달타의 등장은 혁명적이었다. 그는 전통적인 도덕관념과 사회질서를 전적으로 부정했다. 그에게 중요한 것은 인간들의 행복이었다. 이러한 싯달타의 생각은 당연히 기존의 사회질서를 부정하는 파괴적인 양상을 띨 수밖에 없었다.

싯달타 이전의 인도철학은 '베다(Veda)'가 지배하였다. 베다철학은 최고위층인 브라만 계급에 의해서 형성된 인도의 전통 형이상학이다. 세계를 이성적·체계적·계층적으로 이해하고자 한다. 지배층의 시각이 반영된 철학인 것이다. 서구 철학적으로 보자면, 소크라테스, 플라톤, 아리스토텔레스의 철학과 유사하다.

그런데 싯달타는 바로 이러한 베다 철학에 '안티(anti)'를 거는 것이다. 그래서 그의 철학은 안티베다 철학이다. 당연히 그의 철학은 주지적·구성적·체계적 성격을 띠는 베다 철학과 달리, 반(反)주지주의적·반구성주의적·해체주의적 성격을 띤다. 소크라테스의 철학과 반대되는 것이다.

하지만 소크라테스의 철학이 강한 구성주의적 특징을 띠는 것은 그 나름대로 이유가 있다. 그것은 소피스트의 해체주의 철학에 맞서기 때문이다. 인도와 달리, 소피스트들의 그리스적 계몽주의는 그 과격한 논리성으로 인하여 이성적 세계 이해의 토대를 제거한다. 심리적 세계이해의 지평을 열어 놓는 것이다. 앞에서 언급한 고르기아스의 수사술이 그 구체적인 사례이다.

소피스트를 극복하는 소크라테스의 철학은 '재구성(reconstruction)'의 철학이다. 그것은 인간 중심의 소피스트 철학을 자연 전체로 확장한다. 또한 합리성과 도덕성이 총체적으로 통일될 수 있는 기반도 천착한다. 하나이면서 전체를 탐구하고자 하였던 자연철학자들의 정신이 새롭게 계승되는 것이다.

다시금 파르메니데스로

사유의 삼박자는 구성과 해체, 그리고 재구성이다. 파르메니데스는 최초의 구성주의 철학자이다. 그는 플라톤을 숭배와 두려움의 감정에 휩싸이게 하였다. 사이버 디지털 문화가 지배하는 오늘날까지도 그의 영향력은 지대하다. 단적으로 말해서, 그는 그리스철학의 정(正)이다. 그에 의해서 자연철학이 마감을 하며, 그에 의해서 존재론이 성립된다. 그리고 소피스트 철학, 특히 고르기아스의 철학은 파르메니데스 철학의 '반(反)'이다. 그것은 해체의 철학이다. 그런데 극(極)과 극은 양립 불가능하다. 그것은 반드시 하나의 오메가 포인트(omega point)를 필요로 한다. 소크라테스 철학이 오메가 포인트이다.

다르게 보면 파르메니데스의 존재론 역시 그 이전의 철학에 대한 하나의 재구성철학이다. 구성에 해당하는 것은 피타고라스의 철학이다. 세계가 '수'로 이루어져 있다는 그의 언급은 세계를 조화롭게 이해하는 구성주의 철학의 시작인 것이다. 하지만 헤라클레이토스는 피타고라스의 조화를 비웃는다. 그것이 소박하다는 것이다. 무엇보다도 헤라클레이토스가 피타고라스에게 분노한 것은, 그가 현실의 불확실성을 철저하게 간과하고 있다는 점이었다. 중요한 것은 현실의 모순인데도, 그는 겉으로 드러난 조화에만 관심을 쏟고 있는 것이다 그런데 헤라클레이토스의 이러한 논지에 이의를 제기한 사람이 있었으니, 그가 바로 파르메니데스였다. 그는 현실의 모순이나 불확실성보다는 존재의 통일성을 강조하면서, 존재와 사유의 통일을 꿈꾸었다. 이처럼 파르메니데스는 자연철학을 재구성한다.

파르메니데스가 정립한 제1명제는 "있는 것은 있다"이다. 이것은 '우리에게(for us)' 보이는 세계가 있다는 것이 아니라, '있는 그대로(in itself)'의 세계가 있다는 뜻이다. 기존의 철학자들이 전자에 집중하였다면 파르메니데스는 후자에 집중한다. 그 이후 서구철학사는 이 틀 안에서 크게 벗어나지 못한다.

파르메니데스의 제2명제는 "있는 것은 알려진다(is intelligible)"는 것이다. 알려진다는 것은 인간 이성에 파악가능하다는 뜻이다. 영어의 '인텔리전스(intellegence)'는 오류가능성이 없는 완전한 지식을 말한다. 군사 개념으로 이야기하자면 '작전'에 투입 가능한 정보인 것이다. 이것과 구별되는 것으로는 '인포메이션(information)', 즉 첩보가 있다. 아직 확인되지 아니한 데이터를 말한다. 그러기에 "있는 것은 있고, 없는 것은 없다"라는 파르메니데스의 테제는 '인텔리저블(intelligible)'한 것이지 '인포머티브(informative)'한 것은 아니다.

파르메니데스의 제3명제는 "있는 것과 알려지는 것은 동일하다"는 것이다. 존재의 신비는 인간 로고스에 의해서 매개된다. 만약 있음과 앎이 동일하지 않다면, 인간의 사유는 '혼돈(choas)' 상태에 빠질 것이다. 그래서 파르메니데스는 사유와 존재의 근원적 통일성을 언급하는 것이다.

그리스의 자연철학은 파르메니데스의 이 세 가지 명제에

의해서 완성된다. 이것은 그리스 철학의 정립 시기이다. 그런데 수사술의 대가인 고르기아스는 이 세 가지 명제를 해체한다. 이것은 그리스철학의 반정립 시기이다. 이 두 시기의 긴장성이 서구철학사 전체를 지배한다. 그리하여 서구의 철학사는 파르메니데스를 따르는 '존재론자'와 고르기아스를 따르는 '해체론자'의 싸움으로 이루어진다. 20세기 철학계를 풍미했던 포스트모더니즘이 소피스트적 철학 경향을 대변한다면, 그것에 비판적인 자세를 견지하였던 반(反)포스트모더니스트들은 파르메니데스적 철학 경향에 근거하고 있다.

소피스트의 계몽주의

소피스트들이 활동한 기원전 5세기는 인류 역사상 최초의 계몽주의 시기였다. 자아에 대한 탐구가 치열하였으며, 자아와 타자 간의 갈등 또한 첨예하였다. 또한 보편적인 교육에 대한 열의도 강렬하였다. 많은 소피스트들이 교육기관을 세워 수사술을 가르쳤다.

수사학의 대가 이소크라테스

그중에서도 프로타고라스와 고르기아스가 유명하였다. 소피스트는 아니지만, 수사술 교육과 연관해서 빼놓을 수 없는 사람은 이소크라테스(Isokrates)이다. 아테네 중심부에 세워졌던 그의 수사술 학교에는 아테네의 명문가 자제들이 구름처럼 몰려들었다.

자연히 수사술 교육에 따른 많은 수업료가 지불되었다. 지금 우리가 생각해도 놀랄 정도의 많은 돈이 수업료로 지불되었다. 그래서 그 당시 소피스트들이나 수사술 교사들은 예외 없이 큰 돈을 벌었다. 하지만 소크라테스만은 예외였다. 그는 돈을 받지 않고 아테네 청년들을 가르쳤던 것으로 유명하다. 살림이 그리 넉넉한 편은 아니었을 텐데도, 돈을 받지 않고 학생들을 가르쳤다는 것은 지금 생각해보아도 대단한 일이다.

시간이 흐르면서 소피스트 운동은 크게 타락하는 양상을 보였다. 경쟁논리가 도입된 것이다. 경쟁이 다 나쁜 것은 아니지만, 소피스트들 간의 경쟁은 수업료 인하라는 기이한 현상을 낳았다. 대가(大家)들 사이에서 일인당 수업료(수업일수는 1년 내외)로 '1만 드라크마(1드라크마는 일일 노동자 하루 임금)' 정도로 거래되던 가격은 1천 드라크마 정도로 떨어지고, 경쟁에서 소외된 사람들은 인기 있는 소피스트들을 비난하기 일쑤였다. 세상을 비난하는 말들도 여기저기서 튀어나왔다. 이처럼 소피스트 시대는 계몽과 탐욕의 야누스적인 얼굴을 하고 있었다.

페리클레스의 흉상

소피스트 시대를 언급하면서 빼놓을 수 없는 인물로 프로타고라스가 있다. 역사적으로 볼 때, 그는 그리스 최고의 민주정치를 꽃피웠던 페리클레스(Perikles)의 정치참모였다. 페리클레스는 대부분의 정치를 자신의 정부(情婦)인 아스파시아(Aspasia)의 집(살롱)에서 처결하였는데, 이러한 배경 때문에 페리클레스의 정치는 '살롱정치'라는 비난을 면치 못했다. 하여튼 프로타고라스는 페리클레스에게 막강한 정치적 영향력을 행사하였던 논객임에는 틀림없다. 그와 더불어 비극작가 에우리피데스(Euripides)도 페리클레스의 민주정책을 옹호한 인물에 속한다.

프로타고라스의 논적 소크라테스가 이러한

페리클레스의 민주정치에 호감을 가졌을 리는 만무하다. 그는 프로타고라스의 상대주의 철학을 비판하면서 동시에 페리클레스의 살롱정치를 강하게 비난하였다. 그리고 막대한 재정을 필요로 하는 파르테논 신전 건립사업에도 동일한 입장을 견지하였다. 플라톤의 ≪고르기아스≫에는 당대정치가들에 대한 소크라테스의 비판이 잘 드러나 있다. 현재의 '내각수반'에 해당하는 관직을 수행하면서도—비록 한 달 정도에 그쳤지만—그는 민주정 계열의 정치인과 대립하면서 자신의 양심을 지켰다. 펠로폰네소스 전쟁 말기의 한 전투에서 부하들을 구하지 않았다고 기소된 장군들에 대한 '일괄재판'을 거부하였다. 왜냐하면 그 당시 법률은 장군들에 대한 일괄재판을 허용하지 않았으며 소크라테스 또한 그런 재판이 정당하나고 생각하지 않았기 때문이다.

뛰어난 정치적 재능을 지녔으나 조국 아테네를 패배로 이끌고 말았던 알키비아데스

이 사건과 더불어 아테네의 민주정 계열 인사들을 자극한 사건은 소크라테스가 친(親)스파르타적 정치성향을 지녔다는 것이다. 소크라테스를 따르며 동성애적인 관계를 유지하였던 알키비아데스 장군(Alkibiades: 해군사령관)은 전쟁 도중 적국 스파르타에 투항하였으며 지인(知人)이었던 크리티아스는 30인 과두정(寡頭政)의 핵심멤버로 활동하였기 때문이다. 이 두 사람의 반(反)민주적 행위로 인하여, 소크라테스는 아테네 민주주의에 저항하는 정치적 인물로 인식되었다.

펠로폰네소스 전쟁이 아테네의 패배로 끝나

자 아테네 시민들은 좌절하였다. 그들은 자신의 패배의식을 일소시키기라도 하듯이 하나의 희생양을 찾아 나섰다. 기득권 세력을 대표하는 3인의 정치인들이 그를 고소하였던 것이다. 아뉘토스(Anytos) 멜레토스(Meletos) 그리고 뤼콘(Lycon)이 그들이었다. 아뉘토스는 갑옷 제작업자로 전쟁 기간 중 상당한 부(富)를 축적한 사람으로, 현대식으로 이야기하자면 군수산업체의 회장 정도의 직함을 가지고 있는 사람이다. 멜레토스(Meletos)는 호메로스의 시(詩)를 강의하는 사람으로 보수적 성향의 교육자라고 할 수 있다. 이에 반해 뤼콘(Lycon)은 수사학자로 진보적 성향의 교육자라고 할 수 있다. 이들은 공통적으로 기존 정치세력을 대표하고 있었으며 자신들의 기득권을 유지하려고 애쓰는 사람들이다. 결국 소크라테스는 아테네 시민들에 의해서 죽음을 맞이한다. 훗날 아리스토텔레스는 자신을 희생양으로 삼으려는 사태에 직면해서 "아테네 시민들이 철학자를 죽이는 어리석음을 두 번 다시 저지르지 않게끔 하기 위해서 아테네를 떠난다"고 증언한다. 이 일화는 철학사에서 유명한 이야기로 전해져 오고 있다.

파르메니데스에서 소피스트로

1600년에 과학자 헬무트는 액체에서 기체가 흘러나오는 것을 발견하고, 이 물질에다 '카오스(chaos)'라는 이름을 붙였다. 그런데 이 카오스의 플랑드르 식(式) 발음이 '가스(gas)'여서 이 물질은 통상 가스라는 이름으로 불려지게 되었다.

신화적으로 볼 때, 카오스는 혼돈을 의미한다. 하지만 그것은 '창조의 시작'을 의미하기도 한다. 왜냐하면 카오스가 만물을 낳기 때문이다. 혼돈(chaos)의 틈새(chasm)에서 만물이 생겨나기 때문이다. 인류학적으로 볼 때도, 가장 원시적인 생명력으로 인식되는 '알' 역시 그 틈이 '갈라지면서(chasm)' 생명이 탄생한다.

카오스의 반대 개념으로 '코스모스(cosmos)'가 있다. 이 개념을 가지고 인간과 세계를 설명하려고 했던 이는 피타고라스이다. 그는 모든 것을 수적인 비례관계로 설명하면서 세계의 불확정성을 질서 속에 편입시킨다. 하지만 세계는 수적인 비례관계로 완전히 설명되지 않으며, 세계의 불확실성은 여전하다.

그런데 파르메니데스는 피타고라스와 달리 현상세계의 불확실성을 강조한다. 당연히 억견의 가변성 또한 강조된다. 그리하여 피타고라스가 강조한 세계의 질서는 허구로 드러나고

코스모스 개념 역시 인위적인 장치로 전락한다. 그리스어 코스모스 개념에서 유래한 영어의 '코스메틱스(cosmetics)'라는 개념은 '화장품'라는 의미를 지니고 있는데, 이것은 피타고라스의 코스모스 개념을 부정적으로 인식한 파르메니데스 추종자들(?)에 의해서 형성되었을 가능성이 높다.[28)]

파르메니데스는 오류와 기만으로 가득 찬 인간 인식의 한계를 강조한다. 비록 그가 원리적으로는 인간의 사유가 존재의 신비를 직관할 수 있는 가능성은 배제하고 있지 않음에도 불구하고, 개별적인 인간이 과연 존재 그 자체의 신비를 통찰할 수 있는 구체적인 능력과 방법을 소유하고 있는가 하는 문제에 관해서는 명확한 답변을 유보하고 있다. 오히려 그는 인간의 지적 능력이 유약하다는 것만을 극단적으로 강조하고 있다. 그 결과 파르메니데스의 철학은 그 자신의 의도와는 반대로, 회의주의 및 허무주의로의 길을 예비하고 있다.

절대존재와 현상계의 심연이 있는 곳, 절대인식과 절대회의의 심연이 있는 곳, 이러한 곳에 소피스트 철학이 기생한다. 물론 소크라테스가 철학사적으로 등장하는 지점도 이 지점이다. 하지만 소크라테스가 주관적이고 개인적인 것을 거부하면서 보편적이고 객관적인 것을 찾으려고 한 데 반해서, 소피스트들은 철저하게 주관이 만들어내는 가상의 세계를 진상의 세계로 자리매김 하고자 한다. 즉 말과 수사의 능력에 의해서 현실을 조작하고자 하는 것이다.

---

28) 에페소스의 헤라클레이토스 철학을 추종하는 사람들에 의해서 이러한 의미가 형성되었을 가능성 또한 배제할 수 없다.

소피스트에 의하면, 파르메니데스 식의 순수존재와 순수인식은 부재한다. 그런 점에서 진리는 존재하지 않는다. 하지만 말과 수사술에 의해서 모든 세계가 구성된다. 그런 점에서 모든 것은 진리가 될 수 있다. 전자는 회의주의를, 후자는 권력주의로 인도된다.

회의주의와 권력주의를 연결하는 것은 수사술이다. 역사적 고르기아스는 자신의 수사술로 그리스인들의 영혼을 실질적으로 지배하였다. A라는 대중들 앞에서는 B가, C라는 대중들 앞에서는 Not-B가 진리라는 것을 동시에 입증하였다. 수사술은 전지전능한 힘을 가지고 있다는 것이 그의 신념이었다.

21세기는 이미지가 지배하는 시대이다. 진리탐구보다는 상황에 적합한 이미지가 우리를 더욱 너 자극한다. 철학보다는 수사술이 더 각광받고 있는 시대이다. 바야흐로 신(新)소피스트 시대가 도래한 것이다. 그 어느 때보다 소크라테스가 그리운 것도 바로 이 때문이리라.

단상 하나

그리스어로 '카테고레인(kategorein)'이란 말은 '고소하다' 혹은 '고발하다'라는 뜻을 가지고 있다. 원래 이 개념은 그리스의 법정에서 사용되었으며, 원고가 피고의 죄목을 조목조목 정리하여 고발하다는 의미를 함축하고 있다. 그런데 이러한 행위에는 체계적이면서도 분석적인 접근이 필요한데, 그때 사용되던 방법이 바로 육하원칙이었다. 언제, 어디서, 누가, 무엇을, 왜, 어떻게 하였나 하는 것이다. 이 논리적 장치는 피고의 죄를 상세하게 고발하기 위한 목적에서 고안되었으며 2,500년이 지난 현재까지도 유용하게 사용되고 있다.

철학에서도 '범주(category)'라는 개념이 사용되고 있는데, 이 개념은 법정용어 카테고레인에서 유래하였다고 전해진다. 아리스토텔레스나 칸트의 범주 개념을 이런 각도에서 이해한다면 한결 재미있을 것이다.

단상 둘

≪노자≫에 의하면 "도가도 비상도(道可道 非常道), 명가명 비상명(名可名 非常名)"이다. 진정한 의미의 존재는 인간의 주관적인 사유에 포착되지 않는다는 의미일 것이다. 언어와 개념으로도 우주의 본질은 파악되지 않는다는 의미일 것이다.

고대 후기의 플로티노스(Plotinos)도 우주의 본질을 노자와 비슷하게 보았다. 우주의 근원은 인간의 사유로도 언어로도 포착되지 않는다고 하였다. 굳이 이름을 붙이자면 '일자(一者)'라고나 할까. 파르메니데스가 말하는 존재 개념도 그 궁극적인 의미에 있어서는 플로티노스와 그 맥을 같이할 것이다.

그런데 문제는 우리는 그것과 어떻게 조우(遭遇)할 수 있는가 하는 것이다. 인간의 주관적인 사유에 의해서는 파악 불가능한 그 신비를 현자들은 어떻게 파악하였으며, 우리는 어떻게 이해해야 하는가 하는 것이다.

여기에서 두 가지 가능성은 제거되어야 한다. 극단적인 부정론과 극단적인 긍정론은 거부되어야 한다. 절대적인 회의론과 소박한 실재론 또한 거부되어야 한다. '이면서도 아니고, 아니면서도 인' 그 길을 찾아야 하는 것이다.

<프라이멀 피어(Primal Fear, 1999)>

감독: 그레고리 호블릿
출연: 리차드 기어, 에드워드 노튼, 로라 린니, 존 마호니, 알프리 우다드
각본: 앤 바이더먼, 스티브 샤건
원작: 윌리엄 디엘

영화의 첫 장면은 불패를 자랑하는 시카고의 악질적인 변호사 마틴 베일(리차드 기어)의 인터뷰로부터 시작된다. 인터뷰 내용 역시 그의 성격을 반영하듯, 비상식적이고 비윤리적인 언급들로 가득 차 있다. 인터뷰 내용에 의하면 어머니가 자식을 사랑한다는 말까지 의심의 대상이 되어야 하며, 가장 신뢰할 수 있는 곳은 오히려 창녀촌이라는 것이 그의 지론이다. 게다가 진실이란 배심원들에게 심어주는 자신의 의식이라는 것이 그의 생각이다. 그에게 있는 것은 진실 그 자체가 아니라, 진실에 대한 망상인 것이다.

그런데 하나의 엽기적인 사건이 발생한다. 시카고에서 가장 존경받는 인물 중의 한 사람이었던 러쉬먼 대주교가 자신의 침실에서 처참하게 살해당한 사건이 발생하였던 것이다. 몸에는 78군데의 자상이 나 있었으며, 눈과 손 그리고 생식기는 절단되었으며, 가슴에는 B-32-156이라는 숫자까지 각인되어 있었다. 사건 직후, 범인으로 보이는 청년이 도주 중 바로 경찰에 붙잡히지만, 그는 공교롭게도 러쉬먼 대주교의 복사(服事)이자 성가대의 멤버였던 애런 스템플러라는 청년이었다.

이 사건을 접하게 된 베일은, 자신이 대중들에게 어필할 수 있는 좋은 기회라 인식하고 범인으로 지목받고 있는 애런을 무료로 변론해 주기로 마음먹는다. 그런데 애런은 베일 변호사와 면담하면서 자신의 결백과 범행 장소에 제3의 범인이 있었음

〈프라이멀 피어〉 영화 포스터

애런을 면회하는 베일

을 주장한다. 이것을 곧이곧대로 믿었던 베일은 제3의 범인이 있었다는 것을 법정에서 입증하는 전략을 세우고, 정신과 전문의에게 애런의 정신감정까지 의뢰한다.

그러나 검찰은 애런이 진범임을 확신하고, 베일의 연인이었던 쟈넷 배너블 검사를 수사책임자로 지명한다. 검찰의 수사가 급진전을 보게 된 배경은, 러쉬먼 대주교의 가슴에 새겨진 B-32-156이라는 숫자의 의미가 밝혀지게 되면서부터이다. 영문자 B는 성당 지하실의 서고를, 32는 서가에 서른두 번째로 꽂혀 있는 나다니엘 호손의 ≪주홍글씨≫라는 책을, 그리고 156은 그 책의 156페이지를 말하는 것으로 밝혀진 것이나. 그런데 그 페이지에는 밑줄이 선명하게 그어진 하나의 구절이 있었는데, 그것은 "어떤 인간도 진실된 모습을 들키지 않고 두 개의 가면을 쓸 수는 없다"라는 문구였다. 이 사실에 근거하여 검찰은 살인동기가 러쉬먼 대주교의 이중인격성을 고발하려는 데 있음을 알게 된다.

베일에게 진실을 밝히는 애런

하지만 ≪주홍글씨≫를 읽은 적이 없다는 애런의 부인에도 불구하고, 상황은 베일 변호사에게 점점 불리하게 진행되었다. 그러던 중, 베일은 주교관에서 대주교의 추악한 이중생활이 담긴

포르노 테이프를 입수하게 되는데, 그 테이프에는 대주교가 애런과 그의 여자친구인 린다, 그리고 동료 복사인 알렉스에게 '악의 정화'라는 이름 아래 성행위를 하도록 연출하는 장면들이 녹화되어 있었다. 그리고 이것은 애런이 러쉬먼 대주교를 살해했다는 혐의를 입증할 만한 충분한 증거물이기도 하였다.

그런데 이때 베일은 애런이 '다중 인격 장애자'임을 알아차린다. 평소에는 소심하고 유약한 성격의 애런이나, 어떤 특수한 상황 하에서 또 다른 인격인 '로이'로 변하게 되는 것을 안 것이다. 베일은 애런의 이러한 다중 인격 장애를 이용하여 법정에서 승소하겠다는 전략을 세운다. 왜냐하면 다중 인격 장애자에게 형사적 책임을 물을 수 없기 때문이다. 아니나 다를까, 베일의 전략은 적중하고 애런은 무죄로 풀려난다.

하지만 이 모든 것은 애런의 치밀한 작전이었다. 러쉬먼 대주교를 살해한 애런은 일부러 다중 인격 장애자 행세를 하여 자신의 범죄를 은폐시키려고 하였으며, 베일은 그러한 애런의 꼭두각시 노릇을 하였던 것이다. 영악하고 현실적인 악질 변호사 위에 악마적인 두뇌를 소유한 애런이 있었던 것이다.

애런은 자신에게 무죄소식을 전하러 온 베일에게 배너블 검사한테 미안하다는 말을 전해달라고 함으로써 그 자신이 다중 인격 장애자가 아님을 암시하는 발언을 한다. 베일은 놀라지 않을 수 없었지만, 상황은 이미 종료되고 난 이후였다. 박수를 치면서 기뻐하는 애런과 쓸쓸히 걸어 나오는 베일이 대비되면서 영화는 끝나지만, 애런이 보여주는 악행과 연극은 인간에 대한 근원적인 불신감 및 공포심을 자아내기에 충분하다. 오랫동안 뇌리에 남는 영화 중의 하나이다.

사실 베일은 잘 나가던 변호사였다. 애런 사건까지 그에게 패소라곤 없었다. 그가 사회적으로 성공할 수 있었던 데에는 절대적 진리란 존재하지 않는다는 자신의 세계관이 큰 몫을 하였다. 자신의 말대로 진실에 대한 망상만을 믿고 있는 것이다.

베일은 악한 사람들에 대한 변호도 마다하지 않았다. 돈만 주면 다 한다는 것이 그의 신조였다. 그래서 그는 왜 악한 사람들에 대한 변호도 마다하지 않느냐는 기자의 질문에 "무슨 짓을 한 피고이건 최고의 변호를 받을 자격이 있다. 진실은 없다. 내게 있어서 진실이란 12명의 배심원들에게 내가 심어주는 의식일 뿐이다"라고 대답하는 것이다.

하지만 그는 애런의 변호를 맡으면서 이와는 다른 생각을 한다. 객관적 진리의 가능성을 인정하는 발언을 하는 것이다. 애런의 범행동기로 확실시되는 비디오 테잎을 발견하고 나서 혼란에 빠진 베일이 하는 다음 발언은 그의 속내를 잘 보여주고 있다. "내가 악당을 변호하는 것은 돈, 명예 때문이 아니다. 난 유죄가 입증될 때까진 모두가 무죄란 걸 믿는다. 인간이 선천적으로 선하다는 것을 믿으니까. 하지만 모든 범죄가 악당들에 의해서만 자행되는 것이 아니라, 가끔은 아주 선량한 사람들도 나쁜 짓을 한다는 걸 이해하려 노력중이다." 이처럼 베일은 자기정체성의 균열을 경험하고 있는 것이다.

인간이 이중적인 존재라는 것은 베일만의 일은 아닐 것이다. 애런 역시 마찬가지이다. 러쉬만 대주교와 쉬너시 검사장 역시 예외가 될 수 없다. 어떻게 보면 이러한 이중성이 우리 인간들의 본래 모습일 수도 있을 것이다. 그런데 여기에서 중요한 것은 그 이중성을 극복하고자 하는 우리 인간들의 선한 마음이다. 그것이 바로 우리가 <프라이멀 피어>에서 비판적으로 배울 수 있는 하나의 가르침일 것이다.

☞ 더 보아야 할 DVD

<L. A. 컨피덴셜(L. A. Confidential. 1997)>

감독: 커티스 핸슨
출연: 케빈 스페이시, 러셀 크로우, 가이 피어스, 제임스 크롬웰, 킴 베신저
각본: 브라이언 헬겔랜드, 커티스 핸슨
원작: 제임스 엘로이

커티스 핸슨 감독의 <L. A. 컨피덴셜>는 1950년대 미국의 LA를 배경으로 펼쳐지는 경찰들의 이야기다. LA는 화려하나 총성과 살인이 끊이지 않는 범죄의 도시이다. 초반부에서는 최대의 범죄조직인 '미키 코헨'에 대한 경찰들의 대대적인 소탕작전이 전개된다. 그리고 그 뒤를 이어 도시의 한 카페에서는 원인 모를 살인사건이 발생한다. 화려한 도시 속에서 어두운 범죄들이 자행되는 것이다.

이 영화에는 주로 물리적 폭력을 사용하여 사건을 해결하는 버드 화이트(러쎌 크로우) 형사와 언어의 수사적 기교를 이용하여 사건을 해결하고자 하는 에드 엑슬리(가이 피어스) 형사 두 사람이 등장한다. 에드 엑슬리는 뛰어난 언변술을 소

커티스 핸슨 감독의 <L. A. 컨피덴셜>

유한 재능 있는 형사이다. 상대의 허를 찌르는 날카로운 심문으로 범인을 설득하는 그의 모습은 말보다는 일단 주먹이 먼저 올라가는 버드 화이트 형사의 모습과 아주 대조적이다. 사실 버드 화이트의 상관과 주변 사람들은 그가 지닌 폭력성을 높게 평가하고 있으며, 이것은 일반적인 경찰영화에 나오는 캐릭터의 전형적인 특징이기도 하다.

그런데 에드 엑슬리는 얄미울 정도의 지략을 구사하는 지능적 수사관이다. 그는 버드 화이트보다 조금 업그레이드된 경찰 캐릭터로 등장한다. 하지만 그렇게 인간적이지는 않다. 그리스의 소피스트들과 연관해서 볼 때, 주목해 보아야 할 인물은 버드가 아니라 에드이다. 그가 사용하는 언변술은 상대방을 말로서 제압하는 수사술과 상통하고 있다. 단순하게, 주먹 하나로 사건을 해결하는 것이 아니라, 수사술로 사건의 이모저모를 분석하여 범인에게서 자백을 받아내는 그의 모습은 소피스트들이 사용했던 수사적 언변술의 모습과 상당히 일치하기 때문이다. 아울러 에드가 보여주는 출세 지향적 태도는 기원전 5세기 소피스트들의 일반적인 모습과 상당히 닮아 있다. 동료들의 개인적 사정을 고려하지 않은 채, 오직 자신의 진급만을 생각하는 철저한 이기주의자로서의 에드의 모습은 마치 돈을 받고 아테네 청년들에게 지식을 파는 장사꾼으로서의 소피스트들의 모습과 유사하기 때문이다.

린 브래컨(킴 베이싱어)은 관객을 성적으로 유혹하기에 충분한 미모를 가진 여인으로 등장한다. 흑백의 의상에 빨간 립스틱을 칠한 그녀의 얼굴에 정신을 잃지 않을 관객은 아마 없을 것이다. 야만적 형사 버드 역시 40년대의 여배우 '베로니카 레이크'를 빼닮은 이 린에게 한눈에 반하고 만다. 그런데 문제는 에드 역시 이 린에게 매료되고 만다는 데 있다. 사건을 해결하는 방법에 있어서 심한 차이를 보이면서 갈등하고 있는 두 사람에게 린의 등장은 새로운 갈등을 조성한다.

린 브래컨과 버드

하지만 클라이막스로 치달으면서 영화는 악의 존재를 드러내고 음모와 배신으로 점철된 도시사회를 조명한다. 선과 악이 혼재하고 정의와 불의가 인식하기 불가능할 정도의 모호함으로 다가오는 마지막 장면에서 오랜 숙제가 해결되었다는 안도감보다는 "아 이럴 수도 있구나" 하는 불안감이 엄습하는 것은 이 영화가 지니고 있는 큰 마력인 것 같다.

영화는 클라이막스로 치달으면서 음모와 배신으로 점철된 도시사회를 조명한다.

마지막으로 생각해 볼 수 있는 것은 철학사에서 가장 위험한 철학으로 간주되고 있는 소피스트 철학이 실상은 현실을 가장 잘 이해할 수 있게 해주는 실제적인 사상이라는 것이다. 전쟁과 정복의 세기에 그리스 사람들에게 수사술이라는 이성적 간계(奸計)가 필요했듯이, 범죄도시 LA에서도

경찰관들에게는 폭력과 함께 이성적 간계(奸計)가 요구되는 것이다. 우리 삶은 언제 이러한 장애물로부터 자유로울 수 있을까?

☞ 더 보아야 할 DVD

<라쇼몽(羅生門: Rashomon, 1950)>

감독: 구로자와 아키라
출연: 미후네 도시로, 모리 마사유키, 쿄 마치코, 시무라 다카시, 치아키 미노루
원작: Ryunoske Akutagawa
각본: 구로자와 아키라, 하시모토 시노부
장르: 스릴러

이 영화는 일본 근대문학사에서 가장 유명한 소설가 중의 한 사람으로 인식되고 있는 천재소설가 아쿠다가와 류노스케의 단편 ≪숲 속≫과 ≪라쇼몽≫을 각색하여 만든 작품이다. 범죄에 대한 이야기는 전자에서, 이야기의 배경인 라쇼몽은 후자에서 가져온 것으로 유명하다. 이 작품으로 구로자와 아키라는 1951년 베니스 영화제 그랑프리 및 1952년 아카데미 외국어 영화상을 수상하였으며, 자신의 위상을 세계 영화사에 각인시켰다. 또한 2000년에 열린 베니스 영화제 50주년 행사에서 '최고의 영화'로 선정되기도 하였다.

이 영화의 시간적 배경은 중세 일본의 헤이안 시대이다. 공

간적 배경은 폐허가 된 라쇼몽이다. 비가 억수같이 오던 어느 날, 라쇼몽에 모인 세 남자들로부터 시작된 영화는 스님의 진술을 따라 사무라이의 죽음과 강간당한 아내에 대한 재판과정을 회상 식으로 보여준다.

그런데 등장하는 인물들은 모두 각기 다른 진술을 한다. 관청에 불려온 아내와 도둑, 그리고 무당의 몸을 빌려 이야기하는 사무라이의 이야기가 서로 다른 것이다. 심지어 이 사건을 전달하던 화자의 진실마저도 의심받는 사태에 직면하게 된다. 이 영화를 통해서 구로자와 아키라는 카오스적인 세상을 살아가는 인간들의 이기심과 신뢰불가능성, 진실의 존재 유무와 그 상대성, 그리고 인간 자체에 대한 근본적인 의문을 제기한다. 소피스트 철학과 연관하여 감상하기를 권유한다.

☞ 알고 넘어 갑시다, '소피스트의 계몽주의'

소피스트의 계몽주의는 인간을 자연과 대립시켰다. 자연으로부터 독립된 존재로서의 인간존재의 탁월성과 자연에 대한 인간의 지배력을 역설하였던 것이다. 그 결과 인간은 독립적인 존재로서의 자아를 정립하였다. 인식론적 상대주의와 회의주의가 소피스트 사상의 근간이다.

그런데 상대주의와 회의주의에 기반한 소피스트적 인식이론은 전통적인 질서 개념을 해체하면서 물리적 폭력을 정당화한다. 그리하여 트라시마코스를 포함한 프로타고라스와 고르기아스의 모든 제자들은 정치적 강자에 의한 약자 지배의 가능성을 옹호하고 있다. 즉 폴리스사회에서의 약육강식의 논리를 수용하고 있는 것이다. 결국, 소피스트적 계몽주의는 회의주의를 낳고, 회의주의는 권력주의를 낳으며, 권력주의는 정글의 법칙을 낳는다. 그러기에 계몽을 언급하면서, 가장 염두에 두어야 할 것은 정의와 선을 결여한 계몽이 불의한 결과들을 산출할 수 있다는 엄연한 사실이다.

◆ 더 생각해 볼 문제

1. 프로타고라스는 “인간이 만물의 척도이다”라고 하였다. 하지만 플라톤은 이에 반대하여 “신이 만물의 척도이다” 라고 하였다. 어느 철학자의 말이 더 타당한가?

2. 서양 철학은 논리를 강조한다. 소피스트들과 소크라테스 모두 논리주의자들이다. 그런데도 그들의 철학은 다르다. 그들의 철학이 갈라지는 지점은 어디인가?

◆ 참고문헌

아리스토텔레스. 1999. ≪소피스트적 논박≫. 김재홍 역. 서울: 한길사.

≪아함경(阿含經)≫.

조지 커퍼드. 2003. ≪소피스트 운동≫. 김남두 역. 서울: 아카넷.

편상범. 1992. <프로타고라스의 상대주의 연구>. 고려대학교 대학원. 철학과.

플라톤. 2000. ≪소피스테스≫. 김태경 역. 서울: 한길사.

제7장

너 자신을 알라

— 소크라테스와 <JFK> 그리고 <마틴 기어의 귀향> —

“너 자신을 알라.” “악법도 법이다.” 이 명제들은 소크라테스의 명제로 알려져 있다. 그런데 이것들은 역사적 소크라테스의 명제는 아니다. 전자는 7현인 중의 한 사람인 킬론의 말이며, 후자는 소크라테스의 권위를 이용하여 자신들의 권력 기반을 공고히 하려는 현대 독재자들의 말이었다. 플라톤의 대화편에서나 당대의 소크라테스 관련 문헌 어느 곳에서도 소크라테스가 실정법으로서의 악법 그 자체를 옹호하였다는 구절은 존재하지 않는다. 하지만 우리는 너무나 익숙하게 이것이 소크라테스의 말로 인식해왔다. 이번 장에서는 역사적 소크라테스의 모습을 올바르게 이해하고 그 의미를 천착하는 데 주력할 것이다. 아울러 현대사회에서의 지식인의 참다운 의미를 고찰할 것이다.

* 앞의 사진은 <제우스와 튀폰의 싸움>

죽음과 영혼

소크라테스의 생애 중 가장 주목할 만한 사태는 죽음에 대한 그의 태도였다. 보통 사람에게 있어 죽음은 피하고 싶은 사태일 뿐 아니라, 가장 두려운 사건이다. 하지만 소크라테스는 죽음을 두려워하지 않았다. 그런데 그가 죽음을 두려워하지 않았던 이유는, 그가 단지 정신적으로 강건한 사람이었기 때문만은 아니다. 더 근본적인 것은 죽음에 대한 그의 인식, 즉 죽음은 육체로부터의 영혼의 해방이라는 그의 인식에서 유래한 것이다.

소크라테스가 생각하기에 철학자가 첫 번째로 관심을 가져야 할 것은 '진리'에 대한 인식이다. 하지만 인간의 육체는 진리 인식을 방해한다. 그러기에 육체에 구애받지 않는 것은 순수한 인식의 길이며, 그 순수성을 가장 잘 확보할 수 있는 길은 육체로부터의 해방, 즉 죽음이었던 것이다.

그런데 소크라테스가 이러한 생각을 스스럼없이 수용할 수 있었던 데에는 무엇보다도 피타고라스의 영향이 컸다. 특히 육체로부터 영혼이 분리될 수 있다는 것과, 그 분리된 영혼은 결코 죽지 않는다는 피타고라스의 종교적 가르침은 그의 제자인 플라톤에게까지 계승 발전되었다. 아마도 이것은 서구철학사에서 가장 큰 테마 중의 하나일 것이다.

무지에 대한 앎

앎이란 것이 오류를 허용하지 않는 확실한 것이라 했을 때, 그러한 앎을 실제적으로 소유하고 있는 것은 오직 신적인 존재뿐이다. 인간은 불완전하기에, 결코 어떠한 대상에 대해서도 신적인 앎을 소유할 수는 없다.

소크라테스가 이런 생각을 가지게 된 데에는 "소크라테스 이상의 지자는 없다"는 델포이의 신탁(神託)의 계시가 큰 배경을 이루고 있다.

델포이 박물관의 암포라

겸손한 소크라테스는 신탁의 본뜻을 이해하기 위해서 소위 아테네에서 지식인이라 일컬어지는 사람들을 탐방하였다. 하지만 그 결과는 부정적이었다. 왜냐하면 탐방의 결과, 그가 확인한 것은 이른바 지식인이라 일컬어지는 사람들이 사실은 아무것도 알지 못하는 무식하고 뻔뻔스러운 사람들이라는 사실이었기 때문이다. 이와 달리, 소크라테스 자신은 절대적 지식에 대한 자신의 무지를 철저히 자각하고 있었다. 이런 점이 그를 다른 지식인들과 차별화시켰다. 따라서 소크라테스에게 내려진 신탁은 인간의 지적 오만에 대한 하나의 경고성 메시지이다.

"덕이란 무엇인가?", "정의(正義)란 무엇인가?"라는 질문을 통하여, 그는 사람들이 이미 알고 있다고 생각하는 개별적인 덕과 정의의 허구성을 노출시켰다. 그리고 그것이 자신에게 부여된 신적인 명령이라고 인식하였다. 그리하여 이러한 활동에서 제시된 인식의 확실성과 논리의 엄밀성, 그리고 "도대체 무엇인가?"라는 물음에 함축된 본질적 존재에 대한 지향성 등은 "어떻게 살고, 어떻게 죽을 것인가?"에 대한 윤리적 숭고성과 더불어 서구철학의 이정표가 되고 있다.

델포이 박물관의 옴팔로스

소크라테스의 죽음과 그 배경

"너 자신을 알라(gnothi sauton)"라는 소크라테스적 경구는 아테네인들에게는 하나의 충격으로 자리잡았다. 사실 무지한데도 지혜롭다고 자랑하는 것은 하나의 위선(僞善)이다.

그런데도 당대의 지식인들은 그런 위선적인 행동을 서슴지 않았다. 하지만 지적 엄밀성을 추구하던 소크라테스에게 있어서 그들의 행동은 묵과할 수 없는 범죄행위였다. 그래서 그는 목숨을 걸고 진리를 주장하였던 것이다.

그렇지만 그 결과는 비참하였다. 왜냐하면 아테네인들의 탐욕과 오만은 소크라테스의 경고를 무시하였기 때문이다. 오히려 그의 경고를 아테네 제국 자체에 대한 도전으로 인식하여 그를 처형하였다. 그때가 기원전 399년이다.

그를 기소하고 죽이는 데 선봉에 섰던 대표적인 인물은 비극작가 '멜레토스(Meletos)'와 변론가 '뤼콘(Lycon)', 그리고 피혁상인이자 민주파의 수장(首長)이었던 '아뉘토스(Anytos)'이다. 그런데 그들이 내건 소크라테스의 죄목은 '청년타락'과 '불경죄(asebeia)'이다. 하지만 그것은 소크라테스가 평생 제거하고자 하였던 소피스트들의 악행이 아니었던가?

어쨌든 소크라테스가 죽은 지 무려 2천여 년이 지났지만, 그 이름은 아직도 수많은 사람들의 입에 오르내리고 있다. 우리나라에서는 그를 '악법도 법'이라는 말을 남기며 독배를 마시고 죽어간 성인(聖人)의 한 사람으로 여기고 있으며, 그가 남겼다(?)는 이 말을 독재자들은 자신의 권력기반을 공고히 할 목적으로 사용/악용하였다. 심지어 중·고등학교의 교과서에서는 단골메뉴로 등장하곤 하였다. 비록 악법이라 할지라도, 그것이 개정되기 전까지는 지켜야만 한다는 복종의 논리가 강제되었던 것이다. 권력에 종속되는 순종적인 인간을 길러내는 데 이보다 더 모범적인 사례가 또 어디 있겠는가? 하지만 문제는 소크라테스가 그런 말을 하지 않았다는 데 있다. 더욱이 그가 그런 말을 했다는 역사적 기록은 그 어디에도 없다.

소크라테스는 탈옥을 권유하는 친구 크리톤(Kriton)의 말을 뿌리치면서 독당근즙(독미나리: hemlock)을 마신다. 주지하다시피, 그가 법정에 서게 된 데에는 종교적이고 윤리적인 이유가 자리잡고 있다. 신(神)에 대한 불경과 청년타락이 그것이다.

하지만 아테네에서는 이미 소크라테스 이전부터 다양한 종교적인 견해가 등장했으며, 일부 소피스트들은 극단적인 윤리적 주장까지 서슴지 않았다. 사상 또는 문화적으로 매우 자유로운 분위기였다. 게다가 소크라테스 자신도 그러한 분위기 속에서 토론하고 가르치지 않았던가? 그런데 여기에는 하나의 의문점이 있다. 왜 아테네인들은 70이 다 된 노인을, 그의 생애 마지막에 죽여야만 했는가 하는 것이다.

소크라테스를 잠들게 한 그리스의 식물성 독약 헴록

일반적으로 소크라테스는 동료 시민

들에게 덕을 권하는 별로 매력적이지 못한 일에 종사함으로써 그들과 갈등을 일으켰다고 전해진다. 특히 소피스트들의 질투와 모함으로 죽음에까지 이르게 되었다. 그런데 이러한 의견을 수용하기 전에, 먼저 소크라테스와 일반적인 아테네 지식인들의 대립각(角)부터 점검해 보자.

우선 언급할 수 있는 것은 당시 그리스가 제한적인 민주주의 사회였다는 것이다. 자유민들이 연합해 만든 공동체 사회인 폴리스에서 지배하는 자와 지배받는 자는 동일하였다. 폴리스의 주요 관직들은 선출에 의해서 채워졌지만, 그 밖의 많은 관직들은 추첨에 의해서 정해졌다. 모든 시민들에게 정치에 참여할 기회를 주기 위해서였다. 모든 시민들은 법률이 제정되는 민회에서 발언하고 투표할 권리를 가지고 있었으며, 법률이 시행되는 법정에서 배심원으로 일할 권리도 가지고 있었다.

그런데 소크라테스가 이상적으로 꿈꾸고 있었던 것은 지혜로운 사람에 의한 통치였다. 명령하는 자와 복종하는 자가 있으며, 지혜로운 사람은 통치하고 지혜롭지 못한 사람은 복종하는 그런 사회를 생각하였던 것이다. 소수의 권력자들에 의해서 이루어지는 정치조직도, 다수의 대중들에 의해서 이루어지는 정치조직도 그가 희구했던 것은 아니었다.

하지만 아테네 시민들은 소크라테스의 그러한 생각을 왕에 의한 통치와 동일시하였다. 이것이 불행의 씨앗이었다. 왜냐하면 아테네 사람들의 뇌리에는 이미 피지배자가 바로 지배자라는 생각이 정치의 기본원리로 자리잡고 있었으며, 절대적 왕권을 옹호하는 것 자체는 이미 폴리스의 기존 질서에 역행하는 것으로 인식되었기 때문이다.

소크라테스에 의하면, 시민들은 목자가 보살펴야 하는 양떼와 같은 존재이다. 반면에 아테네 인들은 인간이, 다른 동물과 달리, 이성(로고스)을 가지고 있고, 또한 선악을 구별할 수 있으며 폴리스에서 자기 자신을 통치할 수 있는 '정치적인 동물'이란 것을 믿었다. 그것은 결코 사소한 차이가 아니었다. 혹자는 민중을 무시하는 듯한 소크라테스의 생각에 반기를 들었을 수도 있었을 것이다.

소크라테스가 활동했던 시기의 사회적 배경을 살펴보면, 그 시기는 아테네 황금기의 정치 지도자 페리클레스가 사망할 무렵이었다. 아테네는 페리클레스의 지도 아래, 그리스 여러 도시국가들의 맹주로서 정치적·문화적 번영을 누렸지만, 숙적 스파르타와의 28년에 걸친 펠로폰네소스 전쟁으로 인하여 그 찬란했던 페리클레스의 황금시대가 기울고 있었다. 소크라테스가 활동하던 시기는 바로 아테네의 황혼 시기였다. 아울러 페리클레스가 완성한 민주제도의 폐단이 드러나기 시작한 때이기도 했다. 중요 공직은 인기투표의 대상이 되었으며, 그 자리에는 웅변가들이 들어앉아 있었다. 오히려 능력 있고 유능한 인물은 제외되기 일쑤였다.

바야흐로 '중우정치(衆愚政治)'의 시대가 도래하였던 것이다. 당연히 귀족주의파들은 이러한 민주정치의 현실에 반발하였다. 이처럼 소크라테스가 활동한 시기는 민주주의파와 귀족주의파들 간의 항쟁이 그 절정에 달할 때였으며, 그 속에서 소크라테스는 민주주의 정치체제에 대해서 심각한 의문을 제기하고 있었다.

덕과 지식

아테네 지식인들로부터 소크라테스가 차별화되는 지점은 무엇인가? 첫째는 “덕이란 무엇인가?” 하는 문제이고 두 번째는 “지식이란 무엇인가?” 하는 문제이다. 이 두 가지 문제는 매우 밀접하게 연관되어 있다. 먼저 첫 번째 문제부터 살펴보자.

만약 덕이 지식이라면, 그것은 아마도 다른 형태의 지식들처럼 가르쳐질 수 있을 것이다. 그리고 만약 가르쳐 질 수 있다면, 그것은 모든 사람들이 배울 수 있을 것이다. 만약 다수가 덕을 가지고 있다면, 그들은 도시를 통치할 수 있는 자격을 가지고 있을 것이다. 그런데 지식이란 무엇인가라는 문제를 다루는 데 있어서, 소크라테스는 참된 지식은 절대적인 정의를 통해서만 얻어질 수 있다고 주장한다. 만일 누군가가 어떤 것을 절대적으로 정의(定義)할 수 없다면, 그는 그것에 대한 본질을 결여하고 있는 것이다. 물론 그런 지식은 소크라테스 자신도 가지고 있지 않다. 그런 의미에서 그는 자신이 아는 것이라곤 자신이 아무것도 모른다는 사실뿐이라고 고백한다.

하지만 이러한 그의 주장에는 엘리트적이지 못한 다수의 사람들은 폴리스 운영에 필수불가결한 지식이나 덕을 결여하고 있다는 전제를 함축하고 있다. 당연히 그러한 다중들에게 폴리스의 통치권을 맡겨서는 안 된다는 생각이 뒤따라 나온다.

이러한 견해는 소피스트들과의 반목에서도 두드러진다. 소피스트들은 공개적으로 자신들이 지식과 덕의 교사라고 주장한다. 하지만 절대적 의미의 지식을 소유하지 못한 사람들은 결코 다른 사람들에게 덕을 가르칠 수 없다. 그런데 소피스트들은 절대적 의미의 지식을 추구하지도 않을 뿐더러, 그것을 획득하고 있지도 않다. 그러기에 소피스트들은 위선적이다.

쉽게 말하자면 소피스트들과 소크라테스의 대립은 진리를 상대적인 것으로 볼 것인지, 아니면 절대적인 것으로 볼 것인지에 대한 대립이다. 아마도 소크라테스의 눈에는 소피스트들이 진정한 진리와 도딕을 파괴하는 궤변의 무리로 비쳤을 것이고, 소피스트들의 눈에는 소크라테스가 비현실적인 몽상가로 비쳤을 섯이다. 분명한 것은 소피스트들이 눈앞에 보이는 현실적인 삶에 필요한 실제적인 지식을 추구했던 실용적인 인물이었던 데 반해서, 소크라테스는 인간에게 궁극적으로 좋은 것을 추구한 철학자였다는 것이다.

민주정에 대한 전복 기도 사건

소크라테스의 죽음과 연관해 생각해 볼 수 있는 것은 기원전 5세기는 세 번에 걸친 민주정에 대한 전복기도 사건이 있었다는 것이다. 구체적으로 말해, 기원전 411년과 404년, 그리고 401년에 있었던 사건이 그것이다. 스파르타의 지원을 받은 반민주정 세력들이 민주정을 전복시키고 공포정치를 펼쳤던 것이다. 하지만 그들의 이러한 전복기도는 모두 실패로 끝났다.

소크라테스의 재판이 있기 2년 전인 401년에 있었던 민주정에 대한 전복 사건에서 공교롭게도 소크라테스의 영향권 하에 있던 몇 명의 제자들이 그 사건의 중심에서 활동하였다. 특히 두 번째 정변과 연관된 30인 폭정 때에는 소크라테스의 제자이자 플라톤의 삼촌이었던 크리티아스가 중요한 역할을 수행하기도 하였다. 이런 일련의 사건들로 인하여 소크라테스는 본의 아니게 민주정에 대해서 불만을 가진 친(親)스파르타적인 성향의 인물로 분류되었으며, 아테네 시민들로부터 강한 견제를 받았다.

그리하여 펠로폰네소스 전쟁의 실패로 낙심해 있던 아테네 시민들은 자신들의 무너진 자존심을 보상받기 위해 자신들의 정치체제에 대해서 비판적인 입장을 견지하였던 지식인들에게 관용적이지 못한 분위기를 연출하면서, 그 문제를 법정으로까지 끌고갔다. 그 결과 소크라테스는 고발되고 처형되었던 것이다.

악법은 법이 아니다

법률에 대한 소크라테스의 태도는 ≪소크라테스의 변론≫과 ≪크리톤≫에 나타나 있다. 먼저 ≪소크라테스의 변론≫에 그려진 소크라테스는 법정에서 자신을 고발한 사람들에 대해서 시종일관 논쟁적이고 도전적인 자세를 견지한다. 특히 그는 만약 법정이 자신에게 철학을 포기하는 조건으로 석방을 제의한다 할지라도, 자신은 자신의 임무, 즉 지혜를 사랑하고 덕을 추구하며 이것을 아테네 시민들에게 깨우치는 그러한 임무를 결코 포기하지 않을 것이라고 선언한다. 왜냐하면 그것은 신이 자신에게 내린 명령이기 때문이다. 다음과 같은 소크라테스의 말은 그의 심정을 잘 대변해준다.

> 아테네인 여러분! 어쨌든 별로 길지도 않은 시간을 벌기 위해서 여러분이 소크라테스를, 즉 현자를 사형에 처했다고 하는 악명과 비난을 이 나라를 헐뜯고 싶어하는 자들한테서 여러분은 받게 될 것입니다. (…) 어쨌든 실은 말이 부족해서가 아니라, 뻔뻔스러움과 몰염치가 부족해서며, 또한 여러분이 듣기에 가장 좋을 그런 것들을 여러분한테 말하는 열의가 부족해서입니다. (…) 그러나 그때에도 위험 때문에 자유인답지 못한 어떤 짓도 해서는 아니된다고 생각했었지만, 지금도 그렇게 변론한 것을 저는 후회하지는 않습니다. 그러기는커녕

> 오히려 저는 그렇게 하고서 사느니보다는 이런 식으로 변론하고서 죽는 쪽을 택합니다.
> (38c-e: 박종현 역)

그런데 이와는 대조적으로, ≪크리톤≫에서 소크라테스는 자신을 법률의 노예로 자처하는 순종적인 태도를 보인다. 크리톤은 친구 소크라테스에게 도망가기를 권유하지만 소크라테스는 그의 제안을 뿌리친다. 크리톤을 설득하는 과정에서 그는 의인화된 국법과의 상상적인 대화를 통하여 탈옥의 부당성을 논한다.

> 소크라테스여 말해다오. 그대는 무엇을 하려고 하고 있나? 그대는 그대가 하려는 이 일로써 우리 법률과 온 나라를, 그대와 관련되는 한, 망쳐놓으려고 하고 있는 게 아니겠나? 혹시 그대가 생각하기엔 이런 나라가, 즉 나라에서 일단 내려진 판결들이 아무런 힘도 쓰지 못하고 개인들에 의해 무효화되고 손상되었는데도, 그런 나라가 전복되지 않고서 여전히 존속할 수 있을 것 같은가? (50a-b)

대화 중에서 국법은 소크라테스의 도망이 법률과 나라 전체를 파괴하는 행위임을 지적한다. 한번 내려진 판결이 개인에 의해서 무효가 되면, 국가는 더 이상 존속할 수 없으며 전복되고 만다는 것이다. 만약 소크라테스가 다른 나라로 도망가게 된다면, 그 자신은 살 수 있을지 모르나 그것은 소크라테스 자신이 평생 동안 주장해 온 덕과 정의에 대한 가르침을 무의미하게 만드는 치명적인 오류이다. 그러기에 소크라테스는 크리톤의 권유를 물리치면서 순순히 독배를 들이킨 것이다. 다음은 ≪파이돈≫에 기록된 소크라테스의 최후 모습이다.

> "알겠소. 하지만 이승에서 저승으로의 이주가 행운의 것이 되도록 신들께 기원하는 거야 아마도 허용될 것이고 또 그래야만 하지. 바로 이를 위해 나 또한 기원을 하거니와, 그대로 이루어지기를!" 그분께서 말씀하셨습니다. 이 말씀을 하심과 동시에 그분께서는 잔을 입에 대시더니만, 아주 침착하게 그리고 편안히 잔을 비웠습니다. (…) "크리톤! 우리는 아스클레피오스께 닭 한 마리를 빚지고 있네, 갚게나 소홀히 말고." 그분께서 말씀하셨습니다. (117c-8a)

그럼 소크라테스에 대한 이 두 가지 설명을 어떻게 이해해야 할까? 먼저 강조되어야 할 것은 '악법도 법이다'라는 말이 소크라테스와는 아무런 연관이 없다는 것이다. 원전 상에서 어떠한 근거도 찾을 수 없는 이 말은 소크라테스의 명성에 기대어 자신의 권력을 유지하고자 하는 정치적 전략가들의 부산물일 뿐이다.

실제로 ≪크리톤≫에서 소크라테스와 의인화된 국법이 나누는 대화는 잘못 만들어진 실정법에 복종하라는 것을 의미하지는 않는다. 그것은 이상적인 법률에 대한 순종을 의미한다. ≪소크라테스의 변론≫에 나타나 있듯이, 그는 사악한 실정법에 강하게 저항한다. 특히 앞으로 철학 활동을 포기한다면 과거 소크라테스의 법령 불복종 행위를 문제 삼지 않겠다는 법정의 조건을 공개적으로 거부하는 것은 소크라테스의 '저항정신'을 극명하게 보여주는 사례이다. 그러기에 양심의 절대법에 대한 순종을 강조하는 ≪크리톤≫의 소크라테스와 사악한 실정법에 대한 저항을 강조하는 ≪소크라테스의 변론≫의 소크라테스 간에는 실제적인 모순은 존재하지 않는다.

<JFK(1991)>

감독: 올리버 스톤
출연: 케빈 베이컨(윌리 오케페), 케빈 코스트너(짐 개리슨), 게리 올드만, 조 페시, 토미 리 존스, 샐리 커크랜드, 월터 매튜, 레이 르페레, 게리 태가트
각본: 올리버 스톤
장르: 스릴러

케네디의 암살 사건을 다룬 정치 미스터리 스릴러 <JFK>

1963년 12월 22일 오후 12시 30분, 텍사스 주 달라스에서 발생한 충격사건으로 인하여 미국의 제35대 대통령인 J. F. 케네디는 죽음을 맞는다. 올리버 스톤이 1991년에 제작한 영화 <JFK>는 바로 이 케네디의 암살 사건을 다룬 정치 미스터리 스릴러물이다.

영화에 의하면, 케네디는 미국 내 보수세력, 곧 군부 및 정보기관의 음모에 의해서 정치적으로 살해된 것으로 묘사되어 있는데, 올리버 스톤의 이러한 가설은 상당한 설득력을 지니고 있다. 하지만 올리버 스톤의 이러한 가설을 뒷받침하는 강력한 증거는 제시되지 않고 있다. 그럼에도 케네디 암살사건의 진상을

규명하고자 하는 올리버 스톤의 노력과 열정은 관객들에게 새로운 진실을 전달하기에 충분하다.

흔히들 케네디 암살 사건은 케네디의 외교정책에 불만을 품은 정신병자 하비 오스왈드의 단독 범행 내지는 쿠바의 카스트로에 의해서 자행된 정치암살이라는 견해가 지배적이었다. 그러나 여러 가지 정황으로 볼 때, 오스왈드가 단독으로 범행을 저질렀다는 것은 불가능하다. 암살 당시 사건 현장에는 총 8발의 총알이 사용되었지만, 정부발표에는 단 3발의 총알만이 사용되었다고 전해지고 있기 때문이다. 케네디 암살 사건 이후, 이 사건을 수사하기 위해서 구성된 진상조사 위원회는 여러 가지 의문이 있음에도 불구하고, 사건을 하비 오스왈드의 단독범행으로 결론짓고 사건을 종결시킨다. 하지만 이 사건에 대한 의문은 가라앉지 않았으며, 많은 사람들이 위원회의 수사 방법에 강력한 이의를 제기하였다. 특히 뉴올리언스의 지방검사 짐 게리슨(케빈 코스터너)은 독자적인 수사를 감행하기도 하였다.

짐 게리슨 검사가 수사에 박차를 가하고 있을 때, 자신의 신분 노출을 꺼리는 인물이 나타난다. 그는 과거 정보기관의 요원으로 활동한 사람이었는데, 영화에서는 X라는 가명으로 등장한다. X가 짐 게리슨 검사에게 충고한 것은 살인사건에 대한 구체적인 정보가 아니라, 수사방향 전체에 대한 조언이었다. 즉 누가, 어떻게 케네디 대통령을 죽였는가 하는 것이 중요한 문제가 아니라, '왜' 케네디 대통령을 죽였는가 하는 문제가 핵심이라는 충고를 해준 것이다.

그런데 게리슨이 증인으로 세우고자 하는 사람들은 모두

의문의 죽음을 맞이하고 수사팀 자체도 커다란 위기에 직면한다. 하지만 게리슨은 진실에 대한 추적을 포기하지 않는다. “저항해야 할 때 침묵하는 것은 비겁한 죄악이다”(E. W. 윌콕스)라는 그의 신념처럼, 그는 행동하였던 것이다. 그러기에 우리가 진실을 찾아 헤매는 이러한 게리슨 검사의 모습에서 양심에 따라 살다 죽은 철학자 소크라테스의 모습을 떠올리는 것은 그리 낯선 일만은 아닐 것이다.

<마틴 기어의 귀향(The Return of Martin Guerre, 1982)>

감독: 다니엘 빈
출연: 제라르 드빠르디유, 나탈리 베이, 로저 플랜천, 모리스 베이어, 발레리 채싱노, 챈텔 데리어
각본: 장 클로드 까리에, 다니엘 빈
원작: Janet Lewis(The Wife Of Martin Guerre)
역사자문: 나탈리 제먼 데이비스
제작: 1982년 프랑스

이 영화는 다니엘 빈 감독의 1982년도 작품이다. 가짜 남편인 마르탱 게르 역으로 제랄드 드 빠르디유가 나오고, 그의 부인 버트랑 롤 역으로는 나탈리 베이가 등장한다. 리처드 기어와 조디 포스터가 주연한 <써머스비(Sommersby, 1993)>는 이 영화를 리메이크한 것이다.

16세기 프랑스의 한 마을(아르티가)에서 있었던 실제 사건

을 영화화한 작품이다. 등장인물 버트랑과 마르탱은 결혼한 사이이다. 그들 사이에는 샹시라는 아들이 하나 있었지만, 그들의 결혼생활은 순탄하지 않았다. 마르탱은 버트랑에게 무뚝뚝하게 대했으며, 허약한 체질로 인해 일도 잘하지 못하였다. 마르탱 자신도 자기 현실에 만족하지 못하고 있던 어느 날, 그는 군대를 따라 몰래 집을 나가고 만다. 그리고는 몇 해가 지나도록 돌아오지 않는다.

16세기 프랑스의 한 마을에서 있었던 실제 사건을 영화화한 〈마틴 기어의 귀향〉

그 사이 버트랑에게는 많은 청혼이 들어왔지만, 그녀는 모든 유혹을 물리치고 남편을 기다린다. 마치 오뒤세우스를 기다리는 페넬로페처럼. 마르탱의 부모가 죽자, 버트랑은 시백부 피에르 기어의 밑에 거하게 된다.

8년의 세월이 흐른 어느 날, 기적 같은 일이 일어났다. 마르탱이 돌아온 것이다. 그런데 돌아온 마르탱은 이전의 마르탱이 아니었다. 전보다 몸도 튼튼해지고 성격도 쾌활해졌으며 아내에게 친절한 자상한 남편이 되어 있었다.

그런데 숙부와 함께 열심히 일하며 애도 낳고 행복하게 살고 있던 그에게 지금의 마르탱이 진짜가 아니라는 주장이 제기되었다. 마을을 지나던 부랑아들이 마르탱의 정체를 알고 있다며 조심하라는 이야기를 하였기 때문이다(사실 가짜 마르탱의 본명은 퐁세트이다). 하지만 사람들은 지금의 마르탱이 과거의 마르탱보다 더 좋은 사람이었기 때문에, 그가 자신의 유산을 돌려달라는 말을 하기 전까지는 그런 말을 믿으려 하

군중 속의 가짜 마르탱

지 않았다.

이해관계가 가장 복잡하게 얽혀 있던 마르탱의 숙부는 그가 가짜라는 것을 확신하고, 여러 가지 방법을 동원해 이를 증명하려 한다. 소문은 이 동네 저 동네로 퍼지고 퍼져서 지방법원에까지 알려지게 된다. 그리하여 장 드 코라스라는 조사관이 파견된다. 하지만 그는 심증이 있음에도 불구하고, 주변사람들의 증언과 마르탱의 논리에 말려 그를 진짜 마르탱으로 생각하고 만다. 재판 당일, 숙부는 마르탱이 악마라는 수장을 펴면서 그를 공격하나, 마르탱은 과거에 대한 정확한 기억으로 재판을 유리하게 이끌고 간다.

그렇지만 판결이 나려는 찰나, 의족을 단 한 사나이가 등장해 자기가 진짜 마르탱이라고 주장한다.(영화를 본 사람이라면 배우들의 표정에서 이 사람이 진짜 마르탱이라는 것을 직감할 수 있다) 가짜 마르탱은 그가 처음 보는 사람이며, 그는 분명히 숙부가 고용한 사람일 것이라고 우긴다. 그러면서 과거를 회상하는

가짜 마틴 기어(左)와 진짜 마틴 기어(右)

대결을 하자고 제안한다. 진짜 마르탱은 전쟁과 오랜 여행으로 인하여 급격하게 기억력이 쇠퇴한 상태에 있었다. 그럼에도 불구하고 그는 대결에 응하나, 횡설수설하는 상황은 면하지 못한다. 가짜 마르탱은 이전에 자기가 해준 말을 상대가 이용하고 있다며 진짜를 체포할 것을 요구한다. 그런데 이것은 공교롭게도 자신이 가짜임을 인정하는 어처구니없는 실수로 이어지고 만다. 이에 조사관 장 드 코라스는 가짜 마르탱이 진짜 마르탱을 '처음 보는 사람'이라고 했던 앞선 진술과 지금 하는 말이 모순된다는 것을 지적하면서 가짜 마르탱이 거짓말쟁이임을 눈치챈다. 재판장은 버트랑에게 최후 증언을 할 것을 요구하는데, 그녀는 지금까지의 태도를 바꾸고 그가 가짜임을 인정하는 솔직함을 보인다. 여기에서 진실은 밝혀지고 가짜 마르탱은 사형을 당한다. 왜 마지막 순간에 진실을 선택했는가라는 코라스 재판관의 말에 그녀는 자신과 아들의 목숨을 지키기 위해서 그렇게 했다는 말을 남긴다.

영화의 뒷이야기가 더 재미있다. 버트랑은 마지막에 진실을 밝혔다는 점을 인정받아 극형을 면한다. 재판 이후, 코라스 재판관은 그녀와 대담하면서 그녀가 가짜 마르탱과 함께했던 시간에서 가장 행복한 삶을 살았다는 고백을 듣게 된다. 즉 율법을 어기고 다른 남자와 동거하면서 그녀가 생애 가장 행복한 순간을 만끽하였다는 것을 코라스는 알게 된 것이다.

그런데 문제는 이것이 코라스 자신의 삶까지도 변화시켰다는 것이다. 그 역시 무기력하고 억압된 삶보다는 생기발랄하고 행복한 삶이 더 가치 있다고 생각하고 있었기 때문이다. 그리고 가짜 마르탱에 대한 재판을 진행하면서도 그는 그녀

사형대에서 죽음을 맞는 가짜 마르탱

를 벌주기보다는 배려해주었다. 그녀의 용기가 그를 감동시켰던 것이다. 그리하여 그는 구교를 버리고 신교로 개종하게 된다. 하지만 그에게 찾아온 것은 사형대에서의 죽음뿐이었다. 영화는 이처럼 비극으로 끝난다.

영화에 대한 몇 가지 물음들

1. 버트랑은 현실의 모순을 은폐하기 위해서 거짓을 진실로 간주한다. 그녀는 분명 자신에게 나타난 마르탱이 가짜라는 것을 알고 있었다. 사실 부부 사이에서 서로가 모르는 비밀이 존재하기 힘들다. 분명 버트랑은 가짜 마르탱(퐁세트)이 자신의 남편이 아님을 알고 있었을 텐데도 그것을 발설하지 않는다. 오히려 그와 함께하면서 행복을 경험한다. 그녀로 하여금 그러한 것을 선택하게 한 것은 무엇인가?

2. 가짜 마르탱이 욕구하는 것은 현실에 대한 부정이다. 그 기반 위에서, 그는 새로운 자아를 정립한다. 그와 함께하는 버트랑도 가짜 마르탱의 자아에 만족해한다. 게다가 행복까지

경험한다. 그런데 가짜 마르탱이 현재의 행복을 획득하기 위해서는 현실을 조작해야 한다. 거짓말을 하고, 연기를 하고, 심지어 자신의 양심까지도 팔아먹어야 하는 것이다. 그리고 이것은 속아넘어가는 버트랑에게도 똑같이 해당되는 사안이다. 그녀 역시 속아넘어가는 척 연기를 해야 하기 때문이다. 그런데 선한 의도로 행해지는 모든 거짓말과 연극은 그 자체로 선한가?

3. 장 드 코라스는 가짜 마르탱의 말과 행동 속에서 자기모순을 발견한다. 비판적 이성을 통하여 그렇게 하는 것이다. 진실을 찾고자 하는 그의 간절한 마음이 그것을 가능하게 하였다. 하지만 그는 자신의 모순은 해결하지 못한다. 시대적 모순과 대결해서 좌절하고 죽어갔던 것이다. 오늘날에도 시대의 모순은 상존하고 우리는 그 모순에 고통스러워한다. 우리는 어떻게 살아야 하나?

4. 도대체 인간 퐁세트에게 있어 마르탱이란 이름은 무엇인가? 왜 그는 마르탱이란 이름을 지키기 위해 퐁세트라는 목숨까지 버렸는가?

너 자신을 알라

자아(self)의 문제와 연관해서 생각해 볼 수 있는 모델은 다음 세 가지이다. 첫째는 타자 안에 자아가 존재하는 모델이고, 둘째는 자아가 타자로부터 독립해 있는 모델이며, 셋째는 자아가 타자를 포함하고 있는 모델이다.

소크라테스(Sokrates)의 말 중에서 가장 유명한 말은 '너 자신을 알라(Gnothi sauton: You Know Yourself)'이다. 그러나 사실 이 말은 소크라테스가 처음 한 말은 아니다. 이는 그리스의 7현인 가운데 한 사람인 스파르타의 킬론의 말이다. 이를 철학적으로 승화시킨 사람이 바로 소크라테스인 것이다.

잘 알려져 있듯이, 이 경구가 씌어진 장소는 델포이 신전이다. 그리스어 델피스(delphys)는 우주의 중심을 의미한다. 델포이(delphoi)는 우주의 중심에 세워진 도시를 뜻한다. 아폴론에 의해서 정복되기 전까지 델포이 신전은 거대한 뱀 신 퓌톤을 숭배하는 공간이었다. 하지만 그후 이곳은 아폴론적인 정신을 대변하는 장소로 탈바꿈하였다.

'아폴론'은 지혜와 이성을 관장하는 신이다. 현상에 주어져 있는 감각적인 것들을 뛰어넘어 본질적인 것을 생각하게 하는 것이다. '너 자신을 알라'는 문구 역시 이러한 맥락에서 이해 가능하다. 킬론의 의도가 그러하였으며 소크라테스 또한 마찬가지이다. 그러기에 '너 자신을 알라'란 말은 궁극적으로 자아에 대한 물음이다.

한자경(1997)에 의하면, 자아는 몇 가지 차원으로 이해될 수 있다. 하나는 현상자아이다. 이것은 내재성을 강조한 것이다. 다른 하나는 초월자아이다. 이것은 대부분의 철학자들이 현상자아를 분석하면서 도출해 내는 것이다. 이것은 초월성을 강조한다. 현상자아와 초월자아 사이에서 긴장성을 유지하면서 존재하는 것이 있다. 그것은 유동자아이다.

처음 생각해 볼 수 있는 것은 즉자적인 자아이다. 이 단계에서 자아는 존재로부터 미(未)분리 상태로 존재한다. 철학적 자아가 성립되기 이전이다. 다음으로 생각해 볼 수 있는 것이 타자로부터 분리된 자아이다. 이 단계에서 철학적 자아는 성립된다. 인간이 프로메테우스로부터 불을 넘겨받는다든지, 제우스가 튀폰을 물리친다든지 하는 것은 모두 이 단계에서 성립한다. 그런데 이 단계에서 자아는 이중성을 띨 수밖에 없다. 한편으로는 대상으로부터 인간의식의 독립을 강조하나, 또 다른 한편으로는 대상으로부터 분리된 의식을 대상과 통일시켜야 하는 과제를 짊어지기 때문이다.

이러한 문제점을 극복하기 위해서 세 번째 모델이 등장한다. 인간적 분별심을 제거하여 대상과의 통일을 성취하겠다는 것이다. 이 모델 하에서 인간의식 자체를 완전히 제거하여 타자에 함몰하고자 하는 신비주의적 모델이 등장한다. 그런데 대부분의 철학자들은 두 번째 모델에 입각해서 사유실험을 전개한다. 로고스가 중요한 탐구의 도구이기 때문이다. 자아와 타자 간의 적절한 긴장관계에서 형성된 사유의 '힘'이 이 모델의 강점이다. 종교의 해탈은 자아를 본래적인 자연 상태 또는 절대타자쪽으로 함몰시킨다. 함몰하는 자아는 대상으로부터 분리된 자아를 통일시키고자 하는 가장 강열한 자아일 수도 있다.

델포이 아폴론 신전의 돌기둥

모든 인간들은 나와 타자를 포함하는 절대적인 영역으로 비상하고자 하는 근원적인 충동을 지니고 있다. 대상으로부터 분리되고자 하는 욕구와 더불어, 대상으로 함몰하고자 하는 욕구는 자아의 두 가지 활동성이다. 이 두 가지 욕구로 인하여 인간은 존재한다. 그러기에 이 두 가지 가운데에서 하나를 취사선택하는 것은 불가능하다. 비록 인간은 현재 두 번째 모델에 거하고 있으나 세 번째 모델을 지향할 수밖에 없다. 왜냐하면 인간이 사유의 동물인 한, 인간은 이성을 통하여 이성의 한계를 극복해야 하기 때문이다.

소피스트 철학은 세 번째 모델의 변형이다. 자아를 확장시켜 타자 전체를 자아 속으로 흡입하고자 기획한다. 궁극적으로 자아에 의한 타자 정복을 꿈꾸는 것이다. 하지만 인류문화사의 초기 단계에 나타난 인간의 자아는 매우 소극적인 것이었다. 원시인들의 돌도끼를 살펴보면 그것은 분명해진다. 돌도끼는 결코 타자 정복의 공격적 도구는 아니었다. 돌도끼 하나의 크기를 보면, 그것은 한 주먹으로 쥘 수 있을 만할 정도의 크기일 뿐이다. 결코 타자를 제거하기 위한 치명적인 도구는 아니었다. 이런 도구를 가지고서는 맘모스나 사자와 같은 덩치 큰 동물을 상대하기는 벅찬 일이었을 것이다. 최근의 고고학적 자료들은 이것을 증거해 주고 있다. 죽은 사람들의 무덤가에서 발견되는 돌도끼 주변에는 신기하게도 갈라지고 쪼개진 뼈 조각들이 무더기로 발견되곤 한다. 이것은 초기인류에게 있어 돌도끼가 동물들의 뼈 주변에 붙어 있던 살점들을 손쉽게 발라먹는 데 이용되었다는 것을 증거한다. 그러기에 공격적인 도구에 의한 적극적인 타자정복의 역사는 농업혁명 이후 형성된 도시문명에서 시작하는 것으로 보아야 할 것이다.

델포이 아폴론 신전이 위치해 있는 파르나소스산

제우스의 전쟁들

그리스 신화에 등장하는 제우스의 전쟁이야기는 인간에 의한 타자정복의 사건임과 동시에, 자연으로부터 자아가 벗어나고자하는 자아 독립의 과정이다.

그 첫 번째 전쟁은 '티탄노마키아(Titanomachia)'라고 불리는 티탄 족과 제우스 형제들 간의 전쟁이다. 신들 세계의 패권을 차지한 크로노스는 가이아와의 약속을 어긴 채, 퀴클롭스 형제와 헤카톤케이르 형제를, 가이아의 몸 속, 곧 땅 속 깊은 곳인 타르타로스(영원한 지옥)에 가두어 버렸다. 화가 난 가이아는 크로노스가 자기 자식에게 죽임을 당할 것이라고 저주한다. 이를 막기 위해 크로노스는 자신의 자식들인 헤스티아, 데메테르, 헤라, 하데스, 그리고 포세이돈을 삼켜버리고 만다. 하지만 막내인 제우스만은 그 위기에서 극적으로 구출된다. 왜냐하면 레아가 제우스를 잉태하게 되었을 때, 그녀는 가이아에게 아이를 살릴 방법을 구하는데, 그때 가이아는 그녀에게 제우스 대신 아이 옷으로 위장한 돌덩이를 먹이라고 일러주었기 때문이다.

그후 목숨을 구한 제우스는 크레타 섬의 이데 산 근처에서 님프들에 의해 성장하게 된다. 장성한 제우스는 크로노스와 일전을 벌인다. 먼저 크로노스를 토하게 해서 형제들을 구한다. 그리고 퀴클롭스들과 헤카톤케이르들도 타르타로스에서 풀어준다. 그 다음에 그들과 함께 크로노스를 중심으로 한 티탄족에게 대항한다. 이때 제우스는 '번개', '천둥', '벼락'으로, 하데스는 '몸을 보이지 않게 하는 투구'로, 포세이돈은 구름과 비 그리고 바람을 다스리는 '삼지창'으로 무장하여 티탄족들을 물리친다. 이것이 티탄노마키아의 큰 줄거리이다.

2차 전쟁은 '기간토마키아(Gigantomachia)'라고 불리는 기간테스와 제우스 간의 전쟁이다. 티탄노마키아 뒤에 제우스는 지상과 하늘을, 포세이돈은 바다를, 그리고 하데스는 지하세계를 다스리게 되었다. 하지만 제우스는 자신을 도와주었던 기간테스들을 티탄들과 함께 지하세계인 타르타로스에 가두어 버렸다. 제우스의 이러한 행동에 분노한 가이아는 제우스가 자기 할아버지나 아버지처럼 자식에게 왕위를 찬탈당할 것이라고 저주한다. 저주만으로 분이 안 풀린 가이아는 제우스에게 복수할 요량으로 많은 기간테스들을 만들어낸다. 크로노스가 우라노스를 거세할 때 흘린 피를 뒤집어 쓴 가이아는 그 정기를 이용하여 기간테스 무리를 만들어냈던 것이다. 이렇게 하여 가이아는 제우스를 공격하게 된다. 그런데 제우스는 기간테스는 신이 아니므로 그 상대 역시 신이 아닌 인간이어야 한다는 것을 테미스 여신으로부터 듣게 된다. 그리하여 그는 자신의 자식이면서도 인간인 '디오뉘소스'와 '헤라클레스'로 하여금 기간테스를 대적하게 한다. 그들의 선전으로 제우스는

신들의 왕 제우스

승리를 거둔다.

3차 전쟁은 튀폰과 제우스의 전쟁이다. 기간토마키아 이후 가이아는 타르타로스와 관계하여 괴물 튀폰(Typhon: 튀포에우스)을 낳는다. 이 괴물은 100개에 달하는 뱀의 머리를 가졌으며 그의 검은 혀에서는 무서운 소리까지 났다. 손가락 100개는 용의 모습을 하고 있었으며 허리에서 다리까지는 뱀의 형상을 하고 있었다. 눈에서는 불까지 뿜었다. 그후 튀폰은 무섭게 성장하여 제우스에게 싸움을 걸었다. 싸움이 시작되자마자 튀폰은 제우스의 번개를 빼앗아 숨기고서는 그를 동굴에 감금해버렸다. 금강석으로 된 낫으로는 그의 팔다리를 잘라버렸다. 이때 제우스의 팔다리는 뱀 여자 괴물인 델피네에게 주었는데, 그녀는 그것을 코리키온 동굴의 곰 가죽 밑에 감추어버렸다. 그 후 헤르메스와 아이기판이 제우스의 팔다리를 되찾아 그에게 다시 붙여준다. 올림포스로 귀환한 제우스는 새로운 무기(번개)로 무장하여 튀폰을 무찌르는데, 체포된 튀폰은 바다 밑에 갇히어 섬(시칠리아 섬)에 의해서 봉인되는 신세로

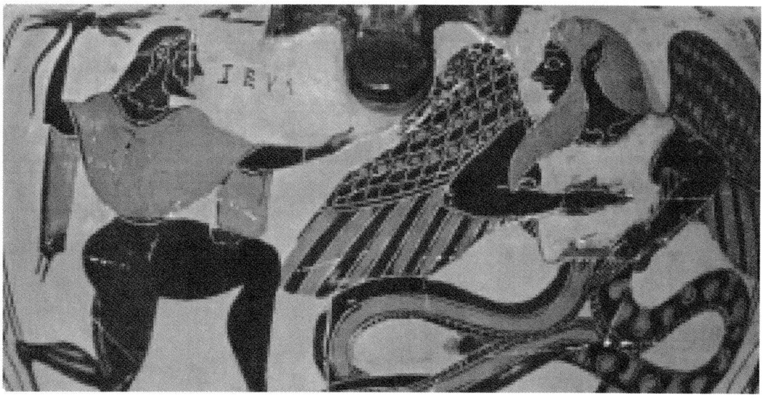

제우스와 튀폰의 싸움

전락하고 만다. 이 전쟁을 끝으로 괴물의 시대는 종결된다. 그 후 수감된 튀폰이 화가 나 뿜어내는 불이 에트나 화산이라는 전설이 전해진다.

튀폰과 제우스의 전쟁은 가이아가 '튀폰'이라는 불사신을 만들면서 시작된다. 이는 자연으로부터 생기는 여러 가지 예측 불가능한 재앙을 인간이 지배할 수 있다는 가능성을 상징한다. 두 번째 전쟁이 땅에 대한 예측가능성을 의미하듯이, 세 번째 전쟁은 자연의 불확실성을 인간 이성이 통제할 수 있다는 가능성을 의미한다.

그런데 자연의 불확실성에 대한 인간의 지나친 '낙관주의'는 자연파괴와 그로 인한 인간 생존환경의 붕괴라는 심각한 환경문제를 가져온다. "아는 것이 힘이다"라는 베이컨의 명제 역시 이 신화의 근대적 변형이다. 환경문제를 포함한 현대의 철학적 문제의식을 해결하기 위해서는 그리스 신화에 대한 비판적인 분석을 시도해야 한다.

이런 점에서 볼 때, 1차 전쟁과 연관된 이야기는 2차 및 3차 전쟁 이후에 형성되었을 것이다. 왜냐하면 전자는 인간사회에서 발생하는 갈등들을 근원적으로 다루고 있는 데 반해서, 후자들은 자연과 인간과의 대결구도에서 야기된 철학적 문제들을 탐구하고 있기 때문이다. 사실 인간사회의 문제점들은 자연에 대한 인간의 통제력이 어느 정도 성취되고 난 이후에야 발생할 수 있는 문제들이다. 권력을 놓고 삼촌과 대결하고 급기야는 아버지까지 살해하는 이야기는 농업혁명 이후 형성된 도시국가의 갈등상황을 극적으로 조명해주고 있다. 하지만 권력이야기는 모든 이야기를 압도하는 힘을 가지고 있기에 두 번째 및 세 번째 이야기 앞에 위치한다.

☞ 더 보아야 할 DVD

<그리스 신화의 세계(God and Godness, 2005)>

제작사: Bitwin
장르: 다큐멘터리

이 다큐멘터리는 기원전 750년경에 채록되고 집대성된 것으로 알려진 호메로스의 이야기보다 약 50년 뒤에 헤시오도스가 쓴 신들의 계보를 중심으로 우주의 창조, 인간의 등장, 영웅의 출현, 연극의 탄생, 로마 신들과의 융합, 기독교와의 관계 등을 다룬다. 또한 아테네, 올림포스, 델포이 등지의 유적지를 돌며 자연 현상과 세상 이치를 풀이하고 시대를 초월한 인간의 문제를 제기하여 현대인들에게도 큰 의미를 던진 옛 그리스인들의 철학과 그리스 신화의 특성을 이야기해주고 있다.

◆ 더 생각해 볼 문제

1. 소크라테스는 세계 4대 성인으로 불린다. 그런데도 그는 종교의 창시자는 아니다. 소크라테스가 다른 성인들과 다른 점은 무엇인가?

2. 소크라테스는 '불경죄(asebeia)'와 '청년을 타락시킨 죄'로 고발을 당하여 사형을 처해졌다. 그런데 이 죄목들은 타당한가? 타당하지 않다면 무엇이 문제인가?

◆ 참고 문헌

박규철. 2009. ≪소크라테스와 소피스트≫. 서울: 동과서.

I.F 스톤. 1996. ≪소크라테스의 비밀≫. 편상범/송병석 역. 서울: 자작아카데미.

플라톤. 2003. ≪플라톤의 네 대화편: 에우티프론, 소크라테스의 변론, 크리톤, 파이돈≫. 박종현 역. 서울: 서광사.

한자경. 1997. ≪자아의 탐색≫. 서울: 서광사.

제8장

동굴을 탈출하라

— 플라톤과 <트루먼 쇼> —

화이트헤드에 의하면, 서양의 철학사는 플라톤 철학에 대한 각주이다. 이 말은 플라톤 철학이 서양 철학의 다양한 문제를 풍부하게 함축하고 있는 심오한 철학이란 것을 대변해주는 상징적인 말이다. 특히 그는 소크라테스의 도덕-정치철학을 계승 발전시킴은 물론, 그것을 형이상학적 차원으로 고양시키고 있다. 아리스토텔레스의 사상 역시 그의 영향 하에서 형성되었다. 중세의 아우구스티누스와 아퀴나스, 근대의 데카르트와 칸트, 그리고 현대의 수많은 사상가들이 그에게서 철학적 영감을 얻고 있다. 20여 편에 달하는 그의 대화편은 2천 5백년이 지난 오늘날까지도 연구의 대상이 되고 있다. 이번 장은 그러한 플라톤 사상에 대해서 공부해 본다.

* 앞 조각상은 플라톤의 얼굴상이다.

이데아론과 상기설 그리고 영혼불멸설

기원전 427년 아테네의 귀족가문에서 태어난 플라톤(Platon)은 어려서부터 예술, 철학, 정치학 등을 두루 공부한다. 정치가의 꿈을 실현시키기 위해서는 당연히 마스터해야 하는 것들이있다. 하지만 그의 나이 21세 되던 해, 그는 자신의 인생을 바꾸게 되는 커다란 사건을 경험한다. 바로 소크라테스와 소우(遭遇)하게 된 것이다. 그런데 그것보다 더 큰 사건이 그를 기다리고 있었으니, 그것은 바로 소크라테스의 죽음이었다. 그의 나이 28세 때 있었던 일이다. 이 사건 이후, 그는 민주정을 기반으로 한 아테네의 정치체제에 대해서 심각한 의문점을 지니게 된다. 정치적 위협에 직면해, 그가 선택한 것은 망명의 길이었다. 많은 사색과 철학적 수련을 하던 그가 아테네에 정착한 것은 불혹의 나이를 앞 둔 시점이었다. '아카데메이아'라 불리는 서구 최초의 종합대학을 설립한 것도 이때였다. 그 후 아카데메이아는 900년간 지속되면서 수많은 철학자와 정치가, 그리고 과학자들을 길러내었다. 80세에 사망하기 전까지 그의 이러한 활동을 계속되었다. 아내와 자식은 없었다.

플라톤이 남긴 철학적 업적을 대단하다. 무엇보다도 그가 남긴 가장 큰 업적은 그의 저서에 있다. 이전 철학자들과 달리, 그는 자신의 철학사상을 상징적·유기적으로 전개하고 있다. 플라톤 이전시대 철학자들이 토막글이나 시적인 글만을 남긴 데 반해서, 그는 이론적이면서도 체계적인 저작들을 남기고 있다. 물론 그의 글에서 신화적 내용이나 시적인 장치들이 완전히 배제된 것은 아니다. 오히려 이러한 것들은 플라톤 대화를 종합적인 철학서로 업-그레이드(up-grade)시키고 있다. 그러기에 서구의 철학이 모두 플라톤 철학에 대한 각주로 이루어져 있다는 화이트헤드의 언급이 그 나름대로 의미 있는 것도 이러한 맥락에서이다. 무엇보다도 플라톤은 소크라테스의 철학적 문제의식을 계승·발전시킨다. 특히 '정의', '용기', '경건함' 등과 같은 개념을 의미규정 하고자 했던 소크라테스의 문제의식을 존재의 본질에 대한 완성된 이론으로 확장시키고 있다. 그것이 바로 그의 '이데아론'이다.

고대 그리스의 레슬링 경기.
플라톤도 한때는 레슬링 선수였다.

플라톤의 이데아(Idea)는 존재하는 모든 것들에 그것의 '이름'과 '본질' 그리고 '존재'를 제공해주는 궁극적인 존재이다. 지식과 과학의 대상이 되는 객관적이고 보편적인 세계를 말하며, 사유와 실천의 '본(paradeigma)'이 되는 참된 실체이기도 하다. 어원적으로는 '마음의 눈에 의해서 보여진 바의 것'이라는 의미를 지니고 있으며, 우리말로는 보통 '형상(形相)'으로 옮겨진다.

플라톤의 이데아는 현상계와 이중적인 관계를 가진다. 한편으로는 엄격하게 분리되어 있으면서도, 또 다른 한편으로는 밀접하게 연관되어 있는 것이다. 전자의 경우를 이데아의 '초월성'(이데아의 '영원성', '불변성', '보편성' 그리고 '객관성' 등이 강조됨)이라 하고, 후자의 경우를 이데아의 '상호관계성'이라 한다. 특히, 이데아의 상호관계성은 '분여(分與: methexis)'라는 개념으로 언급되는데 이와 유사한 개념으로는 '분유(分有)', '임재(parousia)', 그리고 '참여(participation)' 등이 있다. 분여라는 말은 이데아가 자신의 존재성을 사물들에게 나누어주는 것을 말하며, 분유라는 말은 개별적 존재들이 이데아를 나누어 갖는 것을 말한다. 임재라는 말은 이데아가 개별자에게 임하는 측면을 말하며, 참여라는 말은 개별자가 이데아에 관계하는 것을 말한다.

그런데 플라톤 이데아론에서 이데아는 하나만 존재하는 것이 아니라, 여러 개로 존재한다. 오히려 무수히 많다고 해야 할 것이다. 그러다보니 이런 이데아들 사이의 관계성과 통일성의 문제가 대두되지 않을 수 없다. 아울러 그런 이데아들을 궁극적으로 지배하는 것은 무엇인가 하는 문제 또한 제기된다. '좋음의 이데아(Idea of The Good)'는 이런 모든 문제들에 대한 플라톤의 답변이다.

우선, 좋음의 이데아는 이데아들 사이의 관계성, 즉 '결합(koinonia)'을 가능하게 해 준다. 그리고 모든 이데아들을 하나로 통일시키기도 한다. 하지만 더 궁극적인 것은 좋음의 이데아가 모든 이데아들에 대한 인식을 가능하게 해주며, 각각의 이데아들에 그 '본질'과 '존재'를 제공해준다는 것이다. 즉 그것은 '권위'와 '능력'의 측면에서 다른 모든 이데아들을 뛰어넘어 있는 최고의 이데아, 다시 말해 '신적인 존재'인 것이다.

플라톤은 '태양의 비유'를 통하여 이런 좋음의 이데아를 간접적으로 설명한다. 주지하다시피, 감각의 세계에서 태양은 존재하는 모든 식물과 동물들이 생존할 수 있도록 하는 가장 근원적인 존재이다. 이와 마찬가지로, 이데아 세계에서 좋음의 이데아는 각각의 이데아들에게 '이데아다움'과 '현존성'을 부여하는 가장 근원적인 이데아이다. 철학자들은 이런 좋음의 이데아를 지적으로 직관하려고 노력해야 하는데, 플라톤이 철인통치자들에 대한 교육에 있어서 가장 강조하는 것 역시 바로 이러한 좋음의 이데아에 대한 통찰이다.

플라톤 사후, 좋음의 이데아에 대한 그의 생각은 신플라톤주의의 창시자인 플로티노스에 의해 계승 발전된다. 그는 초월적이고 신비스러운 '일자(The One)' 개념을 통하여 플라톤 철학을 하나의 신비스러운 일자 형이상학학으로 자리 매김한다.

그런데 플라톤의 이데아론과 가장 밀접하게 연관되어 있는 것으로는 '상기설'과 '영혼불멸설' 및 '영혼윤회설'이 있다. 전자는 플라톤의 인식론이며, 후자는 그의 심리학이다. 먼저, 상기설이란 인간의 인식이 '이미 알고 있던 것'을 '다시' 아는 재인식의 과정, 즉 '상기(想起: anamnesis)'의 과정임을 이야기하는 것이다. 인식과 연관된 논의에서 플라톤이 이 개념을 중요시하는 이유는, 인간에게는 경험을 뛰어넘어 현실을 파악할 수 있는 선천적인 능력이 있다는 것을 강조하기 위해서였다. 이와 연관하여, 플라톤은 ≪메논≫에서 재미있는 논증 장면 하나를 소개한다. 거기에서, 대화법의 전문가이자 변증가인 소크라테스는 기하학을 전혀 배운 적이 없는 어린 노예 소년을 상대로 하여, 오직 대화를 통해서만 피타고라스의 정리를 성공적으로 이끌어낸다. 이것은 지식은 경험의 산물이 아니라, 선천적인 것에 대한 하나의 재인식의 과정이라는 자신의 논지를 증명해내는 것이기도 하다.

또한 플라톤의 이데아 이론은 영혼불멸사상 및 영혼윤회사상과도 밀접하게 연관되어 있다. 신체와 달리 인간 영혼은 불멸한다는 사상은 피타고라스 이후, 플라톤을 포함한 그리스 지식인들을 매료시켰던 새로운 사상 중의 하나였다. 특히 플라톤은 불멸하는 영혼이 불멸하는 이데아를 직관할 수 있다고 생각하였다. 그런데 플라톤의 이러한 영혼불멸사상은 자연스럽게 영혼윤회 사상과도 연결되어 있다. 이런 점에 착안해서 플라톤의 윤회사상을 인도나 동양의 윤회사상과 비교하려는 철학자들이 있다. 물론 그러한 접근이 잘못된 것은 아니다. 그것을 뒷받침하는 증거도 있다. 예를 들어, 기원전 2세기 박트리아 왕국의 메난드로스 왕과 나가세나 스님과의 대화를 기록한 ≪밀린다 팡하≫(≪밀린다왕문경≫ 또는 ≪나선비구경≫)라는 책은 영혼과 윤회의 문제를 소크라테스적인 대화법의 형식으로 기록하고 있는데, 이는 고대 그리스와 인도의 영혼관을 비교 분석해보려는 사람들에게는 상당히 유용한 자료로 평가받고 있다. 하지만 윤회를 이해하는 데 있어서 플라톤의 접근방법과 인도 및 동양 철학자들의 접근방법은 상당한 차이를 보인다. 왜냐하면, 인도와 동양의 철학자들은 윤회의 문제를 종교적인 측면에서 이해하려고 하는데 반해서, 플라톤은 처음부터 끝까지 윤회의 문제를 윤리적, 도덕적 관점에서 이해하고 있기 때문이다. 이처럼 플라톤은 종교적 색채를 띤 도덕철학자였던 것이다.

☞ 플라톤의 대화편을 알아봅시다.

플라톤 대화편[29]의 숫자를 공식적으로 확정하는 것은 어려운 일이나, 관련 학자들은 그것이 약 26-7권이라는 데에는 의견의 일치를 보이고 있다.

거스리에 의하면, 이 대화편들은 초기, 중기 그리고 후기 대화편으로 나누어진다. 초기 대화편은 ≪변명≫, ≪크리톤≫, ≪라케스≫, ≪리시스≫, ≪카르메데스≫, ≪에우프티론≫, ≪소히피아스≫, ≪대히피아스≫, ≪프로타고라스≫, ≪고르기아스≫, ≪이온≫이고, 중기 대화편은 ≪메논≫, ≪파이논≫, ≪국가≫, ≪잔치≫, ≪파이드로스≫, ≪에우티데모스≫, ≪메넥세노스≫, ≪크라틸로스≫이며, 후기 대화편은 ≪파르메니데스≫, ≪데아이테토스≫, ≪소피스테스≫, ≪정치가≫, ≪티마이오스≫, ≪크리티아스≫, ≪필레보스≫, ≪법률≫이다.

칸에 의하면, 역사적 소크라테스의 법정진술 장면을 다루는 ≪변명≫을 제외하고서는, 플라톤의 모든 대화편들은 플라톤의 문학적 상상력이 가미된 철학적 작품이라는 특징을 지닌다. 그의 대화편들 가운데에서 도덕-정치철학적으로 볼 때, 가장 주목할 만한 것으로는 ≪고르기아스≫와 ≪국가≫ 그리고 ≪법률≫이 있다. 먼저, ≪고르기아스≫는 플라톤이 40세 즈음에 쓴 것으로 ≪국가≫ 이전에 플라톤의 고유한 도덕-정치철학적 입장이 가장 잘 개진된 작품이다. ≪국가≫는 60세 즈음에 쓴

29) 플라톤 대화편과 연관된 심층적인 논의는 졸저 ≪소크라테스와 소피스트≫(2009) 제3장을 참조하라.

것으로 플라톤 철학의 진수가 가장 잘 집대성된 대표작이다. 마지막으로, ≪법률≫은 플라톤이 죽기 전에 쓴 미완성 유작으로 이상국가의 현실화 문제를 다룬 대작이다.

이처럼 플라톤의 대화편들은 ≪국가≫와 ≪법률≫ 그리고 ≪고르기아스≫를 중심으로 이해하면 플라톤 철학 전체를 이해하는 데 큰 도움이 된다.

동굴의 비유

플라톤의 대표작인 ≪국가≫에는 '동굴의 비유'가 나온다. 이 비유는 너무나 유명하기에, '약방의 감초' 격으로 대부분의 교양철학 시간에 꼭 등장하곤 한다. 너무 많이 등장하다보니, 소홀하게 취급되는 점이 없지 않아 있다. 하지만 그 철학의 역사에서 동굴의 비유가 지니는 존재론적·윤리학적 의미는 결코 과소평가되어서는 안 된다.

동굴 속에는 죄수들이 살고 있다. 그들은 어릴 때부터 그곳에서만 살고 있으며 신체의 어떤 부위도 마음대로 움직일 수가 없다. 오직 전방만을 바라볼 수 있을 뿐, 그 어떤 것도 바라볼 수가 없다. 그들의 뒤에는 사람 모형과 동물 모형의 상들을 나르는 사람들이 있다. 그 사람들 뒤에는 불이 있으며 그 불 뒤에는 동굴의 입구가 자리하고 있다. 이런 상황에서 죄수들이 볼 수 있는 것이라곤 벽에 비친 사람 모형과 동물 모형의 그림자뿐이다. 그들은 참으로 존재하는 것들의 본질을 알지 못하기에 벽에 비친 '그림자'를 실재하는 것으로 인식한다.

만일 죄수들 중 한사람이 그의 사슬을 끊고, 불빛이 있는 곳으로 걸어 나오는 상황을 가정해 보자. 즉 그가 그림자의 실제 대상들을 직접 보게 되었을 경우를 생각해 보자. 그는 '놀랄(taumazein)' 것이며, 그 놀라움에 의해서 그는 더욱 더 참된 것을 지향하게 될 것이다. 만일 그가 이러한 노력을 중단하지 않는다면, 그는 동굴 입구를 비추는 태양 빛을 접하게 될 것이다. 물론 처음에는 햇빛에 비춰진 그림자를 보게 될 것이다. 하지만 차츰차츰 사물 그 자체를 보게 될 것이며, 나아가 태양의 밝은 빛을 통하여 세상에 존재하는 것들을 직접적으로 인식할 수 있게 될 것이다.

참된 것을 알게 된 죄수는 다시 동굴로 돌아와 자신의 동료들에게 자신이 본 세계를 이해시키려 할 것이다. 하지만 동굴 안의 죄수들은 그의 말을 무시하고, 오히려 그를 죽이려 할 것이다. 목숨까지 위협받는 이 사태 속에서도, 그는 순교사적인 자세로 자신의 진리인식을 설파한다.

> 그러면 이 점 또한 생각해 보게. 만약에 이런 사람이 다시 동굴로 내려가서 이전의 같은 자리에 앉는다면, 그가 갑작스레 햇빛에서 벗어나왔으므로, 그의 눈은 어둠으로 가득 차 있게 되지 않겠는가?
> 물론 그럴 것입니다. 그가 대답했네.
> 그렇지만, 만약에 그가 줄곧 그곳에서 죄수상태로 있던 그들과 그 그림자들을 다시 판별해 봄에 있어서 경합을 벌이도록 요구받는다면, 그것도 눈이 제 기능을 회복도 하기 전의 시력이 약한 때에 그런 요구를 받는다면, 어둠에 익숙해지는 이 시간이 아주 짧지는 않을 것이기에, 그는 비웃음을 자초하지 않겠는가? 또한 그에 대해서, 그가 위로 올라가더니 눈을 버려 가지고 왔다고 하면서, 올라가려고 애쓸 가치조차 없다고 하는 말을 듣게 되지 않겠는가? 그래서 자기들을 풀어주고서는 위로 인도해 가려고 꾀하는 자를, 자신들의 손으로 어떻게든 붙잡아서 죽일 수만 있다면, 그를 죽여 버리려 하지 않겠는가?
> (516e-17a: 박종현 역)

이 비유를 통해 우리가 확인해 볼 수 있는 것은, 대부분의 인간들은 동굴과 같은 세계, 불투명한 세계 속에 살고 있다는 것이다. 사실 세간적인 사람들은 불투명한 물질성에 자신의 관심과 생각을 고정시키고 있다. 플라톤은 그러한 정향성으로부터 인간을 자유롭게 해방시키고자 한다. 곧 어둠의 동굴에서 '빛의 세계'로 인간을 인도하고자 하는 것이다.

교육이 존재하는 목적 또한 그러해야 한다. 단순한 지식전달에 만족하는 것이 아니라, 인간 영혼을 변화시키는 궁극적인 기능을 성취해야 하는 것이다. 그런데 이 과정은 많은 고통을 수반한다. 죄수의 눈이 어둠 대신 빛을 보기 위해서는 자신의 몸 전체를 돌려야만 했던 것처럼, 인간의 영혼 역시 그 순수성을 확보하기 위해서는 무지의 원인이 되는 기만적인 욕망으로부터 자신의 영혼 전체를 차별화시켜야만 할 것이다. 그러기에 교육은 '전회(conversion)', 즉 인격도야의 문제를 성취해야만 하는 것이다.

존재론적으로 전회는 현상계로부터 실재계로의 완전한 이행을 의미한다. 플라톤에 따르면, 진리를 인식한 사람들은 그렇지 못한 사람들을 계몽시켜야 한다. 필요에 따라서는 강제성을 동반하기도 한다. 그러기에 동굴에서 벗어난 사람들은 지고(至高)의 지식을 획득했을지라도, 고결한 명상의 세계에 안주해서는 안 된다. 적극적인 계몽활동을 펼치는 것이 그들의 임무이다. 어두운 동굴로 다시 내려가 죄수들을 설득하고 가르쳐야 하는 것이다.

선분의 비유

> 그러면 우리가 말하고 있듯, 이들 둘이 있어서, 하나는 '지성에 의해서 알 수 있는 부류(to noeton genos)'와 그 영역(tropos)을 지배하나, 다른 하나는 그것대로 '가시적 부류(to horaton genos)'와 그 영역을 지배하는 것으로 생각하게나. 이렇게 말하는 건 '천상의(ouranou)'라는 말을 함으로써 내가 명칭(onoma)과 관련해서 말장난을 하는 것처럼 자네한테 보이지 않도록 하기 위해서일세. 어쨌든 자넨 이들 두 종류를, 즉 가시적인 것과 '지성에 의해서 알 수 있는 것'을 확보했겠지? (509d)

동굴의 비유가 존재론적·윤리적 의미를 함축하고 있다면, '선분의 비유'는 인식론적 의미를 강하게 함축하고 있다. 먼저, 주체의 측면에서 앎은 에페스테메(episteme)와 독사(doxa)로 나누어진다. 에피스테메는 노에시스(noesis)와 디아노이아(dianoia)로 나누어지고, 독사는 피스티스(pistis: 신념)와 에이카시아(eikasia)로 나누어진다. 객체의 측면에서 앎의 대상은 노에타(noeta)와 독사스타(doxasta)로 나누어진다. 전자는 노에타(archai)와 마테마티카(mathematika)로 나누어지고, 후자는 조아(zoa)와 에이코네스(eikones)로 나누어진다.

Subject	Object
episteme noesis (지성적 인식)	noeta (이데아)
dianoia (추론적 사고)	mathematika (수학적인 것들)
pistis (신념)	zoa (실물들)
eikasia (허깨비: 추측)	eikones (그림자)

하위 단계로부터 상위 단계로 올라갈 때, 가장 먼저 생각해 볼 수 있는 것은 '무지(agnoia)'의 단계일 것이다. 그야말로 앎이 아닌, 앎이 없는 단계일 것이다. 자연히 앎의 대상도 없을 것이다. 오직 가능적인 앎만 있을 뿐, 현실화된 어떠한 종류의 앎도 없다. 앎이 없기에 앎에서 발생하는 '오류' 또한 생기지 않는다. 우리의 논의에서 배제된다.

그 다음으로 생각해 볼 수 있는 것이 '허깨비(eikasia)'적인 앎의 단계이다. '상상', '짐작', '추측'으로도 불린다. 그것이 관계하는 대상은 '그림자(eikones)'이다. 동굴의 비유에서 벽에 비친 그림자인 것이다. 그런데 이러한 단계에서 동굴을 탈출하고 싶은 지적 욕구는 발생하지 않는다. 햇빛이 들어오지 않는 동굴 속에서, 오직 횃불에 반사된 그림자의 흔적만을 앎의 대상으로 믿는 사람에게 진리를 탐구하려는 열정은 없기 때문이다. 앎의 단계로 이야기하자면, '복사(copy)의 복사', '가짜의 가짜'를 진짜로 인식하는 단계이다. "밑 빠진 독에 물 붓기"라는 속담이 이러한 앎의 상태에 있는 사람들에 대한 하나의 비유일 것이다.(☞ ≪국가≫10권의 '시인추방론'도 이러한 맥락에서 이해될 수 있을 것이다.)

세 번째로 생각해 볼 수 있는 것은 주관적 '신념(pistis)'의 단계이다. 관계하는 대상은 동물과 식물, 그리고 인공물을 포함한 '실물들(zoa)'이 될 것이다. 세상에 무수히 많이 흩어져 있는 온갖 종류의 감각적 존재자들에 대한 주관적 믿음이나 심리상태를 말한다. '우상숭배'나 '기복신앙'의 심리상태는 이러한 앎의 단계에서 발생할 것이다. '한 마리의 강아지'나 '한 마리의 고양이'밖에 모르며, '보편자'나 '이데아'에 대한 관념은 전혀 없다. 개별자가 이데아에 대한 카피(copy)임을 모르는 자연적 인간의 모습을 적나라하게 반영하고 있다. 그런데 이러한 피스디스의 단계에서는 주목할 만한 사건이 발생한다. 즉 자기반성이 일어나는 것이다. 주관적 신념을 반성하고 참된 지식을 추구하는 노력이 진행된다. 그림자에 대한 집착을 버리면서 '억견'의 올가미를 제거하고자 하는 욕구가 일어난다. 이런 점에서 신념의 단계는 상식적·감각적인 앎의 상태이면서도 참된 지식을 예비한다. 하지만 그 단계에서 발생하는 '앎'은 결코 항구적이지 않다. 우연적인 것일 뿐이다. 마치 "소가 뒷걸음질 치다가 알아맞추듯이" 아주 우연히 일어나는 것이다. 그러기에 신념의 단계는 더 높은 단계로의 이행을 요구한다.

피스티스 위에 있는 앎의 단계는 '추론적 사고(dianoia)'이다. 칸트적 용어로 말하자면 '오성'일 것이다. 그것이 관계하고 있는 대상은 '도형'과 '홀수', '짝수들'을 포함한 '수학적인 대상들(ta mathematika: 아리스토텔레스 ≪형이상학≫987b15; 1076a17)'이다. 그런데 이 단계의 앎은 그 이전 단계의 앎인 '억견(doxa: 에이카시아와 피스티스의 합)'과 명확하게 차별화된다. 그런 점에서 디아노이아는 억견을 벗어나서 확보하게 된 첫 번째

'지식(episteme: dianoia와 noesis의 합)'일 것이다. 인간의 모든 지적인 작업들, 가령 학술적·과학적·예술적 작업은 모두 여기에서 성립된다. 하지만 그것은 일정한 '가설(hypothesis)'에 의존해 세계를 이해하는 것이기에 일정한 한계를 지닐 수밖에 없다. 가설의 가설인 '제일원리들(archai)'에 대해서는 명확한 '설명(logon didonai)'을 결여하였다. 즉 제일원리와의 관련성이 없는 중간적·간접적인 앎이다. 그러기에 완전한 앎이라 할 수 있는 '노에시스(noesis)'와는 구별된다.

그러면 플라톤이 굳이 디아노이아를 '노에시스(noesis)'와 차별화하려는 이유는 무엇인가? 그것은 당대 지식계를 지배하고 있던 '수학자들'에 대한 플라톤의 반발 때문이다. 플라톤이 보기에, 그들은 모두 가설의 단계를 벗어나지 못한 채 사유를 전개하고 있는 이들이며, '감각적인 상'들을 조금이라도 매개해야만 자신의 사유를 진행시킬 수 있는 사람들이기 때문이다. 비록 그들이 경험적·감각적인 특수자들에 대한 사유로부터 상당히 초월해 있다 할지라도, '이데아 그 자체'에 대한 사유는 확보하고 있지 못한 것이다.

> 그건 이런 식으로일세. 이것의 한 부분에서는 앞서 모방의 대상으로 되었던 것들을 혼이 이번에는 영상들로 취급하고서, 가정들에서 원리로 나아가는 것이 아니라, 결론으로 나아가는 식으로 탐구를 하지 않을 수 없게 되네. 반면에 다른 부분에서는 '무가정의 원리(arche anypothetos)'로 나아가는 것으로서, 가정에서 나아가서 앞부분의 영상들도 없이 형상들 자체를 이용하여 이들을 통해서 탐구를 진행하네. (510b)

마지막으로 생각해 볼 수 있는 앎의 단계는 '노에시스(noesis)'이다. 이것은 플라톤이 생각하는 가장 완전한 앎이다. 왜냐하면 완전한 의미의 지식은 어떠한 가설에도 의존하지 않는 것, 곧 '무가정의 것(to anypotheton)'인 '원리들'과 관계하는 것이기 때문이다. 그런데 그러한 앎을 가능하게 해주는 것은 '변증술(dialektike)'이다. 하지만 변증술은 수학과 같이 가설에서 출발하지만 가설 그 자체를 초월한다. 즉 가설에서 출발하나 가설 또한 파괴하고, 추상화, 개념화의 단계를 거치나 추상화된 것·개념화된 것을 초월하는 것이다. 이처럼 철학은 제일근거에 대한 물음을 수행해야 하며, 그리스적 사유의 모태인 기하학적 사유의 타당성까지도 검토해야 한다. 만약 우리를 지배하고 있는 것이 '자본'과 '욕망'이라고 한다면, 그것의 근거까지도 물어야 하는 것이 철학인 것이다.

그런데 디아노이아에서 노에시스로의 인식론적 전환은 종교적 '개종'에 비유될 수 있다. 차원 그 자체가 이동한 것이다. 에이카시아에서 디아노이아로의 이동이 양적인 차이를 반영하는 것이라면, 디아노이아에서 노에시스로의 이동은 질적인 차이를 반영한다. 즉 '98%에서 99%로 변하는 것'과 '99%에서 100%로 변하는 것'은, 비록 양적으로는 1%의 차이만을 나타내지만 질적으로는 전혀 다른 변화를 의미하는 것과 마찬가지인 것이다. 전자가 이데아 인식 이전의 단계를 의미하는 것이라면, 후자는 이데아 인식을 의미한다. 즉 '누스(nous)'에 의한 인식의 직접성이 실현되는 단계인 것이다.[30)]

---

30) 이 부분을 집필함에 있어 1989년에서 1991년 사이에 있었던 이

화여자대학교 남경희 교수의 플라톤 철학 세미나에서 많은 도움을 받았음을 밝힌다. 남경희 교수에게 이 자리를 빌어 고마움을 전한다.

≪국가≫에 대하여

플라톤의 ≪국가≫는 상호 대칭적으로 구성되어 있는 것으로 형식적인 구성미와 더불어 내용적인 완성미를 유감없이 보여주고 있다. ≪국가≫의 이러한 특징은 그를 가장 예술적인 철학자로 자리매김하는 데도 기여한다. 이러한 ≪국가≫의 전체 구성은 크게 세 가지 영역으로 나누이진다. 제1영역은 2권과 3권 그리고 10권에 드러나 있다. 여기에서는 시인들에 대한 전반적인 비판이 세기되고 있다. 국가의 기본 뼈대를 구성하는 데 요구되는 신화적·종교적 내용들도 포함되어 있다. 제2영역은 2권과 3권 그리고 4권에 드러나 있다. 여기에서는 국가의 기원에 대한 언급들이 있는데, 그것들과 대칭되는 8권과 9권에서는 이상적인 국가 형태로부터 타락해가는 다양한 국가들이 서술되고 있다. 이것들을 제외한 5권과 6권 그리고 7권에서는 국가 구성에 대한 언급들이 등장하고 있다. ≪국가≫에 등장하는 세 가지 비유, 즉 '동굴의 비유', '선분의 비유' 그리고 '태양의 비유' 역시 전체의 구성과 유사한 특징들을 지니고 있다. 특히 동굴의 비유는 구성의 특징을 극적으로 보여주고 있다. 동굴 속에 있는 죄수는 참된 진리를 관조하기 위해서 동굴 밖으로 나간다. 그런데 그의 탈출은 탈출로 끝나서는 안 된다. 왜냐하면 동굴 밖으로 나간 죄수는 반드시 동굴 속으로 '회귀(回歸)'해야 하기 때문이다. 이러한 탈출과 회귀의 과정은 플라톤 윤리학의 특징이다.

플라톤의 실패시대

귀족출신인 플라톤이 수려한 용모와 당당한 풍채, 그리고 강력한 설득력을 지닌 일류 철학자임은 익히 잘 알려진 사실이다. 그런데 그의 본명은 '아리스토클레스(Aristokles)'이며, 플라톤이란 이름이 별명이라는 것을 아는 사람은 많지 않다. 그리스어에서 '아리스토(aristo)'는 영어 'good'의 최상급으로 '아주 좋은'이라는 뜻을 지니고 있다. 역사적 기록에 의하면, 당대 아테네에 거주하는 사람들 중에서 플라톤이라는 별명을 가진 사람은 무려 30명이나 된다고 알려져 있다. '어깨가 넓은'이라는 의미를 지니고 있는 이 별명은 당시 유행하던 레슬링이나 권투 분야에서 두각을 나타내던 대표적인 선수들에게 부여되던 이름이었을 것이다. 아마 우리가 알고 있는 철학자 플라톤도 그중의 한 명이었을 가능성이 높다. 그럼 플라톤은 왜 그토록 체육경기에 열중했는가?

대체적으로 아테네 시민들이 세속적으로 성공하기 위해서는 크게 다음 세 가지 경로를 통해서 가능하다. 첫째, 올림픽 경기에서 우승하여 자신의 명성을 쌓는 경우. 둘째, 유명한 극작가가 되어서 시민들의 인기를 얻는 경우. 셋째, 정치가가 되어서 입신양명하는 경우. 그런데 첫 번째 경우와 두 번째 경우는, 그 자체로서 의미 있다기보다는 세 번째와 연관되는 한에서 의미를 지닌다. 그런 점에서 귀족 가문 태생인 플라톤이 정치지망생으로서의 자신의 얼굴을 알리기 위해, 당시 인기 있었던 운동경기에 전력투구하였을 것이라는 것은 쉽게 추측해 볼 수 있다. 물론 자신의 신체를 단련하기 위한 목적이 일차적이었을 것이다. 하지만 한 지역구의 대표 선수가 될 만한 운동실력을 갖추기 위해서 노력했다는 것은 개인적인 신체단련 이상의 정치적 목적을 염두에 두었을 가능성도 배제할 수 없다. 역사 기록에 의하면, 플라톤은 코린트에서 2년마다 열리는 이스트미아 경기대회(Isthmian Games)에서 두 번이나 우승하였다고 전해진다. 하지만 올림피이 경기대회(Olympia Games)에 나갔다거나 우승하였다는 기록은 보이지 않는 것으로 보아, 큰 대회에서의 상복은 없었던 것 같다. 개인적으로는 불행한 일이 아닐 수 없다.

극작가로서의 플라톤의 삶 또한 마찬가지이다. 그의 엄청난 문학적 재능에도 불구하고, 그가 아이스킬로스나 소포클레스, 그리고 에우리피데스와 같은 명성을 획득하였다는 기록은 없다. 하지만 소크라테스를 만난 이후, 자신의 문학작품을 불태우며 극작가로서 출세하려는 자신의 야심을 포기하였다는 기록은 남아 있다. 이것으로 보아, 그가 상당한 정도의 문학적 재능을 가지고 있었던 것만은 확실하다. 그의 대화편 하나하나가 이러한 사실을 반증하고 있지 않은가?

세 번째 경우 역시 예외는 아니다. 그 자신이 아테네 최고의 엘리트이었기에 어렸을 때부터 정치가로서의 꿈을 키워갔을 것이라는 것은 분명하다. 더욱이 30인 과두정권의 수장인 크리티아스가 자신의 외삼촌이었기에, 이러한 가설은 설득력이 있다. 하지만 30인 과두정권은 그리 오래 가지 못하였다. 민주정체를 부정하면서 성립된 정권이었기에, 과두정권 붕괴 후 다시 집권한 민주정권하에서 정치지망생 플라톤의 정치적 입지는 극도로 제한될 수밖에 없었다. 그래서 소크라테스가 죽고 난 이후에는, 망명의 길을 떠나지 않을 수가 없었다.

아테네 아카데메이아 유적지의 돌기둥들. 현재 발굴 작업이 진행 중이다.

아테네에서의 정치적 이념실현이 좌절된 이후, 플라톤이 주목한 곳은 시칠리아의 시라쿠사였다. 하지만 그곳에서의 정치 활동 역시 순탄하지만은 않았다. 왜냐하면 디오니소스 2세를 통하여 자신의 정치철학을 실현하고자 한 플라톤의 계획 역시 좌절되었기 때문이다. 그리하여 그가 선택한 것은 자신의 정치적 이상을 실현시켜 줄 후학들을 양성하는 일이었다. 아카데메이아는 이러한 목적에서 설립된 정치지도자 양성기관이다. 그런데 그것 역시 그리 성공적이지 못하였다. 사회적으로 출세하고자 하는 정치지망생들은 플라톤적인 변증술보다는 이소크라테스(Isokrates)의 수사술에 더 매료되었으며, 아테네 시민들 역시 교양 있고 도덕적인 정치가보다는 인기 있고 아첨 잘 하는 정치인들을 요구하였기 때문이다. 이렇게 볼 때, 인간 플라톤의 삶은 좌절의 연속이라고 할 수 있다. 그렇다고 플라톤의 삶을 실패했다고 할 수 있는가?

이면서도 아닌

한 송이 꽃이 있다고 치자. 그런데 이 꽃에 대해서는 다음과 같은 이중적인 판단이 가능하다. "이 꽃은 꽃이면서 꽃이 아니다." 이 꽃이 꽃인 것은, 즉자적인 판단에서, 즉 눈에 보이는 그대로 볼 때는 그러한 것이다. 우리에게 주어진 감각적 현상적인 의미에서 이 꽃은 분명 꽃이다. 하지만 조금만 생각해 보면, "이 꽃은 꽃이 아니다." 왜냐하면 시들어 버리고 말라 버리고 썩어 버리는 그러한 것은 사유가 지향하는 그러한 꽃은 아니기 때문이다. 전자는 현상적인 기준에 의해서 그렇게 판단된 것이고, 후자는 본질적인 기준에 의해서 판단된 것이다.

그러기에 인간에 대해서도 똑 같은 판단을 내릴 수 있다. "인간은 선하면서 선하지 않다." 현상적인 의미에서는 선하다고 할 수 있으나, 본질적인 의미에서는 그렇지 않은 경우가 빈번하기 때문이다. 그런데 이것을 동일한 차원으로 설정하게 되면, 모순이 극대화되는 판단이 성립한다. 하지만 모순은 지양되어야 하기에 하나의 통일을 요구한다. 이처럼 정, 반, 합으로 진행되면서 모순을 제거하는 것이 변증법이다.

변증법과 달리, 차원을 분리하여 생각하는 것이 '이원론'이다. 현상적인 측면과 본질적인 측면을 엄격하게 분리하여 생각하는 것이다. 맹자의 '성선설'과 순자의 '성악설'을 이런 구도로 이해하면, 그 난점이 쉽게 해결된다. 맹자가 본질적인 측면에 기반해서 인간을 규정하고 있는데 반해서, 순자는 현상적인 측면에 기반해서 인간을 규정하는 것이다.

두 세계 사이의 긴장성을 계속 유지하려는 생각이 있을 수 있다. 이원론과 달리 변증법은, 존재를 긴장 속에서 이해하려는 것이다. '이카루스의 추락사건'에서도 파악할 수 있듯이, 인간은 너무 높이 올라가지도 말아야 하고, 너무 밑으로 내려와서도 안 된다. 항상 현실을 직시하면서 이상을 추구해야 하는 것이다. 마천루 같은 철학을 지향하면서도, 겸허하게 지상의 가치를 정립할 줄 아는 것, 이것이야말로 플라톤이 수립하고자 했던 철학의 모습이 아닐까?

<트루먼 쇼(The Truman Show, 1998)>

감독: 피터 위어
주연: 짐 캐리, 로라 린니, 애드 해리스, 한나 질, 루리스 콜트레인, 노아 에머리히, 나타샤 맥켈혼, 홀랜드 테일러
각본: 앤드류 니콜
장르: 코미디, 드라마, 판타지
수상: 99년 골든글로브 남우주연상(짐 캐리)

영화 <트루먼 쇼>는 이지적인 감독으로 유명한 피터 위어의 1998년도 작품이다. 교육의 혁명을 염원하였으나 끝내는 좌절하고 마는 한 교사의 삶을 감동적으로 그린 <죽은 시인

방송에 의해서 왜곡된 삶을 살아가고 있는 한 인간의 자유를 향한 투쟁과정을 그린 〈트루먼 쇼〉

의 사회>도 그의 작품이다. 현실 비판적인 성격이 강하였던 작품으로 기억된다.

<트루먼 쇼> 역시 피터 위어의 현실비판적인 생각이 잘 반영된 작품이다. 여기에서 그는 방송에 의해서 왜곡된 삶을 살아가고 있는 한 인간의 자유를 향한 투쟁과정을 그리고 있다. 거짓된 자아를 버리고 참된 자아를 찾아가는 자기정체성 탐색의 영화이기도 하다. 짐 캐리의 진지함이 돋보이는 휴먼 드라마이다.

<트루먼 쇼>의 주인공은 트루먼 버뱅크(Truman Burbank, 짐 캐리)라는 한 평범한 회사원이다. 나이는 30세이고, 직업은 보험회사원이다. 아내는 캠퍼스 커플인 메릴(Meryl Burbank)이나, 부부 사이의 금슬은 그리 좋은 것은 아니다. 물에 대한 강한 공포심이 있는데, 이것은 자신의 아버지(Kirk Burbank)가 물에 빠져죽는 것을 보고 난 뒤에 형성되었다. 대학교 때 도서관에서 만난 실비아(Sylbia)를 짝사랑했지만, 그 사랑을 이룰 수는 없었다. 피지 섬에 있는 실비아를 만나는 것이 그의 희망사항이다.

트루먼은 태어나자마자 방송국에 입양되었다. 그는 특수 제작된 대형 세트장, 즉 시헤븐(SeaHeaven)이라고 불리는 인공 섬에서 30년 가까이 살아오고 있다. 한 번도 이 시헤븐 섬을 빠져 나가지 못했다. 따라서 그가 경험한 세계는 이 세트장 안에서의 경험이 전부이다. 그의 일상생활은 처음부터 끝까지 생중계되었으며, 그 방송을 위해서 하루 24시간 무려 5천대의

몰래 카메라가 그를 지켜보고 있었다. 모든 사람들이 이 모든 사실을 알고 있는데도, 트루먼만은 그 사실을 모른 채 살아오고 있다. 슬픈 일이다.

항상 평범한 생활을 하고 있던 그에게 사건이 발생하였다. 10,909일 째 되던 어느 날, 하늘에서 갑자기 조명등 하나가 떨어졌던 것이다. 물론 라디오 방송에서는 비행기 사고라는 짤막한 멘트가 나왔으나, 사태는 점점 꼬여만 간다. 아내 메릴은 누구를 보고 이야기를 하는지 방송용 광고 멘트만 늘어놓고 있고, 익사한 줄로만 알았던 아버지는 트루먼을 놀라게 한다. 하늘에서 내리는 비는 분사장치가 고장 났는지 트루먼이 앉아 있는 곳에만 물을 뿌리고, 라디오 주파수는 트루먼의 일거수일투족을 감시하는 방송을 내보내고 있다. 트루먼을 둘러싼 모든 환경이 조작되어 있었던 것이다.

평범한 생활을 하고 있던 그에게 사건이 발생한다.

자신의 주위에서 모종의 음모가 진행되고 있다는 것을 안 트루먼이 자신의 현실을 탐구해가면 갈수록 그에게 다가오는 것은 그 어느 것도 참된 것이 없다는 슬픈 현재 그 자체였다. 자신은 텔레비전 드라마의 주인공이며, 자신의 친구들과 마을 사람들은 모두 프로의 연기자이며, 심지어 자신을 낳아주고 길러 준 부모님과 현재의 아내까지도 모두 가짜라는 것을 알게 된 것이다.

이제 트루먼은 그 누구도 믿을 수 없다는 것을 깨닫는다. 그 결과 그는 절망에 빠진다. 하지만 그럼에도 그는 자신의

자신은 텔레비전 드라마의 주인공이며, 부모님과 아내까지도 모두 가짜라는 것을 알게 된다.

희망을 포기하지 않는다. 자신의 첫사랑이자 구원의 가능성인 실비아가 피지에 존재하고 있었기 때문이다. 그래서 그는 시헤븐을 떠나 피지로 가고자 한다.

그런데 시헤븐을 떠나고자 하는 트루먼의 결정에 누구보다도 가슴 아파하는 사람이 있었으니, 그는 바로 이 드라마의 총 책임자인 크리스토프이다. 이 세트장에 트루먼을 데려 온 장본인이자 현재의 트루먼의 삶을 지배하고 있던 그는 트루먼에게 있어서는 신과 같은 존재이다. 이 심의 기후를 마음대로 조정할 수 있을 뿐만 아니라, 원하기만 한다면 트루먼의 내면적 정서까지도 조정할 수 있기 때문이다. 트루먼 주변에 있는 수많은 환경들 역시 그가 모두 고안해 낸 것들이다. 마치 플라톤의 ≪티마이오스≫에 등장하는 데미우르고스(Demiourgos)가 세계를 만들어내듯이 말이다.

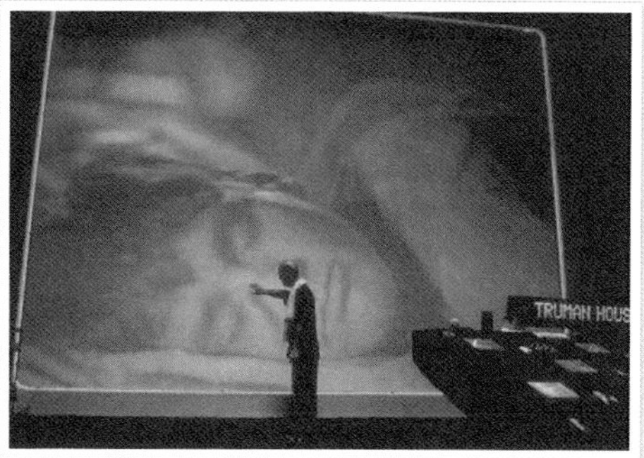

크리스토프는 플라톤 ≪티마이오스≫의 데미우르고스처럼 트루먼 주변의 환경들을 고안해 낸다.

자유를 향한 탈출을 꿈꾸는 트루먼에게 가장 큰 장애물은 물에 대한 공포심을 극복하는 것이었다. 아버지가 죽고 난 이후에 형성된 이 공포심 때문에 트루먼은 몇 번이고 탈출을 망설였다. 그런데 이것은 크리스토프가 트루먼의 탈출을 원천적으로 봉쇄하기 위해서 의도적으로 만들어놓은 장치였다. 그러기에 트루먼이 크리스토프의 영향력으로부터 벗어나기 위해서는 무엇보다도 물에 대한 자신의 두려움을 극복해야만 했던 것이다.

하지만 크리스토프는 온갖 수단과 방법을 동원하여 트루먼의 탈출을 막고자 한다. 한 편으로는 물에 대한 그의 공포심을, 또 다른 한 편으로는 그에 대한 자신의 애정을 이용한다. 하지만 그 모든 방법은 실패한다. 오히려 트루먼은 "날 막을 생각이면 차라리 죽여라!"라고 외치면서 자유에 대한 자신의 열정을 굽히지 않는다. 세트장 밖의 불안한 삶보다는 세트장 안의 편안한 삶을 권유하는 크리스토프의 충고를 뿌리치고, 비상구 밖으로 향하는 트루먼에게서 우리는 인간에게 진정으로 중요한 것이 안락함이 아니라 자유임을 깨닫는다.

세트장 밖으로 나가는 트루먼

영화 <트루먼 쇼>가 우리에게 주는 메시지는 자유와 진리를 향한 인간의 열정이 무엇보다도 중요하다는 것이다. 트루먼이 자유를 찾아 세트장 밖으로 나가는 것은, 마치 동굴 안에 있는 죄수가 빛을 찾아 동굴 밖으로 나가는 것과 유사하다. 트루먼이 폭풍우를 만난다든지, 배가 뒤집힌다든지 하는 것은 모두 진리 인식을 방해하는 것들을 상징적으로 표현하고 있다. 이처럼 이 영화는 철저하게 플라톤의 동굴의 비유를 이용하고 있다.

트루먼이 타고 가던 배 이름도 의미심장하다. 사실 산타마리아라는 배는 콜럼버스가 신대륙을 발견하기 위해서 타고 가던 배의 이름이다. 그 많은 배이름 가운데에서 굳이 이 이름이 선택된 것은 아마도 트루먼이 보여주는 용기를 상징적으로 표현하기 위해서일 것이다. 이처럼 <트루먼 쇼>는 그 단순한 구성에도 불구하고, 플라톤 철학의 정신을 잘 보여주고 있다. 특히 크리스토프와 나누는 트루먼의 다음 대화는 진리와 자유에 대한 트루먼의 열정이 플라톤의 철학과 맞닿아 있음을 보여주기에 충분하다.

크리스토프: 트루먼, 얘기하게, 다 들리니까.
트루먼: 누구죠?
크리스토프: 난 수백만 명에게 희망과 기쁨을 주는 프로를 만들지.
트루먼: 난 누구죠?
크리스토프: 자넨 스타야.
트루먼: 전부 가짜였군요.
크리스토프: 자넨 진짜야. 자넬 만나게 돼 기쁘군, 내 얘기 들어! 이 세상에는 진실이 없지만 내가 만든 그곳은 다르지. 이 세상은 거짓말과 속임수뿐이지만 내가 만든 세상에선 두려워할게 없어. 난 누구보다 자넬 잘 알아.
트루먼: 헛소리 집어쳐요.
크리스토프: 두렵지? 그래서 떠날 수 없지. 괜찮네, 다 이해해. 난 자네 인생을 지켜봤어. 자네가 태어나는 것

도 첫 걸음마를 떼는 것도 입학하는 것도 지켜봤지. 맨 처음 거짓말하는 것까지 … 자넨 떠나지 못해.
실비아: 도와주세요.
크리스토프: 자넨 여기 속해있어.
트루먼: 그렇지 않아.
크리스토프: 내 세상에 말해봐, 뭐든지. 말하라니까 지금 방송 중이야. 생방송 중이란 말이야.
트루먼: 미리 인사하죠, 굿 애프터눈, 굿 이브닝, 굿 나잇.
(1:33:00-1:37: 00)

어떻게 생각하면 크리스토프의 말이 맞을지도 모른다. 일체개고라는 싯달타의 말을 빌리지 않더라도, 세속은 불의와 몰염치로 가득하다. 30년 가까이 안락한 삶을 살아왔던 트루먼이 과연 저 세트장 밖의 세상에서 생존할 수 있을지를 생각해 볼 때, 그 대답은 긍정보다는 부정에 가까울 수밖에 없다. 그래서 크리스토프는 화면 속에 비친 트루먼의 얼굴을 쓰다듬으면서 그를 설득했던 것이다.

하지만 트루먼은 양심의 목소리에 충실한 사람이다. 그에게 중요한 것은 현실의 진실이었다. 그 옛날 실비아를 처음 만났을 때에도, 그는 '지금' 만나야 한다는 실비아의 요구를 그대로 받아들인다. 또한 다음에 피지섬에 가자는 아내 메릴의 충고에도 불구하고, 그는 '오늘' 피지섬으로 떠나고자 한다. 이처럼 트루먼은 다이몬의 목소리에 순종하였던 소크라테스처럼 양심의 목소리에 충실하였던 것이다.

그 무엇보다도 중요한 것은 인간은 어둠이 아닌 빛을, 동굴 안이 아닌 밖을, 부와 권력이 아닌 정신과 지성을 지향해야 한다는 사실이다. 크리스토프의 제안을 물리친 채, 세트장 밖으로 나가는 트루먼의 모습에서 우리는 그것을 읽을 수 있다. 비록 물질적 풍요로움과 안락함을 의식적으로 거부할 필요는 없지만, 그것이 인간의 자유와 충돌할 때에는 우리는 트루먼을 따라 보다 참된 것, 즉 자유와 진리를 추구해야만 하는 것이다. 왜냐하면 그것이 인간이 인간다워질 수 있는 길이기 때문이다.

☞ 생각해 볼 대사

다음은 <트루먼 쇼> 초반부에 나오는 트루먼의 독백부분이다. 크리스토프와 메릴, 그리고 말론의 대사 중간 중간에 나오는 트루먼의 말 속에서 우리는 참을 수 없는 현실의 무거움과 그 무거움에 짓눌린 트루먼의 고달픔을 읽을 수 있다. 찬찬히 읽고 그 의미를 생각해보자.

크리스토프: 여기엔 각본대로 움직이는 배우들의 연기나 특수효과 같은 속임수는 없습니다. 비록 틀에 갇힌 작은 세상에 살고 있지만 트루먼은 가짜가 아닙니다. 각본도 큐사인도 없습니다. 가공이 아닌 실제 인물의 진짜 인생입니다.

트루먼: 난 가망 없어. 날 버리고 혼자 가. 그런 소리 마. 죽는 한이 있어도 함께 산을 넘어야 해.
크리스토프: 이 프로는 시청자들에게 위안을 주죠.
트루먼: 자네 미쳤군.
메릴: 전 사생활, 사회생활이 따로 없어요. 제 인생은 제 인생이죠. 트루먼 쇼와 같아요. 트루먼 쇼가 담아내는 인생은 숭고하고 … 축복받은 삶이죠.
트루먼: 어쩔 수 없어. 좋아 한 가지만 약속해. 내가 먼저 죽거든 내 시체를 먹고 힘을 내. 메스꺼워.
말론: 이건 진짜 인생이에요. 우리 프로는 하나부터 열까지 다 진짜예요. 약간 통제할 뿐이죠.
트루먼: 젠장 명령이다. 너희를 사랑해. 너희 모두 사랑한다.
(00:00-3:45)

크리스토프의 설득에도 굴하지 않고 세트장 밖으로 나가는 트루먼을 보고 즐거워하던 두 경비원의 다음 대사는 우리를 더욱 슬프게 한다. 왜냐하면 그들은 자신들의 삶의 의미를 크리스토프가 주는 이미지에서 구하고 있기 때문이다.

경비원1: 다른 데는 뭐하지?
경비원2: 몰라.
경비원1: TV 가이드 없어?
(1: 37: 00)

오이디푸스의 모험

길을 가는 도중에 '나는 왜 여기에 있을까' 하는 의문이 들 때가 있다. 인간이 가지고 있는 가장 원초적인 의문 가운데에서 '지금 여기에' 있는 것이, 과연 참되게 있는 것인가 하는 의문이 있는 것이다. 연애를 하는 과정에서도 이러한 현상은 발생 가능하다. 나는 누구이며, 나는 진정 이 사람을 사랑하고 있는 건가? 아니면 나를 둘러싸고 있는 '그 무엇'이 나를 기만하는 것인가? 그리스어 '알레테이아(Aletheia)'의 의미는 진리이다. 즉 참된 것이다. 그런데 참된 것은 '은폐된 것(lethe)'을 '드러내는(a)' 데에서 성립된다. 우리가 망각하고 있던 것을 깨우치는 데에서 성립 가능한 것이다. 그럼 우리를 망각의 늪으로 빠뜨리는 것은 무엇인가? 지금 여기 있는 것들이 우리의 본질 인식을 방해하는 것들은 아닐까?

참된 존재에 대한 인식은 현존재에 대한 부정을 전제로 한다. 즉 자기부정성을 통해서 가능한 것이다. 그런데 자기부정성을 수용한다는 것은 자아 안에 일정한 정도의 '혼돈(Chaos)'을 수용하는 것과 마찬가지이다. 즉 자아 안에 '균열(Chasm)'이 발생한다는 뜻이다. 하지만 균열과 혼돈의 소용돌이 속에서도 나의 자아는 항상성을 유지해야 한다. 만약 자아가 일정한 의미의 자기정체성을 유지하지 못한다면, 자아는 해체되고 말 것이다. 자기 정체성을 유지하면서도 부정성을 자기 안에 수용하는 것, 이것은 무엇일까?

오이디푸스(Oidipous: 퉁퉁 부은 발이라는 뜻)는 진정한 의미에 있어서 철학자이다. 그는 자신을 전적으로 부정한다. 그러면서도 그는 완전한 의미에서의 자신의 자아를 찾으려고 노력한다. 프로이트는 오이디푸스를 성욕과 연관된 심리학적인 측면에서만 고찰하지만 그의 본래 모습은 인식과 연관된 철학적인 측면에서 고찰되어야 한다. 자기 자아에 대한 참된 인식, 이것이 오이디푸스 연구의 관건인 것이다.

오이디푸스는 가장 행복한 인간이다. 왜냐하면 그는 인간이 소유할 수 있는 모든 것을 가지고 있기 때문이다. 권력이면 권력, 사랑이면 사랑, 지혜면 지혜, 그가 가지지 못한 것은 없다. 테베의 왕으로서, 그는 자신의 권력을 마음대로 행사할 수 있는 힘을 가지고 있다. 게다가 그의 아내(사실은 어머니) 이오카스테(Iocaste)는 테베에서 가장 아름다운 여인이지 않는가. 그리고 그는 누구도 풀지 못했던 스핑크스(Sphinx)의 수수께끼, 즉 “아침에는 네 발, 점심에는 두 발, 저녁에는 세 발로 걷는 짐승은 무엇인가?”라는 문제를 풀지 않았던가? 그야말로 그는 파리스의 심판에 나타난 인간의 세 가지 소원을 모두 가지고 있는 것이다.

그런데 이런 오이디푸스가 다스리고 있던 나라에 역병이 발생한다. 존재의 부정성이 개입하는 것이다. 역병의 원인을 추적하는 가운데, 오이디푸스는 그것이 테베에 존재하는 파렴치범, 곧 ‘아버지를 죽이고 어머니와 동침한 자’ 때문에 발생했다는 신탁을 접하게 된다. 오이디푸스는 분노한다. 그리하여 그는 그 몰염치한 범인을 반드시 찾아내고야 말겠다는 의지를 불태운다. 하지만 그는 곧바로 자기모순에 빠진다. 왜냐하면 범인을 추적하면서 그는 자신이 바로 그 범인일 수도 있다는 생각을 하게 되기 때문이다. 점차적으로 사건의 본질이 그 모습을 드러내게 되자 오이디푸스는 절망한다. 자기의 불륜 때문에 테베 전체가 위기에 직면하게 되었으니까 말이다. 절망하기는 이오카스테도 마찬가지이다. 만약 오이디푸스가 진짜로 그 범인이라면, 자신 또한 아들과 동침한 부도덕한 여인이라는 오명을 씻을 수가 없을 것이기 때문이다. 그런데 오이디푸스와 이오카스테가 위기를 인식하는 방법은 완전히 상이하다. 현실주의자 이오카스테는 중간에 수사를 중단하자고 제안한다. 오이디푸스가 우려하는 사항들이 기우일수도 있다는 것이 그녀의 생각이다. 하지만 오이디푸스는 절망하는 가운데에서도 진실에 대한 '탐구(Historia)'를 결코 포기하지 않는다. 아마 그의 이러한 행동은 훼손된 자존심을 회복하기 위한 몸부림이었는지도 모른다. 그렇지만 우리가 여기에서 분명하게 알 수 있는 것은 그가 진정한 의미에 있어서 철학자라는 사실이다. 그는 분명히 세속적인 의미에 있어서의 성공요인들, 즉 막강한 권력이라든가, 아름다운 부인이라든가, 아니면 뛰어난 지식이라든가 하는 것은 모두 잃어버렸다. 하지만 진정한 의미에 있어서의 '자기정체성(self-identity)'은 회복하였다. 그가 행복해하던 것들, 곧 권력과 명예, 그리고 미는 모두 허상이었다. 허상은 깨어지기 마련이고, 진실은 그 깨어진 자리에서 발견되는 것이다. 그러므로 허상을 깨고 진실을 발견하고자 하는 오이디푸스의 길은 철학자의 여정과 동일한 것이다.

소포클레스의 ≪오이디푸스 왕(Oedipus Rex)≫에 대하여

도시 국가 테베에 전염병이 돌자 사람들은 오이디푸스 왕에게 이를 해결해 줄 것을 요청한다. 이에 왕은 델포이 신전에서 선왕 라이오스를 죽인 자를 찾으면 모든 문제가 해결된다는 신탁을 받는다. 그리하여 오이디푸스 왕은 선왕을 죽인 사람을 잡아오라는 명을 내리는데 사건의 진상을 조사하면서 선왕 라이오스를 죽인 자가 정작 자신임이 드러난다. 선왕 라이오스는 자신이 아들에게 죽임을 당한다는 신탁을 받고 오이디푸스가 태어나자마자 산속에 버렸지만 오이디푸스는 어느 목자의 손에 구조되어 코린토스의 왕자로 성장한다. 건장한 청년으로 성장한 오이디푸스는 테베로 오는 길에 우연히 한 노인을 죽이게 되는데 그 사람이 바로 자신의 아버지인 선왕 라이오스였고 스핑크스 문제를 풀어 홀로 남은 이오카스테 왕비를 아내로 삼게 되는데 그 사람이 바로 자신의 어머니였던 것이다. 비록 오이디푸스 자신은 모르고 저지른 일이라고 하나 결과적으로 자신이 아버지를 죽이고 어머니를 아내로 삼게 된 것이 드러나자 죄책감을 못이긴 어머니 이오카스테는 자살을 하고 오이디푸스는 스스로 눈을 뽑아 버린 후 방랑을 떠난다.

다음 원문들을 감상하면서 오이디푸스의 비극이 지니는 철

학적 의미를 생각해보자.[31)]

테이레시아스:
아아, 지혜로운 자에게 지혜가 아무 쓸모도 없는 곳에서
지혜를 갖는다는 것은 얼마나 무서운 일인가! 아아, 어쩌자고 내가 그것을
잘 알면서도 깜빡 잊었던가! 그렇지 않았던들 이 곳에 오지 않았을 텐데!
(316-317)

이오카스테:
인간은 우연의 지배를 받으며 아무것도 분명히 내다볼 수 없거늘
그러한 인간이 두려워한다고 해서 무슨 소용이 있겠어요?
그저 되는 대로 그날그날을 살아가는 것이 상책이에요.
그러니 그대는 어머니와의 결혼을 두려워하지 마세요.
이미 많은 사람들이 꿈속에서 어머니와 동침했으니까요.
하나 이런 일들을 아무렇지도 않게 여기는 자라야
인생을 가장 편안하게 살아가는 법이에요.
(977-983)

오이디푸스:
터질 테면 터지라지! 설사 내 혈통이 미천하다 하더라도
그것이 알고 싶은 내 소원은 변함이 없을 것이오.
저 연인은 여인들이 그렇듯이 자존심이 강하니까
아마 나의 비천한 출생을 부끄럽게 여길테지.

31) 소포클레스 비극에 관한 번역은 천병희의 것을 따른다.

하나 나는 나 자신을, 좋은 선물을 주는 행운의 여신의 아들로
여기고 있는 터라 치욕을 당하지는 않을 것이오.
그녀를 어머니로 하고 나는 태어났으니까. 그리고 나의 친족들인
달(月)들은 나를 때로는 미천하도록 때로는 위대하도록 정해 놓았소.
그러한 자로 내가 태어났을진대 나는 앞으로 결코 다른 사람으로는
드러나지 않을 것이니 나의 가문을 밝혀내기를 꺼릴 까닭이 없지 않은가!
(1076-1085)

☞ ≪오이디푸스 왕≫과 연관된 DVD

소포클레스의 ≪오이디푸스 왕(Oedipus Rex)≫과 관련된 책들은 많이 있으나, 이 작품과 연관된 영화들은 그리 흔하지 않다. 그 가운데에서도 눈에 띄는 것은 필립 사빌리 감독의 <오이디푸스 왕(Oedipus The King, 1967)>과 피에르 파올로 파졸리니 감독의 <오이디푸스 왕(Edipore, 1967)>이 있다. 두 작품 모두 1967년에 만들어졌으며, 특히 필립 사빌리 감독의 작품은 2004년 5월 9일 EBS에서 방영되기도 하였다. 하지만 두 작품 모두 아직 대중판으로 보급되지는 않았다.

시중에서 구할 수 있는 것으로는 트리아나(Jorge Ali Triana) 감독의 <오이디프스(Oedipus Mayor / Edipo Alcalde, 1996)>가 있다. 콜롬비아에서 제작된 이 작품은 오이디푸스 왕 이야기를 현대식으로 각색한 것이다. 위 두 작품에 비해 예술성은 떨어지는 작품이나, 오이디푸스 이야기를 그 나름대로 현대화한 작품이다.

그 대강의 이야기는 다음과 같다.

에디포는 심각한 내란에 휩싸인 중남미 콜럼비아의 어느 마을에 새로 부임한 30대의 젊은 시장이다. 그는 지적이고 미남이었으나, 새로 부임하던 날 마을 어귀에서 원인모를 차와 총격전을 벌이게 된다.

그 다음날, 그는 이 마을의 대지주이며, 지배자인 라오가 납치되었다는 소식을 전해 듣고,라오의 아내인 요카스타를 찾아간다. 그리고 그녀로부터 그는 남편 라오의 난폭함과 잔인성, 그리고 그의 권력욕에 대한 이야기를 경청한다. 한편, 라오의 동생인 크레온테는 사설 경호원들은 동원하여 라오의 행적을 뒤쫓는데, 그가 발견한 것은 끔찍하게 살해된 라오의 시체였나.

그런데 라오의 장례식 날 만난 신부는 시장 에디포에게 절망적이면서도 비극적인 이야기를 전해주고, 시장 에디포는 이 내란을 잠재우기 위해 내란과 관련된 모든 죄는 사면한다는 내용의 연설을 하게 된다.

이처럼 이 영화는 영화의 배경은 현대적으로 설정하면서도 이야기의 근본 구조는 원작의 내용을 그대로 반영하는 형태를 취하고 있다. ≪오이디푸스 왕≫ 이해를 위해서 감상할 것을 권한다.

생각해 보기

진짜와 가짜: 존재하는 것은 진짜와 가짜 두 가지 부류로 나누어진다. 현실태인 진짜는 항상 사이비-존재인 가짜에 대해서 존재론적으로 우월하다. 하지만 현실세계에서는 그 반대의 현상이 종종 일어난다. 가짜가 진짜를 능가하는 것처럼 보일 때가 많기 때문이다.

가만히 생각해 보면, 가짜라는 것은 진짜에 기생하는 존재일 수밖에 없다 하지만 그것은 항상 진짜보다 더 진짜다운 속성을 지니고 있다. 가짜의 생명력이라고 할까. 그런데 그 반대로 진짜는 가짜보다 더 가짜다울 수 있는 위험에 놓여 있다. 왜냐하면 진짜는 가짜와 비교해 화려하지 않기 때문이다.

그러기에 문제는 기만적인 사태 속에서 진짜와 가짜를 구별해내려는 일일 것이다. 하지만 그것은 쉬운 일이 아니다. 진짜는 숨기기를 좋아하고 가짜는 드러내기를 좋아하기 때문이다. 물론 진리는 개시되기 마련이다. 그렇지만 거기에는 인간의 노력과 시간이 들어간다. 조개가 고통을 감내하면서 예쁜 진주를 만들어내듯이, 인간에게 다가오는 존재의 빛 역시 일정 정도 인간의 고통을 요구하고 있는 것이다.

쉽게 얻은 것은 쉽게 잃는 법이다. 보석 중에서도 유난히 반짝거리는 가운데에는 가짜가 많은 법이다. 그런데 인간의 삶과 연관된 교양 기술 가운데에서, 가짜를 진짜처럼 보이게끔 만드는 것은 수사술(rhetoric)이다. 진짜는 이성에 근거한 변증법이다. 하지만 지금 우리의 삶을 지배하고 있는 것은 변증법이 아니라 수사술이다. 유용하고 강력해 정치 지망생들에게 많이 인기가 있었다. 그러기에 우리는 수사술을 지양하고, 참된 사유의 기술을 천착해야 할 것이다.

현대의 광고는 변증법보다는 수사술을 닮았다. 그러다보니 합리적 접근보다는 감성적 접근에 비중을 둔다. 자연히 인간의 비이성적인 측면, 곧 탐욕적인 성향을 자극한다. 특히 스피드를 중요시하는 현대광고의 테크닉은 인간의 이성을 마비시키기에 충분하다. 깨어 있는 것만이 인간 사유의 건전성을 유지하는 길이다. 그러기 위해서는 어느 정도의 시간이 필요하다. 스피드는 인간 사유의 폭과 깊이를 축소시킨다. 그리고 스피드는 가짜가 지닌 속성이 진짜의 속성을 추월하도록 방치한다.

예술가의 의미: 플라톤의 대화편 《파이드로스》에는 '윤회'에 관한 재미있는 이야기가 있다. 윤회설 그 자체보다는 예술가의 진정한 위상에 대해서 플라톤이 이야기하고 있는 대목이다.

플라톤에 의하면, 가장 훌륭한 인간은 다음 생에서 철학자나 음악가, 아니면 미술가로 다시 태어난다. 평생 지혜를 탐구하는 철학자와 아름다운 것을 추구하는 예술가들이 가장 존귀한 사람들이라는 것이다. 그런데 이것은 우리가 평소 알고 있던 플라톤의 생각과는 많은 차이가 난다. 《국가》에 의하면, 예술가들은 이데아의 모사물인 자연물을 또다시 모사하는 사람들, 곧 복사의 복사물을 만들어 내는 자들로 인식되고 있기 때문이다. 하지만 얼핏 보면 모순된 것처럼 보이는 이 문제는, 곰곰이 생각해 보면, 다 나름대로의 이유가 있다. 왜냐하면 예술가가 어떠한 지적인 통찰도 없이 자연을 단순히 모방하는 단계에 머무른다면 예술가로서의 그의 생명력은 일천할 것이나, 우주의 본질을 직관하고, 또한 그 직관을 형상화하는 일에 매진하다면 그는 분명 철학자와 동일한 역할을 수행할 것이기 때문이다.

이렇게 볼 때, 플라톤이 염두에 두고 있는 예술가는 천재들이다. 천재들이라야 남의 것을 모방하지 않으면서 자신의 고유한 통찰을 제시할 수 있을 것이기 때문이다. 그러기에 진정한 의미에 있어서 예술가는 철학자와 동일한 것이다. 하나의 차이가 있다면 존재의 신비에 접근하는 방식이 다를 뿐이다. 철학자들이 개념적으로 우주의 신비에 접근하는 데 반해서, 예술가들은 항상 비개념적인 접근방식을 선호한다. 하지만 비개념적인 접근 방법은 항상 개념적인 접근 이전에 이루어진다. 예술가들이 철학자들보다 시간적으로는 먼저 존재의 신비를 통찰하는 것이다.

피카소는 천재인가: 예술가 피카소(Picaso, Pablo Ruizy: 1881-1973)와 철학자 칸트(Kant, Immanuel: 1724-1804)의 관계는 이 문제에 대해서 많은 시사점을 준다. 주지하다시피, 피카소는 20세기 대표적인 입체파(cubism) 계열의 화가이다. 자연은 원통형·구체·원추형으로 이루어져 있다는 신념 아래, 자연을 이 세 가지 형태로 변형하고 재구성하였다. 그런데 피카소의 이러한 생각은 독창적인 것은 아니다. 왜냐하면 독일의 철학자 칸트에 의하면 이러한 생각은 이미 개념적으로 정립되어

있었기 때문이다. 즉, 인간인식에 있어서 '구성주의'적 기능, 즉 인간은 자연을 선험적인 범주 틀을 가지고 재구성한다는 생각과 다르지 않기 때문이다. 칸트가 피카소보다 훨씬 이전에 활동했음을 감안해 볼 때, 피카소적인 입체주의 사상은 칸트 철학의 영향 아래 위치할 것이다. 그러므로 피카소는 존재의 신비를 최초로 통찰하는 의미에서의 천재예술가는 아닐 것이다?

물론 이러한 논의가 본격적으로 이루어지기 위해서는 세잔과 피카소의 관계, 그들과 칸트의 관계, 그리고 입체주의와 칸트의 인식론이 어떠한 영향을 주고받았는가를 면밀하게 검토해야 할 것이다. 하지만 중요한 것은 예술가의 본질적인 기능이 무엇인가 하는 것이다. 남들이 다 이야기 해놓은 이론을 예술에 잘 적용시킨다고 훌륭한 예술가, 천재 예술가는 아닐 것이다. 플라톤이 철학자와 동일시하는 예술가는 범인들보다, 단순한 철학자들보다 더 먼저 존재의 신비를 직관하고 그것을 형상화해야 할 것이다. 그렇지 않고서는 천재 예술가라 칭할 수는 없을 것이다. 오늘날 우리에게 예술가는 있는가? 천재는 존재하는가?

과학자들에 의하면, 뱀은 미각(촉각)으로, 박쥐는 청각으로 그리고 개구리는 시각으로 사물을 인식한다. 그러기에 뱀에게는 혀로 감지되지 않는 대상들은 존재하지 않는다. 박쥐에게도 소리 나지 않는 대상들은 존재하지 않는다. 개구리에게도 움직이지 않는 파리는 없는 것과 마찬가지이다. 파리가 날아가는 순간부터 존재하게 되는 것이다. 뱀에게 세계는 미각적으로 다가오고, 박쥐에게 세계는 청각적으로 다가오고, 개구리에게 세계는 시각적으로 다가온다. 이처럼 모든 생명체는 저마다 각기 고유한 인식기능을 가지고 있다. 칸트의 말을 따르자면, 인간은 범주로 사물을 인식한다. 시간과 공간이라는 감성의 범주와, 양, 질, 관계, 양상 등의 오성의 범주로 세계를 인식하는 것이다. 그러기에 세계는 있는 그대로 우리에게 다가 오는 것이 아니라, 우리에게 적합한 형태로 다가 온다. 피카소는 분명 칸트의 이러한 인식론을 예술에 훌륭하게 응용하고 있다. 그가 의식하든 의식하지 않던, 그는 칸트 인식론의 영향아래 세계를 보고 작품을 만들었다. 좀더 극단적으로 말하면, 변형하였던 것이다. 하지만 진정한 의미의 예술은 이러한 것은 아닐 것이다. 그리고 참된 예술가들은 모든 이론을 뛰어 넘어 존재를 통찰해야 할 것이다. 조용히 한번쯤 생각해 볼 만한 주제이다.

아폴뤼미: 그리스어 '아폴뤼미(apollymi)'는 '죽이다'라는 뜻과 '살리다'라는 뜻을 동시에 지니고 있다. 얼핏 보면 모순 되는 것 같지만, 가만히 생각해 보면 의미심장한 구조를 지니고 있다. 왜냐하면 참된 것을 진정으로 살리기 위해서는 거짓된 것은 죽여야 하기 때문이다. 병들어 죽어가는 사람을 살리기 위해서는 몸속의 죽은 세포를 과감하게 제거해야 하는 이치와 마찬가지이다. 아침에 상쾌한 기분을 맛보기 위해서는 창문을 열어 방안의 탁한 공기를 완전히 바꾸어야 하는 것과 마찬가지 이치이다. 죽여서 될 것은 죽이되, 살릴 것은 살리는 것, 이것이 진정한 치료가 아닐까?

◆ 더 생각해 볼 문제

1. 인간은 수많은 동굴에 살고 있다. 탐욕의 동굴, 분노의 동굴, 무지의 동굴 등. 그런데 인간은 이러한 동굴로부터 벗어날 수 있는가? 있다면 그것은 무엇인가?

2. 플라톤 철학은 후대 철학에 많은 영향을 주었다. 그 가운데에서도 플로티노스의 신플라톤주의는 유명하다. 그런데 그 두 철학자의 공통점과 차이점은 무엇인가?

◆ 참고문헌

김용규. 2007. ≪설득의 논리학≫. 서울: 웅진지식하우스.

______. 2010. ≪서양문명을 읽는 코드, 신≫. 서울: 휴머니스트.

박규철. 2003. ≪플라톤이 본 소크라테스의 도덕·정치철학≫. 서울: 동과서.

______. 2009. ≪소크라테스와 소피스트≫. 서울: 동과서.

소포클레스. 1998. ≪소포클레스 비극≫. 천병희 역. 서울: 단국대학교출판부.

플라톤. 1997. ≪국가-政體≫. 박종현 역주. 서울: 서광사.

______. 2003. ≪에우티프론, 소크라테스의 변론, 크리톤, 파이돈≫. 박종현 역. 서울: 서광사.

한자경. 1997. ≪자아의 탐색≫. 서울: 서광사.

제9장

이성적으로 생각하라

— 아리스토텔레스와 <알렉산더> —

아리스토텔레스는 소크라테스나 플라톤처럼 아테네 출신이 아니라 그리스 북부의 스타게이로스 출신이었다. 일찍이 아테네에 있는 아카데메이아에 유학하여 20년 동안 플라톤으로부터 많은 것을 배웠다. 플라톤 사후에는 아카데메이아를 떠나 아소스와 미틸레네 등지를 여행하였다. 기원전 342년에는 필립포스 2세의 초정을 받고 마케도니아로 가서, 당시 13세였던 어린 알렉산더를 몇 년간 가르쳤다. 필립포스가 죽고 알렉산더가 왕위에 오르자, 그는 아테네로 돌아와 뤼케이온을 설립하여 후진 양성에 힘썼다. 서구 철학 사상 최초로 학문의 체계를 세운 철학자로 유명하며, 논리학, 형이상학, 윤리학 등에 그의 사상이 잘 담겨 있다. 알렉산더 사후 아테네를 떠났으며, 그로부터 1년 뒤인 기원전 322년에 칼키스에서 사망하였다. 중세 무슬림 철학과 토마스 아퀴나스를 중심으로 한 스콜라 철학, 나아가 헤겔로 대표되는 독일 관념론과 현대의 철학에도 깊은 영향을 끼쳤다.

* 앞의 사진은 아리스토텔레스의 모습

아테네 학당의 아리스토텔레스

라파엘로가 그린 <아테네 학당>을 보면, 학당 한 가운데에 두 사람의 철학자가 서 있다. 한 사람은 플라톤이고 다른 사람은 아리스토텔레스(Aristoteles: 기원전 384-322)이다. 플라톤은 하늘을 상징하는 붉은 색 옷을 입고서 오른손으로 하늘을 가리키고 있다. 왼손에는 우주론과 연관된 대화편인 ≪티마이오스≫가 들려져 있다. 이에 반해, 아리스토텔레스는 땅을 상징하는 푸른 색 옷을 입고서는 오른손으로 아래를 가리키고 있다. 그리고 그의 왼손에는 윤리학과 관계된 저작인 ≪니코마코스 윤리학≫이 들려져 있다. <아테네 학당>의 이 장면은 이상주의적 경향을 띠고 있었던 플라톤 철학과 현실주의적 경향을 띠고 있었던 아리스토텔레스 철학의 특징을 대비하여 보여주는 장면으로 유명하다.

아리스토텔레스의 생애

왕족(王族)의 후예였던 플라톤과 달리, 아리스토텔레스는 의사 집안에서 태어났다. 아리스토텔레스의 아버지 니코마코스는 알렉산드로스(이하 알렉산더로 함) 대왕의 할아버지인 아민타스 3세(Amyntas Ⅲ: ? - 기원전 370)의 궁중의사이기도 하였다. 이러한 배경으로 인하여, 그는 의술이나 생물학에 대해 남다른 지식을 소유하고 있었다. 그의 철학 전체는 이러한 지적 배경과 밀접하게 연관되어 있으며, 그가 생물학을 비롯한 '자연과학의 아버지'로 불리는 것은 결코 우연이 아니다.

기원전 367년, 그의 나이 17살에 아리스토텔레스는 플라톤의 아카데메이아에 입교했다. 그리고 그 곳에서 약 20년 동안 공부하였다. 80세를 일기로 플라톤이 사망하자, 그의 조카 스페우시포스(Speusippos:?-기원전339/8)가 아카데메이아를 계승하였다. 그러자 그는 곧장 아테네를 떠났는데, 그가 아카데메이아를 떠났다는 사실에 대해서는 의견이 분분하다. 가장 많이 전해지는 이야기로는, 그가 플라톤 후계자 자리를 물려받지 못한 데 대한 불만 때문에 그렇게 하지 않았느냐는 것이다. 하지만 이것은 정확한 말은 아니다. 왜냐하면 스타게이로스 출신인 아리스토텔레스가 아카데메이아 수장(首長) 자리를 물려받을 만큼 아테네 사회가 외국인에 대해서 너그럽지 않았기 때문이다. 오히려 아테네에 만연한 반(反)마케도니아 정서 때문에 그렇지 않았겠냐는 설이 더 설득력이 있을 것이다.

어쨌든 아리스토텔레스는 아테네를 떠나 소아시아의 아소스(Assos)로 갔다(기원전 348년). 그의 여행에는 스페우시포스 사후 아카데메이아의 3대 수장이 되었던 칼케돈의 크세노크라테스(Xenocrates: ?-기원전314)가 동행하였다. 그런데 아소스에는 노예 출신으로서 왕이 된 입지전적인 인물이었던 헤르메이아스(Hermeias)가 다스리고 있었는데, 아리스토텔레스는 그 곳에서 헤르메이아스 왕의 배려로 그의 조카딸인 피티아스(Phytias)와 결혼하여 딸 한 명을 낳았다. 하지만 몸이 약한 피티아스가 빨리 죽자, 그는 아테네로 돌아와 헤르필리스(Herphyllis)와 결혼하여 아들 한 명을 낳았다. 그가 바로 니코마코스이다.

그 당시 아리스토텔레스의 학문 연구는 주로 생물학 관련 분야에 집중되었는데, 영혼론과 연관된 문제도 깊이 있게 연구되었다. 기원전 343년에는 필리포스 2세(Philippos Ⅱ; 이하 필리포스)의 초청으로 마케도니아의 펠라로 갔는데, 그 곳에서 그는 당시 13살의 어린 소년이었던 왕자 알렉산더를 가르쳤다.

알렉산더가 왕위에 오르자, 아리스토텔레스는 아테네로 돌아와 '뤼케이온(Lykeion)'이라는 학원을 설립하였다. 이 학원에는 '주변을 걷다'라는 뜻을 지니고 있는 '페리파토스(peripatos)'라는 산책로가 있었는데, 이 이름에서 페리파토스 학파(소요학파: 逍遙學派)가 생겨났다.

학생들이 배우는 과목에 있어서도, 뤼케이온은 아카데메이아와는 크게 차이가 났다. 아카데메이아에서 주로 '수학'이나

'변증법'과 같은 이론적인 공부가 이루어진데 반해서, 뤼케이온에서는 '생물학'을 중심으로 한 자연과학적 과목들이 주를 이루었다. 이것은 철저하게 경험적인 아리스토텔레스의 학문 스타일을 반영한 것이기도 하였다.

그런데 기원전 323년 마케도니아의 알렉산더 대왕이 갑자기 서거하자, 아테네에서는 반(反)마케도니아 정서가 팽배하였다. 아리스토텔레스 또한 이러한 분위기에서 자유롭지 못하였다. 왜냐하면 그 역시 마케도니아 출신이었기 때문이었다. 이후, 이러한 분위기에 불안을 느낀 아리스토텔레스는 아테네를 떠나 에우보이아 섬의 칼키스(Chalcis)로 피신하였다. "아테네 사람들로 하여금 두 번 철학자를 죽이는 죄를 짓게 할 수는 없다"라는 말은 그가 도망가면서 남긴 유명한 말이다. 하지만 그는 그곳에서 1년도 지나지 않아 지병인 위장병으로 사망하고 만다(기원전 322년). 그의 나이 62세 때의 일이었다.

아리스토텔레스의 논리학

고대 기록에 의하면, 아리스토텔레스는 좋은 책을 수집하는 유별난 취미를 가지고 있었다고 전해진다. 아카데메이아에서는 그런 돈 많은 아리스토텔레스를 부러워했다는 기록도 있다. 이깨가 넓었던 플라톤이 '플라톤'이라는 별명을 가지고 있었듯이, 책을 좋아했던 아리스토텔레스 역시 '책벌레'라는 별명을 가지고 있었던 것이다. 무려 170여 권에 달했다는 저작 목록들은, 그의 이러한 학구열을 잘 증명해주고 있다. 비록 지금은 대부분 소실되어 전해지지는 않지만, 현존하는 약 30여 권 정도의 책으로도 그의 철학적 무게감을 확인할 수 있다.

아리스토텔레스의 대표적인 저작들로는, 그 유명한 ≪형이상학≫을 비롯하여, 논리학 분야의 ≪오르가논≫, 자연과학 분야의 ≪자연학≫, 심리철학 분야의 ≪영혼에 관하여≫, 윤리학 분야의 ≪니코마코스 윤리학≫, 정치철학 분야의 ≪정치학≫, 그리고 예술철학 분야의 ≪시학≫ 그리고 수사학 분야의 ≪수사학≫ 등이 있다. 그런데 유감스럽게도 아리스토텔레스의 이러한 저작들은 자신이 직접 쓴 것이 아니라, 그의 후학들이 아리스토텔레스의 강의원고들을 기반으로 하여 편집한 것들이다. 기원전 1세기 뤼케이온의 수장이었던 안드로니코스(Andronikos)

는 대표적인 편집자 중의 한 사람이다.

≪형이상학≫이라는 이름이 붙여지게 된 유래 역시 흥미롭다. 알 만한 사람은 다 알듯이, ≪형이상학≫은 아리스토텔레스가 쓴 10여 편의 논문들을 모아 ≪자연학≫(Physics) '이후에(meta)' 읽기를 권장하면서 안드로니코스가 새로이 편집한 책의 이름에서 유해하였다. 철학사가 J. 힐쉬베르거의 보고에 의하면, 형이상학이란 명칭은 아리스토텔레스의 제자 로도스의 에우데모스가 처음 사용했을 가능성이 있다고 보고한다. 그리고 문헌적인 측면에서는, 헬레니즘 시기의 아우구스투스 황제가 통치할 때 페리파토스 학파의 일원이자 역사가인 다마스쿠스의 니콜라우스의 책에 처음으로 등장하고 있다. 하여튼 자신의 전 저작을 혼자 완성한 플라톤과 달리, 아리스토텔레스는 자신의 저작에 대한 모든 편집권을 후학들에게 양보한 인심 좋은(?) 철학자 중의 한 사람임에 틀림없다.

아리스토텔레스의 저작들 중에서 가장 먼저 살펴보아야 할 것은 논리학 분야의 저작일 것이다. 알려져 있듯이, 아리스토텔레스는 논리학이 모든 개별 학문의 기초가 되는 학문, 즉 모든 학문들의 '예비학문'이라고 생각하였는데, 그의 이러한 생각은 중세 대학을 거쳐 현재에까지 이르고 있다. 비록 철학사에서 논리학이라는 말을 처음으로 사용한 이는 크세노크라테스였음에도 불구하고, 이를 본격적으로 체계적인 학문의 방법론으로 정립한 이는 분명 아리스토텔레스일 것이다.

그런데 아리스토텔레스가 논리학에 처음 붙였던 이름은 '분석학(analytica)'이었다. 이는 '풀어내다'라는 뜻을 지니고 있는

데, 아마도 '추론의 학문'으로서의 논리학의 성격을 강조하기 위해서 그렇게 한 것으로 추정된다. 이러한 논리학 관련 저작에는 논리학의 '개념'의 문제를 다루는 ≪범주론≫, '판단'의 문제를 다루는 ≪명제론≫, '추론' 과정을 다루는 ≪분석론 전서≫와 ≪분석론 후서≫, '변증 추론'을 다루는 ≪변증론≫ 그리고 '오류 추론'을 다루는 ≪소피스트 논박≫, 이렇게 총 여섯 권의 책이 있다. 그런데 이것들은 후대의 학자들에 의해 ≪오르가논≫이라는 이름으로 불리어졌는데, '그 뜻은 도구' 또는 '기관'이다. 근대에 들어와 영국의 철학자 F. 베이컨은 아리스도텔레스의 ≪오르가논≫을 새롭게 이해한다는 치원에서 ≪노붐 오르가눔≫(Novum Organum: 신기관)이라는 책을 펴냈는네, 여기에서 그는 '귀납법(Induction)'의 문제를 깊이 있게 다루었다.

잘 알려져 있듯이, 논리학의 세 가지 원리는 '동일률(principle of identity)'과 '모순율(principle of contradiction)' 그리고 '배중률(principe of excluded middle)'이다. 동일률은 동일성의 원리로, 보통 "A는 A이다"라는 형태로 표현되고, 모순율은 '무모순성의 원리'로 보통 "A는 비(非)A가 아니다"라는 형태로 표현된다. 마지막으로 배중률은 '삼자 배제의 원리'로, "A는 B이거나 또는 B가 아니다"라는 형태로 표현된다. 이 세 가지 원리는 우리의 언어 세계에서 '변하지 않는 것'을 '연역법(Deduction)'으로 붙잡고자 하였던 아리스토텔레스의 지적인 열정이 잘 드러나 있다. 특히, '삼단논법(Syllogism)'은 논리학사에서 그의 이름을 오랫동안 각인시켰던 대표적인 발견이기도 하였다. 비록 오늘에는 그의 형식논리학이 지닌 많은 문제점을 수정 보완하는 새로운 논리 이론들, 즉 '기호 논리학(Symbolic Logic)'이나 '퍼지 논리(Fuzzy Logic)' 등이 언급되고 있음에도 불구하고, 우리의 사유 구조에 그의 논리학이 끼친 공적은 아무리 강조해도 지나치지 않을 것이다.

아리스토텔레스의 형이상학

형이상학의 창시자이자 ≪형이상학≫의 지은이인 아리스토텔레스가 정작 '형이상학'이란 이름 자체에 대해서는 몰랐다(?)는 것은 하나의 아이러니(irony)이다. 사실 지금에서야 철학을 조금이라도 배운 사람이라면, 한번쯤은 들은 본 개념일 텐데도, 아리스토텔레스 생전에는 그 개념이 온전히 자리 매김되지 못했다는 것은 분명하다. 하지만 그럼에도 불구하고, 우리가 분명하게 확인할 수 있는 것은 아리스토텔레스 역시 형이상학적인 논의들을 "제일철학" 또는 "지혜"로 언급했다는 사실이다. 즉 그에게 있어서 형이상학은 '물리학'이나 '생물학' 또는 '광학' 등과 같은 개별과학이 아니라, 이런 모든 개별과학을 '전체적으로' 아우르는 "제일철학"이었으며, 또한 인간과 세계의 문제를 가장 깊이 있게, 그리고 가장 '궁극적으로' 탐구하는 "지혜"의 학이었던 것이다. 이런 점에서 우리는 아리스토텔레스의 형이상학을 "존재 자체", "제일원인", "부동의 원동자"(unmoved mover) 그리고 "실체"(ousia)를 탐구하는 "존재론", "제일철학", "신학" 그리고 "실체에 관한 학문"으로 규정할 수 있는 것이다.

먼저 형이상학은 전체로서의 존재와 그것의 본질 그리고 그것과 연관된 모든 것들을 탐구하는 존재론으로 이해할 수 있다. 다른 모든 개별 과학들이 존재를 부분적으로, 또는 일정한 관점 하에서 고찰하는데 반해서, 형이상학은 존재 자체를 가장 거시적인 관점에서, 또는 가장 보편적인 관점에서 조망하고 있기 때문이다. 예를 들자면, 물리학은 '물질'을 그 주된 탐구 대상으로 하고 있고, 생물학은 '생명체'를 그 주된 탐구 대상으로 하고 있으며, 광학은 '빛'을 그 주된 탐구 대상으로 하고 있지만, 존재론으로서 형이상학은 물질과 생명 그리고 빛 등과 같은 것을 포함한 존재 전체를 그 탐구 대상으로 하고 있는 것이다. 이는 형이상학이 모든 개별 과학을 뛰어넘는 과학, 즉 '과학의 과학' 임을 말해주고 있는 것이다.

다음으로, 아리스토텔레스의 형이상학은 제일원인을 탐구하는 제일철학으로도 이해할 수 있다. ≪형이상학≫ 제1권에서부터 아리스토텔레스는 '4원인설'에 근거해 소크라테스 이전 자연철학자들의 이론과 플라톤의 이데아 사상을 비판적으로 검토하고 있다. 그런데 그리스 말로 '원인'을 뜻하는 'aitia'라는 말은 원래 장인의 '기술(technē)' 개념과 밀접하게 연관되어 있다. 즉 아리스토텔레스는 존재하고 있는 것들의 원인을 설명하면서, 그것이 마치 손으로 무엇인가를 만드는 장인(匠人)의 기술과 그 장인이 빚어내는 작품 세계와 밀접하게 연관되어 있다고 생각하였으며, 그 유비적인 관계를 '작용인(efficient cause)', '질료인(material cause)', '형상인(formal cause)' 그리고 '목적인(final cause)'이라 명명하였다. 예를 들어, 세종대왕의 동상을 만드는 장인이 있다고 하자. 우선 세종대왕 동상을 만드는 기술자로서의 장인은 그 동상의 작용인이다. 장인이 동상의 재료로 사용하고 있는 각종 물질들은 동상의 질료인이다. 동상을 만들면서 장인이 머릿속에 그리고 있는 작업에 대한 기획, 즉 '청사진'은 동상의 형상인이다. 마지막으로 그러한 작업을 통해서 장인이 궁극적으로 목적하는 바, 즉 동상 제작의 궁극적인 목적은 동상의 목적인이다. 다시 말해, 모든 시민들에게 우리 민족의 문화적 우수성을 각인시켜주는 것과 같은 것이 목적인인 것이다.

그런데 이 4가지 원인들은 다시 2가지로 묶일 수 있는데, 질료인을 제외한 나머지 3가지 원인들, 즉 작용인과 형상인 그리고 목적인은 모두 '형상인' 하나로 통일 가능하기 때문이다. 플라톤과 같이, 아리스토텔레스 역시 형상 중심으로 세계를 이해하고 있었던 것이다. 하지만 이러한 아리스토텔레스의 존재 이해는, 역으로 그의 한계를 보여주는 것이기도 하다. 왜냐하면 그것은 형상인은 결코 질료인을 완전히 지배할 수 없다는 것을 보여주기 때문이다. 하지만 이는 플라톤을 포함한 대부분의 그리스 철학자들이 보이고 있는 공통된 현상이기도 하다. 아울러 '무로부터의 생성 불가능성'을 전제하는 그리스 철학 체계 하에서는 해결될 수 없는 문제이기도 하다. 그래서 서구 철학사에서는 '질료(matter)'에 대한 제일원인의 지배권을 강화하고자 하는 일련의 시도들이 있어 왔는데, 신플라톤주의의 창시자인 플로티노스(Plotinos)의 '유출(emanation)' 이론과 교부철학의 완성자인 아우구스티누스(Augustinus)의 '창조(creation)' 이론 등은 그 대표적인 이론들이다.

세 번째로, 아리스토텔레스의 형이상학은 '신학'으로도 이해 가능하다. 왜냐하면 그것은 최고의 존재인 신에 대한 탐구이기 때문이다. 특별히 ≪형이상학≫ 제12권에서 아리스토텔레스는 신학을 조명하고 있다. 우선적으로, 그가 생각하고 있는 것은 자기 자신은 움직이지 않으면서 세상에 존재하는 모든 것들을 움직이게 하는 힘을 지닌, 그러한 존재가 있다는 것이다. 그것은 '부동의 원동자'로서의 신이다. '무한퇴행'을 인정하지 않을 때, 운동의 계열에서 운동의 최초 지점에 위치해있는 존재인 것이다. 하지만 그의 이러한 신에 대한 이해는 다분히 물리학적인 관점에 기반하고 있다. 아리스토텔레스 또한 이러한 접근에 완전히 안주하지는 않는다. 이에, 그는 물리적인 관점에서 벗어나 최고의 존재에 대한 온전한 이해를 구한다. 우선, 그는 모든 질료로부터 해방된, 즉 질료를 배제한 '순수한 형상'으로서의 신을 언급한다. 그 다음에 그는 순수형상으로서의 신이, 모든 물리적인 활동으로부터 완전히 독립된 활동, 즉 '사유 활동'만을 수행하는 그러한 존재임을 생각한다. 그리하여 그는 자기 자신을 대상으로 하여 '사유활동을 사유하는 사유활동(thought-thinking-thought)'으로서의 신을 새롭게 자리 매김 한다. 바야흐로, 신을 신 자신에 대한 '사유의 사유'로서 이해하는 하나의 서구적 전통이 형성된 것이다.

마지막으로 아리스토텔레스의 형이상학은 '실체에 대한 탐구의 학'으로도 이해할 수 있다. 사실 아리스토텔레스에게 있어 실체와 연관된 문제는 그의 철학에서 가장 난해한 문제 중의 하나로 손꼽히고 있다. 특히 ≪형이상학≫ 제7권과 제8권 그리고 제9권에서 집중적으로 논의되고 있는 이 문제는 많은 철학자들의 골머리를 앓게 하였던 난제들 중의 하나였다.

먼저, 아리스토텔레스에게 있어 실체란 '형상(Form)'과 '질료

(Matter)'의 결합체이다. 그리스 말로는 '우시아(Ousia)'이다. 단적으로, 바로 여기에 존재하는 개별적인 존재자를 말한다. 조금 어려운 말로는 '제일실체(prōtē ousia)'라고 한다. 이 개념에 근거해서, 아리스토텔레스는 플라톤의 이데아 사상을 비판하였다. 여기에서 개별자를 강조하는 아리스토텔레스와 보편자를 강조하는 플라톤 사이의 차이점이 분명히 드러난다. 즉 플라톤이 '빨강'이나 '꽃'과 같은 보편자를 강조하는데 반해서, 아리스토텔레스는 지금 여기에 있는 '이 빨간 꽃'과 같은 개별자를 강조하였던 것이다. 이처럼 아리스토텔레스는 실체를 언급하면서 우선 개별적인 것에다 힘을 실어주고 있다.

하지만 아리스토텔레스는 '제이실체(deutera ousia)' 개념을 통하여 다시 플라톤으로 복귀한다. 제일실체에 대한 언급 이후, 아리스토텔레스는 곧바로 제일실체로 하여금 제일실체이게끔 해주는 '그 무엇', 즉 개별자를 개별자이게끔 해주는 더 본질적인 것을 천착한다. 그 과정에서 그는 플라톤적인 '형상' 또는 '보편자'가 제일실체보다 더 실재적인 것임을 인식하며, 그것을 제이실체라 명명한다. 이렇게 함으로써, 그는 개별자와 더불어 보편자도 실체임을 긍정적으로 확인하고 있는 것이다.

이러한 논의에 더하여, 아리스토텔레스 형이상학 이해에 있어서 빼놓을 수 없는 개념은 '가능태(dynamis)'와 '현실태(energeia)'이다. 물론, 아리스토텔레스의 형이상학 체계에서 가장 기본적인 틀은 형상과 질료이다. 이는 플라톤도 마찬가지이다. 하지만 아리스토텔레스는 이 개념 원리에다 현실태와 가능태라는 새로운 원리를 첨부한다. 그런데 그가 제시하는 가능태와 현실태의 원리들은 현실에 존재하는 '운동'의 문제를 좀 더 쉽게 설명하기 위한 목적에서 고안되었다. 즉 그에게 있어, "운동이라는 것은 가능태로서의 존재자 자체를 현실화하는 그러한 것"(≪자연학≫ 제3권1장, 201a10)인데, 기존의 질료와 형상의 원리로서는 이러한 운동의 문제를 설명할 수 없었던 것이다. 이렇게 하여 현실태와 가능태의 원리는 아리스토텔레스 형이상학의 핵심적인 원리로 자리매김하게 된다.

아리스토텔레스에게 존재는 가능적인 존재와 현실적인 존재로 나누어진다. 가장 순수한 현실적인 존재는 '순수현실태'로, 가장 원초적인 가능적인 존재는 '제일질료'로 자리 잡는다. 그리고 이 두 극한 사이에는 '제이질료'와 형상의 결합체인 제일실체, 즉 개별자들이 자리하고 있다. 그런데 가능태와 현실태의 원리는 무엇보다도 유기적 존재자들의 역동적인 관계를 설명하는데 큰 도움을 준다. 예를 들어, 완전히 다 자란 한 그루의 소나무가 있다고 가정하고, 그 소나무가 함축하는 역동적인 관계에 대하여 살펴보자. 먼저 이 소나무는 성장 초기의 어린 소나무에 비해 완전히 자란 것이다. 그런 점에서 이 소나무는 어린 소나무의 현실적 존재, 즉 현실태이다. 하지만 만약 그것이 새로 복원되는 광화문의 주된 기둥으로 쓰인다고 가정했을 때, 그것은 전체 건물을 완성하는 하나의 가능적 존재, 즉 가능태로 작용할 것이다. 이처럼 가능태와 현실태라는 개념 틀은 제일실체의 세계에 나타난 변화의 문제를 역동적으로 이해하는데 큰 통찰을 제공해준다.

이후, 아리스토텔레스의 이러한 존재 이해의 방식은 중세의 토마스 아퀴나스가 '존재(esse)'를 '본질(essentia)'과 '실존(existentia)'

의 결합으로 이해하는 새로운 방법론을 제공하기 전까지 가장 세련된 존재 이해의 방식으로 알려져 왔다.

다음은 아리스토텔레스 ≪형이상학≫의 전체적인 얼개에 대한 간략한 정리이다.

제1권에서는 소크라테스 이전 자연철학자들의 이론과 플라톤의 이데아 사상이 비판적으로 정리되어 있다. “모든 인간은 본래 앎을 욕구한다”는 말도 여기에 등장한다.

제2권에서는 형이상학 공부에 필요한 일반적인 안내의 글들이 소개되고 있다.

제3권(Γ)에서는 형이상학의 주된 문제들이 아포리아의 형태로 제시되어 있다.

제4권에서는 3권의 물음에 기반 하여 형이상학적 논의가 본격적으로 언급되며, 모순율과 배중률을 부정하는 사람들에 대한 비판도 있다.

제5권에서는 철학의 주요 개념 40여개가 소개되고 있다.

제6권에서는 형이상학이 수학 및 자연학과 어떻게 다른지에 대한 논의들이 언급된다.

제7권(Z)에서는 실체의 문제가 논의된다. 특별히 개별적 실체에 대한 논의가 주를 이룬다.

제8권(H)에서는 감각적 실체에 대한 논의가 있다.

제9권(Θ)에서는 가능태와 현실태의 문제가 다루어진다.

제10권에서는 일자와 다자 그리고 동일성과 차이성 등과 같은 개념들이 언급된다.

제11권에서는 ≪형이상학≫ 제2권, 제4권, 제6권 그리고 ≪자연학≫ 제3권과 제4권의 내용을 요약한 글이 주를 이룬다.

제12권(Λ)에서는 아리스토텔레스 신학의 목적론적 구조에 대해서 이야기한다.

제13권과 제14권에서는 플라톤의 이데아론과 수론에 대한 검토를 통해 플라톤의 철학이 비판되고 있다.

아리스토텔레스의 윤리학

그리스의 3대 비극작가 중 가장 최초의 인물로 알려진 사람은 아이스킬로스(Aeschylos: 기원전 525/524-456/455)이다. 그는 소포클레스(Sophocles) 및 에우리피데스(Euripides)와 함께 그리스 비극의 전성시대를 열었는데, 그의 작품으로는 ≪결박당한 프로메테우스≫와 ≪테바이를 공격하는 7인의 전사≫ 등이 있다. 하지만, 그의 대표작은 ≪오레스테이아≫(Oresteia)의 3부작인 <아가멤논>(Agamemnon), <제주를 바치는 여인들>(Choephoroi) 그리고 <자비로운 여신들>(Eumenides)일 것이다. 기원전 458년에 초연되었던 이 작품은, 그의 마지막 작품임과 동시에, 그리스의 3부작 극작품 가운데에서 오늘날까지 그 원형이 온전히 보존된 유일한 작품이기도 하다. '죄'와 '벌'의 문제가 심도 있게 조명된 작품으로도 유명하다.

잘 알려져 있듯이, ≪오레스테이아≫ 3부작은 미케네의 왕이었던 아트레우스 집안에 대한 이야기이다. 고대세계에서 그 유래를 찾아볼 수 없을 정도로 가장 복잡하면서도 타락한 도덕상을 보여주고 있는 이 작품에서, 아이스킬로스는 가족적 차원의 '복수'의 문제가 어떻게 법적, 정치적 차원의 '화해'의 문제로 승화되어 가야 하는지를 설득력 있게 보여주고 있다.

제1부 〈아가멤논〉은 미케네 왕국의 왕비 클리타임네스트

라가 그녀의 정부인 아이기스토스와 공모하여, 그녀의 남편이자 국왕인 아가멤논 왕을 살해하는 사건을 다루고 있다. 물론, 클리타임네스트라의 이러한 '남편살해'의 배경에는 남편에 의해서 무참하게 살해된 어린 딸, 즉 이피게네이아에 대한 어머니로서의 복수가 깔려 있다. 하지만 이것은 그 이후에 전개되는 또 다른 복수의 불씨가 되기도 한다. 제2부 〈코이포로이〉는 아가멤논의 딸인 엘렉트라(그리스어로 '현명한 자'라는 뜻)와 아들 오레스테스가 자신의 어머니인 클리타임네스트라와 정부 아이기스토스를 살해하는 사건을 다루고 있다. 이 역시 어머니에 의해 무참하게 살해된 자신의 아버지 아가멤논에 대한 복수가 그 배경을 이루고 있다. 마지막으로 제3부 〈에우메니데스〉는 '모친살해'의 장본이인 오레스테스가 '복수의 여신들'이라 불리는 에리니에스(Erinyes)에게 추격당하는 이야기를 그리고 있다. 사실 고대로부터 에리니에스는 '존속살해죄'를 저지른 악한들을 벌하는 가장 잔혹한 여신으로 그 악명이 높았다. 특히 오레스테스와 같이 어머니를 살해한 사람은 반드시 찾아 그 죄를 물었던 끔찍스러운 존재이기도 하였다. 비록 오레스테스 자신은 아버지의 원수를 갚기 위해서 어머니를 죽였다고 항변하지만, 아버지의 권위보다는 어머니의 권위를 더 소중하게 생각하는 에리니에스에게는 그러한 항변이 통하지 않는다. 이에 오레스테스는 아테네 여신에게 도움을 청한다. 그리고 아테네 여신이 주관하는 아레오파고스 법정에 서서 자신의 처지를 호소한다. 하지만 복수의 여신들 또한 그에 대한 자신들의 정당한 징벌을 요구한다. 바야흐로 판결은 배심원들에게 맡겨진다. 하지만 결과는 50 대 50. 그런데 결과가 만약 가부동수일 경우에는 무죄로 간주한다는 재판 전의 약속에 따라, 아테네 여신은 오레스테스를 무죄 방면한다. 하지만 그의 무죄방면에 불만을 느낀 복수의 여신들이 판결에 강하게 항의하자, 아테네 여신은 그들에게 '에우메니데스', 즉 '자비의 여신들'이란 칭호를 주어 그들의 불만을 잠재운다. 마지막으로 자비의 여신들이 도시국가 아테네를 축복을 약속하면서 극은 끝이 난다.

이 이야기를 통해서 우리는 다음과 같은 것을 생각해 볼 수 있을 것이다. 복수는 복수를 낳기 마련이며, 죽고 죽이는 살인의 행위는 합리적인 법과 제도에 의해서 통제되지 않고서는 무한히 계속될 수밖에 없다는 것을. 그리고 그러한 살인의 반복 속에서 남는 것은 인간성 상실의 비극뿐이라는 것을.

그런데 우리는 이와 유사한 비극적 장면을 세익스피어의 ≪햄릿≫에서도 읽을 수 있다. 비극 ≪햄릿≫에 나타난 햄릿의 고뇌는 독특하다. 주지하다시피, 햄릿은 아버지의 혼령으로부터 현재의 국왕이자 어머니의 남편인 클라디우스가 자신을 죽인 범인임을 전해 듣는다. 이에 그는 당연히 아버지의 원수인 삼촌 클라디우스를 죽이고자 한다. 전통적인 도덕관념에서는 친족을 살해한, 특히 아버지를 살해한 사람을 죽이는 것은 자식으로서 행해야 할 당연한 의무이기 때문이다. 하지만 그는 그렇게 하지 못한다. 오히려 클라디우스를 죽일 수 있는 기회가 여러 번 있었음에도 불구하고, 그를 죽이지 못한 채 괴로워한다. 그의 복수 계획은 지연되고 연기되었던 것이다.

왜일까?

햄릿의 이러한 행위에 대한 종래의 해석은 지극히 단순하다. 하나의 해석은 그의 '사변적 성향'을 강조하는 것이다. 이는 햄릿을 '행동장애자'로 자리매김 한다. 다른 하나는 그의 '우유부단한 성격'을 강조한다. 이는 햄릿을 '의무불이행자'로 자리 매김 한다. 하지만 이러한 해석들은 모두 햄릿의 행동 지연에 대한 비본질적인 해석만을 제공할 뿐이다. 왜냐하면 햄릿의 복수 행위가 지연되고 있는 데에는 복수 행위를 무력화시키는 또 다른 형태의 도덕적 신념, 또는 종교적 신념이 자리 잡고 있는데, 종래의 해석들은 모두 이러한 측면을 간과하고 있기 때문이다. 다시 말해, 아버지에 대한 "복수는 당연히 해야 한다"라는 그의 제1의 행위원칙을 무력화시키는 것은 "복수는 해서는 안 된다"라는 제2의 행위원칙일 것인데, 이는 "원수까지도 사랑해야 한다"는 종교적 신념 또는 칸트 식의 강한 도덕원칙과 그 맥이 닿아있는 것이다. ≪햄릿≫ 제1막 제2장에 나오는 클라디우스 왕의 언급, 즉 "비텐베르크의 학교로 다시 돌아가려는 네 의도"라는 언급과, 곧이어 이어지는 어머니 거트루드의 언급, 즉 "어미의 기도가 헛되지 않게 해라, 햄릿. 우리와 함께 있자, 비텐베르크로 가지 말고"라는 언급은, 필자의 이러한 이해에 상당한 힘을 실어주고 있다. 왜냐하면 지금 거트루드와 클라디우스에 의해서 언급되고 있는 비텐베르크는 바로 그 유명한 종교개혁가 마틴 루터가 혁명을 일으킨 종교 개혁의 발생지이기 때문이다. 미루어 짐작컨대, 아마도 햄릿은 그 곳에서 신학을 공부하고 있었던 신실한 신학도이거나, 아니면 예수가 언급한 기독교적 가치를 구체적으로 실천하고자 하였던 독실한 기독교 신자일 가능성이 크다. 물론 정확한 것이야 역사를 거슬러 올라가 셰익스피어 본인에게 직접 물어보아야 할 것임에 불구하고, 필자의 이러한 해석은 기존의 해석들보다 햄릿의 복수 행위가 지연되고 있는 데 대한 더 큰 설득력을 제공해 줄 것이라 판단된다. 이러한 이해에 근거해서, 우리는 제3막 제1장 56행에서 언급되고 있는 햄릿의 그 유명한 독백, 즉 "있음이냐 없음이냐 그것이 문제로다"라는 말이, 사실은 전통적 가치와 근대적 가치, 복수를 정당화화는 논리와 복수의 연쇄 고리를 끊고자하는 논리 간의 첨예한 대립을 상징적으로 표현하고 있는 의미심장한 말임을 직관할 수 있을 것이다. 다음은 이와 연관된 원문이다.

"있음이냐 없음이냐, 그것이 문제로다.
어느 게 더 고귀한가. 난폭한 운명의
돌팔매와 화살을 맞는 건가, 아니면
무기 들고 고해와 대항하여 싸우다가
끝장을 내는 건가. 죽는 건 - 자는 것뿐일지니
잠 한번에 육신이 물려받은 가슴앓이와
수찬 가지 타고난 갈등이 끝난다 말하면,
그는 간절히 바라야 할 결말이다.
죽는 건, 자는 것, 자는 건
꿈꾸는 것일지도 - 아, 그게 걸림돌이다.
왜냐하면 죽음의 잠 속에서 무슨 꿈이,
우리가 이 삶의 뒤엉킴을 떨쳤을 때
찾아올지 생각하면, 우린 멈출 수밖에 -
(본문 제3막 제1장 56-68행, 최종철 역)

그런데 셰익스피어와 비슷하게, 아리스토텔레스 역시 폴리스의 전통적인 가치체계가 붕괴되고 폴리스의 새로운 법률제도가 마련되어 가는 과도기적 상황 속에서 자신의 윤리적 사유를 전개해 나갔다. 먼저 언급할 수 있는 것은 아리스토텔레스 시대에는 고대 세계의 전통적인 가치체계들이 모두 붕괴되었다는 사실이다. 당연히 '탈리오의 법칙(lex talionis)', 즉 '동해보복법(同害報復法)'과 같은 전통적인 가치체계들은 이제 더 이상 힘을 발휘하지 못했던 것이다. 여기에 더하여, 새로운 법률이나 제도는 일반시민들의 행동 규범으로 작용하기에는 그 구체성 및 직접성을 결여하고 있었다. 이에 아리스토텔레스는 폴리스 사회에서 인간의 모든 윤리적 행위를 결정짓는 것은, 바로 도덕적 행위를 하는 바로 그 사람, 즉 '개별적 시민'임을 강조하면서, 행위 주체로서의 도덕적 개인의 '책임성'을 강조하였던 것이다. 아리스토텔레스의 ≪니코마코스 윤리학≫ 제3권에서 언급되고 있는 다음과 같은 언급은 바로 시민들 개개인이 '윤리적 주체'임을 분명히 하고자 하였던 아리스토텔레스의 의중이 잘 드러나 있는 의미심장한 말이다.

"그러므로 탁월성 역시 우리에게 달려 있으며, 악덕 역시 마찬가지이다. 행위하는 것들이 우리에게 달려 있는 것들의 경우, 행위하지 않는 것 또한 우리에게 달려 있으며, 우리가 '아니오'라고 할 수 있는 것에는 또한 '예'라고도 할 수 있기 때문이다. 따라서 실제로 고귀한 일을 하는 것이 우리에게 달려 있다면, 부끄러운 일을 하지 않는 것 또한 우리에게 달려 잇을 것이다. 또 실로 고귀한 것을 하지 않는 것이 우리에게 달려 있다면, 정말 부끄러운 일을 하는 것 역시 우리에게 달려 잇을 것이다. 이렇듯 만일 고귀한 것이나 부끄러운 일을 행하는 것이 우리에게 달려 있고, 마찬가지로 그런 일을 하지 않는 것도 우리에게 달려 있다면, 그리고 좋은 사람이라는 것이나 나쁜 사람이라는 것이 바로 이것이었다면, 훌륭한 사람이 되는 것이나 비천한 사람이 되는 것도 우리에게 달려 있는 것이다." (≪니코마코스 윤리학≫ 제3권 1113b6-14: 이창우·김재홍·강상진 역, 이하 이 번역본 사용)

≪니코마코스 윤리학≫을 통하여, 아리스토텔레스는 철학에서 처음으로 윤리학이라는 새로운 학문 영역을 개척하였다. 그런데 그의 접근 방법은 플라톤과는 달랐다. 플라톤이 초월적이고 절대적인 '선의 이데아'에 근거 하여 인간의 모든 행위를 이해하려고 하였던 데 반해, 아리스토텔레스는 폴리스의 정치적인 삶에서 발견 가능한 '인간적인 선'의 본질을 탐구하고자 하였다.

사실상, 플라톤은 폴리스의 정치체제를 다루는 ≪국가≫에서 자신의 윤리사상을 다루었다. 그래서 그의 윤리학은 다분히 정치적 맥락에서 이해된 윤리적인 이론이었다. 비록 그가 윤리학과 정치학을 엄격하게 분리하지 않았음에도 불구하고, 플라톤이 개인적 윤리 이론에 독립적인 지위를 부여하지는 않았다는 것은 잘 알려진 사실이다. 하지만 아리스토텔레스의 경우는 달랐다. 그는 국가와 공동체의 문제와 개인의 윤리적인 문제를 철저히 분리하여, 전자를 ≪정치학≫에서 그리고 후자를 ≪니코마코스 윤리학≫에서 연구하였던 것이다. 이렇게 볼 때, 그의 윤리학은 '행복(eudaimonia)'을 탐구는 학문이라고 규정할 수 있는 것이다.

아리스토텔레스는 행복은 "탁월성(aretē)에 따른 영혼의 활동"(제1권 제9장 26행)이라고 규정한다. 그는 '탁월성' 즉 '덕'을 두 가지로 나눈다. 하나는 '윤리적인 덕' 또는 '성격적인 탁월성'이라고도 불리는 '실천적인 덕'이고, 다른 하나는 '지적인 덕'이다. 이때, 실천적인 덕은 '용기'나 '절제'와 같은 것을 말하며, 지적인 덕은 '철학적 지혜(sophia)'나 '실천적 지혜(phronēsis)' 같은 것을 말한다. 실천적인 덕이 '습관'의 결과로 태어났다면, 지적인 덕은 '교육'을 통해 성장하고 발전한다.

그런데 실천적인 지혜는 '중용(mesotēs)'의 원리에 근거해서 이해되어야 한다. 잘 알려져 있듯이, 중용이란 사태의 두 극단을 배제하면서 그 중간 지점을 취하는 삶의 기술이다. 예를 들어, 용기라는 것은 아무 것도 두려워하거나 무서워하지 않는 그러한 것도 아니고, 어떤 일이든 두려워하여 회피하는 그러한 것도 아닌 것, 즉 무모하지도 않고 비겁하지도 않는 그러한 덕을 말하는 것이다. 그리고 절제라는 것 역시 지나치게 쾌락적이지도 않으면서, 동시에 지나치게 인색하지도 않는 그러한 덕을 말하는 것이다. 그래서 용기와 절제라는 덕은 '지나침'과 '모자람'을 배제하면서 중용의 원리에 따라 판단하고 생각할 때에만, 그 진정한 의미가 온전히 드러나는 것이다.

이에 반해, 지적인 덕은 진리를 인식하는 데 그 주된 기능이 있는데, 긍정과 부정을 통해 얻게 된 진리의 상태에는 다음 다섯 가지가 있다. 그것들은 '기예(technē)', '학문적 인식(epistēmē)', '실천적 지혜', '철학적 지혜', 그리고 '직관적 지성

(nous)'이다. 먼저, 기예란 생성과 연관된 것으로, 참된 이치에 따라 제작할 수 있는 지적 상태를 말한다. 학문적 인식이란 논리적으로 증명할 수 있는 능력이 있는 지적 상태를 말한다. 실천적 지혜란 인간에게 좋은 것과 나쁜 것이 무엇인지 알면서 참된 이치에 따라 행동할 수 있는 지적 상태를 말한다. 실천적 덕의 지도와도 연관되어 있다. 직관적 지성이란 학문적 인식의 근본 명제까지도 파악할 수 있는 그런 지적 상태를 말한다. 마지막으로 철학적 지혜란 학문적 인식과 직관적 지성과 학문적 인식이 합쳐진 것과 같은 지적 상태로, 가장 고귀한 것에 대한 앎일 뿐만 아니라, 모든 완성된 앎의 상태이기도 하다. 다음은 철학적 지혜와 연관된 아리스토텔레스의 언급이다.

"그러므로 지혜로운 사람은 원리들로부터 도출된 것을 알아야 할 뿐만 아니라 원리들 자체에 대해서도 참되게 알아야 할 것이다. 그렇기에 지혜는 직관적 지성과 학문적 인식이 합쳐진 것일 터이며, 가장 영예로운 것들에 대한 '최정점'의 학문적 인식이다."(제6권 제7장 16-19)

그런데 아리스토텔레스에게 있어 최고의 행복은 '관조적 활동'이다. 주지하다시피, 행복은 탁월성에 따른 영혼의 활동이기에, 영혼의 가장 고귀한 활동이자 진리에 일치하는 것인 지성의 '관조'만이 인간의 궁극적인 행복을 보장해 줄 수 있는 것이다. 다음은 이와 연관된 아리스토텔레스의 언급이다.

행복이 탁월성에 따르는 활동이라면, 그것은 당연히 최고의 탁월성을 따라야 할 것이다. 그런데 이 최고의 탁월성은 최선의 것에 대한 탁월성이다. 이것이 지성(nous)이건 혹은 다른 어떤 것이건, 이것은 본성상 우리를 지배하고 이끌며, 고귀하고 신적인 것들에 대한 이해를 가지고 있는 것으로 보인다. 이것 자체가 신적인 것이든 아니면 우리 안에 있는 것들 가운데 가장 신적인 것이든, 자신의 고유한 탁월성에 따르는 이것의 활동이 완전한 행복일 것이다. 이 활동이 관조적인 것임은 이미 말한 바 있다. 이것은 이전에 논의했던 바에, 또 진리에 일치하는 것 같다. 이것이 최고의 활동이기 때문이다. 우리 안에 있는 것들 중 지성이 최고이며, 지성이 상대하는 대상 또한 앎의 대상들 중 최고이니까. 게다가 이 활동이 연속적이다. 우리는 어떤 것을 행위하는 것보다 더 연속적으로 관조할 수 있기 때문이다.

(...)

그러나 이러한 삶은 인간적인 차원보다 높은 것일 것이다. 왜냐하면 인간인 한 이렇게 살 수 있다기보다는 인간 안에 신적인 어떤 것이 존재하는 한 그렇게 살 수 있을 것이기 때문이다. 그런데 신적인 어떤 것이 복합적인 것에 대해 차이 나는 바로 그만큼 신적인 것의 활동 또한 탁월성에 따른 활동에 대해 차이를 가진다. 그러므로 만약 지성이 인간에 비해 신적인 것이라면, 지성을 따르는 삶 또한 인간적인 삶에 비해 신적인 것이다. 그러나 "인간이나 인간적인 것을 생각하라", 혹은 "죽을 수밖에 없는 운명이니 죽을 수밖에 없는 것들을 생각하라"고 권고하는 사람들을 따르지 말고, 오히려 우리가 할 수 있는 데까지 우리들이 불사불멸의 존재가 되도록, 또 우리 안에 있는 것들 중 최고의 것에 따라 살도록 온갖 노력을 기울여야

> 만 한다. 이 최고의 것이 크기에는 작다 할지라도, 그 능력과 영예에 있어서는 다른 모든 것을 훨씬 능가하기 때문이다.
> (제10권 1177a12-1178a2)

<알렉산더(Alexander, 2004)>

감독: 올리버 스톤(Oliver Stone)
출연: 콜린 파렐(Colin Farrell, 알렉산더 역), 안젤리나 졸리(Angelina Jolie, 올림피아스 역), 발 킬머(Val Kilmer, 필립 왕 역), 안소니 홉킨스(Anthony Hopkins, 포톨레미 역), 제어드 레토(Jared Leto, 헤파이스티온 역), 로자리오 독슨(Rosario Dawson, 록산느 역)
분류: 액션, 전쟁, 시대극
제작국가: 독일, 프랑스, 네덜란드, 미국
시간: 175분

이 영화는 고대 그리스 역사, 아니 세계 전쟁사를 통틀어 가장 탁월한 전략가로 손꼽히는 알렉산더 대왕의 파란만장한 일대기를 그리고 있다. 잘 알다시피, 알렉산더는 세계 역사상 그 유례를 찾아볼 수 없을 정도의 대제국을 건설하였으며, 33세의 젊은 나이로 숨을 거두기 전까지 평생 불꽃같은 삶을 살았던 사람으로 유명하다. 동방원정을 통하여 동서 문명의 교류와 결합을 가능케 하였으며, 진정한 '글로벌 리더'로 불릴 만하다. 비록 그의 제국은 사분오열되어 지금은 그 흔적조차 찾아보기 힘들지만, 그리스 문화와 오리엔트 문화를 융합시켜 새로운 '헬레니즘 문화'를 창출한 그의 공적은 높이 평가받아 마땅하다. 우리나라 경주의 '석굴암'도 그와 연관되어 있다는 것을 안다면(왜냐하면 석굴암이 헬레니즘 영향을 받았기 때문이다), 그가 그렇게 낯설게 보이지만은 않을 것이다.

알렉산더의 아버지는 마케도니아의 필리포스(기원전 359~336년)였으며 어머니는 올림피아스이다. 본 영화에서는 발 킬머가 아버지 역할을, 그리고 어머니 역할은 그 유명한 안젤리나 졸리가 맡았다. 역사 기록에 의하면, 아버지 필리포스는 생각보다 화려한 업적을 남겼던 인물이었다. 그리스 변방의 자그마한 도시국가였던 마케도니아를 알렉산더의 대제국으로 도약할 수 있는 성장 기반을 놓은 것이라든지, 군사식민지 건설로 강력한 군대를 조성한 것이라든지, 그리고 제3차 신성전쟁(기원전 356~346년) 때 북부 그리스의 패권을 장악한 것이라든지 하는 것 등은 모두 그의 업적이다. 어떻게 보면 알렉산더 대왕이 초기에 시행했던 정책들은 대부분 그의 부왕이 이미 계획했던 것들이었다고 보는 것이 타당할 것 같다.

하지만 영화에서는 아버지와 어머니의 반목 속에서 유난히 갈등하고 번민하는 어린 알렉산더의 모습을 과도하게 보여줌으로써 아버지로부터는 '정치적 카리스마'를, 그리고 어머니로부터는 세계에 대한 '직관력'을 골고루 물려받았던 알렉산더의 균형 잡힌 모습을 보여주는 데는 조금 실패(?)하고 있다. 너무 '인간적인' 알렉산더, 그리고 자신의 '연인'(동성애 관계에 있었기에)이었던 헤파이스티온의 죽음 이후에 스스로 무너져가는 '감성적인' 알렉산더를 그리는 데 너무 치중하다보니,

'지성'과 '감성'을 겸비한 진정한 영웅으로서의 알렉산더를 놓치고 있는 것이다. 필자가 보기에, 영화에서 알렉산더의 감성적인 측면이 좀 약화되고 지성적인 측면이 좀 강화되었으면, 더 좋은 영화가 되지 않았을까 생각해본다. 물론 그거야 올리버 스톤에게 주어진 절대권한이겠지만 말이다.

필립포스는 알렉산더 교육에 많은 관심을 가지고 있었던 것 같다. 그렇지 않고서는 마케도니아 출신으로 당대 최고의 철학자였던 아리스토텔레스를 초청해 아들 교육을 맡기지는 않았을 것이기 때문이다. 추측건대 그는 처음부터 자신의 아들에게 최고의 교육환경을 조성하여 '제왕학(帝王學)'을 가르치고자 계획했던 것 같다. 그리고 그 프로젝트의 일환으로 아리스토텔레스를 초빙하였던 것 같다. 비록 알렉산더는 그로부터 몇 년(13-16세) 밖에 교육을 받지 못했으나, 그로부터 배운 철학과 의학 그리고 과학 등에 관한 지식은 평생 그의 길을 인도해주기에 충분하였다. 다음은 영화에서 아리스토텔레스가 하는 말이다.

알렉산더: 그러나 스승님 말씀대로 유리가 페르시아보다 우수하다면, 왜 우리가 그들을 통치할 수 없었나요? 우리는 동쪽으로 가는 꿈을 항상 가졌습니다.
아리스토텔레스: 동쪽으로 가고자 하는 꿈은 사람들을 빠져들게 하지.
(...)

> 아리스토텔레스: 동양으로 가고자 하는 욕망은 그들의 '이성'을 조정하지 못하고 야만스러움을 나타나게 해준다. 모든 것을 초과하는 것은 그 사람을 아무 것도 못하게 만든다. 그러므로 그리스는 그 우수성을 갈고 닦으며 이성을 조정해야 한다. '중용'을. 우리가 바라는 것이야.(14-15분)

그런데 알렉산더는 아리스토텔레스로부터 받아들이지 않으려고 하였던 것이 한 가지 있었는데, 그것은 아리스토텔레스의 과격한 '그리스 우월주의' 사상이었다. 아리스토텔레스에 의하면 아시아인은 노예로서 적당하며 인간 이하로 취급되어야 한다고 생각하였는데, 글로벌 리더를 지행하고 있었던 알렉산더로서는 그것은 도저히 받아들이기 힘든 생각이었던 것이다. 오히려 알렉산더는 아시아인을 그리스인과 똑같이 대우하고 사랑하려고 하였는데, 그의 이러한 생각은 이후 '대(對) 아시아 포용정책'으로 구체화되었다.

하지만 이것이 아리스토텔레스와 알렉산더의 사이가 나빴다는 것을 확인하는 것은 결코 아니다. 오히려 그 두 사람의 유대관계는 보통 사제지간의 존경과 사랑의 관계 그 이상이었음이 여기저기의 기록에서 보이는데, 그 근거로는 그의 동방원정에 많은 수의 아리스토텔레스 제자들과 함께 했다는 사실과, 원정 중에 발견된 희귀한 동식물 표본들은 항상 본국의 아리스토텔레스에게 보내 그의 연구를 도왔다는 사실 등이 확인되고 있기 때문이다. 하지만 영화에서는 이러한 장면들이 빠져 있어 아쉬움을 더한다.

부왕이 암살되자, 알렉산더는 군대의 추대를 받아 20세의 젊은 나이에 왕이 된다. 그리고 정치적 라이벌과 반대세력을 차례차례로 제거하면서 자신의 권력을 강화하는 한 편, 그리스 도시국가 전체를 이끄는 진정한 리더 자리까지 꿰찬다. 그 다음 부왕이 이미 구상했었던 페르시아 침공까지 감행하는데, '그라니코스 강 전투'(기원전 334년 초여름), '이수스 전투'(333년), '티레 공성전'(332년 1월), 그리고 '가우가멜라 전투'(331년) 등은 그의 '지략'과 '대담성'이 빛을 발한 대표적인 전투들이었다. 이 모든 전투에서 알렉산더 대왕의 군사들은 지금 분석해 보더라고 도저히 믿기지 않을 정도의 엄청난 승리를 거두었으며, 당대의 다른 나라 군인들이 히말라야 산맥을 넘는 것은 엄두도 내지 못했을 때에, 최초로 미지의 땅이었던 중앙아시아 지역까지 제국을 확장시켰다. 전쟁사에서 전무후무한 무패의 전적을 세웠던 그의 전투 중 몇 개를 살펴보자.

먼저 티레 공성전부터 살펴보자. 이 전투는 고대 세계의 모든 공성전을 통틀어 가장 탁월한 공성전으로 손꼽히는 것이다. 현재 레바논의 도시 수르에 위치했던 티레는 해변에서 약 800미터 떨어진 바위 위에 세워진 요새 성이었다. 그 길이는 약800m에서 약1,200m 정도 되었으며 높이는 45m 정도였다고 한다. 예로부터 난공불락의 성으로 유명했는데, 특히 바빌로니아의 왕 네부카드네자르 2세가 13년 간(기원전 585~573년)에 걸쳐 포위 공격했는데도 불구하고 정복당하지 않았다. 그런데 알렉산더는 그러한 난공불락이라 불리던 티레 성을 단 7개월

만에 함락시켜버렸다. 세계전쟁사에 그 유례를 찾아보기 힘든 성과를 거둔 것이었다. 공성전에 사용된 장비를 살펴보면, 현대전과 비교해보아도 전혀 손색이 없는 것들이다. 공성전에서 알렉산더가 사용한 '파성추'와 '투석기' 등은 당대 최고의 최신식 공성무기들이었으며, 800m에 이르는 성으로의 진입로를 확보하기 위해, 즉 둑길(방파제)를 완성하기 위해서 동원된 배의 숫자만도 220대나 되었다. 하지만 전투의 결과는 비참했다. 1만 명의 주민이 처형되었으며 3만 명의 주민은 노예로 팔려갔기 때문이다.

대(對) 페르시아 전투 중에서 가장 주목할 만한 것은 뭐니 뭐니 해도 가우가멜라 전투(아르벨라 전투라고도 불림)일 것이다. 이 전투에서 알렉산더는 '전쟁의 신'으로서의 자신의 군사적 천재성을 유감없이 보여주었다. 가히 역사상 최고·최대의 전투라고 할 만하다. 전투 결과 알렉산더는 페르시아의 지배권을 완전 장악하게 되고, 다리우스 3세(이하 다리우스)는 영원히 역사의 뒤안길로 사라지고 만다.

영화에서는 이 거대한 전투 장면이 약 25분(36분-61분) 정도로 구성되어 있다. 전투의 시작을 알리는 이 연설에서, 우리는 알렉산더가 '따뜻한 인간미'와 '확고한 자신감'을 지닌 강한 인간임을 알 수 있다.

"친애하는 팔로메스, 나는 당신이 싸울 때의 그 날을 기억하고 있습니다. 당신은 거인이었습니다. 오늘은 어떻게 싸울 것입니까?

텍스프로스, 올림픽 마지막 경기에서 보인 것처럼 싸워주시오. 당신의 힘을 보여주시오.
그리고 나의 아버지의 위대한 병사인 매난더의 아들인 터맨더여. 난 여전히 다리우스에게 죽은 당신의 형제 때문에 슬퍼하고 있소. 그는 헤라클로네스처럼 용감히 싸우다가 죽었소. 누가 우리 가족의 명예를 짓밟았는지 압니다. 오늘 그들과 싸우도록 하시오.

여러분들은 고향에서 태어났고, 그 곳의 영광입니다. 그리고 지금 우리는 저 계곡을 가로질러서 여기서 멀리 떨어진 아시아에 도착할 것입니다. 다리우스는 마침내 아킬레스의 강력한 군대와 만난 것입니다.

누가 위대한 왕입니까? 우리들의 왕인 나의 아버지를 암살하라고 금화를 암살자에게 지급한 사람입니까? 최고의 반역은 비겁함입니다. 누가 위대한 왕입니까? 싸우는 남자들을 노예로 만드는 다리우스입니까? 이 왕은 누구입니까?

그러나 나는 '하늘의 왕'입니다. 여러분들은 집에서 싸우지 않습니다. 왕의 군대와 싸우려 하기 때문에 나의 힘을 여러분에게 줄 겁니다. 마케도니아의 '자유인'으로서 우리는 오늘 이 자리에 있습니다.

여러분 중 누군가는 아마도 스스로 오늘을 살지 못하고

서쪽으로 지는 태양을 못 볼 거라 여깁니까? 그러나 나는 여러분에게 말합니다. 병사들이 전투에 임하면서 항상 가지는 두려움을 이기세요. 그리고 나는 여러분들이 죽음을 이기도록 해주겠습니다.

누군가 여러분에게 용감하냐고 질문했을 때, 여러분은 "나는 오늘 가우가멜라에 있었다"라고 대답할 수 있습니다.

'자유'와 '명예'를 위해서, 그리고 그리스의 명예를 위해서. 제우스는 우리와 함께 합니다.

알렉산더의 연설에 힘입은 마케도니아 군의 사기는 하늘을 찔렀다. 고작 4만 명의 병사로도 25만 명의 페르시아 군을 상대했으니 말이다. 절대적인 수적 열세에도 불구하고, 불가능을 가능으로 바꾸는 알렉산더는 대담한 작전으로 페르시아 군을 압박하였다. 먼저 그는 궁수와 투창수 그리고 기병으로 하여금 취약한 페르시아 군의 좌측을 선제공격하게 하였다. 고대 전투에서 흔히 그랬듯이, 군의 좌측은 항상 우측에 비해 취약하기 마련이었으며, 알렉산더 군 역시 좌측은 취약할 수밖에 없었다. 그런데 알렉산더 군의 선제공격에 대응해 좌측면에서 재공격해오는 베수스의 기병에 맞서서 다시 알렉산더의 측면 수비대가 방어하자, 그 사이에 적의 좌측방어선에는 일시적으로 '빈 공간'이 발생하게 되었다. 이때 알렉산더는 그 틈을 놓치지 않고 자신이 직접 지휘하는 기병을 데리고선 적진 깊숙이 쳐들어갔는데, 그 몽양이 마치 '날아가는 학 떼' 모양을 하고 있었는데, 조금 어려운 말로는 '쐐기대형(삼각 밀집대형)'이라 불리는 공격 진형이었다. 정말 무모하고도 대담한 작전이 아닐 수 없었지만, 당황하는 쪽은 오히려 페르시아 군이었다. 혼란을 틈타 알렉산더는 지휘본부에 있던 다리우스 에게 창을 날렸다. 도망가는 다리우스를 뒤쫓으려 하였으나, 알렉산더는 좌측에서 구원을 요청하는 파르메니온을 지원을 거부할 수 없어 다시 본진으로 합류하여 그를 지원하였다. 전투 결과는 당연히 알렉산더 군의 대승리었다.

그런데 리더십 측면에서 볼 때, 알렉산더는 배울 것이 많은 인물이다. 물론 거기에는 긍정적인 측면도 있고 부정적인 측면도 있다. 알렉산더는 군대 통솔 능력도 뛰어났고 위기관리 능력도 대단하였다. 탁월한 지성과 직관적인 통찰력 그리고 동물적인 임기응변 능력까지 갖추었다. 영화에서도 간혹 보이듯이, 그는 적에게 자신의 존재감을 확인시키기를 두려워하지 않았다. 자신감 또한 항상 충만하였다. 이것들은 그의 긍정적인 면이었다. 하지만 그에겐 오히려 이것이 화근이었다. 왜냐하면 그는 자신감이 충만한 결과, 자신을 아킬레스의 후손, 또는 신의 아들이라고 생각하게 되었는데, 그의 이러한 확신으로 인하여 점차 교만해졌기 때문이었다. 특히 이집트 원정(기원전 332년)에서 목격한 이집트인들의 과도한 환대(이집트인들은 그를 파라오라고 하였음)는 그의 이러한 교만을 더 강화시켰다. 그리하여 그는 그 이전의 총명함과 지혜로움을 결여하게 되었다.

승리 뒤에 교만이 있고, 교만 뒤에는 죽음이 있기 마련이다. 그런데 불행하게도 알렉산더는 이 길을 따라갔다. 페르시아 정복 이후, 그는 그 이전의 천재적인 전략가도 다정다감한 리더도 아니었다. 다분히 인도를 정복하여 자신의 능력을 과시하고 싶어 하는 '과대망상증 환자'의 징후까지도 보이게 되었다. 역사상의 독재자들이 그러하듯이, 그 역시 자신의 신격화를 강화하는데 집착하고, 무리하게 원정을 감행하였다. 기원전 327-326년 사이에 벌어진 인도원정에서 알렉산더는 얻은 것보다 더 많은 것을 잃었다. 친구들을 잃었고 충신들을 잃었다. 파르메니온과 클레이토스도 그들 가운데 있었다. 이러한 고통을 경험하면서, 그는 점점 자신이 만들어놓은 공포정치의 희생양이 되어갔다. 비록 문화사적으로는 알렉산더의 인도원정이 세계문화사에 많은 영향을 끼쳤던 일대 사건임에도 불구하고, 그가 지불한 대가는 너무나 가혹했다. 실패한 인도 원정에서 돌아오는 길에 그는 죽음을 맞이하였다(기원전 323년 6월 13일). 그의 나이 33세 때의 일이다.

영화에서는 임종을 앞둔 알렉산더에게 부하들이 누가 '후계자'인지를 묻는 장면이 나온다. 하지만 이에 알렉산더는 어떠한 명확한 답변도 주지 않은 채 서거하고 만다. 그런데 그가 서거하고 난 이후, 부하들 간의 권력 투쟁은 도를 넘어 진행이 된다. 우선적으로 부하들에 의해서 알렉산더의 부인과 자식들이 희생양이 된다. 그 다음에 장군들 사이에서 알렉산더의 후계자 자리를 놓고서는 치열한 쟁탈전이 전개된다. 그 후, 장군들끼리의 오랜 전쟁을 거쳐 알렉산더의 대제국은 마케도니아, 시리아, 그리고 이집트로 크게 삼분된다. '애꾸눈' 안티고노스 왕의 후계자들이 마케도니아를, 셀레우코스 왕의 후계자들이 시리아를, 그리고 영화의 내레이션을 맡고 있는 프톨레마이오스 왕의 후계자들이 이집트를 차지하여 다스렸다. 특히 프톨레마이오스는 알렉산더 사후 이집트 총독이 되었는데, 권력 쟁탈전 초기에는 별다른 두각을 나타내지 못했으나, 그리스 마케도니아로 향하던 알렉산더의 시신을 강제로 탈취하여 이집드 알렉산드리아에 안치함으로써, 후계지 경쟁에서 우위를 점하게 되었다. 그 후, 프톨레마이오스 왕조는 300년 동안 번성하였다. 클레오파트라는 그 왕조의 마지막을 장식하였던 인물이었다. 그렇다면 그녀 역시 알렉산더의 후계자(?)라고 할 수 있지 않을까?

◆ 더 생각해 볼 문제

1. 아리스토텔레스는 모순을 배제하는 논리학의 3가지 원리(동일율, 모순율, 배중률)를 제시하였다. 그런데 현실은 모순으로 가득 차 있다. 우리는 이 모순을 어떻게 이해해야 하나?

2. 아리스토텔레스는 삶에 있어 중용을 강조한다. 하지만 현실은 우리들로 하여금 극단을 선택하게 만든다. 우리는 어떻게 살아야하나?

◆ 참고 문헌

셰익스피어. 1999. ≪햄릿≫. 최종철 역. 서울: 민음사.

아리스토텔레스. 2007. ≪형이상학≫. 김진성 역주. 서울: 이제이북스.

__________________. 2008. ≪니코미코스 윤리학≫. 이창우, 김재홍, 강상진 역. 서울: 이제이북스.

임철규. 2007. ≪그리스 비극≫. 서울: 한길사.

조대호. 2005. ≪아리스토텔레스의 형이상학≫. 서울: 문예출판사.

힐쉬베르거, 요한네스. 1984. ≪서양철학사, 상≫. 대구: 이문출판사.

제10장

부동심을 유지하라

— 스토아 학파와 <글레디에이터> —

펠로폰네소스 전쟁 이후 그리스 도시국가들은 쇠퇴기에 접어든다. 마케도니아의 알렉산더 대왕이 전 그리스 지역을 통일하였으나, 그가 죽고 난 이후 제국은 사분오열된다. 그 이후, 지중해 지역의 패권은 로마로 넘어가게 되는데, 로마는 세계 최강의 지상군을 기반으로 하여 지중해 전 지역은 물론 유럽 전역을 지배하게 된다. 그 결과 로마는 세계의 중심이 되었다. 이러한 헬레니즘 시기 철학 또한 많은 변화를 겪게 된다. 가장 주목받았던 것은 스토아 철학이다. 스토아 철학은 에피쿠로스 철학과 함께 헬레니즘 철학의 양대 축을 형성한다.

* 앞의 사진은 마르쿠스 아우렐리우스 황제의 상이다.

헬레니즘 시기와 4대 철학 사조

기원전 322년, 철학자 아리스토텔레스는 지병인 위장병으로 세상을 떠났다. 소크라테스가 세상을 떠난(기원전 399년) 지 77년 만의 일이었고, 플라톤이 세상을 떠난(기원전 347년) 지 25년 만의 일이있다. 그런데 기원진 323년 공교롭게도 그의 제자였던 알렉산더 대왕 역시 갑자기 세상을 떠났는데, 이로써 시중해 시역에서 그리스의 정치적 영향력은 급격히 약화되고 말았다. 그리고 그 빈자리는 '새롭게 떠오르는 태양'이었던 로마가 메우게 되었다. 바야흐로 로마 제국의 시대가 열린 것이다.

그리스가 정치적으로는 몰락하였는데도, 문학과 예술 그리고 철학 분야에서 있어서의 영향력은 결코 약화되지 않았다. 오히려 더욱더 강화되었다고 하는 것이 옳은 말이다. 왜냐하면 알렉산더 이후 그리스 문화는 로마를 비롯한 지중해 지역은 말할 것도 없고, 인도와 한국에까지 전해졌기 때문이다. 그래서 문화사에서는 알렉산더 대왕이 사망하고 난 이후부터 약 300년간의 시기, 정확히 말해서 알렉산더 대왕이 죽고 나서부터 로마의 초대 황제 아우구스투스가 즉위(기원전 27년)하기까지 약 300년간에 걸친 시기를 특별히 '헬레니즘(Hellenism)'이라 하여, 그 이전의 '고전기 그리스(Classical Age of Greece)'와는 명확하게 구분하고 있지 않은가? 하여튼 기원전 4세기 지중해 지역에 세계화된 그리스 문명이 등장하였으니, 그것이 바로 헬레니즘이었던 것이다.

헬레니즘 시기에 융성하였던 철학들로는 '스토아 철학'과 '에피쿠로스 철학파' 그리고 '회의주의'가 있다. 하지만 이와는 별도로, 로마 제정 시대의 철학을 언급하면서 빼놓을 수 없는 것으로는 플로티노스(Plotinos)가 문을 열었던 '신플라톤주의(Neoplatonism)'가 있다. 비록 헬레니즘 시기에는 속하지는 않지만, 신플라톤주의는 로마 제정 시대에 크게 활동하였던 철학으로 로마 시대의 철학을 논하는 자리에는 반드시 끼워 넣어야 한다. 왜냐하면 아우구스티누스를 비롯한 중세 철학자들에게 수많은 영향을 끼쳤기 때문이다. 이렇게 볼 때, 헬레니즘과 로마 제정 시대의 철학은 스토아 철학, 에피쿠로스 철학, 회의주의 그리고 신플라톤주의가 사분한다고 할 수 있는 것이다.

먼저, 스토아 철학은 소(小) 소크라테스 학파 가운데 하나로 안티스테네스(Antisthenes)가 이끌었던 '견유학파(Cynics: 키니코스 학파)'와 밀접하게 연관되어 있으며 주로 '이성적 금욕주의'를 표방하였다. 에피쿠로스 철학은 소 소크라테스 학파 가운데 하나로 아리스티포스(Aristippos)가 수장이었던 '키레네(Cyrenaics)' 학파의 전통을 계승한 것으로 알려져 있으며, '정신적 쾌락주의'를 주장함으로써 스토아 학파와는 극단적으로 대립하였다. 그런데 회의주의 학파는 스토아 학파와 에피쿠로스 학파 모두에게 적대적이었는데, 그것은 회의주의가 '감각적 확실성'을 강조하는 스토아 학파와 에피쿠로스 학파의 철학을 '독단론'으로 이해하였기 때문이다. 하지만 회의주의는 독단론에 대한 공격에만 너무 치중한 나머지, 자신들의 철학이 회의주의로 빠지는 것에 대해서는 아무런 제어장치도 마련하지 못하였는데, 이는 회의주의자들이 플라톤 아카데메이아의 정신을 계승한다고 하면서도, 실상은 그렇게 하지 못하였던 주된 원인으로 작용하였다. 하지만 신플라톤주의32)는 회의주의와 달리 플라톤 철학을 온전히 계승하였다고 할 수 있다. 왜냐하면 신플라톤주의는 회의주의에 빠지지 않은 채 '좋음의 이데아'를 중심으로 한 플라톤 형이상학의 정신을 온전히 계승하고, 또한 그것을 '일자 형이상학'으로 체계화시켰기 때문이다. 이렇게 하여 로마인들은 기독교 철학이 본격적으로 그 모습을 드러내기 이전에, 이 4대 철학을 중심으로 신과 인간을 이해하였던 것이다.

---

32) 신플라톤주의가 등장한 시대는 보통 '고대 후기(Late Antiquity)'로 말해지는데, 서양사에서 이 시대는 기원후 2세기부터 8세기까지를 말한다.

스토아 철학이란

헬레니즘 시기에 가장 일반적인 철학으로 간주될 수 있는 것은 아마도 스토아 철학일 것이다. 감정보다는 '이성'을, 개인보다는 '공동체'를, 그리고 공허한 이론보다는 '실천적 처세술'을 강조하는 스토아 철학의 정신은 로마 시민들의 마음과 딱 맞아떨어졌다. 그 결과, 스토아 철학은 로마의 '공적인 철학'으로 자리 매김할 수 있었다. 황제 출신의 철학자 마르쿠스 아우렐리우스가 가장 존경했던 철학자가 바로 노예 출신의 철학자 에픽테토스였다는 하나의 사실만 놓고 보더라도, 이 학파의 정신성이 얼마나 보편적이었는지를 알 수 있다.

이러한 스토아 철학은 크게 초기, 중기 그리고 후기로 삼분된다. 초기 스토아 학파의 대표적인 철학자들로는 큐프로스의 제논(Zenon: B.C.366-264)과 아소스의 클레안테스(Cleanthes: B.C. 331-232) 그리고 솔리의 크리시포스(Chrysippos: B.C.280?-207)가 있으며, 중기 스토아 학파의 대표적인 철학자들로는 로도스의 파나이티오스(Panaitios: B.C.185-110)와 아파메이아의 포세이도니오스(Poseidonios: B.C.135-51)가 있고, 후기 스토아 학파의 대표자들로는 코르도바의 세네카(Seneca, Lucius Annaeus: B.C.4?-A.D.65)와 히에로폴리스의 에픽테토스(Epiktetos: A.D.55?-135?) 그리고 로마의 마르쿠스 아우렐리우스(Caesar Marcus Aurelius Antoninus Augustus:

A.D.121-180)가 있다. 이들은 모두 공통적으로 '이성'과 '도덕'에 의한 인간 이해를 강조하였으며, '자족(autarkeia)'에 의한 '마음의 평정(apatheia)'[33]를 추구하였다. 또한 '범신론(pantheism)'에 입각하여 신을 이해할 것을 권하였다.

---

33) 보통 이 개념은 '무정념' 또는 '마음의 평정'이란 개념으로 번역된다. 두 가지 모두 '이성(logos)'에 의해서 '감정(pathos)'을 제어하는 것을 말한다.

초기 스토아 철학: 제논과 클레안테스 그리고 크리시포스

스토아 철학의 창설자는 소아시아 큐프로스 섬의 키티온 지역 출신의 제논이다. 엘레아 출신으로 파르메니데스의 제자였던 엘레아의 제논(B.C. 495?-430?)과는 구별되는 인물이다. 아테네에서 수학한 후, 그 곳에서 제자들을 가르쳤다고 한다. 그런데 그가 가르침을 폈던 곳은 화가 폴리그노토스(Polygnotos: B.C.500?-440?)가 그린 벽화로 꾸며진 '채색주랑(彩色柱廊: stoa poikile)'이었는데, '주랑'을 뜻하는 그리스어 '스토아'에서 이 학파의 이름이 유래하였다고 한다.[34)]

제논은 견유학파와 메가라 학파 그리고 아카데메이아 학파로부터 다양한 가르침을 전수받았으나, 견유학파의 사상을 가장 중요하게 생각하였다. 그의 이러한 학문적 태도는 후일 스토아 철학 전체의 방향성을 규정지었다. 세네카에 의하면, 그는 시종일관 마음의 평정를 지켰던 사람인데, 왜냐하면 "배가 침몰했다는 소식과 함께 그의 소유물이 모두 가라앉았다는 소식을 들었을 때도, '적들은 재물을 가졌지만, 운명은 저에게 철학을 맡겼습니다'"(≪고요한 영혼≫ 12: 이경직 역)라고 말

34) 스토아가 주랑이라는 뜻을 가졌기에, 스토아 학파라는 말은 사실상 '주랑의 사람들'이란 의미를 내포한다.

하였기 때문이다. 더욱이 그는 스스로 굶어서 죽기까지 하였는데, 이는 죽음의 사태조차 두려워하지 않는 스토아 철학자들의 용기를 잘 보여주었던 유명한 장면이기도 하엿다.

제논에 의하면, 철학은 크게 '논리학', '물리학' 그리고 '윤리학'으로 삼분되었지만, 그 중에서 가장 중요한 것은 윤리학이었다. 논리학은 그 자체가 목적적인 성격을 띠기보다는 어떤 목적에 기여하기 위한 수단 내지는 도구적 성격을 지녔으며, 자연학은 인간의 윤리적 행위에 근원적인 토대를 제공해주는 성격을 띠었다. 그리고 윤리학은 행복과 연관된 인간 행위의 궁극적인 지침을 마련해주는 것으로 이해되었다.

제논을 계승하였던 사람은 클레안테스이다. 전해지는 이야기에 의하면, 그는 노동자였으나, 우연한 기회에 제논이 하는 강의를 듣고 철학에 매진하여 제논의 후계자가 되었던 사람이다. 의지가 강하고 도덕적이었으며, 제논처럼 굶어서 죽은 사람으로 알려져 있다. 제논의 후계자로서 32년간 스토아 학파를 이끌면서 철학의 분야를 세분하였는데, 제논의 삼분법에 '변증학'과 '수사학' 그리고 '신학'을 첨가하였다. 특히, 그는 스토아 학파의 '신학자'라는 말까지 들었는데, 이는 그가 신과 자연을 동일시하는 범신론적인 신 관념을 가졌기 때문이다. 문학적 능력 또한 탁월하여, <제우스 찬가>를 비롯한 다수의 작품을 남기기도 하였다.

초기 스토아 철학자 중에서 세 번째로 주목할 만한 사람은 크리시포스이다. 그는 클레안테스를 계승하여 초기 스토아 학파의 세 번째 수장이 되었던 사람이다. 스토아 사상을 체계화시키는데 공헌하였으며, 스토아 학파의 제2의 창시자라는 말도 듣는 사람이다. 메가라 학파(Megarian school)의 명제 논리학을 발전시켜 그것을 완성하였던 사람이다. 하지만 그는 "내가 없으면 스토아 학파는 존재치 않을 것"이라고까지 말할 정도로, 자신의 학문적 업적에 대해서 과도한 자신감을 피력하였던 인물로도 유명하다.

이처럼 초기 스토아 철학은 제논과 그의 후계자들인 클레안테스와 크리시포스에 의해서 학파로서의 체계를 갖추었으며, '마음의 평정'와 '범신론'을 비롯한 학파의 기본 개념들을 확립하였다.

중기 스토아 철학: 파나이티오스와 포세이도니오스

초기 스토아 학파가 주로 학파의 내적인 체계화에 신경을 썼던 데 반해, 중기 스토아 학파는 스토아 철학의 현실화 내지는 대중화에 힘썼다. 로마 제국의 지배 계층과도 밀접한 관계를 유지하였으며, 타 학파의 견해에 대해서도 유연한 입장을 고수하였다. 다분히 절충주의적 경향을 지녔다고 할 수 있다.

중기 스토아 학파의 첫 번째 철학자는 파나이티오스이다. 최초로 로마에 스토아 학파의 학원을 개설하고, 로마인들에게 철학을 중요성을 일깨워주고 그것을 대중화시켰던 사람이다. 즉 그에 의해서 철학은 로마인들의 필수적인 교양이 되었던 것이다. 논리학 연구에 조예가 깊었던 같은 학파의 크리시포스에 대해서는 비판적이었으나, 의외로 타 학파의 철학사상에 대해서는 개방적이었다. 특히, 플라톤의 이원론적 형이상학에 대해서 큰 호감을 가지고 있었다. 키케로(Cicero, Marcus Tullius: B.C.106-43) 등에게 많은 영향을 끼쳤으며, ≪의무론≫ 등에 그의 영향력이 남아 있다.

파나이티오스와 함께 중기 스토아 학파를 이끌었던 사람은 포세이도니오스이다. 시리아 지역의 아파메이아 출신인데도, 그리스인으로서 그리스 교육을 받으면서 성장하였다. 성장한 후에는, 아테네로 유학하여 파나이티오스의 지도 아래 스토아 철학을 공부하였으며, 스승처럼 같은 학파의 크리시포스에 대해서는 비판적이었으나, 플라톤을 비롯한 타 학파의 사상에 대해서는 개방적이었다. 말년에는 로도스에 거주하면서 철학을 가르쳤다. 다방면의 학문에 관심이 많았던 것으로 전해지며, 특히 과학을 철학과 결합시키고자 하는 생각을 가지고 있었다. 수학과 천문학 그리고 지리학을 중요하게 생각하였다. 한편으로는 합리주의적이었으나, 또 다른 한 편으로는 신비주의적인 철학 경향을 가지고 있었다. 그래서 헬레니즘 철학 연구가인 A. A. 롱(A. A. Long 2000, 309)은 그런 그를 가리켜 "스토아 철학자이자 플라톤주의 철학자" 또는 "합리주의 철학자이자 신비주의 철학자"라고 평하고 있다. 이와는 별도로, 철학사가 힐쉬베르거(303)는 그를 "데모크리토스와 아리스토텔레스의 뒤를 잇는 그리스 문화 마지막의 박학한 사람"이라고 칭찬하였다.

이처럼 파나이티오스와 포세도니우스를 중심으로 한 중기 스토아의 절충주의적 철학은 로마 사회 깊숙이 파고들어 로마인들의 교양 수준을 한 단계 업그레이드시키는데 큰 공헌을 하였다.

후기 스토아 철학과 세네카

후기 스토아 철학에는 우리들에게 널리 알려진 쟁쟁한 인물들이 여럿 포진해 있다. 기원 후 1세기 로마의 지성이었던 세네카, 노예였으나 최고의 철학자 반열에 올랐던 에픽테토스, 그리고 황제이자 철학자였던 마르쿠스 아우렐리우스. 모두가 우리가 한 번 쯤은 들어봄직한 그런 인물들이다. 기원 후 1-2세기의 로마는 이 세 사람의 천재 철학자가 제공하는 다양한 이야기들로 철학적 풍요로움을 맘껏 누렸다. 마치 중국이 춘추전국시대[35]라는 혼란의 시기에 제자백가(諸子百家)라는 다양한 철학들을 맛보았듯이 말이다.

세네카는 스페인 코르도바에서 태어났으나 로마에서 교육을 받았다. 스토아 철학을 비롯한 다양한 철학을 섭렵하였으며, 웅변가와 문필가로도 당대 최고의 명성을 날렸다. 스토아 철학자였고 스토아적으로 살았으나, 스토아 철학을 학생들에

---

35) 지금 말하는 로마 시대는 기원후 1-2세기를 말하는 것인데 반해서, 중국의 춘추전국시대는 주의 동천에서 진의 천하통일 때까지를 일컫는 것이기에, 기원전 8세기-3세기 까지를 말한다. 그러기에 두 제국의 시대가 딱 맞아떨어지는 것은 아니다. 유비적 차원에서 이해하기 바란다.

게 가르치지는 않았다. 하지만 네로 황제의 어머니 아그리피나(Agrippina)의 부탁으로 네로 황제는 가르쳤다. 그렇지만 자신이 가르쳤던 네로 황제에 의해서 죽임을 당하였다.[36] 하지만 죽음의 순간에서도 스토아 철학자로서의 품위를 잃지 않았던 고매한 인격의 소유자였다고 한다.

정치적 불행에도 불구하고, 그의 작품에는 중기 스토아의 절충주의적 철학과 후기 스토아의 철학적 이념이 잘 반영되어 있다. 가장 널리 알려진 것으로는 124편의 편지글 속에서 광범위한 도덕적 문제를 다루고 있는 ≪도덕서한≫(Epistulae morales)이 있다. 네로 황제의 교육용으로 집필되었던 ≪관용론≫(De clementia)에서는 황제에게 필요한 '자비'의 덕목이 강조되고 있으며, ≪분노≫(De ira)에서는 분노의 본질과 해법이 조망되고 있다. ≪고요한 영혼≫(De tranquillitate animi), ≪지혜의 불변성≫(De constantia sapientis), ≪행복한 삶≫(De vita beata) 그리고 ≪여가≫(De otio)에서는 스토아 철학에서 강조되는 '현자의 삶'에 대한 언급이 등장한다. 그리고 ≪섭리에 대하여≫에서는 인간에게 주어진 신의 법칙인 '섭리'를 충실하게 따를 것을 주문한다.

선한 사람이 할 일이 무엇이겠소? 자신을 운명에 맡기는 것이오. 우

36) 세네카에 비하면, 알렉산더 대왕을 가르쳤던 아리스토텔레스는 행운아였다. 왜냐하면 알렉산더는 그 기나긴 원정 중에서도 스승의 학문 연구를 위하여 동식물 표본을 친히 보내주었을 정도로 마음 씀씀이가 착한 그런 제자였기 때문이다.

> 리가 우주와 함께 휩쓸려 간다는 것은 그나마 큰 위안이오. 우리더러 그렇게 살라고, 그렇게 죽으라고 명령한 것이 무엇이든 간에 그것은 똑같은 필연성으로 신들도 옭아매고 있소. 신도 인간과 마찬가지로 돌이킬 수 없는 길로 나가기 때문이오. 만물의 창시자이자 조종자, 운명의 법을 만들어 정하신 그분도 그것을 따르고 있소. 그분은 단 한 번 명령하고는 늘 복종하지요.
>
> (...)
>
> 운명이 우리를 인도하며 각자의 수명은 태어나는 순간 결정되오. 또 모든 것이 인과관계로 서로 연결되어 있으며, 사물의 영속적 질서가 개체와 전체를 모두 지배한다오. 만사는 우리 생각처럼 우연히 발생하는 것이 아니라 필연적으로 일어나식 때눈에 용삼하게 참고 션뎌야 하오. 무엇이 그대를 기쁘게 하고 무엇이 그대를 울게 할지가 이미 오래진에 정해졋으며, 개개인의 인생이 서로 아주 달라 보여도 결과는 마찬가지라오. 우리가 받은 것은 무엇이든 사라질 것이며 우리 자신도 사라지는 것이오. 그런데 왜 우리가 분개하며 무엇 때문에 불평해야 하는 거요?(≪섭리에 대하여≫ 5, 김용규 역)

이후 세네카의 이러한 사상과 작품은 서구 사회에 지속적으로 영향을 끼쳤다. 그가 사도 바울에게 영향을 미쳤다는 주장도 있다. 2세기 말 테르툴리아누스(De anima 20)와 5세기 제롬(De vir, ill, 12)에 의해서 지속적으로 제기되어 왔으며, 현대에도 김용규(2010)[37]에 의해서 언급되고 있다. 또한 그의 작품

37) 김용규는 "세네카와 바울은 같은 시대에 살았고, 비슷한 나이에, 비슷한 생각을 갖고 있었던 것만은 분명하"(2010, 511)다고 언급하면서, 바울이 쓴 글들에서 세네카의 흔적을 추적하고 있다.

은 중세 라틴 문학은 물론, 근대의 몽테뉴와 루소 등에게도 큰 영향을 끼쳤다. 비록 19세기에는 비판이 대상이 되긴 했었지만, 20세기 후반부터는 다시 그에 대한 연구가 활기를 띠고 있는 중이다.

노예 철학자 에픽테토스

스토아 철학과 기독교 철학과의 연관성은 에픽테토스에게 오면 분명해진다. 이러한 현상은 아마도 그가 가르쳤던 철학이 '경건'과 '금욕'을 강조하였던 당대의 기독교와 상당한 친화력을 형성하고 있었던 데에서 기인한다. 더하여 종교적 경향을 띠는 ≪담화록≫(Diatribai)과 ≪엥케이리디온≫(Egcheiridion)[38]을 비롯한 그의 저작들이 당대 기독교인들에게 큰 사랑을 받으면서, 이러한 현상이 형성되었을 수 있다. 어쨌든 후기 스토아 철학자 중에서 에픽테토스와 기독교와의 연관성을 밀접하다고 할 수 있다.

하지만 그의 철학은 기독교들보다는 비(非)기독교인들에게 더 많은 영향을 끼쳤다. 특히 그의 사상은 비기독교인이었던 마르쿠스 아우렐리우스 황제에게 고스란히 전해졌다. 비록 그가 아우렐리우스 황제를 직접 가르쳤던 것은 아니었지만, 아우렐리우스 황제는 에픽테토스의 사상을 전적으로 수용하였다. 이처럼 에픽테토스의 철학은 당대 로마의 모든 지식인들

---

38) 에픽테토스는 직접 글을 쓰지 않았던 것으로 알려져 있다. 현존하는 그의 저작들은 모두 제자였던 아리아누스(Arianus, Lucinus Flavius, A.D. 86-160)가 편집하였던 것으로 전해진다.

에게 큰 영향을 미쳤다. 그의 인격이 그만큼 고매하였기 때문이다.

에픽테토스는 기원 후 55년 경, 지금의 터키 지방의 히에라폴리스에서 태어나, 135년 경 니코폴리스에서 사망하였다. 본명은 알려지지 않았으며, 우리가 알고 있는 에픽테토스에는 '곁다리로 얻은 자'라는 소박한 뜻이 함축되어 있다. 절름발이 노예였으나 어려서부터 총명하여 철학을 공부할 수 있는 기회를 제공받았다. 그에게 철학을 가르쳐 주었던 사람은 스토아 철학자 무소니우스 루푸스(Musonius Rufus)였으며, 노예 신분에서 해방된 뒤에는 로마애서 철학을 가르치는 교사가 되었다고 한다. 하지만 기원 후 90년에는 도미티아누스(Augutus, Caesar Domitianus, A.D. 51-96) 황제에 의해서 로마에서 추방되는 불운을 겪었는데, 이는 황제의 정책에 비판적이었던 원로원 의원들에게 그를 비롯한 스토아 철학자들이 우호적이었기 때문이다. 예나 지금이나 권력자란 그런 존재들인 것 같다. 어쨌든 로마를 떠나 에피로스의 니코폴리스로 이주하였던 에픽테토스는 죽기 전까지 그 곳에서 학교를 세워 후진을 양성하는 데에 주력하였다고 한다.

에픽테토스의 ≪담화록≫과 ≪엥케이리디온≫은 이성적이고 도덕적인 가르침들로 가득하다. 종교적이기도 한 이 책들에서 그는 '신'과 '자연' 그리고 '이성'을 이야기한다. 그에 의하면, 이 세계는 신들에 의해서 창조되었으며, 우리가 사는 세계는 신과 인간으로 이루어진 거대한 우주이다. 도시와 국가 역시 그러한 우주의 모사본 내지는 축소판이다. 인간과 신은 같은 종족이기에, 인간은 이성을 통하여 신과 관계를 맺을 수 있다. 이성이야말로 신이 인간에게 주신 신적인 능력이기 때문이다. 이성을 통하여 욕망을 제어하고 의무를 이행하며 경건하게 신을 믿는 것이 신의 동족으로서 인간이 해야 할 일이다. 이처럼 에픽테토스는 이성에 근거하여 삶을 경건하게 살 것을 주문하고 있다. 다음은 신에 대한 '믿음'과 '경건'을 강조하는 그의 글이다.39)

> 모든 경우에 당장 응할 수 있는 다음과 같은 생각을 가지고 있어야만 한다.
> '오 제우스 신이여, 운명의 신이시여, 당신이 나를 이끄소서,
> 당신이 나에게 정해주신 그 어느 곳이라도 가도록,
> 나는 주저 없이 따르겠나이다. 하지만 내가 나쁘기 때문에,
> 원하지 않는다고 해도, 나는 다름없이 따르겠나이다'라고.
> (≪엥케이리디온≫ 제53장, 김재홍 역, 이하 이 번역을 따름)

---

39) 모든 인간관계 역시 신과 자연의 법칙에 따라서 이루어져야 함을 강조하는 그의 다음 말 역시 주목할 만하다. "너의 형이 너에게 옳지 않게 행하는가?" 어쨌든 그에 대해서 너 자신의 구실을 지키라. 그리고 그가 행하는 것에 주의를 기울이지 말고, 만일 네가 자연에 따르는 너의 선택을 유지하기 바란다면 네가 해야만 할 것에 주의를 기울이라. 왜냐하면 네가 원하지 않는다면 다른 사람은 너에게 해를 끼치지 않을 것이기 때문이다. 하지만 네가 해를 입었다고 너 자신이 믿을 때에만 너는 해를 입을 것이다. 그러므로 이러한 방식으로 네가 관계를 바라보는 습관을 들인다면 동료 시민으로부터의, 이웃으로부터의, 지휘관으로부터의 적합한 행동을 발견할 것이다. (≪엥케이리디온≫ 제30장)

> 신들에 대한 경건과 관련해서 네가 알아야만 하는 가장 중요한 것은, 신들은 존재하면서 우주를 잘 그리고 공정하게 지배하는 것이라는 그들에 관한 올바른 견해를 가지는 것이다. 또 그것이 최고의 지성에 의하여 성취되었다는 믿음으로써, 너 자신을 그들에게 복종하도록 하고, 나에게 일어나는 모든 것에 내맡기고 그것에 자진해서 따르는 것이다. 왜냐하면 이어한 방식으로 너는 신들을 결코 비난하지도 않을 것이고 또한 너를 돌보지 않는 것에 대해서 그들을 탓하지도 않을 것이기 때문이다.(≪엥케이리디온≫ 제31장)

에픽테토스는 모든 사람들이 소크라테스처럼 살 것을 강조한다. 왜냐하면 소크라테스야말로 진정한 삶의 모델이자 현자의 모습과 동일하기 때문이다.[40] 다음은 이에 대한 그의 언급이다.

> 1. 언제까지나 가장 최고의 것들의 가치를 너 자신에게 [생각하도록] 내버려두고, 또 이성에 의해서 포착된 것을 어떤 것에서도 어기지 않도록 내버려두겠는가? 너는 네가 동의해야만 하는 철학적 원리들을 받아들이고, 꼭 그것들에 동의했다. (...)
> 3. 모든 것에서 이성 이외의 다른 어떤 것에 대해서도 주목하지 않으면서 그 자신을 이끌어감으로써, 소크라테스는 이러한 방식으로 완전하게 되었던 것이다. 네가 아직은 비록 소크라테스가 아니라고 할지라도, 소크라테스가 되고자 바라는 듯이 살아야만 한다.

40) 에픽테토스에게는 거지 철학자 디오게네스(Diogenes, ?-B.C.320?) 같은 사람도 존경의 대상이었다.

에픽테토스는 강인한 이성과 굳은 도덕적 신념으로 인격을 고양시킬 것을 강조하는 진정한 철학자였다. 그리고 눈에 보이는 재산과 명예보다는 눈에 보이지 않는 마음의 평정과 같은 '내적 자유'를 더욱더 강조하였던 인물이다. 그에겐 마음의 평정과 같은 내적 자유야말로 진정한 재산이요 명예였기 때문이다. 이렇게 볼 때, 에픽테토스는 서양인임에도 불구하고 가장 동양적인 지혜를 가르쳤던 철학자 중의 한 사람이라고 불러도 좋을 성싶다. 굳이 말을 만들자면, '서양의 도가(道家) 철학자', 또는 '서양의 불가(佛家) 철학자'정도라고 할 수 있지 않을까?

마르쿠스 아우렐리우스

마르쿠스 아우렐리우스는 스토아 철학자 중에서도 가장 많이 알려진 사람이다. 아마도 그의 대표작인 ≪명상록≫(ta eis heauton)[41] 때문에 더욱 더 그러하지 않나 싶다. 기원 후 121년에 태어나 180년에 사망하였으며, 로마 제국 최고의 융성기를 주도하였던 5현제[42] 중 마지막 인물이었다. 어려서부터 총명하여 하드리아누스 황제로부터 '안니우스 베리시무스(Annius Verissimus)', 즉 '가장 진리를 좋아하는 안니우스'라는 말을 들었다. 황제가 된 후, 재위 기간의 대부분을 전쟁터에서 보냈는데, 그때 그가 집필하였던 책이 바로 ≪명상록≫이었다. 책의 제목은 '스스로에게 보내는 글, 생각'이라는 뜻을 가지고 있으며, 서양에서는 ≪성경≫을 제외하곤 가장 많이 읽힌 고전으

---

41) 그리스어 ta eis heauton은 우리 말로 '자기 자신에게'라는 뜻을 지니고 있다. 라틴어 제목은 *Ad se ipsum*이고 독일어 제목은 *Selbstbetrachtungen* 또는 *Wege zu sich selbst*이며 영어 제목은 *The Meditations*이다. 여기에서는 관례적으로 많이 언급되어 온 책 제목인 ≪명상록≫으로 한다. 이 책에서는 천병희(2005)의 번역을 따른다.

42) 5현제는 네르바, 트라야누스, 하드리아누스, 안토니우스 피우스, 그리고 마르쿠스 아우렐리우스 황제를 말한다.

로 꼽힌다. 어려서부터 수사학과 관련된 좋은 교육을 많이 받았는데, 프론토(Fronto)와 헤로데스 앗티쿠스(Herodes Atticus)에게서 각각 라틴 수사학과 그리스 수사학을 배웠다. 하지만 그가 정작 좋아했던 것은 철학 공부였다. 특히 에픽테토스 철학의 영향을 많이 받았다.43) 순탄하게 황제에 즉위하였으나, 재위 기간 내내 게르만 족을 비롯한 이민족들 정벌 문제로 골머리를 앓았다. 이성적이고 도덕적인 능력을 갖춘 인격적인 '철인-왕(Philosopher-King)'으로 존경받고 있다.

그의 인격 형성에 관해서는 ≪명상록≫에 어느 정도 나와 있다. 우신 제1장에 의하면, 그는 할아비지 베루스로부터는 "순하고 착한 마음씨"를 배웠다고 한다. 아버지로부터는 "겸손과 남사나운 기백"을, 그리고 어머니로부터는 "경건과 선심과ㅡ 나쁜 짓뿐만 아니라 나쁜 생각도 삼가는 마음과, 나아가 부자들의 생활 태도를 멀리하는 검소한 생활방식"을 배웠다고 한다. 그런데 여기에서 언급되는 '경건과 선심'은 스토아적인 신에 대한 경건과 선심을 말한다. 아직 세련된 형태의 기독교적인 신 개념이 정립되기 이전이었기에, 아우렐리우스를 비롯한 대부분의 로마의 지식인들에게서 세련된 형태의 신론을 기대하는 것은 무리다. 신과 자연을 동일시하는 그들의 범신론적인 신 개념에 따르면, 인간은 모름지기 신과 자연에 순응하는 삶을 살아야 한다. 신은 자연과 동일시되기에, 신은 자연을 벗어나 자연 밖에 존재하는 '초월적인 존재'가 아니라, 철

43) 에픽테토스와 함께 루스티쿠스(Quintus Iunius Rusticus)의 영향도 많이 받은 것으로 전해진다.

저하게 자연 안에 존재하는 '내재적인 존재'이다. 그리고 그 자연 안에 내재되어 있는 신적인 원리는 '이성(Logos)'이다. 이성은 '세계법칙(lex naturalis)' 또는 '운명(Heimarmene, fatum)'과 동일시되는데, '산출적 로고스(spermatikos logos, 종자의 로고스)'라고도 불린다. 그리고 이 산출적 로고스는 세계를 창조하는 원리일 뿐만 아니라, 존재하는 모든 것들을 계속적으로 존재하게 하는 원리이기도 하다. 그러기에 존재하는 모든 것들에는 운명과 동일한 자연의 질서가 내재되어 있으며, 이 질서는 자연의 무한한 순환 구조 속에서도 항상 그대로 있는 것이다. 아우렐리우스는 스토아 학파의 이러한 이성 개념에 입각하여 신적 질서와 장대함을 다음과 같이 이야기하고 있다.

> 오오, 우주여! 너와 조화를 이루는 것은 나와도 조화를 이룬다. 너에게 시의 적절한 것은 나에게도 이르지도, 너무 늦지도 않다. 자연이여, 너의 계절들이 가져다주는 것은 나에게도 결실이다. 만물이 너에게서 오고, 너 안에 있고, 너에게로 돌아간다. "케크롭스(Cecrops)[44]의 사랑스런 도시여!"라고 시인은 말하고 있다. "오오, 제우스의 사랑스런 도시여!"라고 너는 말하지 않겠느냐?(제4권 23장, 천병희 역, 이하 동일)

---

44) 케크롭스는 고대 그리스 아티카의 최초의 왕으로 전해지며, 상반신은 인간, 하반신은 뱀의 모습을 하고 있었다고 한다. 재산법과 결혼법 그리고 새로운 제례를 제도화하는데 이바지하였으며, 아티카의 소유권을 둘러싸고 벌어진 바다의 신 포세이돈과 지혜의 여신 아테나와 대결에서는 중재자 노릇을 하기도 했다고 한다.

> 나는 자연의 순리에 따라 앞으로 나아가다가 마침내 내가 날마다 거기서 숨을 들이쉬던 대기 속으로 내 마지막 숨을 내쉬며, 그리고 거기서 나의 아버지께서 씨를, 나의 어머니께서 피를, 내 유모가 젖을 모았던 대지에 쓰러지며 쉬게 될 것이다. 대지는 또 내게 그토록 여러 해 동안 날마다 먹고 마실 것을 대주었고, 내가 짓밟으며 온갖 용도로 악용하는데도 나를 떠메고 있지 않는가.(제5권 4장)

아우렐리우스 황제의 글은 도덕적, 종교적인 가르침들로 가득하다. 그런데 그의 글의 분위기는 전체적으로 어둡다. 때에 따라서는 체념적이고 침울하기까지 하다. 아마도 고통스럽고 불안하였던 그의 현실이 그로 하여금 그러한 분위기를 연출하게 만들었을 것이다. 하지만 외적인 고통과 불안이 밀려오면 올수록 내적인 사유는 더욱 더 명징해지듯이, 아우렐리우스의 글 역시 그 외적 침울함에도 불구하고 우리들에게 '내적 자유'를 선사한다. 다음은 아우렐리우스의 내적 자유가 반영되어 있는 그의 인생론이다.

> 인간이여, 너는 이 거대한 국가의 시민이었다. 오 년 동안이든 백 년 동안이든 그게 너와 무슨 상관이냐? 그 도시의 법규에 맞게 사는 것은 모두가 마찬가지이기 때문이다. 그렇다면 폭군이나 불의한 판관(判官)이 아니라, 너를 그 국가로 데려다준 자연이 너를 그 도시에서 내보내기로서니 뭐가 가혹한 일이란 말인가? 그것은 관리가 배우를 고용했다가 무대에서 해고하는 것과도 같다. "하지만 나는 5막이 아니라 3막만을 연기했을

> 뿐이오.” 좋은 표현이다. 그러나 너의 인생에서는 3막이 연극 전체인 것이다. 왜냐하면 언제 끝날 것인지 결정하는 것은, 전에는 너의 구성에, 지금은 너의 해체에 책임이 있는 자의 몫이기 때문이다. 그러나 너는 어느 쪽에도 책임이 없다. 그러니 호의를 품고 떠나라. 너를 해고하는 자도 호의를 품고 있기 때문이다.(제12장 36절)

이와 같이, 아우렐리우스에 의하면 인간의 삶은 연극 무대와 같다. 인생이라는 연극 무대를 총괄하는 신적 존재의 입장에서 보면, 인간은 단지 수동적이고 무기력한 존재일 뿐이다. 만약 누군가가 무대에서 연출자의 의도와 역행하여 자신의 생각만을 관철시키고자한다면, 이는 무대 전체의 질서를 무시하는 심각한 행위일 것이다. 그러기에 삶의 무대에서 지혜로운 인간이 해야 할 일은, 자신이 전체 속에서 해야 할 일을 성실히 수행하는 것이다. 그 역할이 황제이든 노예이든지 간에 말이다.

> 우주가 원자들의 집합체이든 아니면 질서정연한 전체이든, 나의 첫 번째 원칙은 나는 자연에 의해 지배되는 전체의 부분이라는 것이다. 두 번째로, 나는 다른 동종(同種)의 부분들과 밀접한 관계가 있다는 것이다. 이런 원칙들을 명심한다면, 내가 부분인 한 전체로부터 내게 할당된 그 어떤 것에도 나는 불만을 품지 않게 될 것이다. 전체에 유익한 것은 결코 부분에 해롭지 않은 까닭이다. 전체는 자신에게 유익하지 않은 것은 아무 것도 내포하고 있지 않기 때문이다. 이것은 모든 본성의

> 공통점이다. 그러나 보편적 본성은 그 밖에도 어떤 외부적 원인에 의해서도 자신에게 해로운 것은 생성하도록 강요받지 않는다는 특성을 갖고 있다.
> 따라서 내가 그러한 전체의 부분이라는 점을 명심하게 되면 내게 일어나는 모든 일에 만족하게 될 것이다. 그리고 나는 나와 동종인 부분들과 밀접한 관계를 맺고 있는 한, 공동체의 이익에 반하는 행동을 하지 않고, 오히려 내 모든 노력을 공동체에 유익하도록 조절하고 그와 반대되는 것은 삼가게 될 것이다. 이런 원칙들을 지켜나가면, 동료 시민들에게 유익한 일을 하나씩 실행해나가고 공동체가 부과하는 의무를 기꺼이 받아들이는 시민의 삶이 행복하리라고 네가 생각할 수 있듯이, 삶은 행복할 수밖에 없을 것이다.(제10권 6장)

이처럼 아우렐리우스의 철학은 개인의 행복을 철저하게 공동체와의 연관성 속에서 고찰하는 '공동체 중심의 윤리학'을 지향하였다. 개인의 행위가 공동체의 행복에 기여한다면 그것은 유의미하고, 그렇지 못하다면 무의미하다고 생각하였던 그런 윤리학을 지향하였던 것이다. 그 결과, 아우렐리우스의 철학은 서구 역사상 일반인들에게 가장 많은 사랑을 받았던 그런 철학으로 자리 매김할 수 있었던 것이다.

철학자 아우렐리우스에게 남겨진 문제들

철학자이자 황제였던 아우렐리우스에게 그의 명성을 약화시키는 두 가지 아킬레스건이 있다. 하나는 그가 기독교 박해와 연관되었다는 주장이고, 다른 하나는 그가 후계자 양성에 실패하였다는 주장이다.

먼저 전자의 경우를 살펴보자. 결론적으로 말해서, 그가 기독교 박해와 직접적으로 연관되었다는 주장은 잘못된 것이다. 왜냐하면 그의 재위 기간에 있었던 박해 사건은 '법치주의'에 입각한 로마제국의 독특한 행정 시스템에서 이루어진 일련의 사건이었지, 결코 그의 직접적인 명령에 의해서 이루어졌던 것은 아니었기 때문이다. 이것은 그 자신이 박해의 주범이었던 네로 황제와는 확연히 차이나는 특징이기도 하다. 물론 그가 기독교 자체에 대해서 비우호적이었으며, 그 자신 또한 기독교 신자가 아니었다는 것은 분명하다. 하지만 그러한 사실 때문에 그를 기독교 박해의 주범으로 몰아가는 것은 억측일 뿐만 아니라, 잘못된 추론이다. 그러므로 기독교 박해 문제에 관한 한 아우렐리우스의 연관성은 배제되어야 하는 것이다.

두 번째로 아우렐리우스 황제가 후계자 양성에 실패하였다는 주장이 있다. 이는 어느 정도 타당한 말이다. 역사가들에 의하면, 아우렐리우스 황제는 180년 게르만 정복 전쟁을 치르고 난 뒤 갑자기 사망하였다고 한다. 그의 죽음과 함께 로마의 5현제 시대도 막을 내린다. 그 빈자리는 그의 유일한 아들이었던 코모두스(Caesar Marcus Aurelius Commodus Antoninus Augustus, A.D.161-192)가 차지한다. 그런데 그는 아우렐리우스 황제가 서거하기 3년 전인 177년부터 이미 부황의 유일한 후계자이자 공동 황제의 신분으로 로마를 통치하고 있었다. 그러기에 로마 사회에서 그가 황제에 오르는 것은 그리 놀랄 만한 뉴스거리는 아니었다. 그리고 등극 초기에는 그런대로 국정을 잘 이끌어 갔었다. 하지만 182년에 있었던 황제 암살 비수 사건을 경험하고 나서부터는 성정이 포악해지고 사람을 믿지 못하게 되었다. 특히 이 사건에는 그의 누이였던 루킬라가 주노석인 역할을 하였기 때문에 그의 분노는 하늘을 찔렀다. 설상가상으로, 자신을 헤라클레스 신과 동일시하는 정신 이상 증세까지 보이던 코모두스는 일 년 내내 헤라클레스 복장을 한 채 검투경기에만 열중하였다. 그리고 그의 손에 약 12,000명의 검투사들이 목숨을 잃었다. 별명이 '검투사 황제'였다고 하니, 그가 얼마나 많은 시간과 열정을 검투 경기에 쏟아 부었는지 알 수 있다. 하지만 작용이 있으면 반작용이 있는 법, 실정(失政)과 폭정(暴政)으로 일관하던 코모두스는 애첩 마르키아와 하인 에클렉투스, 그리고 레슬링 코치 나르키소스에 의해 살해당하는 비참한 최후를 맞이하게 된다. 그 결과, 코모두스는 로마 역사상 최악의 황제 중의 한 사람으로 기록되는 것이다. 그런데 그런 그가 우리가 철학자 황제라고 존경해마지 않았던 아우렐리우스에 의해 권력을 물려받았으니, 아우렐리우스가 후계자 양성에서는 실패하였다는 말을 들는 것도 그리 잘못된 주장만도 아닌 것이다. 모름지기 자식을 잘 가르쳐야 나라가 망하지 않는 법, 우리는 그것을 고구려의 연개소문(淵蓋蘇文)에게서 보지 않았던가? 현대를 사는 정치인들이 눈여겨보아야 할 일이다.

<글레디에이터>(Gladiator, 2000)

감독: 리들리 스콧
주연: 러셀 크로우(막시무스 역), 호아킨 피닉스(코모두스 역), 코니 닐슨(쿠킬라 역), 리처드 해리스(마르쿠스 아우렐리우스 역)

영화의 시대적 배경은 아우렐리우스 황제와 아들 코모두스의 시대와 정확히 일치한다. 하지만 그 내용은 조금 다르다. 사실 영화가 역사를 그대로 반영한다면, 다큐멘터리지 그게 어디 영화이겠는가? <트로이>(Troy, 2004)가 그러하고 <황산벌>(2003)이 그러하지 않던가? 하지만 우리가 역사를 잘 모르고 영화를 본다고 가정했을 때, 영화가 보여주는 장면 하나하나는 곧바로 역사적 사실로 이해될 가능성이 높다. 특히, 역사를 소재로 하는 영화들은 더욱 더 그러하다. <글레디에이터> 역시 예외는 아니다. 이 영화에 등장하는 인물들 역시 우리의 역사적 상식을 부정하는 많은 장면들이 있다. 그러기에 우리는 영화가 선사하는 재미와는 별도로, 작가와 감독이 역사적 사실을 기초로 하여 이야기를 어떻게 변주(變奏)해 가는지를 살펴보아야 한다.

먼저 영화에 등장하는 아우렐리우스 황제를 보자. 황제 역을 맡았던 인물은 <해리포터> 시리즈에서 호그와트 교장인 알버스 덤블도어로 열연하였던 리처드 해리스이다. 영화를 본 사람들은 알겠지만, 그는 격무에 지쳐 있으면서도 황제로서의 '의무'를 성실히 수행하는 그런 사람으로 그려지고 있다. 실제의 아우렐리우스 황제도 그러하였으리라 생각된다. 스토아 철학자에게 있어 의무는 가장 중요한 덕목 중의 하나였기 때문이다. 그런데 그의 죽음을 둘러 싼 영화의 장면들은 많은 부분 허구인 것 같다. 물론 역사적 사실(Fact)에 작가의 상상력(Fiction)이 가미되어 만들어진 것이 '팩션(Faction)'이고, 영화는 그 팩션에 의해 만들어지는 것이지만, 역사적 사실과 너무 배치되는 영화상의 이야기는 일정 부분 재조정되어야만 한다.

가장 우선적으로 음미되어야 할 것은 아우렐리우스의 죽음과 연관된 문제이다. 영화에서는 코모두스가 아버지를 목 졸라 죽이는데 이는 사실과는 거리가 먼 이야기이다. 왜냐하면 코모두스는 아우렐리우스가 사망하기 3년 전부터 이미 부황과 함께 로마를 다스리고 있었으며, 그 자신을 제외하고서는 딱히 황위를 계승할 만한 인물이 없었는데, 그런 그가 굳이 부친살해라는 극단적인 방법을 동원해서 황위를 차지할 만한 아무런 이유도 없었기 때문이다. 역사적으로는 오히려 코모두스 자신이 그런 방법으로 살해되었는데, 아마도 영화는 그것을 아우렐리우스에게 적용시키고 있는지도 모른다. 어쨌든 아우렐리우스의 죽음은 완전한 허구의 산물로 보아야한다.

또한 아우렐리우스가 공화정을 지지하여 그의 아들보다는 막시무스 장군에게 권력을 넘겨주고 싶어 했다는 것 역시 역사적 사실과는 거리가 먼 이야기로 보아야한다. 왜냐하면 아우렐리우스 자신이 200년간 번영을 누려온 5현제 시대의 융성기를 주도했던 인물인데, 그런 그가 굳이 로마를 200년 전의 정치시스템으로 되돌리고자 하는 정치적 모험을 감행 할 아무런 이유도 없었기 때문이다. 또한 이미 선정되어 있는 공동황제를 무시한 채, 한 명의 야전 사령관에게 로마의 전 권력을 물려준다는 것은 당대의 로마 현실을 몰라도 너무 모르는 이야기인 것이다. 역사에는 분명히 임종 전의 아우렐리우스가 주요 야전 지휘관들에게 아들 코모두스를 도와 전쟁을 승리로 이끌 것을 주문하였다고 하는데, 이렇게 볼 때 아우렐리우스가 막시무스에게 권력을 물려주려고 하였다는 것 역시 완전한 허구의 산물로 보아야 하는 것이다.

영화의 주인공이 막시무스(Maximus Decimus Meridius) 이다 보니 그의 실존성에 대해서도 짚고 넘어가야 할 것이다. 영화에서 막시무스는 자신을 "내 이름은 막시무스 데시무스 메리디우스. 북부군 총사령관이자 펠릭스의 전 영토를 관할하던 장군이며, 진정한 군주이신 마르쿠스 아우렐리우스의 충복이다"라고 소개하고 있다. 그런데 그가 아우렐리우스 황제 치하에서 명성을 떨쳤던 야전군 사령관이었다는 것만은 확실한 역사적 사실인 것 같다. 시오노 나나미[45]에 의하면, 러셀 크로우(Russell Ira Crowe)가 열연하였던 주인공 막시무스는 실제로 아우렐리우스 황제 치하에서 기병대장으로서 명성을 날렸던

45) 이와 연관해서는 시오노 나나미의 ≪로마인 이야기≫를 참고하라. 특히, 11권을 참고하라.

'막시미아누스'[46] 장군을 모델로 하고 있다. 그는 아우렐리우스 황제 치하에서 게르마니아의 북부 전선뿐만 아니라, 파르티아의 동부 전선에서도 혁혁한 공을 세웠으며, 아우렐리우스 사후 코모두스 황제 치하에서도 충성을 다하여, 186년에는 황제 다음 가는 자리인 '집정관(Consul)'[47]에까지 오른 인물이었다. 이렇게 볼 때, 영화에 등장하는 막시무스 장군은 역사적으로 실존했던 인물을 모델로 할 수 있다.

코모두스의 누이로 등장하는 루킬라(Lucilla)에 대해서도 조금의 교정이 필요하다. 왜냐하면 영화에서는 그녀가 막시무스를 도우고 백성을 사랑했던 선한 사람으로 그려지고 있으나, 실상은 그렇지 않았기 때문이다. 그에게 아들이 있었다는 것 역시 영화에서나 가능한 이야기이다. 기록에 의하면, 그녀는 아우렐리우스 황제와 로마를 공동으로 통치하였던 황제 루키우스 베루스(Lucius Verus, 130-169)와 결혼하였으며, 그가 죽은 후에는 시리아 출신의 총독 폼페이아누스(Pompeianus) 장군과 재혼하였다고 한다. 그런데 '황후'라는 칭호에 애착이 많아, 부화에게 재혼을 하더라도 황후 칭호만큼은 계속 쓰게 해달라고 하였다는 기록도 있다. 그런데 그런 그녀가 동생이자 황제였던 코모두스와 사이가 멀어지고, 급기야는 그를 시해하고

46) 막시미아누스는 286년부터 305년까지 디오클레티아누스와 함께 로마를 통치하였던 막시미아누스, 정확하게는 마르쿠스 아우렐리우스 발레리우스 막시미아누스 헤르쿨리우스(Marcus Aurelius Valerius Maximianus Herculius)와는 구별되어야 한다.

47) 코모두스 황제 시대 집정관(Consul)은 황제 다음가는 막강한 자리였다.

자 마음 먹게 된 데에는 코모두스 황제의 부인이었던 크리스피나(Crispina)의 임신 소문 사건이 직접적인 원인이 되었다. 왜냐하면 그녀가 생각하기에 로마의 유일한 황후는 자신이어야 하는데, 만약 크리스피나가 아이를 낳아 황제로부터 황후라는 칭호를 새로 부여받는다면, 이는 로마의 유일한(?) 황후로서의 자신의 지위가 위태로워질 수 있는 위험한 사태였기 때문이다. 생각이 여기에까지 이르자, 그녀는 크리스피나에게 황후라는 명칭을 부여해줄 수 있는 권한을 가진 황제를 시해할 음모를 꾸미겐 되었던 것이다. 어리석은 일이 아닐 수 없다. 비록 그 쿠데타는 실패로 끝났지만, 그녀의 배신으로부터 충격을 받은 황제 코모두스는 정신 이상 증세를 보이면서 폭군의 길을 걷게 되었던 것이다. 그런데도 영화에서는 그녀가 막시무스를 도와 로마 시민들을 구하기 위해 노력하는 착한(?) 황족으로 그려지고 있는데, 이는 역사적 사실과는 거리가 먼 이야기인 것이다.

하지만 이러한 지적들 때문에 이 영화를 보고 싶어 하는 마음을 접어서는 안 된다. 다시 보고 싶어하는 마음을 억누르는 것 역시 어리석은 짓일 것이다. 왜냐하면 이 영화는 이런 모든 지적들을 상쇄시킬만한 엄청난 재미와 감동을 내포하고 있기 때문이다.

인상 깊은 장면들이 많지만, 그 중에서도 스토아 철학과 연관하여 생각해 볼 만한 가치가 있는 명장면으로는 아우렐리우스와 코모두스의 다음 대화이다. 그들이 말하는 4가지 덕목을 주의 깊게 살펴볼 것을 권한다.

아우렐리우스: 로마를 통치할 준비가 되었느냐?
코모두스: 예, 아버님.
아우렐리우스: 넌 황제가 되지 못할 것이다.
코모두스: 저 아니면, 도대체 누가?
아우렐리우스: 막시무스에게 권력을 넘기겠다. 원로원이 통치할 준비가 될 때까지 짐의 권력을 대신할 것이다. 로마는 공화국으로 다시 돌아간다.
코모두스: 막시무스?
아우렐리우스: 그래, 내 결정에 실망했느냐?
코모두스: 언젠가 아버진 저에게 네 가지 덕목을 적어줬었죠. '지혜(Wisdom)', '정의(Justice)', '용기(Fortitude)' 그리고 '절제(Temperance)'. 전 해당되는 게 아무것도 없더군요. 하지만 저도 내세울 게 있어요. '야망(Ambition)', 남들보다 앞서게 해주는 덕목이죠. '뛰어난 지략(Resourcefulness)'과 '용기(Courage)', 전쟁터의 용맹에 못 미칠지라도 딴 종류의 용기도 많잖아요. '헌신(Devotion)', 저의 가족과 아버님께요. 그런 제 장점은 목록에 없었고, 아들로도 원치 않는 것 같았어요.
아우렐리우스: 코모두스, 그건 지나친 억측이야.
코모두스: 신들께 끊임없이 빌어 왔어요. 아버님을 기쁘고 영광되게 해드릴 길을 가르쳐 달라고요. 단 한 마디 따뜻한 말로, 저를 애정으로 포옹만 해주셨어도, 평생의 기쁨으로 삼았을 거예요. 저의 무엇이 그토록 싫은 거죠? 제가 진정 원했던 것은 아버님 기대에 부응하는 거였어요, 아버님.

> 아우렐리우스: 코모두스. 네가 자식답지 못한 건, 이 아비가 부족한 탓이었어. 안아다오.
> 코모두스: 아버님! 날 미워하신 은혜의 대가로 세상을 피로 짓밟고 말겠어요. (이 말을 하면서 코모두스는 아우렐리우스를 목 졸라 죽인다.)

정리하면, 아우렐리우스는 '지혜(Wisdom)'와 '용기(Fortitude)', 그리고 '절제(Temperance)'와 '정의(Justice)'를 강조하나, 코모두스는 '야망(Ambition)'과 '뛰어난 지략(Resourcefulness)', 그리고 '용기(Courage)'와 '헌신(Devotion)'을 강조한다. 후자는 마키아벨리(Machiavelli, Niccolo, 1469-1527)적인 '권모술수'를 연상시키고, 전자는 플라톤적인 정치이념과 연관되어 있다. 구체적으로 말해, 여기에 등장하는 지혜와 용기, 그리고 절제와 정의라는 4가지 덕목은, 원래 플라톤의 ≪국가≫에서 강조하였던 개념이다. 그에 의하면, 국가는 국정을 책임지고 있는 '철학자-통치자 그룹'과 그들을 도와주는 '수호자 그룹' 그리고 생산을 담당하고 있는 '생산자 그룹'으로 나누어지는데, 이 그룹들에는 각각 지혜, 용기 그리고 절제의 덕목이 요구된다. 정의는 이 세 그룹들 간의 조화에서 획득되는 덕목이다.

이러한 플라톤의 덕 개념은 헬레니즘과 중세를 거치면서 서구 사회의 주요한 덕론으로 자리를 잡았으며, 특히 스토아 철학자들에 의해서는 구체화되었다. 즉 스토아 철학자들은 이 4가지 덕목들을 통하여 현실의 고통과 죽음에 대한 두려움을 이겨내려고 힘썼으며, 그러한 덕목의 실천자인 소크라테스를 삶의 모델로 이상시하였다. 또한 그들은 현실 세계의 정치 지도자들에게도 동일한 기준을 적용하였는데, 스토아 철학자 아우렐리우스가 강조하였던 통치자의 모습 또한 이런 것이었던 것이다. 하지만 위에서 언급하였듯이, 코모두스는 이러한 이상적인 통치자 상과는 거리가 멀었으며, 오히려 마키아벨리적인 '권모술수'에 더 능숙하였던 것이다. 이처럼 영화는 아우렐리우스와 코모두스의 대화를 통하여 '참된 리더십'의 본질에 대해서 묻고 있는 것이다.

더 보아야 할 DVD

<영웅>(Hero, 2002)

감독: 장예모
출연: 이연걸(무명 역), 양조위(파검 역), 장만옥(비설 역), 진도명(영정, 진시황 역), 견자단(은모 장천 역), 장쯔이(여월 역)

영화의 배경은 '전국 7웅'이라 불렸던 진(秦), 초(楚), 연(燕), 제(齊), 한(韓), 위(魏) 그리고 조(趙)의 일곱 국가들이 존재하던 고대 중국이다. 수많은 전쟁이 있었으며, 많은 영웅호걸들이 죽어갔다. 이러한 배경 하에서 영화는 진정한 영웅이란 문구이며, 영웅다운 삶과 죽음은 어떠해야 되는지를 생각하게 하는 재미있는 영화이다.

진나라의 영정(후일의 진시황)이 중국 대륙의 반을 점령하고 대륙 통일을 눈앞에 두고 있을 때, 나머지 6개국은 위기의식을 느낀다. 이에 6개국의 군주들은 연합하여 진나라의 영정을 제거하기 위한 음모를 꾸민다. 이 일을 위해 당대 최고의 고수들인 은모장천과 비설 그리고 파검이 동원된다. 진나라의 영정 역시 이들을 제거하고자 한다. 그런데 어느 날, 두려움에 떨고 있던 영정 앞에 한 명의 무술 고수가 등장한다. 그는 자신이 은모장천과 비설 그리고 파검을 모두 해치웠다고 주장한다. 진위 여부에 대해서 논란이 제기될 수밖에 없었다. 하지만 진실은 그 역시 영정을 살해하고자 하는 자객이었다는 것이다. 무명이 영정을 죽일 수 있는 기회가 왔다. 영정 역시 그런 무명에게 기회를 준다. 하지만 그럼에도 불구하고, 무명은 그를 죽이지 않았다. 왜인가? 무명은 영정에게서 '천하'를 품은 진정한 영웅의 모습을 보았기 때문이다. 이는 파검도 이미 예견했던 것이기도 하다. 어쨌든 무명은 '평화'를 위해서, '대의'를 위해서, 그리고 '통일'을 위해서 담담히 죽어간다. 이처럼, 영화는 공동체를 위해서 희생되어 갔던 영웅들의 모습을 잘 그리고 있다. 스토아 철학자들의 처세술과 닮아 있는 장면이기도 하다.

◆ 더 생각해 볼 문제

1. 인간은 삶의 고통과 죽음에 대한 두려움 속에서 살고 있다. 그런데 스토아 철학자들은 이성과 도덕에 의해 그러한 문제들을 극복할 것을 권유한다. 그것은 가능한 일인가?

2. 스토아 철학자들은 마음의 평화(apatheia)를 강조한다. 에피쿠로스 학파 사람들 역시 마음의 평화(ataraxia)를 강조한다. 회의주의자들 또한 무관심을 통한 마음의 안정을 강조한다. 그럼 이들이 공통적으로 이러한 말을 하는 이유는 무엇인가?

◆ 참고문헌

김용규. 2010. ≪서양문명을 읽는 코드, 신≫. 서울: 휴머니스트.
아우렐리우스, 마르크스. 2005. ≪명상록- 마르쿠스 아우렐리우스≫. 천병희 역. 서울: 숲.
에픽테토스. 1999. ≪불확실한 세상을 사는 확실한 지혜≫. 샤론 르벨 편, 정영목 역. 서울: 까치.
__________. 2003. ≪엥케이리디온≫. 김재홍 역. 서울: 까치.
이강서. 2006. ≪서양철학이야기1≫. 서울: 책세상.
한철하. 2002. ≪고대 기독교 사상≫. 서울: 기독교서회.
힐쉬베르거, 요한네스. 1984. ≪서양철학사, 상≫. 대구: 이문출판사.

제11장

현재를 즐겨라

— 에피쿠로스와 <와호장룡> —

에피쿠로스 철학은 형이상학적으로는 원자론적 유물론을, 그리고 윤리학적으로는 쾌락주의를 주장한다. 여기에서 원자론이란 세계는 원자와 허공으로 구성되어 있다는 것이고 유물론이란 세계는 물질로 이루어져 있다는 이론이다. 쾌락주의는 인간 행위의 제1기준은 쾌락이라는 이론이다. 그런데 여기에서 에피쿠로스의 쾌락 개념은 그의 의도와는 달리 철학사에서 많은 오해의 대상이 되어 왔던 개념이기도 하다. 하지만 그의 쾌락주의는 동적 쾌락보다는 정적 쾌락을, 그리고 순간적 쾌락보다는 지속적인 쾌락을 강조하는 정신적 쾌락주의의 일종이라 할 수 있다. 이 장을 통하여 우리는 그의 철학이 지니는 새로운 측면을 발견할 수 있을 것이다.

* 앞 그림은 에피쿠로스의 흉상이다.

페르세우스와 메두사 이야기

<메두사의 머리를 쥔 페르세우스> (뉴욕 메트로폴리탄 미술관 소장)

그리스 신화에 등장하는 인물 중 가장 주목할 만한 영웅은 페르세우스(Perseus)이다. 그는 보기만 해도 돌로 굳어버리는 괴물 메두사(Medusa)를 해치운 영웅으로 유명하다. 주신 제우스가 아버지이고 아르고스의 왕녀인 다나에(Danae)가 어머니이다.

아르고스의 왕 아크리시오스는 딸에게서 난 자식에게서 살해될 것이라는 신탁을 믿고서, 다나에를 청동으로 된 밀실에 가두나, 그녀를 마음에 두고 있던 제우스는 신령스러운 황금비로 변신하여 페르세우스를 낳게 한다. 왕은 그 모자를 방주에 실어 바다에 떠내려 보내나, 방주는 세리포스 섬에 도착하여 그곳의 왕 폴리데크테스의 보호를 받는다. 그런데 다나에를 사랑하는 폴리데그테스는 청년 페르세우스를 사랑의 장애물로 인식하여 페르세우스에게 아주 위험한 임무를 부여한다. 바로 괴물 메두사의 목을 베어 오도록 명령한 것이다.

메두사는 고르고(Gorgo: '굳세다'라는 뜻을 지니고 있으며 고르곤의 복수형)라고 불리는 세 자매들 중의 하나이다. '힘'을 뜻하는 스테노(Stenno)와 '멀리 날다'라는 뜻을 지니고 있는 에우리알레(Euryale)는 메두사의 언니들로 어떠한 계기에 의해서도 죽지 않는 불사신들이다. 이에 반해서 메두사는 인간의 생명을 지니고 있어서 영원히 살지는 못하는 한계를 지니고 있다.

메두사는 그리스어로 '여왕'이라는 뜻이다. 가장 예쁘고 매혹적인 자태를 지닌 여인이었기 때문이다. 원래 메두사와 두 언니들은 아름답다는 칭송을 받는 존재들이었다. 처녀 신들인 헤스티아나 아르테미스와는 달리, 아테네 여신은 메두사에게 심한 질투의 감정을 가지고 있었다. 그런데 그러던 가운데 메두사가 바다의 신 포세이돈과 함께 자신을 모시는 신전에서 정을 통하는 것을 보고는 심한 모욕감을 느낀 아테네는 메두사와 그녀의 언니들을 흉측한 괴물로 만들어 버리고 말았다. 뱀으로 된 머리카락과 멧돼지의 몸통, 청동으로 된 손, 째진 눈과 날름거리는 혀를 지닌 추한 몰골의 괴물로 바뀐 것이다. 하지만 그들은 자신들의 흉한 모습을 목격하는 사람들을 모두 돌로 만드는 신비한 능력으로 자신들의 추함을 은폐하였다.

그럼 돌로 바뀌어 버린다는 것은 무엇을 뜻하는가? 여기서 우리가 읽어내야 할 것은 돌이 '물질성'을 상징한다는 점이다(물론 다른 해석도 가능하다). 물질성은 무엇인가? 인간의 정신적 도야를 방해하는 것은 아닐까? 그리고 인간에게 있어 도야를 방해하는 것을 찾아본다면, 쾌락이나 욕망 같은 것은 아닐까?

어쨌든 아테네는 페르세우스에게 '메두사 원정'에 도움이 될 만한 물건들 몇 가지를 제공한다. 우선 매서운 메두사의 '눈'으로부터 자신을 보호할 수 있는 방패를 준다. 그리고 방패의 표면을 통해서 메두사의 위치를 확인하라고 일러준다. 직접적인 '봄'은 페르세우스를 화석화 시킬 수 있기에, 오직 간접적인 '봄'을 통해서 그녀에게 접근하라는 것이다. 요정들에게서 빌린 '투명모자'와 헤르메스에게 빌린 '날개 달린 신발'까지 주었다. 아울러 메두사를 처치하는 데 도움이 될 만한 조언까지 해준다. 그의 말에 의하면, 평상시에 메두사를 죽이기엔 힘이 들기에, 그녀가 잠이 들었을 때만 죽여야 한다. 금강석으로 된 낫이 큰 도움이 된다. 죽이는 순간에도 그녀를 직접 보면 안 된다. 그러기에 뒤로 돌아서서, 오직 방패에 비친 메두사의 모습만을 보면서 그녀를 죽여야만 하는 것이다. 죽은 메두사의 머리 역시 안전하지만은 않다. 그 위험성을 누구보다도 잘 알고 있는 페르세우스는 그것을 자루에 담아 아테네에게 준다. 그러자 아테네는 그것을 자신의 방패에 박아 영원히 가두어 버린다.

신화적인 의미에서 메두사는 거짓된 자아를 상징한다. 왜곡되고 일그러진 자아인 것이다. 참된 존재를 직접적으로 통찰하지 못하면, 인간의 자아는 위축되고 화석화된다. 그런데 자아가 추구해야 할 것은 일그러진 자아 이면에 감추어져 있는 '참된 자아'이다. 물질성을 제거하면서 순수한 영혼을 천착하는 것이다. 페르세우스가 예리한 낫을 가지고 제거하고자 하였던 것 역시 타락한 자아, 비본래적 자아인 것이다. 참된 자아를 회복하는 길은 일그러진 자아를 죽이는 길이다. 하지만 그것은 거짓 자아가 '불활성'의 상태에 있을 때, 즉 잠들어 있을 때에만 가능하다. 물론 이러한 작업이 쉽지만은 않다. 또한 그러한 작업에는 항상 고난과 장애가 있다. 페르세우스의 낫은 그러한 장애를 제거하는데 유용한 도구이다. 따라서 메두사 이야기는 진정한 자아를 찾아가는 인간들의 이야기인 것이다.

그런데 한 가지 유념해야 할 것이 있다. 불사신이 아닌 메두사는 죽지만 메두사의 자매들, 곧 스테노와 에우리알레는 결코 죽지 않는다는 것이다. 어떠한 방법으로도 어떠한 도구로도 죽지 않는다. 그러기에 그들은 계속해서 페르세우스를 추적할 수 있다. 자신의 동생을 죽인 페르세우스를 결코 포기하지 않는 것이다. 그렇다면 이것은 무엇을 말하는가? 인간 안에 있는 일그러진 자아는 어느 정도는 제거될 수 있지만, 우주에 존재하는 사악한 기운, 즉 악은 완전히 사멸되지 않는다는 것이다. 다소 절망적인 메시지이나, 그리스 신화적인 시각에서는 결코 간과할 수 없는 사태이기도 하다.

자아의 문제와 에피쿠로스 철학의 등장

그리스 신화뿐만 아니라, 헤라클레이토스와 소크라테스를 비롯한 그리스 철학자들은 모두 인간 내면의 참다운 자아를 중요시하였다. 헬레니즘 시기에도 철학자들의 자아 탐구는 계속되었다. 그 선두에는 스토아 철학이 있었다. 하지만 스토아 철학자들은 공통적으로 자아의 문제를 항상 공동체, 즉 로마 세국과의 연관성 하에서 고찰하였다. 즉 그들은 공동체를 위해서 유익한 것은 개인에게도 의미 있으며, 공동체에 유익하지 않은 것은 개인에게도 의미 없다는 공동체 중심 윤리를 전개하였던 것이다. 많은 사람들이 동조하고 힘을 보탰다. 노예로부터 황제까지 수많은 철학자들이 배출되었다. 하지만 그럼에도 불구하고 사람들은 스토아 철학에 만족할 수가 없었다. 허전함은 더해갔다. 특히, 전체 및 공동체에 포함되지 않는 개인의 '사적인 영역'에 있어서의 무의미성은 스토아 철학과는 다른 철학의 등장을 요구하게 되었다. 에피쿠로스 철학은 바로 이러한 시대적 배경을 기반으로 하여 탄생하게 되었다.

에피쿠로스 철학에 대한 변론

에피쿠로스 철학은 공동체보다는 개인을 우선시하였으며, '은둔'이라는 삶의 방식을 강조하였다. 자연을 벗 삼아 살았기에 '정원의 철학자'라는 별명까지 얻었다. 스토아 철학과 함께 헬레니즘 시기 가장 영향력 있는 학파 중의 하나였으며, 한때에는 플라톤과 아리스토텔레스의 학교를 능가하였다. 하지만 라이벌 관계에 있었던 스토아 학파와 대립하고 기독교에 의해서 지속적인 견제 및 탄압의 대상이 되면서부터, 에피쿠로스 철학은 그 긍정적인 이미지보다는 부정적인 이미지가 더 많이 강조되었다. 또한 현존하는 에피쿠로스 철학과 관련된 문헌들 대부분이 그들에게 비판적이었던 스토아 계통의 철학자들에 의해서 집필되었으며, 또한 스토아 학파와 우호적이었던 기독교 철학자들이 에피쿠로스 철학 비판에 힘을 실어줌으로써, 에피쿠로스 철학은 그 중요성에도 불구하고 올바른 평가를 받지 못하였던 철학 중의 하나였다. 하지만 이제 그들에게 드리워진 어두운 그림자는 적극적으로 제거되어야 한다. 왜냐하면 그의 철학에는 현대인들의 허무와 불안을 잠재울 수 있는 강력한 힘이 내재되어 있기 때문이다. 마치 신선한 청량제와 같은 철학이 바로 에피쿠로스 철학인 것이다.

에피쿠로스 그는 누구인가

에피쿠로스 학파의 창시자는 에피쿠로스(Epikouros, B.C.341-270)이다. 그는 지중해 사모스 섬에서 출생하였으며 그의 부모는 아테네 출신의 이주민들이었다. 어려서부터 철학적 능력이 남달랐으며, 아비지의 적극적인 후원 아래 철학을 공부하였다. 10대 때에는 플라톤 학자 팜필루스로부터 철학을 배웠으며, 그 이후에는 데모크리토스의 제자였던 나우시파네스(Nausophanes)에게서 '원자론(atomism)'[48]을 배웠다. 18살에는 아테네의 군인으로 2년 간 복무하였으며, 희극시인 메난드로스(Menandros)도 만났다. 군 복무 이후에는 사모스에서 에베소스(Ephesos) 근처의 콜로폰(Kolophon)으로 이주해 온 가족들과 재회하였으며, 그곳에서 스승인 나우시파네스도 만났다. 그의 나이 30살을 넘긴 기원전 310년부터 미틸레네(Mitylene)와 람프사쿠스(Lampsacus)에서 철학을 가르쳤던 것으로 전해지며, 306년에는 그를 따르

48) 크게 보면 에피쿠로스의 철학은 데모크리토스 원자론 영향 하에 있다고 할 수 있으나, 자연의 결정론 문제에 있어서만큼은 그와는 다른 의견을 제시하였다. 이에 관한 자료 중 흥미로운 것으로는 칼 마르크스의 박사학위논문이 있는데, 우리말로는 다음의 번역본이 있다. K. 마르크스. 2001. ≪데모크리토스와 에피쿠로스 자연철학의 차이≫. 고병원 역. 서울: 그린비.

던 사람들을 이끌고 철학의 본 고장 아테네로 들어가 학교를 열었다.[49] 그는 모든 사람들에게 자신의 학파를 개방하였으며, 그를 따르던 제자들 중에는 상당수의 여성[50]과 노예들도 있었다고 한다. 또한 그의 제자들 중에는 경제적으로 넉넉한 이들도 많았는데, 그들은 에피쿠로스가 아테네에 온전히 정착할 수 있도록 큰 도움을 주었다. 에피쿠로스가 도움을 받았던 것들 중에는 큰 정원도 있었는데, 이것을 계기로 하여 그의 학파는 '정원학파'라는 별칭을 얻게 되었다. 아테네에 거주하면서 책을 저술하고 제자들을 가르치는데 집중하였다. 메트로도로스(Metrodoros, B.C.330-277)[51]와 헤르마르코스(Hermarchos)를 포함한 제자들로부터 열렬한 '존경'을 받으며 평생 독신으로 살았다. 말년에는 전립선염으로 인한 극심한 고통 속에 살다 죽었으나 임종 직전까지도 제자들에 대한 사랑을 놓지 않았던 것으로 유명하다. 이도메네오스(Idomeneos)에게 쓴 편지 속

---

49) 에피쿠로스의 정원은 단순한 학문 공동체를 벗어나 '우정'에 기반 한 '삶의 공동체'를 지향하였다. 이것은 당대의 다른 철학 학파와는 확연하게 구별되는 그들만의 특징이기도 하다.

50) 에피쿠로스 학파는 여성을 학파의 정식 구성원으로 받아들였던 최초의 학파였다. 여기에는 그 학파의 평등사상이 잘 드러나 있다.

51) 메트로도로스는 에피쿠로스의 복사판이라 할 정도로 뛰어난 수제자였다. 하지만 너무나 병약하여 53세에 스승보다 약7년이나 앞서 숨을 거두었다. 에피쿠로스는 임종 직전까지 그의 자녀들이 걱정되어, 다른 제자 이도메네우스에게 그것을 부탁하였다고 한다.

에는 그의 자상함이 잘 드러나 있는데, 디오게네스 라에르티오스(≪철학자 열전≫ 제10권 22장)는 그것을 다음과 같이 전하고 있다.

> 내 살아생전 이렇게 기쁜 날에, 동시에 내 마지막 날에, 나는 자네에게 이 편지를 쓰네. 요즘 소변을 볼 수 없는 고통스러운 상황인데다가 세균성 이질까지 겹쳐 내 고통은 이루 말할 수 없다네. 하지만 이전에 우리가 주고받았던 대화를 떠올리면, 마음에 기쁨이 솟아나서 그것이 이 모든 고통에 대항할 수 있게 해주었네. 그리고 자네에게 부탁할 것이 있네. 젊은 시절부터 나와 철학에 헌신해 왔듯이, 메트로도로스의 아이들을 돌봐주게나.

에피쿠로스의 저작에 대하여

디오게네스 라에르티오스에 의하면(≪철학자 열전≫ 제10권 26장), 에피쿠로스의 다작가로 유명하였는데, 그의 저작은 두루마리 300개에 이르고 있다. 이는 그 이전의 저술가들을 양적으로 훨씬 앞지르는 수치이기도 하다. A. A. 롱(2000)에 의하면, 구체적으로 그의 주저로는 자연철학 관련 저작인 ≪사물본성론≫과 윤리학 관련 저작인 ≪인생론≫·≪목적론≫·≪선택과 회피≫가 있으며, 논박서로는 ≪자연학자에 대한 반론≫·≪메가라 철학자에 대한 반론≫·≪테오프라스토스에 대한 반론≫이 있었다고 한다. 하지만 현존하는 것으로는 ≪철학자 열전≫ 제10권에 나오는 세 편의 편지, 즉 자연학을 다룬 ≪헤로도토스에게 보내는 편지≫와 기상학을 다룬 ≪퓌토클레스에게 보내는 편지≫ 그리고 윤리학과 신학을 다룬 ≪메노이케우스에게 보내는 편지≫와 40개의 짧은 경구로 이루어진 ≪중요한 가르침≫(Kyriai doxiai)만이 있다고 한다. 그리고 이러한 에피쿠로스 철학을 이해하는 데 도움이 되는 이차적인 문헌으로는 로마 시대 루크레티우스의 ≪사물본성론≫(De rerum natura)과 키케로의 ≪신들의 본성에 관하여≫(De natura deorum)가 있다.

원자론적 유물론과 자유의지의 문제

에피쿠로스와 그의 학파는 학문을 논리학[52]과 자연학 그리고 윤리학으로 삼분하였다. 그 전체적인 지향점은 스토아 학파와 동일하게 윤리학이었다. 우선 자연학에서는 '원자론적 유물론'으로 요약될 수 있는 형이상학적 원리가 다루어진다.

에피쿠로스의 원자론적 유물론은 데모크리토스와 나우시파네스의 영향 하에서 형성되었다. 이때 원자론은 세상에 존재하는 것들은 더 이상 나누어지지 않는 존재인 '원자(atom)'와 텅 빈 공간인 '허공(kenon)'으로 이루어져 있다는 것이다. 그리고 유물론은 세상에 존재하는 것들은 모두 물질이라는 것인데, 영혼과 정신 역시 물질의 일종이라는 이론이다. 근대의 피에르 가상디와 현대의 칼 마르크스가 그의 충실한 후계자였다.

> 우주는 물체와 허공으로 구성된다, 왜냐하면 물체가 존재하다는 것을 감각 자체가 어디서나 증명해주기 때문이다. 그리고 내가 앞서 말한 바와 같이, 우리는 분명한 것으로부터 불분명한 것을 추론할 때 감각에 의존해야 한다. 또한 만약 우리가

52) 논리학은 '규준학(canonica)'이라고도 불렸다. 이는 논리학이 올바른 인식을 위한 규준을 제공해주는 학문이었기 때문이다.

> ‘허공’, ‘장소’, ‘감각 불가능한 존재’라고 부르는 것이 없다면, 물체가 존재할 곳이 없고, 우리에게 보이는 것처럼 움직일 수 있는 공간도 없을 것이다. 물체와 허공 이외에는 어떤 것도 존재하지 않는다. (...) 영혼이란 미세한 입자들로 구성된 물체이며, 몸 전체에 고루 퍼져 있고, 열기와 혼합된 바람과 유사하며, 어떤 관점에서는 바람과 닮은 반면 다른 관점에서는 열기와 닮았다. (...) 허공을 제외한다면, 우리는 비물질적인 것을 독립적 존재라고 생각할 수 없다. 허공은 영향을 주지도 받지도 않으며, 다만 물체가 자신을 통과해서 움직이도록 허락할 뿐이다. 그러므로 영혼이 비물질적이라고 말하는 사람은 헛소리를 하는 것이다. 왜냐하면 영혼이 비물질적이라면 어떤 것에 영향을 주지도 않고 어떤 것으로부터 영향을 받지도 않을 것이기 때문이다. 그러나 실제로 우리는 이러한 두 가지 속성 모두가 영혼에 속함을 분명히 볼 수 있다.(≪헤로도토스에게 보내는 편지≫ 중, 오유석 역)[53]

그런데 에피쿠로스는 데모크리토스와 같이 원자론적 유물론을 주장하면서도 결정론에 있어서만큼은 그와 의견을 달리하였다. 왜냐하면 엄격한 ‘기계론적 결정론’을 주장하였다, 하지만 그의 설명 방식에는 큰 문제가 도사리고 앉아 있다. 즉 인간의 자유의지가 들어설 수 있는 여지는 전혀 없게 된다. 이에 에피쿠로스는 인간의 자유의지를 존재론적으로 확보하기 위해 존재에 대한 새로운 설명 방식을 도입한다. 그것이

53) ≪메노이케우스에게 보내는 편지≫와 ≪중요한 가르침≫을 비롯한 에피쿠로스의 원문에 대한 번역은 오유석의 것을 따르기로 한다.

바로 원자 운동에 있어서의 '경사운동'[54]의 가능성이었다.

> 원자들은 영원히 운동한다. 원자들 중 어떤 것은 아래로 곧장 떨어지고 어떤 것들은 비스듬히 떨어지고 다른 것들은 충돌해서 위로 튕긴다. 그러나 튕겨나가는 것들 중 어떤 것들은 서로 떨어지게 되는 반면, 어떤 것들은 다른 원자들과 엉키거나 주위를 둘러싼 원자들에 갇혀서, 한곳에 정지해서 진동한다. 왜냐하면 각 원자들은 허공에 의해 다른 원자들과 구분되며, 허공은 원자의 운동을 방해할 수 없기 때문이다. 반면 원자들의 단단함은 충돌 후에 원자들이, 얽어매는 원자들에 의해 붙잡힐 때까지, 멀리 튕겨나가게 한다. 이러한 운동은 출발점(arche)을 가지지 않는다. 왜냐하면 원자와 허공이 그 운동의 원인이기 때문이다.(≪헤로도토스에게 보내는 편지≫ 중)

종래 원자의 운동은 모두 '필연성'에 근거한 낙하 직선 운동으로 이해되었으나, 그는 원자의 운동에 경사운동이라는 '우연성'의 요소를 도입하였던 것이다. 이렇게 함으로써, 그는 인간의 '자유의지(*libera voluntas*)'의 문제에 있어 새로운 돌파구를 마련하게 되었다. 루크레티우스는 원자의 '일탈'과 자유의지의 관계를 다음과 같이 정리한다.

> 나는 이렇게 말한다. 모든 운동이 언제나 연결되어 있고, 새

---

54) 즉 원자들은 데모크리토스의 주장처럼 곧은 직선운동을 하는 것이 아니라 직선운동에서 갑자기 벗어나는 '경사운동'을 한다는 것이다.

로운 운동이 고정된 순서에 따라 이전 운동에서 생겨난다면, 그리고 운명의 고리를 깰 수 있으며 무한히 이전인 원인들에서 원인이 나오지 않게 할 수 있는 어떤 운동 시작점을 기본 물체가 '일탈'(강조는 저자의 것임)을 통해 만들어내지 않는다면, 지상에 있는 생명체에 어떻게 '자유 의지'가, 즉 운명에서 벗어나려는 이러한 의지가 있단 말인가? 이러한 의지 때문에 우리는 쾌락이 모든 사람을 인도하는 곳으로 나아가며, 어떤 고정되지 않은 시점과 장소에서 우리는 우리의 운동으로부터 일탈한다. 그런데 언제 어디에서 우리의 마음이 우리의 방향을 바꾸었는가? 분명히 모든 사람의 의지가 이러한 운동을 시작하게 하며, 운동이 의지에서 나와 의지로 퍼지기 때문이다.

그대가 알다시피, 울타리가 어떤 순간에 열릴 때, 말들은 비록 힘과 소망이 있어도 그들의 마음이 바라는 대로 곧장 밖으로 뛰쳐나갈 수 없다. 그렇지 않은가? 이는 그러한 말의 신체 전체에 걸쳐 있는 물질덩어리 전체를 움직여야 하고, 그래서 그러한 운동이 모든 골격을 통해 일어날 때에야 비로소 그러한 말이 노력하고 마음이 원하는 것을 따를 수 있기 때문이다. 그래서 그대가 볼 수 있듯이, 심장이 처음으로 운동을 일으키며, 이어서 마음의 의지에서 운동이 생겨나서, 그 다음에 모든 신체와 사지로 퍼진다.

그것은 다른 사람의 강한 힘과 제약이 가하는 충격 때문에 우리가 앞으로 움직일 때와 같지 않다. 그러한 경우, 분명히 신체의 물질 전체가 우리의 의지와 상반되게 움직이고 제약되어, 결국 의지가 그러한 물질을 사지 전체에 걸쳐 제약하기 때문이다. 그래서 이제 그대가 한 물질을 분명하게 보듯이, 외부의 힘이 많은 사람을 밀어내고, 종종 그들의 의지와 상반되게 나아가서 그들이 곤두박질치도록 강요해도, 그에 맞서 싸우고 저항할 수 있는 것이 우리의 가슴에 있다. 물질 덩어리는 때로 모든 사지에 걸쳐 그 방향을 바꾸도록 강요되며, 앞으로 밀리더라도 저지를 받아 다시 정지하게 된다.

그러므로 그대는 원자에서도 같은 일이 일어난다고 인정해야 한다. 우리가 보듯이, 어떠한 것도 없는 것에서 생겨날 수 없기 때문에, 타격과 무게 외의 운동 원인이 존재하는데, 이러한 원인은 우리의 내부에 있는 이러한 힘의 근원이다. 모든 것이 타격에 의해, 말하자면 외부의 힘에 의해 생겨나는 것을 무게가 막아주기 때문이다. 그러나 원자가 고정되지 않은 시점이나 공간에서 조금만 일탈해도 모든 일을 하는 데 있어서 마음 자체에 내적 필연성이 없으며, 정신은 죄수처럼 작용을 받고 수용하도록 강요되지 않는다. (루크레티우스 ≪사물본성론≫, ii 251-293)[55]

55) 루크레티우스의 ≪사물본성론≫에 대한 번역은 이경직이 번역한 롱(2000)의 ≪헬레니즘 철학≫에서 재인용한다.

죽음과 신에 대한 두려움으로부터 벗어나기

에피쿠로스의 원자론적 유물론에 의하면, 세상에 존재하는 모든 것들은 원자들에 의해서 만들어진다. 영혼과 정신도 물질적인 것이며 '신' 역시 예외는 아니다. 그리고 죽음과 신에 대한 두려움은 '마음의 평화(ataraxia)'를 깨뜨리는 장애물이다. 그러기에 진정한 마음의 평화를 얻고자 한다면, 우선적으로 마음의 장애물들을 제거해야 하는 것이다.

죽음이 두려움의 대상이 아닌 이유는 간단하다. "우리가 존재하는 한 죽음은 우리와 함께 있지 않으며, 죽음이 오면 이미 우리는 존재하지 않기 때문이다".(≪메노이케우스에게 보내는 편지≫ 오유석 역, 이하 이 번역 인용) 그래서 죽음은 두려움의 대상이 아닌 것이다. 다음과 같이 한번 생각해 보자. 인간이 존재하지 않는다면 감각 작용이 없을 것이다. 감각지각 작용이 없다면 인간은 고통을 느끼지 못할 것이다. 고통을 느끼지 못한다면 인간은 죽음의 고통도 경험하지 못할 것이다. 그런데도 인간들은 죽음이 고통스러운 경험이라고 생각하는데, 이는 죽음 이후에도 우리의 감각이 계속해서 살아있을 것이라고 믿는 데에서 기인하는 것이다. 어쨌든 마음의 평화를 유지하기 위해서는 죽음에 대한 두려움과 연관된 모든 장애물은 제거되어야 하는 것이다.

> "죽음이 우리에게 아무 것도 아니다"라는 믿음에 익숙해져라. 왜냐하면 모든 좋고 나쁨은 감각에 있는데, 죽으면 감각을 잃게 되기 때문이다. 따라서 "죽음이 우리에게 아무것도 아니다"라는 사실을 제대로 알게 되면, 가사성도 즐겁게 된다. 이것은 그러한 앎이 우리에게 무한한 시간의 삶을 보태주기 때문이다. "죽음은 두려운 일이 아니다"라는 사실을 진정으로 깨달은 사람은, 살아가면서 두려워할 것이 없다. 그러므로 "내가 죽음을 두려워하는 이유는, 죽을 때 고통스럽기 때문이 아니라, 죽게 된다는 예상이 고통스럽기 때문이다"라고 말하는 사람도 헛소리를 하는 셈이다. 왜냐하면 죽음이 닥쳐왔을 때 고통스럽지 않은데도 죽을 것을 예상해서 미리 고통스러워하는 일은 헛되기 때문이다. 그러므로 가장 두려운 악인 죽음은 우리에게 아무것도 아니다. 왜냐하면 우리가 존재하는 한 죽음은 우리와 함께 있지 않으며, 죽음이 오면 우리는 존재하지 않기 때문이다. 그러하다면 죽음은 산 사람이나 죽은 사람 모두와 아무런 상관이 없다. 왜냐하면 산 사람에게는 아직 죽음이 오지 않았고, 죽은 사람은 이미 존재하지 않기 때문이다. (≪메노이케우스에게 보내는 편지≫ 중)

또한 신에 대한 두려움도 부정되어야 한다. 에피쿠로스에 의하면, 신 역시 물질의 일종이다. 다만 그것이 순수한 것일 뿐이다. 그런데 만약 신이 물질의 일종이라면, 인간이 신의 처벌을 두려워하거나 보상을 기대하는 것 역시 부정되어야 하는 것이다. 에피쿠로스는 신에 대한 인간적인 두려움이 발생하게 되는 배경에는 인간의 주관적인 판단이 자리잡고 있다고 분석하면서, 그것을 경계할 것을 주문한다. 다음은 그의 언급이다.

> 하지만 신은 많은 사람들이 생각하는 것과는 다른 방식으로 존재한다. 왜냐하면 사람들은 자신들의 믿음과 비일관적인 방식으로 신을 기술하기 때문이다. 한편 불경한 사람은 다른 사람들이 믿는 신을 거부하기 사람이 아니라, 신들에게 대중들의 견해를 귀속시키는 사람이다. 왜냐하면 신들에 대한 많은 사람들의 주장은 감각들로부터 생기는 일반 개념이 아니라, 잘못된 추측이기 때문이다. 대중들의 잘못된 추측에 따르면, 악한 자들에게는 가장 큰 불행이 생기는 반면, 선한 자들에게는 신들로부터 가장 큰 이로움이 생긴다. 사람들이 이렇게 잘못된 추측을 하는 이유는, 그들이 항상 자신에게 고유한 탁월함에 익숙해져서, 자신과 비슷한 것은 받아들이는 반면, 그렇지 않은 모든 것을 이질적인 것으로 간주하기 때문이다.(≪메노이케우스에게 보내는 편지≫ 중)

하지만 그럼에도 에피쿠로스는 신에 대한 숭배를 완전히 거부하지는 않았다. 공리주의적이고 실천적인 유용성이 분명히 존재하고, 인간들의 마음속에는 궁극적으로 신에 대한 보편적인 믿음이 존재하고 있기 때문이었다. 롱(2000, 101-102)에 의하면, 세네카는 에피쿠로스의 신 개념을 "신은 어떠한 이로움도 나누어주지 못한다. 그는 냉정하며 우리에게 주의를 기울이지 않는다. 그는 세계를 중요하게 여기지 않으며 (...) 이로움이나 잘못된 일에 마음이 흔들리지 않는다"(H.Usener 편 Epicurea, 364)로 정리했다고 언급한다. 계속해서 그는 세네카의 이 논증에는 "신이 있다", "신은 죽지 않으며 최고로 행복하다", 그리고 "신의 행복은 끊임없는 평정으로 이루어진다"는 3가지 전제로 구성되어 있다고 분석하는데, 먼저 제1전제에는 인간에게는 '신에 대한 보편적인 믿음' 즉 "공통된 생각"(koine noesis)이 존재하고 있다는 것을 말한다. 그런데 이 전제에는 인간은 신에 대한 두려움으로부터 해방되어야한다는 그의 앞선 주장과는 일견 모순된 것처럼 보인다. 하지만 에피쿠로스는 인간에게 신에 대한 자연적인 믿음이 보편적으로 존재하고 있다는 것을 거부하지는 않는다. 그런 점에서 그는 철저한 현실주의자였다.

> 내가 지속적으로 당신에게 명령해온 것들을 잘사는 것의 제1원리(stoicheia)로 받아들이고 또한 행하라. 가장 먼저, 신에 대한 '공통적인 생각(*koine noesis*)'이 이미 우리의 마음속에 각인되어 있듯이, 신이 불멸하며 축복받았다고 생각하라. 또한 그의 불멸성과 이질적인 것, 그리고 그의 축복받음에 잘 맞지 않는 것을 신에게 귀속시키지 말라. 왜냐하면 신에 대한 우리의 앎(gnosis)이 분명(enarges)하므로, 신이 존재하기 때문이다. (≪메노이케우스에게 보내는 편지≫ 중)

이러한 특징은 곧바로 제2전제와 연결된다. 왜냐하면 인간에게는 "신이 죽지 않으며 최고로 행복하고 인간의 모습을 띤다는 자연적 믿음" 역시 보편적으로 존재하고 있기 때문이다. 마지막으로 제3전제는 에피쿠로스가 생각하는 신의 본성을 단적으로 드러내는 말이다. 왜냐하면 에피쿠로스에 의하면 신은 인간사에 철저하게 무관심한 채 절대적 평정을 유지하고 있기 때문이다. 롱(2000, 103)도 신은 오로지 "참된 에피쿠로스주의자들처럼 (...) 모든 근심에서 벗어난 삶을 즐기면서, '세데스 퀴에타이(*sedes quietae,* 평정한 휴식처)'"에 거하고 있을 뿐이라고 언급하고 있는 것이다. 이렇게 볼 때 에피쿠로스는 논리적으로는 원자론에 입각한 무신론적 신론[56]을 견지하면서도, 현실적으로는 신에 대한 인간들의 자연적인 믿음을 긍정하는 이신론적 입장을 취하고 있다고 할 수 있다. 하지만 그 신은 인간을 비롯한 우주의 모든 일에 끼어들기를 원치 않는 절대 고요 또는 절대 평정의 신이다. 다음은 신이 천체의 어떠한 운동에도 관련되어 있지 않다는 그의 언급이다.

> 한편 우리는 천체의 운동과 회귀선, 일식과 월식, 천체가 뜨고 지는 현상 그리고 이와 유사한 현상들이 어떤 신적인 존재-천체의 운동을 과거에 규정했고 지금도 조종하는 존재인 동시에, 불멸하고 완전한 축복을 누리는- 때문에 일어난다고 생각하면 안 된다. 왜냐하면 '노고와 근심', '성냄', '호의' 등은 축복받은 존재와 양립 불가능하며, 오히려 약함과 두려움, 이웃에 대한 의존이 있는 곳에서 생겨나기 때문이다. 또한 우리는 "불이 모여서 형성된 것(천구)이 축복받은 존재이며, 자신의

56) 중세 시대 에피쿠로스는 무신론자로 오해되었다. 이러한 오해에 한몫을 했던 사람으로는 2세기의 신학자이자 변증가인 락탄티우스(Lucius Caecilius Firmianus Lactantius, 240?-320?)가 있다. 전해지는 이야기에 의하면, 그는 '신의 전능'과 '신의 선함' 그리고 '악의 존재가능성'로 이루어진 '삼도논법(trilemma)'의 글을 통하여 에피쿠로스가 무신론자임을 정형화시켰다고 한다.

의지에 따라 운동한다"고 생각해도 안 된다. 하지만 우리가 신에 관해 사용하는 모든 표현들이 신적인 존엄성과 양립 불가능한 의견들을 만들지 않도록 하려면, 우리는 이런 모든 표현들을 사용함에 있어서 '축복' '불멸' 등의 개념과 결부된 신적 존엄성을 고수해야 한다. 만일 그렇게 하지 않으면, 앞서 말한 양립 불가능성이 사람들의 마음속에 아주 심한 골칫거리를 만들 것이다. 그러므로 우리는 원자들이 덩어리를 형성-이로써 세상이 생겨난다-할 때 처음부터 소용돌이가 끼어들어서, 이러한 천체의 회전 법칙이 생겨났다고 생각해야 한다. (≪헤로도토스에게 보내는 편지≫ 중)

쾌락주의를 어떻게 이해할 것인가

'쾌락주의'에 오면 에피쿠로스 철학의 본의가 분명해진다. 잘 알려져 있듯이, 에피쿠로스에게 있어 쾌락이라는 개념은 선악의 가르는 윤리학의 제1기준이다. 그러기에 쾌락적인 것은 좋은 것이고 쾌락적이지 않은 것은 좋지 않은 것이다. 즉 즐거운 것은 선한 것이고 고통스러운 것은 악한 것이다.

> 이런 이유 때문에 우리는 쾌락이 행복한 인생의 시작이자 끝이라고 말한다. 왜냐하면 우리는 쾌락을 우리에게 타고난 첫 번째 선이라고 인식하며, 선택하고 기피하는 모든 행동을 쾌락으로부터 시작하기 때문이다. 또한 우리는 모든 선을 구별하는 기준으로서 느낌을 사용하면서, 쾌락으로 다시 돌아간다.
> (≪메노이케우스에게 보내는 편지≫ 중)

그런데 이 쾌락이라는 개념은 철학사에서 오랫동안 오해의 대상이 되어왔었다. 즉 쾌락이 세속적이고 육체적인 것이라든지, 또는 동적이고 순간적인 것이라든지 하는 것이 오해의 내용이었다. 하지만 그러한 것들은 결코 철학자 에피쿠로스가 강조하고자 하였던 쾌락의 개념이 아니었다. 왜냐하면 그에게 있어 진정한 쾌락이란 '정신적이고, 정적이고, 영원한 것'이었기 때문이다. 즉 진정한 쾌락은 '몸과 마음의 절대적 평정' 또는 "몸의 고통이나 마음의 혼란으로부터의 자유"(≪메노이케우스에게 보내는 편지≫ 중)였던 것이다.

> 그러므로 우리가 "쾌락이 목적이다"라고 할 때, 이 말은, 우리를 잘 모르거나 우리의 입장에 동의하지 않는 사람들이 동의했던 것처럼, 방탕한 자들의 쾌락이나 육체적인 쾌락을 의미하는 것은 아니다. 내가 말하는 쾌락은 몸의 고통이나 마음의 혼란으로부터의 자유이다. 왜냐하면 삶을 즐겁게 만드는 것은 계속 술을 마시고 흥청거리는 일도 아니고, 욕구를 만족시키는 일도 아니며, 물고기를 마음껏 먹거나 풍성한 식탁을 가지는 것도 아니고, 오히려 모든 선택과 기피의 동기를 발견하고 공허한 추측들-이것 때문에 마음의 가장 큰 고통이 생겨난다-을 몰아내면서, 멀쩡한 정신으로 계산하는 것이기 때문이다. (≪메노이케우스에게 보내는 편지≫ 중)

최대의 쾌락을 얻는 것이 몸과 마음의 고통으로부터 벗어나는 것이라고 한다면, 인간 욕망에 대한 분석은 우선적으로 요구된다. 그래야만, 고통은 피하고 쾌락은 추구할 수 있는 길이 열리기 때문이다. 다음은 욕망에 대한 그의 분석이다.

> 우리는 다음 사실을 알아야만 한다. 욕망들 중 어떤 것은 자연적이고 다른 것은 공허하며, 자연적인 욕망들 중 어떤 것은 필연적이고 다른 것은 단순히 자연적이며, 필연적인 욕망들 중 어떤 것은 행복을 위해 필요하며 어떤 것은 몸의 휴식을 위해 필요하며 다른 것은 삶 자체를 위해 필요하다, 이런 사실을 잘 관찰하는 것은, 우리가 어떤 것을

> 선택하거나 피할 때 몸의 건강과 마음의 평안을 참고하도록 해준다. 왜냐하면 이것이 행복한 삶의 목적이므로 (...) 우리는 항상 이런 목적을 이루기 위해서, 즉 고통과 두려움을 피하기 위해서 행동한다. 그리고 일단 이것이 얻어지면 모든 마음의 폭풍우가 사라진다. 왜냐하면 이제 우리는 잃어버린 것을 찾아 헤매듯 돌아다니지 않아도 되기 때문이다. 즉 우리가 쾌락의 부재로 인해 고통을 느낄 때에는 쾌락을 필요로 하지만, 고통을 느끼지 않는다면 더 이상 쾌락을 필요로 하지 않는다. 이런 이유 때문에 우리는 쾌락이 행복한 인생의 시작이자 끝이라고 말한다. 왜냐하면 우리는 쾌락을 우리에게 타고난 첫 번째 선이라고 인식하며, 선택하고 기피하는 모든 행동을 쾌락으로부터 시작하기 때문이다. 또한 우리는 모든 선을 구별하는 기준으로서 느낌을 사용하면서, 쾌락으로 다시 돌아간다.(≪메노이케우스에게 보내는 편지≫ 중)

위에서 언급되었듯이, 에피쿠로스는 욕망을 '자연적이면서도 필연적인 욕망', '자연적이기는 하나 필연적이지는 않은 욕망' 그리고 '자연적이지도 않고 필연적이지도 않은 욕망', 즉 '공허한 욕망'으로 나누었다. 먼저 자연적이면서도 필연적인 욕망이란 '식욕'이라든지 '갈증 해소 욕구' 또는 '추위 회피 욕구' 등과 같이 인간이 지닌 가장 원초적인 생존 욕구를 말한다. 만약 충족되지 못했을 경우에는 생존 자체가 불가능한 그러한 욕구들이다. 그러기에 에피쿠로스는 우선적으로 이러한 욕구들이 충족되어야 한다고 말한다. 다음으로 자연적이기는 하나 필연적이지 않은 욕망들로 '식도락(食道樂)'이나 '경국지색(傾國之色)의 미인'을 탐하는 그러한 욕망들이 있다. 하지만 앞의 것들과 달리, 이것들은 충족되지 못한다 할지라도 생존에는 크게 문제가 되지 않는 그러한 욕망들이다. 그리고 잘못 추구될 경우에는 인간을 위험하게 할 수도 있는 그러한 것들이다. 특히, '과도한 성욕'과 같은 것은 인간의 품위를 손상시킴은 물론 생존까지도 위험하게 할 수 있는 그러한 욕망이다. 왜냐하면 과도한 성욕은 인간에게 어떠한 이익도 주지 못할 뿐만 아리라, 때에 따라서는 인간을 망가뜨릴 수도 있기 때문이다. 그러기에 인간은 이러한 위험에 빠지지 않기 위해서 항상 절제의 미덕을 습관화해야 하는 것이다. 다음은 성욕에 대한 에피쿠로스의 경고이다.

> 성교는 인간에게 이득을 준 적이 없다. 그리고 그것이 어떤 사람에게 피해를 주지 않았디면, 그 시람은 운이 좋다.(≪단장≫ 8)

> "육체적 충동이 나를 사랑의 쾌락에 약하게 만든다." 만약 당신이 법이나 미풍양속을 깨뜨리지 않고, 이웃에 방해를 주지도 않으며, 당신의 몸을 해치거나 생필품을 낭비하지 않는다면, 당신은 원하는 대로 당신의 기호에 따라 행동하라. 하지만 이런 문제들 중에서 어느 하나와도 직면하지 않는 것은 사실상 불가능하다. 왜냐하면 사라의 쾌락이 사람을 이롭게 한 적은 없으며, 그것이 사람에게 해를 주지 않는다면 그 사람은 행복할 것이기 때문이다.(≪단장≫ 52)

이처럼 에피쿠로스는 과도한 성욕이 가져오는 위험성을 분명히 경고하고 있다. 그런데 그가 보기에 성욕보다 더 무의미하고 무익한 것이 있는데, 그것이 바로 '명예욕'이나 '명성욕'

그리고 '인기욕'과 같은 것이다. 이러한 것들은 모두 세속적인 인기와 명성을 탐하는 사람들의 "헛된 생각"(kene doxa, ≪중요한 가르침≫ 30)으로부터 유래한 것으로, 결코 자연적이지도 필연적이지도 않은 욕망들이다. 그러기에 진정으로 마음의 평화를 얻고자 하는 사람들은 무엇보다도 이러한 욕망들이 빚어내는 신체적, 정신적 고통으로부터 벗어나야만 된다.

그런데 헛된 욕망으로부터 벗어나기 위해서는 우선적으로 '동적 쾌락'과 '정적 쾌락'에 대한 분석이 존재해야 한다. 에피쿠로스에 의하면, "마음의 동요가 없음과 몸의 고통이 없음은 정적 쾌락이다. 하지만 즐거움과 환희는 운동을 동반한 실제적 쾌락"(≪선택과 피함에 관하여≫, 오유석 역)인데, 여기에서 후자는 퀴레네 학파가 강조하는 동적 쾌락을 말한다. 그런데 동적 쾌락이란 고통이 제거되는 과정에서 발생되는 쾌락인 데 반해서, 정적 쾌락이란 고통이 완전히 제거되었을 때 발생되는 고요하고 안정된 쾌락이다. 그런데 지금 에피쿠로스가 강조하는 것은 바로 정적 쾌락이다. 이런 점에서 볼 때, 에피쿠로스는 정적 쾌락을 통해서 마음의 평화를 얻고자 하는 것이다.

하지만 진정한 마음의 평화는 "사려 깊음(phronesis)"으로 번역될 수 있는 '실천적 지혜'의 능력을 갖추지 않고서는 불가능하다. 왜냐하면 사려 깊지 않거나 실천적 지혜를 결여하고 있다면, 정적 쾌락에 대한 지속적이면서도 영원한 추구는 불가능할 것이기 때문이다. 현실적으로 볼 때도, 인간은 매 순간 온갖 종류의 욕망에 노출되어 있으며, 또한 그러한 욕망들에 대해 실천적인 판단을 내리도록 강요받고 있다. 이때 가장 중요한 것은 사려 깊음과 연관된 '탁월함(arete)'을 획득하는 것이다. 하지만 이때 특징적인 것은 에피쿠로스는 결코 탁월함을 자체적인 측면에서 이해하고 있지 않다는 것이다. 그는 그것을 철저하게 쾌락을 측정하기 위한 하나의 '수단'으로서 이해하고 있는 것이다.[57] 이는 탁월함을 자체적인 측면에서 이해하는 플라톤과는 차별화되는 특징이기도 하다. 다음은 사려 깊음의 탁월함과 연관된 그의 언급이다.

> 이 모든 것의 시작(arche)이자 가장 큰 선은 '사려 깊음(phronesis)'이다. 사려 깊음은 심지어 철학보다도 소중하다. 왜냐하면 모든 다른 탁월함(arete)들은 사려 깊음에서 생겨나며, 사려 깊음은 우리에게 "사려 깊고 아름답고 정의롭게 살지 않고서 즐겁게 사는 것은 불가능하며, 반대로 즐겁게 살지 않고서 사려 깊고 아름답고 정의롭게 사는 것도 불가능하다"고 가르치기 때문이다. 다시 말해, 탁월함은 본성적으로 즐거운 삶과 연결되어 있으며, 즐거운 삶은 탁월함으로부터 뗄 수 없다. 왜냐하면 정말로 너는 신에 대한 경건한 생각을 가지고 있으며, 죽음을 무서워하지 않고, 자연의 목적을 잘 계산한 사람보다 더 나은 사람이 누구라고 생각하느냐? 이런 사람은 우리가 좋은 것들의 한계를 충족시키거나 얻기 쉽다는 사실을 파악하고 있으며, 반대로 나쁜 것들의 한계는 시간적으로 짧을뿐더러, 경미한 고통을 가진다는 것도 알고 있다. (...) 한편 사려 깊은 사람은 우연을 알려지지 않은 모든 것들의 원인이라고 간주하

---

57) 이에 대해서는 에피쿠로스의 쾌락 개념에 대한 롱(2000, 140-141)의 분석을 참고하라.

> 지도 않는다. 왜냐하면 그는 사람들을 축복하기 위해 좋은 것 또는 나쁜 것이 우연히 주어지는 것이 아니라, 단지 큰 선 또는 악을 위한 기회가 우연에 주어진다고 생각하기 때문이다. 따라서 그의 생각에 의하면, 비이성적인 방식으로 큰 성과를 이루는 것보다는 이성적으로 숙고했으나 좋은 결과를 얻지 못한 편이 낫다. 왜냐하면 잘못된 판단을 내렸으나 우연 때문에 성공하는 것보다는, 옳게 판단했음에도 불구하고 행동을 자신의 판단을 입증하지 못한 편이 낫기 때문이다.
> 그러므로 이러한 사실들을 너 스스로뿐 아니라 동료들과 함께 밤낮으로 생각하라. 그러면 너는 자나 깨나 고통 받지 않게 될 것이며, 사람들 사이에서 신과 같이 살게 될 것이다. 왜냐하면 불멸하는 선(agathon) 속에서 사는 사람은 사멸하는 존재들과는 다를 것이기 때문이다.(≪메노이케우스에게보내는 편지≫ 중)

이처럼 에피쿠로스는 명료한 사유에 기반 한 정신적 쾌락을 추구한다. 그러기에 에피쿠로스 계열의 철학자들이 육체적 쾌락만을 탐닉하였다는 주장은 근거 없는 이야기로 폐기되어야만 한다. 오히려 그들은 헬레니즘 시기의 지식인들이 누구나 획득하고자 하였던 마음의 평화 즉 아타락시아(ataraxia)를 지향한 인물로 자리매김 되어야 한다. 다음은 에피쿠로스 사상의 계승하였던 루크레티우스의 말로, 에피쿠로스가 추구하였던 삶의 자세와 태도가 잘 드러나 있는 말이다.

> 바람이 험한 바다에 물결을 일으킬 때 다른 사람이 고군분투하는 것을 육제에서 보는 일은 달콤하도다. 누군가 어려움을

겪는다는 것이 즐겁거나 재미있어서가 아니라, 당신 자신이 벗어나 있는 불행을 보는 것이 달콤하기 때문이도다. 또한 당신 자신이 전혀 위험에 빠지지 않는다면, 평원을 뒤덮는 대접전을 지켜보는 것도 달콤한 일이다. 그러나 지혜로운 사람의 가르침을 통해, 높은 곳에 튼튼하게 세운 성인 고요한 장소의 주인이 되는 것보다 더 즐거운 일은 없도다. 당신은 그곳에서 다른 사람들을 내다보면서, 그들이 목적 없이 방황하고 삶의 길을 찾으려고 헤매는 모습을 볼 수 있으며, 그들이 그들의 능력을 뽐내고 사회적 지위에서 앞서려고 애쓰며, 부를 높이 쌓고 모든 것의 주인이 되기 위해 밤낮으로 전력하는 모습을 볼 수 있도다. 인간의 불행한 마음이여, 불행한 마음을 지닌 자여, 눈 먼 가슴이여! 이렇게 하찮은 삶을 보내는 것이 얼마나 어둡고 위험한지. 근심과 두려움을 제거했을 때, 본성이 신체에서 고통을 제거하라고 외치며, 마음속에서 기쁨을 느끼는 즐거움을 불러대고 있는 것을 당신은 보지 못했단 말인가? 따라서 우리가 보기에, 신체에 필요한 것은 몇 가지뿐인데, 그것만으로 고통을 충분히 제거할 수 있으며 큰 기쁨을 줄 수 있도다. 현관 입구 홀에 금으로 된 젊은이 상들이 저녁 향연을 밝히려고 오른손에 횃불을 들고 서 있지 않는다 해도, 또는 그 집이 은으로 번쩍거리지도 않고 금으로 빛나지도 않고, 조각을 새긴 황금빛 천장에 류트 소리가 울려퍼지지 않는다 해도, 큰 돈을 들이지 않아도 기쁨으로 몸을 새롭게 하는, 높다란 나뭇가지 아래로 흐르는 시냇물 옆 부드러운 잔디 위에 꽃을 수놓을 때, 우리의 본성 자체는 시간이 달라져도 그보다 더 즐거운 것을 추구하지 않는도다.(루크레티우스, ii 1-35)

<와호장룡(Crouching Tiger, Hidden Dragon, 2000)>

감독: 이안
출연: 주 윤발(이목백: 리무바이), 양 자경(수련), 장 쯔이(용), 장 진(호)
각본: 휴링 왕, 쿠오 정 샤이, 제임스 셰무스
제작: 제임스 셰무스
음악: 탐 둔
무술: 원 화평

호와 용

이 영화는 경이로움으로 가득 차 있다. '웅크린 호랑이와 숨은 용(Crouching Tiger, Hidden Dragon)'을 뜻하는 타이틀에서부터 대나무 숲의 결투 장면이나 안개바다에 몸을 던지는 용의 마지막 자살 장면에 이르기까지, 영화는 끊임없이 우리에게 다음 문제를 제기한다. "인간이란 무엇인가?" 그리고 "우리는 어떻게 살아야만 하는가?" 다분히, 동양적 허무주의와 중국적 영웅의식을 그 밑에 깔고 있는 이 영화에서, 우리는 헬레니즘 시기 에피쿠로스가 꿈꾸었던 현자적인 삶의 유형을 읽을 수 있다.

많은 사람들이 등장하지만 영화의 축은 이목백(리무바이)과 용에게 있다. 이 두 축 옆에 수련과 호가 있는데, 전자는 이목

無의 경지를 체험한 이목백

백 곁에, 후자는 용의 곁에 포진하고 있다. 남자 주인공 이목백이 세속적 권력으로부터 벗어나고자 하는 초월적·탈세간적 인물인데 반해서, 용은 강호의 최고수 내지는 절대강자를 꿈꾸는 권력의 화신이다. 그 두 주인공 사이에는 강호의 최강자를 상징하는 '청명검(The Green Destiny Sword)'이 있다. 이목백은 청명검을 버림으로써 강호로부터, 그리고 세속으로부터 벗어나고자 하나, 용은 그 청명검을 획득함으로써 강호로, 그리고 정치세계로 진입하고자 한다. 하지만 두 사람은 모두 자신의 의지를 관철시키지 못한 채, 비극적인 최후를 맞는다.

이목백은 영화의 중심이다. 그는 분명 절대무공을 소유한 강호의 최고수이다. 그러나, 그는 강자만이 생존할 수 있는 무림의 세계에 회의를 느끼고 강호를 떠나고자 한다. 그리하여, 강호의 최고수만이 지닐 수 있는 전설 속의 보검 청명검을 자신이 가장 신뢰하는 동료 수련에게 맡긴다. 이렇게 함으로써, 그는 세속을 완전히 등지고자 하는 것이다. 하지만 그런 그에게도 미해결된 세속적인 문제가 하나 남아 있었으니, 그것은 자신의 스승을 살해하고 무당파의 비밀 검술서를 훔쳐 달아난 '푸른 여우'를 제거하지 못한 것이었다. 이것은 훗날 자신의 은퇴를 가로막는 하나의 장애물로 등장한다. 영화의 초반부에서 이목백은 그 동안 자신이 체험한 절대무공의 경지를 다음과 같이 표현한다.

수련: 정 도인 말로는, 사형이 무당산에서 수련하고 계신댔어요. 그런 평화로운 곳에 계시다니 정말 부럽네요. 전 일 하느라 쉴 새 없이 바빴어요.
목백: 파계하고 출관했어.
수련: 왜죠, 사형에게는 무척이나 중요한 수련이었는데.
이목백: 수련하는 동안에, 깊은 적막의 경지에 들어갔소.
주위엔 온통 빛뿐이었고, 시간과 공간이 사라졌지.
사부님이 언급조차 한 적 없는 경지에 들어간 거지.
(During my meditation training, I came to a place of deep silence.
I was surrounded by light. Time and space disappeared.
I had come to a place my master had never told me about.)
수련: 득도하신 건가요?(You were enlightened?)
이목백: 아니. 득도의 희열 같은 건 못 느꼈으니까.
오히려 … 슬픔에 싸인 기분이었어.
도저히 참을 수가 없어서 파계하기로 한 거야. 계속할 수가 없었어.
뭔가를 생각해야만 했어.
(No. I didn't feel the bliss of enlightenment.
Instead, I was surrounded by an endless sorrow.
I couldn't bear it. I broke off my meditation. I couldn't go on.

> There was something … pulling me back.)
> 수련: 그게 뭐죠?
> 이목백: 가슴에서 떨쳐낼 수 없는 일이야.

수련은 절대무공을 체험한 이목백에게 그것이 득도의 경지인지를 묻는다. 그러나, 이목백은 그것을 강하게 부정한다. 오히려 그것은 시간도 공간도 사라진 '허무'의 상태라고 한다. 죽음의 공포를 완전히 극복한 에피쿠로스(Epikuros)적 현자들처럼, 그 역시 완전한 부동심(ataraxia)의 상태에서 무를 체험하는 것이다. 나도 없고 칼도 없는 공의 상태 말이다.

> 이목백: 다른 게 그렇듯이 나도 아무것도 아냐. 청명검도 마찬가지지.
> 모든 건 마음에 달려 있지.
> (Like most things, I am nothing. It's the same for this sword. All of it is simply a state of mind.)
> 용: 승려 같은 말만 하는군. 덤벼라.

영화 후반부에 용은 이목백과의 갈등을 마감하고 화해의 몸짓을 한다. 전설상의 안개바다에 몸을 던지는 것이다. 가볍고도 경쾌하게, 그녀는 깊은 안개바다로 사라진다. 그 장면은 자살 장면인데도 불구하고 우리를 감동시키고 있다. 왜냐하면 그 행위로 인해서, 그녀는 권력욕과 소유욕에 찌들었던 자신을 버리고 진정한 자아, 본래적 자아를 회복하기 때문이다. 또한 그녀는 정신적 스승이자 '내면적 연인'(영화 내면에는 두 사람의 애정이 잔잔하게 흐르고 있다)이었던 이목백의 가르침을 이해하고 궁극적으로는 그와 하나가 되기 때문이다.

이목백은 용을 자신의 수제자로 삼고자 한다. 상식적으로 볼 때, 이것은 파격적이면서도 위험천만한 발상이다. 왜냐하면 그녀는 자신의 스승이었던 강남학을 죽이고 ≪무당심결≫까지 훔쳐 달아났던 푸른 여우의 제자이기 때문일 뿐만 아니라, 이목백의 청명검을 훔쳐 무림세계를 지배하고 말겠다는 야심을 품고 있는 권력의지의 화신이기 때문이다. 그런데도, 이목백은 그런 용에게 무당파의 최고 검술을 전수해 주고자 한다. 그녀가 자신을 죽일지도 모르는 위험 속에서 말이다.

이목백: 외출하기에는 늦었을 텐데? 검을 돌려 줄 생각인가?

용: 내 마음이에요.

이목백: 사부는 어딨지?

용: 상관마요.

이목백: 잘 놀았나? 소질은 뛰어나지만 ≪무당심결≫을 제대로 못 배운 것 같군. 진정한 사부가 필요해.

용: 당신이란 말이신가?

이목백: 파란 여우가 어딨는지 말해라.

용: 받아라.
이목백: 진정한 날카로움은 '무위'에서 나오지.
발전도 없고, 도움도 없으며, 행위도 없으며.
절제 없는 욕심은 버려.
사람 된 도리를 가르쳐주는 거야.
(Real sharpness comes without effort.
No growth without assistant. No action without reaction.
No desire without restraint.
Now give yourself up and find yourself again. There is a lesson for you.)
(…)
용: 죽여라.
이목백: 연마를 더하면 청명검을 쓰는 법을 가르쳐주마.
대신 '평온의 경지'에 도달하는 법부터 배워.
(Why should I? You need practice. I can teach you to fight with the Green Destiny, but first you must learn to hold it in stillness.)
용: 왜 날 가르치려는 거죠?
이목백: 줄곧 제자를 찾고 있었지.
용: 검법을 익힌 후 당신을 죽인다면?
이목백: 그런 위험쯤은 감수해야지. 여우가 착한 너를 망치지는 못할 거야.
용: 무당파는 더러운 소굴이야. 명심해 둬.

이목백과 용은 이중적인 갈등 구조 속에 놓여 있다. 먼저,

용에게 '평온의 경지'를 가르치려는 이목백

그녀는 무당파의 원수이자 무림계의 질서를 파괴할 수 있는 가장 위험한 존재이다. 이런 점에서 그녀는 이목백에게 일차적인 제거의 대상으로 다가온다. 그런데 그와 동시에, 그녀는 이목백에 의해서 무당파의 최고경지를 전수받을 사람, 곧 그의 수제자로 주목받고 있는 존재이다. 이런 점에서, 그녀는 이목백이 적극적으로 가르치고 훈육해야 할 대상이다. 아포리아이다. 현실적인 어려움에도 불구하고 이목백은 후자의 가능성을 선택한다. 전자가 보다 쉬운 방법일 수도 있는데도, 그는 용의 변화 가능성을 믿고 그녀를 선택한다. 하지만 그의 이러한 선택은 그 자신의 해탈, 곧 무림세계로부터의 탈출을 가로 막는 장애물로 다가온다. 왜냐하면 그녀에 대한 지나친 애정으로 인하여 그는 또 다시 무림세계의 소용돌이에 휘말리기 때문이다.

용에 대한 이목백의 지나친 애정과 함께, 그의 해탈을 가로 막는 또 하나의 요인은 수련에 대한 그의 사랑이다. 제자로서 용을 포용해야겠다는 그의 스토아적 인식과 달리, 수련에 대한 그의 생각은 다분히 격정적이다. 즉, 사랑의 감정(pathos)으로 가득 차 있다. 비록 그녀가 자신의 목숨을 구해 준 친구인 맹사조의 약혼녀라는 이유로 인하여 살아서는 그녀와의 육체적 사랑을 성취하지 못하나, 그녀를 사랑하는 마음만큼은 시간과 공간을 초월해 있다. 수련 역시, 이런 이목백의 사랑을 모를 리 없다. 그녀 역시 그를 사매 이상으로 사랑하고 있다. 하지만 그녀도 임종을 앞 둔 이목백이 사랑고백을 하기 전까지는 자신의 감정을 숨기기만 할 뿐, 드러내지는 않는다.

죽음을 맞이한 순간 수련에게 마음을 전하는 목백

은폐되었던 두 사람의 마음이 열리던 때는 이목백이 죽음을 맞이한 순간이다. 용을 사이에 두고 푸른 여우와 대결하던 이목백은 용을 구하려다 오히려 푸른 여우의 '구전자음침'에 중독되고 만다. 용이 해독제를 구하러 가고, 수련이 마지막 남은 숨으로 해탈의 길을 찾으라고 충고하는데도, 이목백은 삶을 포기한 채, 그 동안 자신이 가슴 속에 품어 두었던 감정을 그대로 노출시킨다.

수련: 사형, 힘내요. 제게 희망을 줘요.
이목백: 수련 …
수련: 숨을 아껴요.
이목백: 난 곧 죽을 거요. 마지막 숨밖에 안 남았어.
수련: 그 힘으로 명상을 해요. 세상에서 자유로워져요.
그 동안 해왔던 것처럼요.
경지에 올라가도록 해요. 마지막 숨과 함께요. 저를 위해서 쓰지 마시고요.

(Use it to meditate. Free yourself from this world as you have been taught.
Let your soul rise to eternity with your last breath. Do not waste it … for me.)
이목백: 일생을 허비했어.
마지막 숨을 이용해 말할게.
사매를 사랑했어.
혼백이 되어서라도 사매 곁을 떠나지 않을 거야.
칠흑 같은 어둠 속에서도 당신의 사랑이 있기에 내 혼백은 외롭지 않을 거야.
(I've already wasted my whole life.
I want to tell you with my last breath.
I have always loved you.
I would rather be a ghost, drifting by your side as a condemned soul. than enter heaven without you.
Because of your love. I will never be a lonely spirit.)

사실 이목백은 스토아적인 강인함보다 에피쿠로스적인 섬세함이 돋보이는 인물이다. 수련에 대한 사랑의 감정을 끝까지 잡고 있는 것이라든지, 원수의 제자인 용을 대하는 태도 등을 고려해 볼 때, 그것은 분명해지는 것 같다. 물론, 그의 행동에서 스토아적인 자세가 없는 것은 아니다. 천방지축인 용을 가르쳐, 올바른 길로 인도하겠다는 그의 의지와 행동은 지혜와 용기 그리고 절제와 정의의 덕목을 강조하는 스토아 철인의 모습과 조금도 다르지 않다. 만약 마르쿠스 아우렐리우스가 그의 행동을 목격한다면, 그를 스토아 학파의 일원으로 생각하였으리라. 다음은 이목백의 그런 생각이 잘 드러난 대사이다.

용: 원하는 게 뭐지?
이목백: 무당심결을 가르쳐주겠다고 했잖아.
용: 좋아. 3초식 안에 청명검을 빼앗으면 당신을 따르겠어.
용: 내놔.
이목백: 무릎꿇어.
용: 싫어.
이목백: 검을 못 쓰게 해주지.
(…)
이목백: '본심'을 되찾으라고 널 풀어줬다.
용: 강호 사람 주제에 본심을 들먹이다니!

이목백은 교육을 통하여 용의 본성을 선하게 변화시키고자 한다. 비록 용이 그런 이목백을 처음부터 수용하는 것은 아니지만, 영화가 진행될수록 용은 이목백의 선의지에 굴복하고 만다. 결국 으르렁거리던 두 사람은 화해한다. 아니, 그 화해는 이목백에 대한 용의 일방적인 사랑의 감정으로 탈바꿈한다. 비록 그 사랑의 결과가 비극으로 끝남에도 불구하고 말이다.

이처럼 영화 전체를 지배하고 있는 기본 정조는 사랑이다.

철학적 이념이 아니다. 수련을 사랑하는 이목백, 그런 이목백을 흠모하는 용, 그것이 이 영화의 중심축이다. 하지만 수련의 뇌리에는 아직도 맹사조의 인상들이 남아 있으며, 용의 곁에는 언제나 호가 그림자처럼 따라다니고 있다. 영화는 처음부터 끝까지 두 사람의 사랑의 감정을 교차시키면서, 이루어질 수 없는 그들의 사랑을 죽음으로 몰고 간다.

영화의 마지막 장면은 이 영화의 백미이다. 그녀는 부모를 살리기 위해 산에서 뛰어내린 전설 속의 아이처럼 용은 영원한 안개의 바다에 몸을 던진다. 권력욕과 소유욕에 물들어 상실되었던 비본래적 자아를 되찾기 위해서, 그녀는 자살을 감행하는 것이다. 자신을 비우고, 욕망을 버림으로써, 그녀는 스승 이목백이 자신에게 가르쳐주고자 하였던 '없음'의 미학을 그려내고 있는 것이다.

☞ 더 보아야 할 DVD

<레옹(Leon, 1994)>

감독: 뤽 베송
출연: 장 르노(Leon), 나탈리 포트만(Mathilda), 게리 올드만, 엘렌 그린, 돈 크리치
각본: 뤽 베송
장르: 액션
제작국가: 미국, 프랑스

영화의 처음부터 끝까지 레옹은 검정색 롱코트를 입고 나오며, 마틸다는 화려한 옷에 짧은 치마를 입고 나온다. 또한 나이가 들었음에도 불구하고 항상 우유만을 고집하는 레옹과 달리, 어린 마틸다는 담배와 술에 찌들어 있다. 이처럼 레옹과 마틸다는 극적으로 대비된다.

레옹은 우유만 마시고 화초를 기르는 고독한 킬러이다. 킬러인데도, 아이와 여자는 절대로 해치지 않는다. 기계처럼 짜여진 스케줄 속에서 그는 폐쇄적으로 살아간다. 뉴욕의 한복판에서 인간 클리너의 인생을 살아가는 레옹의 모습에서 우리는 금욕과 절제된 생활을 중시하는 스토아 학파의 모습을 읽을 수 있다.

레옹

반면 마틸다는 12살을 조금 넘긴 나이임에도 대담하다. 오뚝 솟은 코와 눈매가 나이를 짐작할 수 없게끔 한다. 검정 배꼽 티셔츠에 짧은 녹색 치마를 입은 그녀는 성숙한 여인의 느낌마저 들게 한다. 어린 나이에 맞지 않는 의상과 어른들의 눈을 피해 가며 담배를 피우는 그녀의 모습에서 우리는 개인적 쾌락을 소중하게 생각하는 에피쿠로스 철학의 한 단면(?)을 읽을 수 있다.

그런데 마틸다의 가족이 마약 단속반에게 몰살되면서 레옹은 마틸다와 함께 산다. 하지만 그것은 킬러에겐 위험한 삶이다. 그녀와의 삶이 익숙해질수록 레옹의 행동반경은 축소된다. 게다가 30년 이상을 독신으로 살아오던 레옹에게 마틸다가 사랑과 연민의 대상으로 다가오자, 그는 무너지기 시작한다. "너를 만난 후부터 킬러로서의 감각과 판단이 점점 무뎌져 가고 있다"라고 말하는 레옹의 말이 지금 그의 상황을 말해주고 있다.

냉정하면서도 이성적 킬러인 레옹은 이제 심각한 위험에 직면하게 되었다. 일급 킬러로서의 마음의 평정심을 잃어버린 것이다. 결말 부분에서 레옹은 경찰들에게 포위를 당하게 된다. 이때 그는 마틸다에게 자신의 화초를 주면서 먼저 탈출할 것을 권한다. 그리고 자신은 그녀를 위해서 죽을 준비를 한다.

영화의 감동은 여기에 있는 것 같다. 냉정하면서도 이지적인 킬러였던 레옹은 마틸다로 인해서 새로운 삶을 선택한다. 전문킬러로서의 자신의 삶을 버리고, 사랑의 순교자가 되고자 하는 것이다. 과연 인간을 인간답게 만드는 것은 무엇인가 하는 의문을 갖게 한다. 단순한 구도에도 불구하고 생각해볼 것이 많은 영화이다.

생각해 보기

사색과 경험 사이: ≪논어≫에 나오는 말 중에 "학이불사즉망, 사이불학즉태."(學而不思則罔, 思而不學則殆)라는 말이 있다. 직역하자면 "배우고 생각하지 아니하면 잊어버리며, 생각만 하고 익히지 아니하면 위태로워진다"는 뜻이다. 첫 문장에 등장하는 '학'은 새롭게 알게 된 지식을 말한다. 예를 들어 인터넷을 검색하여 새로운 정보를 알게 되었다고 하자. 전혀 모르던 것을 알게 되는 기쁨은 무어라 형언할 길이 없을 것이다. 그런데 그러한 지식이 완전하게 자기 것이 되기 위해서는 일정한 사변(speculation)을 필요로 한다. 만약 배우기만 하고 곰곰이 생각하지 않는다면, 그렇게 획득한 지식은 바로 잊어버리게 될 것이다. '학이불사즉망'은 바로 이것을 경계하는 것이다.

그런데 생각이 너무 많은 것도 문제다. 사실이나 정확한 데이터에 근거하지 않은 생각은 자치 잘못하면 공상이나 망상에 빠지기 쉽다. 만약 생각이 이러한 추측에만 의존하게 된다면, 결국에는 위태로운 지경에 빠지고 말 것이다. 두 번째 구절은 이것을 경계하고 있는 것이다.

칸트의 ≪순수이성비판≫에도 ≪논어≫의 이 문구와 비슷한 구절이 등장한다. "개념 없는 직관은 맹목이고, 내용 없는 사상은 공허하다"라는 말이 그것이다. 개념은 합리론 계열의 이성적 사유를 의미하며, 직관은 경험론 계열의 경험적 지각을 의미한다. 그러기에 "개념 없는 직관은 맹목이다"라는 말은 이성적 사유의 도움 없이 오직 감각적 직관에만 의존하는 인식은 맹목적인 방법임을 지적한 것이다. 칸트가 보는 경험론의 한계이다. 이에 비해, "내용 없는 사상은 공허하다"는 명제는 합리론의 한계를 지적한 것이다. 경험에 근거한 구체적인 자료를 매개로 하지 않는 채, 사변에만 치우친다면, 그것 또한 위험하다는 생각이다.

◆ 더 생각해 볼 문제

1. 에피쿠로스는 육체적 쾌락보다는 정신적 쾌락을 강조하였다. 그리고 쾌락은 이성에 의해서 음미되고 측정되어야 한다고 생각하였다. 그렇다면 에피쿠로스는 이성주의자라고 말해질 수 있는가?

2. 에피쿠로스의 욕망 분석은 논리적이지는 않다. 왜냐하면 자연적 욕망과 필연적 욕망이라는 개념을 사용하여 가능한 경우의 수를 만들어내면서도 '비(非)자연적이면서 필연적인 욕망'에 대한 언급은 빠뜨리고 있기 때문이다. 이에 대해 어떻게 생각하나?

◆ 참고문헌

롱, 앤소니 A. 2000. ≪헬레니즘 철학≫. 이경직 역. 서울: 서광사.

에픽테토스. 1997. ≪에피쿠로스의 쾌락의 철학≫. 조정옥 역. 서울: 동천사.

_________. 1998. ≪쾌락≫. 오유석 역. 서울: 문학과 지성사.

Diogenes Laertius. 1970. *Lives of Eminent Philosophers*. Translation by R.D.Hicks. Cambridge, Massachusetts: Harvard University Press.

제12장

세상을 초월하라

— 플로티노스와 <아고라> —

기원후 3세기에 활동하였던 철학자 플로티노스는 일반인들에게 잘 알려져 있지 않은 인물이다. 하지만 그럼에도 불구하고 그는 철학사에서 매우 중요한 철학자이다. 왜냐하면 그는 그리스와 로마의 모든 철학들을 비판적으로 검토하여 새롭게 종합하였을 뿐만 아니라, 그리스 로마 철학을 중세의 그리스도교에 온전히 전해주었기 때문이다. 특히 그는 플라톤 철학을 충실하게 계승·발전시켰는데, 이런 점에서 그의 철학은 '신플라톤주의' 철학으로 불린다. 이 장에서는 이러한 플로티노스의 철학을 그의 '일자' 개념을 중심으로 고찰하면서, 그의 철학이 지닌 독창성을 검토해 본다.

* 앞의 사진은 플로티노스의 얼굴상이다.

신플라톤주의 철학이란 무엇인가

플로티노스(Plotinos, 204-269)로 대표되는 '신플라톤주의(Neo-Platonism)' 철학은 플라톤 철학 및 아리스토텔레스 철학과 더불어 서구철학사를 지배하는 핵심적인 철학 사상 중의 하나이다. 플라톤으로부터 직접 가르침을 받았던 '구(舊)아카데메이아 학파들(Old Academy)'이나 로마제국 초기에 활동했던 '중기 플라톤주의(Middle Platonism)'와 구별하기 위해서 사용된 이 개념은 오늘날까지도 서구 철학사와 문화사 전 영역에서 가장 강력하고 영향력 있는 사상으로 자리 매김하고 있다.

철학사에서 신플라톤주의 철학은 보통 다음 3시기로 나누어진다. 첫 번째는 플로티노스의 문하생이었던 포르피리오스(Porphyrios, 234-305?)와 아멜리오스(Amelios)의 시기였고, 두 번째는 이암블리코스(Iamblikos, 250경-330경)로부터 유래하는 시리아와 페르가몬학파 시기였으며, 마지막으로는 5-6세기의 아테네 학파와 알렉산드리아 학파의 시기였다.

알렉산드리아 학파는 그리스도교와 이슬람교의 철학에 큰

---

* 본 12장은 ≪동서철학연구≫ 제27집에 게재되었던 본인의 졸고 "플라톤 철학에 대한 패러다임적 변형으로서의 플로티노스의 일자 형이상학 연구"를 일반인들의 눈높이 맞추어 대폭 수정한 것임을 밝힙니다.

영향을 끼쳤다. 아테네 학파는 반(反)그리스도교적 경향을 띠었는데, 플루타르코스(Plutarchos, 46경-119), 프로클로스(Proklos, 410경-485), 시리아노스(Syrianos), 다마스키오스(Damaskios, 480경-550경), 그리고 심플리키오스(Simplikios)가 그 멤버들이었다. 아우구스티누스(Augustinus, 354-430)와 같은 그리스도교 사상가들은 이 학파로부터 큰 영향을 받았다(Wallis, 1972).

중세기의 알베르투스 마뉴스(Albertus Magnus, 1200경-1280)와 마이스터 엑카르트(Meister Eckhart, 1260경-1327) 그리고 요한네스 타울러(Johannes Tauler, 1300경-1361)와 하인리히 소이세(Heinrich Seuse, 1295-1366) 같은 독일의 신비주의 사상가들도 이 학파의 영향권 하에 있었다(정달용, 2007).

이탈리아 르네상스 기의 마르실리오 피치노(Marsilio Ficino, 1433-1499)와 피코 델라 미란돌라(Pico della Mirandola, 1463-1494) 그리고 전성기의 독일관념론 등도 이 학파의 영향권을 벗어날 수는 없었다. 이처럼 서구의 대표적인 형이상학은 모두 신플라톤주의 철학의 영향권 안에 놓여 있으며 그 지적 파장은 지금도 계속되고 있다.

하지만 불행하게도 철학계에서는 이러한 서구철학사의 본류 중의 하나인 신플라톤주의 철학에 대한 인식이 부족하거나, 있다 하더라도 플라톤 철학의 부차적인 결과물 내지는 플라톤 철학의 종교화된 형태로 인식되고 있다. 더욱이 플로티노스, 포르피리오스, 이암블리코스, 프로클로스 그리고 위-디오니시오스 아레오파기타(Pseudo-Dionysios Areopagita)에 관한 연구는 신학자 내지는 그리스도교 철학자들에게서나 가능한 특수한 영역으로 이해되고 있다(전광식, 2002).

그런데 문제는 이러한 플로티노스의 철학이나 신플라톤주의 철학을 배제하고서는 온전히 서구철학사를 이해할 수 없다는 데 있다. 사실 서구철학사에 대한 일반적인 연구에서 아리스토텔레스 철학을 언급하고 나서 곧바로 근대의 데카르트로 넘어갈 수 없듯이, 우리는 중세철학과 근·현대철학 전반을 지배하고 있는 신플라톤주의 철학을 제외하고서는 서구철학사 전체를 충분히 이해할 수는 없는 것이다. 만약 그렇게 된다면, 우리는 서구철학사의 한 축을 배제하는 철학적 오류를 범하고 말 것이다. 이런 점에서 플로티노스의 철학에 대한 공부는 필수적이라 할 수 있을 것이다.

플로티노스의 생애와 ≪엔네아데스≫ 구조

플로티노스의 생애에 대해 남아있는 자료는 그의 제자였던 포르피리오스가 쓴 ≪플로티노스의 생애≫(*Vita Platoni*)가 유일하다. 그 기록에 의하면, 플로티노스는 2045년 이집트의 리콘폴리스에서 태어나 270년 캄파니아의 민투르노 근처에서 사망하였다. 28세에 철학에 입문하였으며 그의 스승은 암모니오스 사카스(Ammonios Sakkas, 175-242)였다. 스승을 보고서는 "찾고자 하는 그 분을 이제야 뵈었다!"(*Vita Platoni,* 3)라고 고백하였다고 한다(조규홍 2002, 23). 그에게서 약 11년 동안 철학을 배웠으며, 243년에는 페르시아와 인도의 현자들을 만나기 위한 목적에서 로마 황제 고르디아누스 3세(Gordianus Ⅲ, 225-244)의 동방원정에 합류하기도 하였다. 하지만 고르디아누스 황제가 메소포타미아에서 부하에 의해 암살되는 사건이 발생하자, 잠시 안티오크로 피신하였다가 로마에 정착하였다. 그곳에서 253년까지 학생들을 가르쳤으며 로마 귀족들과도 관계가 좋았던 것으로 보인다. 이런 분위기를 틈타, 플라톤의 이상 국가를 본딴 '플라토노폴리스(Platonopolis)'라는 이상 도시를 캄파니아에 건설하려 하였으나 뜻을 이루지는 못하였다. 죽음의 순간에 "당신 안에 있는 신성을 우주 안의 신성에까지 끌어올리도록 노력하라"(*Vita Platoni,* 2)는 말을 한 제자에게 남겼다고 한다.

플로티노스가 직접 쓴 작품은 없다. 현존하는 것으로는 그의 제자인 포르피리오스가 편집한 ≪엔네아데스≫(*Enneades*)가 전부이다. 포르피리오스가 이 책을 편집한 것을 보면, 그는 일단 스승의 강연 원고를 모두 54개로 만들었다. 그가 이렇게 한 목적은 '완전수' 6과 한 자리 숫자의 마지막이자 '전체성'의 상징인 9를 곱한 합이 되게 하기 위함이었다(오미라 2009, 32). 이때 책 제목인 '엔네아데스'라는 말은 9(ennea) 개의 한 다발을 뜻하는 그리스어 '엔네아스(enneas)'에서 유래하였다고 한다.

그 다음에 그는 54개 논문을 다시 주제별로 9개씩 묶어 모두 6 묶음의 책이 되게 하였다. 첫 번째 묶음에서는 '도덕', 두 번째 묶음과 세 번째 묶음에서는 '자연', 네 번째 묶음에서는 '영혼', 다섯 번째 묶음에서는 '지성', 그리고 마지막 묶음에서는 '일자'에 관한 내용들이 주를 이루고 있다.

그럼 포르피리오스는 왜 이러한 방식으로 스승의 논문들을 묶었을까? 그 이유는 간단하다. 즉 그는 스승의 ≪엔네아데스≫가 독자들에게 수준에 따라 단계적으로 읽혀지기를 원하였기 때문이었다. 각 묶음별 상세 주제를 정리하면 다음과 같다.(조규홍, 2006)

제1묶음 도덕적 문제들
Ⅰ.1 생명체 및 인간
Ⅰ.2 미덕

Ⅰ.3 변증법
Ⅰ.4 행복
Ⅰ.5 시간의 경과에 따른 행복의 증가라는 의문
Ⅰ.6 아름다움
Ⅰ.7 첫 번째 선
Ⅰ.8 악의 유래에 대한 의문
Ⅰ.9 합당한 죽음

제2묶음 자연
Ⅱ.1 하늘
Ⅱ.2 천구 및 그 회전운동
Ⅱ.3 별들의 영향력
Ⅱ.4 두 가지 물질
Ⅱ.5 가능태와 현실태
Ⅱ.6 만들어진 것
Ⅱ.7 전체적인 혼합
Ⅱ.8 봄과 멀리 있는 것이 작게 보이는 까닭
Ⅱ.9 영지주의자에 반대하여

제3묶음 자연
Ⅲ.1 운명
Ⅲ.2 선견지명(1)
Ⅲ.3 선견지명(2)
Ⅲ.4 인간을 택한 악마
Ⅲ.5 사랑
Ⅲ.6 비신체적인 것의 무감정
Ⅲ.7 영원과 시간

Ⅲ.8 자연본성과 '바라봄'과 '하나'
Ⅲ.9 여러 가지 연구들

제4묶음 영혼
1 영혼의 실체(1)
Ⅳ.2 영혼의 실체(2)
Ⅳ.3 영혼의 의혹스런 처지(1)
Ⅳ.4 영혼의 의혹스런 처지(2)
Ⅳ.5 영혼의 의혹스런 처지(3)
Ⅳ.6 감각과 기억
Ⅳ.7 영혼의 불멸성
Ⅳ.8 지상 세계로의 영혼 하강
Ⅳ.9 개별 영혼들의 하나-됨

제5묶음 지성
Ⅴ.1 세 가지 근원적인 실체들
Ⅴ.2 태초의 것을 통한 생성과 질서
Ⅴ.3 인식하는 실체들과 저편의 세계
Ⅴ.4 태초의 것과 그 생성 과정 및 하나
Ⅴ.5 정신에 자리하는 정신적인 것들 및 선
Ⅴ.6 존재 너머의 무사유 및 첫 번째와 두 번째 사유
Ⅴ.7 개개의 사물에도 관련된 정신세계
Ⅴ.8 정신적 아름다움
Ⅴ.9 정신과 정신세계와 존재

제6묶음 일자
Ⅵ.1 존재의 부류(1)

Ⅵ.2 존재의 부류(2)
Ⅵ.3 존재의 부류(3)
Ⅵ.4 하나이며 동일한 존재의 전체 현현성(1)
Ⅵ.5 하나이며 동일한 존재의 전체 현현성(2)
Ⅵ.6 수
Ⅵ.7 정신세계 안의 다수성 및 그에 따른 선
Ⅵ.8 하나의 자유의지
Ⅵ.9 선 혹은 하나

플로티노스에게 영향을 주었던 철학자들은 많이 있으나, 그 중에서도 우리가 주목할 만한 사람으로는 암모니오스 사카스와 알렉산드리아의 필론(Philon), 스토아 학파와 소요 학파의 전통, 신피타고라스주의와 중기플라톤주의 그리고 플라톤 등이 있다.

암모니오스 사카스의 영향

암모니오스 사카스는 플로티노스의 직접적인 스승이었다. 그런데 사카스라는 말은 원래 인도의 수행자들이 고행할 때 사용하는 여행용 '보따리' 혹은 '배낭'을 뜻하는 말이었다. 이것이 철학자 암모니오스의 별명으로 이름 뒤에 붙여진 것으로 보아, 아마도 오랫동안 구도의 길을 걸었던 수행자일 가능성이 높다. 10년 넘게 플로티노스를 가르쳤으며 그리스도교 계통의 신학자였던 오리게네스(Origenes, 185경-254)에게도 가르침을 준 것으로 전해진다. 초기에는 그리스도교 신자였으나 후기에는 그렇지 않았다고 한다(Wallis, 1972). 전해지는 저서는 없다.

필론의 영향

기원후 1-3세기 이집트의 알렉산드리아는 그리스 철학과 유대 종교의 결합을 가능하게 하는 지적인 분위기가 있었다. 그리고 그 통합의 중심에는 철학자 필론이 있었다.

필론은 플라톤과 아리스토텔레스 그리고 포세이도니오스(Poseidonios, B.C.135경-B.C.51경)와 같은 그리스 철학자들의 사상을 중심으로 유대의 유일신 사상과의 융합을 시도하였다. '로고스'와 '신비주의', 그리고 '금욕주의' 등의 개념은 그가 플로티노스에게 전해준 철학적 유산이다.

또한 필론은 고대 '신비주의 철학'과 '부정신학'의 개척자이기도 하였다. 신에 대한 이성적 인식은 본질적으로 불가능하다고 생각하였다. "이 우주(to pan)의 창조자(poiētēs)와 아버지(patēr)를 찾아내는 것은 힘든 일이거니와, 찾아낸다 하더라도 모두를 상대로 이를 말해준다는 것도 불가능"(박종현·김영균 역, 2000)하다는 플라톤 ≪티마이오스≫(28c)의 언급에 따라, 신에 대한 '불가지성(不可知性)'을 강조하였던 것이다(라우스, 2001). 즉 신에 대한 이해는 인간의 인식 능력 자체를 초월한다고 생각하였던 것이다.

하지만 그럼에도 불구하고, 인간은 알 수 없는 신을 계속해서 알고자 한다. 그리고 그 열망은 우리의 상상을 뛰어넘어 전개된다. 이런 점에 근거해서 그는 신에 대한 인간의 탐구를 다음 세 가지 단계로 설명한다(라우스, 2001).

첫 번째는 '순수 종교로의 개종' 단계이다. 이는 점성술과 연관된 우주에 대한 일반적인 믿음의 단계로부터 우주를 창조한 초월적 신에 대한 참된 신앙의 단계로의 이행이다. 이런 점에서 첫 번째 단계의 신 개념은 분명 스토아 학파의 내재적 신 개념과는 정반대된다.

두 번째는 인간 영혼이 스스로를 깨닫는 '자기인식'의 단계이다. 이러한 자기인식을 통하여 인간 영혼은 육체에 대한 완전한 지배권을 확립하게 된다. 이는 변증법을 강조하였던 플라톤의 자기인식과 유사한 단계이기도 하다. 하지만 필론의 생각은 플라톤의 생각과는 다르다. 왜냐하면 플라톤에게 있어서 인간 영혼은 자립적인 존재이나 필론에게 있어서 인간 영혼은 의존적인 존재이기 때문이다. 이런 점에서 인간 영혼의 자기인식 단계는 한계를 가진다.

마지막은 신에 대한 '신비적 이해'의 단계이다. 가장 고차원적인 단계이기도 하다. 하지만 필론에게 있어 창조주 신에 대한 온전한 이해는 원천적으로 불가능하다. 그럼 그에게 있어 자기인식의 단계를 뛰어넘는 신에 대한 신비적 이해는 어떻게 가능한가? 이 물음에 그는 신에 대한 '신비적 관상'을 강조한다. 하지만 신비적 관상의 직접적인 대상은 신이 아니라 신의 로고스인 ≪성서≫이다. 즉 ≪성서≫를 관상함으로써 인간은 신과 결합하는 것이다. 후일 필론의 이러한 생각은 플로티노스의 관상(觀想, theoria) 형이상학에도 많은 영향을 미친다.[58]

스토아 철학의 영향

포르피리오스(*Vita Platoni,* 14)에 의하면, 스토아 철학 역시 플로티노스 철학에 많은 영향을 주었다. 우선 가장 많이 영향을 준 것으로는 '신'과 '영혼', 그리고 '자연'과 '질료'에 대한 그들의 설명이었다. 이것들에 근거하여 플로티노스는 '로고스'와 '필연성' 개념을 세련되게 형성하였다. 또한 감각세계를 하나의 살아있는 유기체로 보는 그들의 자연관 및 세계는 세계영혼 속에 내재된 '산출적 로고스'가 전개되어 만들어진 하나의 체계라는 생각도 플로티노스에게 많은 영향을 끼쳤다.

그런데도 스토아 학파의 사상은 플로티노스에게 부정적으로 이해되었다. 무엇보다도 그들의 내재적 범신론이 문제였다. 세계영혼이 최고신의 위치를 점하고 있다는 그들의 신 개념도 문제였다. 비물질적이어야 할 영혼을 물질적인 것의 일부로 보는 그들의 관점과 지성적인 세계와 연관해서 이해되어야 할 인간의 도덕적 행위를 '운명'과 같은 비지성적인 세계에 종속시킨 그들의 윤리학적 태도 역시 문제였다.

---

58) 필론은 신과 세계의 중간자로 로고스를 강조함으로써, 플로티노스 형이상학과 그리스도교 신학사상 형성에 크게 기여하였다. 저서로는 ≪제 문제와 그 해결≫(*Zētēmata kai lyseis*)와 ≪성스러운 율법의 비유≫(*Nomōn Kierōn allēgoriai*)등이 있다.

그런데도 스토아 학파가 플로티노스에게 끼친 영향은 과소평가되어서는 안 된다. 왜냐하면 플로티노스적 지성적인 세계에 존재하는 활력론은 스토아 철학의 영향력이 분명하기 때문이다(Wallis, 1972).

소요학파의 영향

포르피리오스(*Vita Platoni,* 14)가 강조하는 또 다른 근원은 아리스토텔레스 계열의 소요학파의 전통이다. 물론 플로티노스가 플라톤에게 가졌던 존경심과 동일한 정도의 존경심을 아리스토텔레스에게 가지고 있었던 것은 아니었다. 그런데도 그가 아리스토텔레스가 남긴 형이상학적 유산을 소중하게 간직하고, 또한 그것을 자신의 철학체계 속에 융합시켰다는 것은 분명한 사실이다. 포르피리오스는 바로 그러한 사실에 주목하였던 것이다.

소요학파에서 활동하였던 대표적인 주석가들로는 아스파시우스(Aspasius), 아드라스투스(Adrastus) 그리고 아프로디시아스의 알렉산드로스(Alexandros, 200년경에 활동한 철학자) 등이 있다.

이 가운데에서 알렉산드로스가 가장 영향력이 있었다. 그는 영혼을 물질주의적 관점에서 이해하는 스토아 학파에 대해서 비판적인 입장을 견지하였으며, 동시에 영혼과 육체를 엄격하게 분리하는 플라톤주의자들에 대해서도 비판적이었다. 아리스토텔레스 사상에 충실하여 그의 많은 작품들을 주석하였다. 하지만 아리스토텔레스에게 있어 그 성격이 애매하였던 '능동지성(Active Intelligence)'을 새롭게 해석하였다. 그에 의하면, 능동지성은 영혼 안에 있는 신적인 지성이며 그것은 자기를 사유하는 신과 동일하였다. 인간은 이것에 근거하여 신과의 ‘동일성’ 내지는 신적인 ‘불멸성’을 획득할 수 있다(Wallis 1972). 이렇게 볼 때, 플로티노스의 지성계 이해는 소요학파의 영향 하에서 형성되었다고 할 수 있다.

중기플라톤주의: 알비노스, 아티코스, 누메니오스

중기플라톤주의는 고대의 플라톤 철학이 플로티노스의 신플라톤주의 사상으로 이행하는 과정에 등장하였던 철학 사조이다. 기원 전 4세기에 유행하였던 퓌론(Pyrrhon)의 회의주의(scepticism)와 절충주의(eclecticism)를 거치면서 플라톤 철학을 아리스토텔레스 철학과 결합시켰으며, 존재 세계의 비(非)물질성과 초월성을 강조하였다. 비록 성숙된 플라톤주의는 아니었음에도 불구하고, 일자 개념에 대한 체계적인 이해를 도모하였던 학파였다(조규홍, 2006).

중기플라톤주의는 플라톤의 형상(Idea) 개념과 아리스토텔레스의 지성(Nous) 개념을 매개하는 작업에 열중하였다. 이 학파의 이러한 작업은 로고스에 관심 있던 필론에게도 많은 영향을 주었다. 대표적인 철학자들로는 알비노스(Albinos)와 아티코스(Atikos) 그리고 아파메아(Apamea)의 누메니오스(Numenios) 등이 있다.

알비노스는 중기플라톤주의자이면서도 소요학파의 영향 하에서 자신의 철학적 사유를 전개해나갔다. 그래서 그의 사유에서는 전통적인 플라톤주의가 지닌 초자연적인 특징들은 좀처럼 발견되지 않는다. 대신 아리스토텔레스의 지성 개념이 최고의 신성이라는 언급들이 등장한다. 하지만 그럼에도 불구하고 신이 지성을 초월하여 존재할 수도 있음을 암시하는 언급들이 있는데, 이는 플로티노스의 일자 개념을 예견하는 것이다. 필론과 유사하게, 플라톤의 형상을 신의 사유로 간주하는데, 이는 플로티노스의 지성 개념을 앞지르는 것이기도 하다. 하지만 그는 플라톤의 '상기(anamnesis)' 개념을 내재적 성격이 강하였던 스토아 학파의 용어들로 설명하였는데, 이는 그가 플라톤 인식론의 초월적 성격을 간과하고 있는 데에서 비롯되었다고 볼 수 있다. 부정신학(negative theology)에도 관심이 많았던 것으로 전해진다((Wallis, 1972; 조규홍, 2008).

일비노스와 달리, 반(反)소요학파 계통의 중기플라톤주의자로는 아티코스가 있다. 그는 달 아래의 세계가 비이성적인 본성에 의해 지배된다고 보았던 아리스토텔레스에 반대하여, 세계는 신적 지성에 의해서 짜여졌다는 플라톤의 생각(Laws Ⅹ. 892a-c)을 지지하였다. 반(反)아리스토텔레스적 경향으로 인하여 플라톤 근본주의자로 알려져 있다. 그런데도 플라톤 철학을 올바르게 이해하는데 있어 많은 문제점을 안고 있는 인물이기도 하다. 특히 ≪티마이오스≫를 문자적으로 해석한다는 비판을 받고 있다. 이런 점에서 볼 때, 아티코스는 스토아 학파의 유물론에 의해 변질된 플라톤주의의 한 전형을 보여주고 있다.(Wallis, 1972)

마지막으로 누메니오스가 언급될 수 있다. 그는 자신의 철학에서 3가지의 신적 원리들과 존재의 위계적 삼원구조를 강조하였는데, 거기에서 언급되는 첫 번째 신에 대한 관념은 일자와의 신비적 합일을 강조하는 플로티노스의 생각과 닮아있다. 또한 '신적인 실체의 무한한 활동'이라는 그의 생각은

'줄어들지 않고도 공급해준다'라는 플로티노스 일자의 활동을 예견하였다.

그런데도 첫 번째 신을 지성을 벗어난 초월적인 존재로 설정하지 않음으로서, 플로티노스적인 일자 개념에 근접하지 못하는 한계를 보여주었다. 또한 영혼론과 관련해서는 영혼이 천상에서 타락하여 지상으로 내려왔다는 플라톤적인 입장을 견지하였으나, 물질을 절대적인 악으로 간주함으로써 극단적인 이원론자의 모습을 보였다. 신플라톤주의자 마크로비오스(Macrobios)가 그의 철학을 계승하였으며, 무의식에 대한 플로티노스의 입장(Enn. Ⅳ.4.3-4)도 그의 철학에 근거하고 있는 것으로 알려져 있다.(Wallis, 1972)

이처럼 알비노스와 아티코스 그리고 누메니오스로 대표되는 중기플라톤주의 철학자들은, 비록 한계가 있음에도 불구하고, 플라톤 철학과 아리스토텔레스 철학을 적절히 융합시키고자 하였다. 또한 "플라톤의 우주론과 이데아론에서 바롯되는 신학적 관점을 아리스토텔레스의 형이상학 안에서의 초범주적 개념(부동의 원동자, 정산의 정신)과 엮어내려는 시도"(조규홍 2008, 130-131)도 하였다.

플라톤의 영향

뭐니뭐니 해도 플로티노스에게 가장 많은 영향력을 끼쳤던 철학자는 플라톤이었다. 플로티노스는 플라톤 대화편에 근거하여 자신의 철학적 사유를 전개해 나갔는데, 그의 ≪엔네아데스≫에 가장 많이 언급된 것으로는 ≪티마이오스≫, ≪국가≫, ≪파이돈≫, ≪파이드로스≫, ≪잔치≫, ≪테아이테토스≫, ≪필레보스≫, ≪소피스테스≫ 그리고 ≪파르메니데스≫ 등이 있다. 이암블리코스는 플라톤 철학을 공부하기 위해 필요한 수준별 독서목록표를 다음과 같이 언급하고 있다.

≪알키비아데스 I≫
≪고르기아스≫
≪파이돈≫
≪크라튈로스≫
≪테아이테토스≫
≪소피스테스≫
≪정치가≫
≪파이드로스≫
≪잔치≫
≪필레보스≫
≪티마이오스≫
≪파르메니데스≫

이 리스트들은 신플라톤주의 학파 내에서 공식적으로 사용된 교과과정 리스트이기도 하다. 특히, 맨 마지막의 ≪티마이오스≫와 ≪파르메니데스≫는 매우 중요한 대화편으로 간주되었는데, 그것은 전자가 플라톤의 '우주론'을 후자가 플라톤의 '신학'을 공부하는 데 필수적인 작품으로 간주되었기 때문이었다. ≪알키비아데스I≫와 ≪고르기아스≫는 주요 교과과정 목록으로 계속해서 채택되었는데, 그 이유는 그것들이 가장 기본적인 윤리학 관련 저작이었기 때문이었다. 그런데 5세기의 신플라톤주의자인 프로클로스는 ≪국가≫와 ≪법률≫을 공식적인 교과과정 목록에서 제외시켰는데, 그 이유는 그 두 대화편들의 분량이 많았다는 단순한 이유 때문이었다. 그리고 ≪서한집≫은 문체상의 문제로 누락되었는데, 이 또한 작품의 중요성과는 무관한 일이었다고 전해진다.(Wallis, 1972)

대체적으로 플로티노스는 플라톤 텍스트 전체를 체계적으로 해석하려는 시도는 하지 않았다. 대신에 그는 플라톤의 중기 및 후기 대화편 중에서 가장 핵심적인 대화편들을 선택하여 그것을 집중적으로 천착하는 방법론을 선호하였다. 플라톤 철학 속에 감추어져 있는 형이상학적인 요소를 극대화하려고 하였기 때문이었다. 당연히 논의가 결론을 맺지 않은 채 아포리아(aporia)로 끝나는 초기의 대화편들은 그의 주된 탐구의 대상에서 제외되었다. 또한 플라톤의 사회·정치철학적인 문제의식 역시 그의 관심 영역 밖이었다. 그 빈자리는 일자를 중심으로 한 관상 형이상학이 자리를 잡았다.

플라톤과 플로티노스: 연속과 불연속의 문제

플로티노스 연구가들 사이에서는 플로티노스와 플라톤과의 관계를 연속적인 관점에서 볼 것인지 아니면 불연속적인 관점에서 볼 것인지에 대한 논의가 있었다(전광식, 2002).

우선, 연속적인 관점에서 그들의 철학을 조망하고자 하는 사람들은 신플라톤주의 철학자들이 플라톤 철학을 계승하는 것을 자신들의 철학적 사명으로 인식하고 있었다는 사실을 강조하였다. 또한 신플라톤주의자 철학자들 대부분이 직·간접적으로 아카데메이아의 전통 하에 있었다거나 아니면 그 학파의 일원이었다는 사실에 주목하였다. 아카데메이아의 수장이었던 프로클로스가 플라톤 철학의 '계승자(Diadochus)'로 불렸던 것은 그 좋은 사례였다. 플로티노스 역시 플라톤을 너무나 존경하여 그를 "신적인 존재"(ho theios Platōn)로 이해하였다(Enn. Ⅲ 5, 1).

> "이 가르침들은 새로운 것이 아니며, 지금에 와서 처음으로 이야기된 것도 아니라 오히려, 비록 분명히 또는 명시적으로는 아니었을지라도, 이미 오래 전부터 말해진 것들이며, 오늘날 우리의 이론들은 단지 그 오래 된 이론들의 해석을 보여주고 있을 뿐이며, 이 이론들이 이미 오래 된 것이라는 사실은

> 플라톤 자신의 글에 나타나는 증거에 의해서도 확실히 보증된 다."(Enn.Ⅴ.1.8, 김성진 역)

뒈리(H. DÖrrie, 1965), 크래머(H. J. Krämer, 1964), 암스트롱(A. H. Armstrong, 1974) 그리고 멀란(P. Merlan 1975) 등을 중심으로 하는 연속론자들은 이러한 전거에 힘입어, 플로티노스 철학의 새로움은 플라톤 전통과 분리되어서는 생각될 수 없으며, 플라톤 전통과 일치하는 조건 하에서만 플로티노스의 철학의 혁신성은 유의미할 것이라고 주장하였다(Gatti, 1996).

하지만 플로티노스 철학은 플라톤 철학에 대한 단순한 부활로 이해될 수는 없을 것이다. 왜냐하면 그의 사유는 결코 플라톤 철학에 대한 단순한 복원의 문제에 집중되어 있지 않았기 때문이다. 오히려 플로티노스의 사유는 시종일관 플라톤 텍스트에서 새로운 통찰을 획득하는 일에 집중되어 있었다. 이런 점에서 그의 철학은 플라톤 철학과 불연속의 관계 즉 전혀 다른 철학적 패러다임을 보여주고 있는 것이다.

신플라톤주의의 특징

플라톤 철학과 차별화되는 신플라톤주의에 대한 연구는 19세기 초에 있었다. 그런데 그러한 연구를 주도하였던 이들은 독일의 철학자 헤겔(G.W.F. Hegel), 슐라이어마허(F.E.D. Schleiermacher), 에르트만(J. E. Erdmann), 그리고 젤러(E. Zeller) 등이었나(전광식, 2002).

우선 그들은 스페우시포스(Speusippos)와 크세노크라테스(Xenocrates)로 대표되는 기원전 4세기 구(舊)아카데메이아 학파와 비(非)독단적 회의주의자인 아르케실라오스(Archesilaos)로 대표되는 기원 전 3세기 중기 아카데메이아 학파와는 판명하게 구별되는 또 하나의 플라톤주의 즉 신플라톤주의에 주목하였다. 그런데 이러한 주목 이후 플로티노스로부터 위-디오니시오스 아레오파기타에 이르는 신플라톤주의 철학에 대한 연구는 연속적인 관점보다는 불연속적인 관점이 대세를 이루게 되었다.

그런데 이러한 신플라톤주의 철학은 대체적으로 2가지 특징을 지니고 있는데, 하나는 '범신론적 일원론'이고 다른 하나는 '철학의 종교화'였다. 먼저 신플라톤주의 철학자들은 이데아 세계와 현상 세계에 '초자연적인 존재'라는 중간 단계를 설정함으로써, 플라톤적 이원론을 범신론적 일원론으로 변형시켰다. 이는 플라톤 철학을 아리스토텔레스를 비롯한 다른 철학과 종합한 결과이기도 하였다.

다음으로 신플라톤주의 철학자들은 정치적 성향이 강하였던 플라톤 철학을 신비주의적인 종교철학으로 변형시켰다. 플로티노스 이후 그의 후계자들은 당대의 그리스도교와 대립각을 세우면서 동방의 '오르픽 신학(Theologica Orphica)'과 '갈데아 신탁(Oracula Chaldica)'과 같은 신비주의 및 주술 사상을 플라톤 철학과 매개시켰는데, 이렇게 함으로써 신플라톤주의는 '혼합주의적 종교철학'의 분위기를 연출하였다. 즉 그리스도교적 신플라톤주의를 지향하였던 위-디오니시오스 아레오파기타를 제외하고서는, 6세기 이전의 신플라톤주의자들 대부분은 인간 구원의 방편으로 '신비적 주술(theurgia)'을 강조하는 반(反)그리스도교적 경향을 띠었던 것이다.(전광식, 2002)

플로티노스 이전의 아카데메이아의 플라톤주의

플라톤 사후 아카데메이아는 초기, 중기, 그리고 후기를 통하여 다양하게 변하였다. 먼저 초기 아카데메이아는 스페우시포스(Speusippos)와 크세노크라테스(Xenokrates)가 주도하였던 '수학적 아카데메이아'의 시기였다. 스페우시포스는 플라톤의 제자이자 조카로서, 그가 죽자 뒤를 이어 아카데메이아의 수상이 되었다. 플라톤의 이데아를 수적인 것과 동일시하는 학문적 경향을 보였다.

스페우시포스 사후 아카데메이아를 계승하였던 이는 크세노크라테스였다. 플라톤 사후 아리스토텔레스와 함께 아테네를 떠났다가 돌아온 인물이기도 하였다. 플라톤을 따라 존재하는 모든 것들은 '일자'와 '무규정적 이자'라는 상호 대립적인 2가지 원리에 의해 파생되며, 그 맨 처음의 것은 '수'와 '기하학적 양'이라고 하였다.

이처럼 스페우시포스와 크세노크라테스의 아카데메이아는 공통적으로 수를 중시하는 수학적 경향을 보였다.

중기 아카데메이아는 아르케실라오스(Arkesilaos, B.C.315-241)와 카르네아데스(Karneades, B.C.214-129)가 주도하였던 '회의주의적 아카데메이아'의 시기였다. 먼저 아르케실라오스는 플라톤 철학을 회의주의로 변모시켰던 최초의 아카데메이아 수장이었다. 물론 그의 회의주의 철학은 스토아 학파의 독단론(dogmatism)에 대한 비판에서 형성되었다. 하지만 독단론 비판에 너무 많은 신경을 쓰는 바람에 아카데메이아의 본래 정신을 상실하는 우(愚)를 범하였다. 아카데메이아 내에서도 그의 회의주의에 대한 평가는 부정적이었다.

이후, 아카데메이아의 회의주의는 신(新)아카데메이아 학파[59]의 창시자로 알려진 카르네아데스가 계승하였다. 그는 중기 아카데메이아 전체를 회의주의로 변모시켰다. 이로 인해 아카데메이아 내에서는 플라톤이 추구하였던 진리 추구의 열정은 희미해졌으며 그 자리에는 '개연성'과 '판단중지(epoche)'와 같은 반(反)플라톤적 개념들이 득세하였다. 넓게 보면 근대의 회의주의 철학자인 데이비드 흄(David Hume, 1711-1776)도 중기 아카데메이아 회의주의의 영향권 하에 있다고 볼 수 있다.

후기 아카데메이아는 중기 아카데메이아의 회의주의적 경향에 대해서는 부정적이었다. 그런데 중기 아카데메이아가 부정적으로 보았던 스토아 학파에 대해서는 긍정적이었다. 이 학파의 대표자로는 아스칼론의 안티오코스(Antiochos)가 있다. 그는 신아카데메이아 학파의 마지막 수장이기도 하였다. 회의주의를 비판하며 초월적 이데아 사상을 강조하였던 인물로도 유명하다.(Wallis 1972, 14-15)

---

59) 구(舊)아카데메이아 학파는 플라톤과 그의 제자들이 수장으로 활동하였던 아카데메이아를 말한다. 철학적 경향은 대체로 형이상학과 윤리학이 중시되었다.

이처럼 플라톤의 아카데메이아는 플로티노스의 신플라톤주의가 등장하기 이전까지 초기의 '수학적 플라톤주의', 중기의 '회의주의적 플라톤주의' 그리고 후기의 '반(反)회의주의적 플라톤주의' 노선을 지향하면서 다양하게 변해왔다.

이암블리코스와 프로클로스 그리고 위디오니시오스 아레오파기타의 신플라톤주의

플라톤주의의 다양한 변천 과정은 플로티노스 사후 신플라톤주의 에서도 동일하게 나타나는 현상이다. 우선 플로티노스 사후 시리아 학파를 이끌었던 이암블리코스(250경-330경)는 플로티노스 형이상학을 복잡하고 난해한 '반(反)그리스도교적 종교철학'으로 변질시켰다. 즉 당대의 그리스도교와 적대적인 관계를 형성하면서 혼합주의적인 신학을 강조하였던 것이다. 또한 그는 플로티노스가 강조하였던 지성에 의한 순수한 관상보다는 이교적 성향의 '주술'과 '마법'을 강조하였다.

이암블리코스의 신플라톤주의를 완성한 사람은 프로클로스였다. 기원전 387년부터 아카데메이아의 수장을 맡았던 그는 이암블리코스와 같이 당대 그리스도교와 대립각을 형성하면서 '이교적 종교철학'을 체계화하였다. 그런데 그의 철학은 역설적이게도 적대적인 관계에 있던 그리스도교 신학에도 크게 기여하였는다. 왜냐하면 그리스도교 신학에 많은 영향을 주었던 ≪원인론≫(Liber de causis)이 사실상 프로클로스의 주저인 ≪신학원리≫(Institutio theologica)의 요약본이었기 때문이다. 이처럼 프로클로스는 그의 반(反)그리스도교적인 성향에도 불구하고 중세 그리스도교 신학에 상당한 영향을 끼쳤던 인물이다.

신플라톤주의와 그리스도교의 융합은 위-디오니시오스 아레오파기타에 와서야 가능해진다. ≪성경≫에서 바울이 개종시킨 디오니시오스(사도행전17:34)와는 구별되어야 하는 이 사람은 약 500년경 시리아에서 활동하였던 수도사로 추측된다. 신플라톤주의를 중세 그리스도교에 직접적으로 접목시켰으며 그리스도교적인 신플라톤주의를 지향하였던 인물이다. 특히 프로클로스의 일자의 '삼위일체적 구조(Triade: Tris)'를 그리스도교적인 '삼위일체' 개념과 연결시키는 작업을 수행하기도 하였던 인물이다.(전광식, 2002)

이처럼 플로티노스 이후 전개된 신플라톤주의 중 이암블리코스와 프로클로스의 신플라돈주의는 당내의 그리스도교와 극단적으로 대립했는데 반해서, 위디오시오스 아레오파타의 신플라본수의는 그리스도교와 통합되는 양상을 보였다.

다시금 불연속의 문제로

플라톤 이후 전개되는 플라톤주의는 항상 새로운 철학을 전개하였다. 플로티노스가 그러하였으며, 플로티노스 이전의 아카데메이아와 플로티노스 이후의 신플라톤주의가 그러하였다.

물론 긍정적인 측면만 있었던 것은 아니었다. 그리고 플로티노스 이전의 플라톤주의와 플로티노스의 이후의 신플라톤주의 중 플라톤이 추구하였던 진리의 이상과 동떨어진 것을 주장하는 철학들도 상당수 있었다. 하지만 그럼에도 불구하고 우리가 분명히 확인하였던 것은 플로티노스의 철학은 플라톤 철학의 진리 추구의 정신을 전혀 훼손시키지 않으면서도 새로운 철학적 패러다임을 보여주고 있다는 사실이다. 이처럼 플로티노스와 플라톤 철학의 패러다임(paradigm)적 차이는 분명하다.

2가지 정도로 그들의 차이를 이야기할 수 있다. 첫 번째로 말할 수 있는 것은 정치적 문제의식에서 그들의 차이가 분명히 드러난다는 것이다. 플라톤 철학은 처음부터 끝까지 정치 지향적이다. 정치철학과 연관된 문제들을 해결하기 위해서 다양한 존재론적 윤리학적 논의들이 도입된다. 신화와 비유까지도 정치적 문제와 연관되어 있다. '좋음의 이데아(hē tou agathou idea, *Pol.* 508e)'와 연관된 직관의 문제 역시 철인왕과 연관된 교육 프로그램에 들어가 있다. 하지만 플로티노스의 철학은 시종일관 비정치적인 문제에 집중되어 있었다. 왜냐하면 그에게 있어 정치적 문제는 참다운 철학의 탐구 대상이 아니었기 때문이다. 영혼을 가진 인간이 해야 할 일은 일자를 관상하는 것이다. 그의 철학은 이러한 관상 활동으로 가득 차 있다. 이처럼 플로티노스의 철학에는 정치적인 문제가 끼어들 틈이 없는 것이다.

플라톤은 세계를 이원화한다. 하지만 플로티노스는 이원화된 세계를 하나로 통합한다. 플라톤은 좋음의 이데아를 통해 신비적 형이상학으로 접근한다. 하지만 플로티노스는 처음부터 끝까지 신비적 형이상학 안에 있다. 물론 플로티노스의 일자는 ≪파르메니데스≫ 제2연습 제1가정에서의 절대적 초월사로서의 일자 및 ≪국가≫의 좋음의 이데아와 유기적 연관되어 있다. 그런데도 플라톤 철학에서 최상의 권위를 가지고 있던 일자는 플로티노스 체계에서는 더 이상 존재와 인식의 제1원리로 기능하지 못한다. 왜냐하면 플라톤의 일자는 형상들을 매개하는 관계의 원리일 뿐, 형상들을 산출하고 지배하는 원리는 아니기 때문이다. 이런 점에서 플로티노스의 일자는 플라톤의 일자 및 좋음의 이데아와는 차원을 달리하는 존재의 원리인 것이다.(Gerson, 1990; 장욱, 2002).

일자란 무엇인가

플로티노스 철학은 전통적인 플라톤중의에 대한 하나의 혁신이었다. 그는 자신의 형이상학에서 일자의 독창성을 강조한다. 일자의 '자유'와 일자를 제외한 일체의 것들의 일자에로의 '회귀'는 그것을 잘 보여주고 있다. 그럼 그가 말하는 일자란 도대체 무엇일까?

> 하나는 무엇이며 어떤 본성을 가지고 있다고 말해여 할까? 이에 대해 간단히 말할 수 없다는 사실은 결코 놀라운 일이 아니다. 존재 곁에서든 이데아 곁에서든 그 어디에서도 하나를 간단히 설명해낼 수 없겠기에 말이다.(Enn. Ⅵ 9, 3)[60]
>
> 하나는 존재하는 것 가운데 어떤 것도 아니며, 질적인 것도 아니며, 양적인 것도 아니며, 정신도 아니며, 영혼도 아니다. 그것은 동적인 것도 아니며, 그렇다고 정적인 것도 아니요, 어떤 장소에도 시간 안에도 없으나, 자신에 의해 자신으로 항상

---

60) 플로티노스의 ≪엔네아데스≫ 번역은 조규홍의 것을 따르고 간략히 표기한다. 완역본이 없는 관계로 발췌 번역한 것에서 인용한다. 단, 헨(hen)은 조규홍이 '하나'로 번역하기에 인용문에서는 '하나'로 옮긴다.

> 머물러 있으니, 차라리 형상이 따로 없어 모든 형상들에 앞서 존재한다고 하겠으며, 운동 이전에 있고, 정지 이전에 있다 하겠다.(Ⅵ 9,3)
>
> 사람들은 하나를 '무한한 것'으로도 말할 수 있겠는데, 물론 크기나 숫자를 따라서 거듭하여 따져볼 수 있다는 점에서가 아니라 역시 그 능력 면에서 송두리째 파악할 수 없다는 점에서 그러하다. 왜냐하면 그대가 그것을 마치 '정신' 혹은 '신' 처럼 간주한다면, 그것은 [실상] 그것들보다 훨씬 위대하겠기 때문이다. 그리고 그대가 그것을 그대의 논리적 사유를 따라 고찰한다고 하더라도, 거기에서 그것은 의당 '신' 자체보다 훨씬 더 위대하기에, 그대 생각보다도 훨씬 더 '하나 된 것'으로서 그것을 상상해야 할 것이다. 왜냐하면 하나는 자기 자신으로 말미암아(=자발적으로) 존재하니, 자신에게 우연히 덧붙여진 것은 하나도 없기 때문이다.(Ⅵ 9,6)

플로티노스의 일자는 유한한 존재자들의 경험 범주, 인식 범주 그리고 존재 범주를 모두 초월해 있는 절대적인 존재이다. 그러한 일자에게는 존재자들의 어떠한 술어나 속성도 거부된다. 인간이 일자를 알 수 있는 방법은 없기에, 인간에게 그것은 마치 '무(無)'와 같은 것으로 이해된다.

> 저 너머에 존재하는 것(들)은 [이 세상에] 존재하는 모든 것(有)에게 무(無)와도 같다. 왜냐하면 존재에 관한 한 모든 것은 저 너머와 구별되기 때문이요, 그것은 저 너머가 그 어떤 형상으로도 대변되지 않기 때문이다. 다시 말해 저 너머에는

> 오로지 '하나'만 존재할 뿐이다.(Enn. Ⅴ 1, 7)

만약 인간이 그것을 이해하는 방법이 있다면, 그것은 우리의 인식이 깨어질 때 드러나는 인식의 조각들뿐일 것이다. 그리고 그런 일자는 너무나 초월적이기에 영혼이나 정신과 차원을 달리해 존재한다. 신과도 동일하다고 할 수 없는 초월적인 것이다. 굳이 인간적인 개념으로 바꾸어 이야기하자면 모든 존재자를 초월해 있는 '완전 자립체' 정도가 될 것이다. 플로티노스는 그것을 "존재의 저편"(Ⅵ 9, 11)이라고 완곡하게 표현한다.

그런데도 플로티노스는 이러한 표현에 만족하지 않는다. 왜냐하면 그러한 표현이 일자의 초월성을 훼손시킬 수도 있다고 생각하기 때문이다. 다음은 그의 언급이다.

> 엄밀하게 말해서 '저편(ekeino)'이라는 표현도 '존재하는(ontōs)'이라는 표현도 사실상 하나에게 적합할 수 없고, 다만 우리는 마치 그의 바깥에서 서성거리듯이 겨우 그에 대해 해석하는 것만으로 만족해하면서 그의 곁에 한순간 가까이 다가서다가도 한순간 다시 그의 곁에 계속 머무르는 것을 어렵게 만드는 장애들[=육체, 감정 등]로 말미암아 거기서 내동댕이쳐지는 것을 감내해야만 한다.(Ⅵ 9,3)

이처럼 일자는 인간의 이해 능력으로는 파악될 수 없는 신비한 존재의 영역이다.

일자 개념의 형성 배경

일자 개념에 대한 접근이 너무나 난해하기에 논의의 수준을 조금 낮추어 보자. 그리고 일자 개념이 형성될 당시의 로마의 지적인 분위기를 살펴보자. 그렇게 하는 것이 본 논의에 크게 도움이 될 것이다. 왜냐하면 일자 개념 역시 그리스 철학 전통에 대한 반성의 산물이겠기 때문이다.

사실 플로티노스 일자 개념은 그리스 철학 전통에서는 생소한 현상이었다. 왜냐하면 그리스 철학은 항상 '형상' 즉 '한정자(peras)' 중심의 사유를 전개시켰는데, 플로티노스의 일자 개념은 바로 그러한 그리스 철학에 대한 완전한 거부에서 발생하였기 때문이다. 다시 말해 전통적인 그리스 사유가 형상 중심 또는 한정자 중심의 철학이었다면, 플로티노스의 철학은 형상을 '넘어서 있는 것' 또는 한정자를 '벗어나 있는 것'을 추구하였던 것이다.

그런데 플로티노스 철학이 이러한 방향으로 나아간 데에는 당대의 지배적인 세계관이었던 '그리스도교' 및 플라톤 철학의 변형이라고 할 수 있는 '영지주의(Gnosticism)'과의 지적 대결 구도가 큰 배경을 차지하였다(Gatti, 1996). 우선 이미 당대의 주된 세계관으로 자리 잡고 있었던 그리스도교에 대해서는 극단적인 대립은 아니었으나 강한 경쟁의식을 가지고 있었다. 그리고 그러한 세계관에 맞설만한 새로운 그리스 철학을 구상하고 있었다. 왜냐하면 그리스도교에서 강조하는 '창조 원리'에 맞서기에는 '자연의 영원성'을 전제하는 전통적인 그리스 철학이 너무 취약하다고 생각하였기 때문이다. 이처럼 플로티노스는 헬레니즘(Hellenism)과 헤브라이즘(Hebraism)의 존재 이해를 두루 통찰하고 난 뒤 그 어느 패러다임에도 속하지 않는 제3의 철학적 패러다임을 제시하고자 하였는데 그것이 바로 일자 형이상학이었던 것이다.

영지주의와의 대결 구도 또한 일자 형이상학 형성에 크게 기여하였다. 주지하다시피 영지주의는 중세 초기 그리스도교의 한 이단 신학 사상이었다. 하지만 동시에 그것은 플라톤주의의 부정적 변형이기도 하였다. 플로티노스는 《엔네아데스》 제2집 9권에서 이러한 영지주의에 대해서 그리스도교와는 전혀 다른 관점에서 비판을 수행하고 있는데, 이때 비판의 요지는 영지주의가 플라톤의 영육이원론을 극단적으로 이해함으로써 플라톤 철학을 심각하게 변질시키고 있다는 것이었다.

이렇듯 플로티노스는 외부적으로는 창조원리를 이야기하는 그리스도교와 경쟁하고 내부적으로는 변질된 플라톤주의인 영지주의를 공격하면서 자신의 고유한 일자 형이상학을 전개시켰던 것이다.

일자와 영혼의 만남

일자는 자유로운 존재이다(Enn Ⅵ.8.21). 그에게 자유롭지 않은 것은 없다. 스스로 존재하며(Enn Ⅵ.9.6) "스스로 자족한 존재"(Ⅵ 9,6)이다. 자신을 위해서는 그 어떠한 것도 필요로 하지 않으며 스스로 만족하는 그러한 존재인 것이다. 하지만 일자를 제외한 모든 존재자들은 스스로 존재하지도 않고 자족적이지도 못하다. 그것들은 모두 일자로 말미암아 존재한다. "모든 존재하는 것들은 '하나'를 통하여 존재로 있다"(Enn. Ⅵ 9, 1). 그런 점에서 그러한 것들은 의존적이다. 그러기에 일자가 아닌 것들은 모두 일자를 욕망하고 지향해야 한다(Enn. Ⅵ, 8). 그럴 경우에만 일자 아닌 것들은 비본질적인 이익 추구에 함몰되지 않은 채 최상의 존재 상태를 유지할 수 있는 것이다.

일자는 모든 존재하는 것들의 궁극적 지향의 대상이 되기에 '좋음'으로도 이해될 수 있다. 하지만 일자는 원래 존재자들의 그 어떠한 속성도 거부하기에, '일자=선'라는 도식은 엄격한 의미에서는 성립할 수 없다. 하지만 그럼에도 불구하고 인간의 이해의 지평을 고려해 일자와 가장 가까운 것을 꼽자면 아마도 좋음 정도가 그 제일후보가 될 것이다. 왜냐하면 플로티노스의 일자 형이상학은 바로 그 개념에서 출발하였기 때문이다. 이런 점에서 ≪엔네아데스≫ Ⅵ 7에 등장하는 다음 구절은 의미심장하다.

> "선을 알게 되는 것, 즉 선과 접촉하는 것은 대단히 중요한 일이다. 이는 -우리가 읽은바[≪국가≫]- 위대한 가르침이다. 이는 곧바로 선을 바라봄이 아니라 먼저 선에 대한 지식을 얻는 가르침임을 깨닫는 것이다. 우리는 유추와 추상에 의하여, 그리고 선의 속성 및 선으로부터 흘러나오는 모든 것을 이해하게 됨으로써, 선을 향하여 위로 올라감으로써 이 가르침에 다다르는 것이다. 정화의 마지막 목적은 선이다. 그러므로 모든 미덕은 올바른 질서를 갖추어 지성의 세계로 올라가 그곳에 자리 잡고서 신들과 잔치를 열게 된다. 이 같은 방법으로 우리는 스스로에게나 다른 모든 이에게 보이는 자인 동시에 보는 자가 된다. 존재 그리고 '지성(Nous)'[61]와 같게 되고 완전한 생명체가 되어 지고한 분인 더 이상 낯설게 보이지 않는다. 우리는 이제 가까이에 있다. 다음이 바로 그것인 바, 지성 위에서 빛을 발하며 손에 닿을 듯 가까이 와 있다.(배성옥 역)

영혼은 일자가 아니다. 일자가 아닌 것은 모두 일자를 지향해야 하기에, 인간 영혼도 일자를 지향해야 한다. 하지만 일자는 인간에 의한 접근을 허락하지 않는다. 그는 일자에게는 "딴 곳에서 찾아볼 수 있는 것은 아무것도 없다. 거기엔 존재조차도 없다. 그러므로 지력도 없다"(Enn. Ⅵ 7. 41)라는 말로

61) Andrew Louth는 S. Mackenna의 번역본을 따라 플로티노스의 누스(Nous) 개념을 '지적-원리(Intellectual-Principle)'로 옮기고 있다(배성옥 역, 2001). 하지만 나는 일관되게 누스를 지성으로 옮긴다.

써 일자에 대한 일체의 인간적인 접근을 거부한다. 그럼 인간 영혼과 일자와의 합일은 어떻게 가능한가?

이에 플로티노스는 인간 이해와는 별도로 '갑자기' 그리고 '별안간' 인간 영혼에 찾아드는 '임재(parousia)'와 같은 것으로 일자와의 합일을 이야기한다(Enn. Ⅵ 9, 4). 다음은 그의 말이다.

> 여기에 이르면 모든 배움을 제쳐두어야 한다. 이러한 절정에 이르도록 훈련되고 아름다움을 갖춘 탐구하는 영혼은 머물러 있는 곳의 지식을 계속 가지고 있다. 그러나 '별안간' 아래로부터 솟구치는 지성의 파도 꼭대기에 휩쓸려 어떻게 된 것인지도 모르게 위로 들어올려지면서 눈이 뜨이게 된다. 눈에는 비전으로 빛이 넘친다. 하지만 어떤 물체를 보이게 하는 빛이 아니라 빛 그 자체가 비전이다. 이젠 더 이상 보이는 것도 보이게 해주는 빛도 없으며 지성도 지력의 대상도 없다. 이 빛나는 광채야말로 후일의 필요를 위하여 지성과 지력을 낳아 탐구하는 자의 정신 속으로 파고들게 되는 것이다. 이리하여 영혼은 이 광채와 스스로 하나가 되고, 이 광채의 활동은 지적 원리를 낳는 것이다."(Enn. Ⅵ 7, 배성옥 역)

일자로부터의 파생

일자는 완전하면서 충만한 존재이다. 완전하면서 충만한 존재로서 일자는 자신의 완전성을 일체 훼손시키지 않으면서 자기 아닌 일체의 것들을 존재케 한다.

> "모든 것이 거기에 의존하는 그것이며, 모든 것은 그것을 향해 바라보면서 존재하고 살고 생각한다. 왜냐하면 그것은 생명과 사고와 존재의 원인이기 때문이다"(Enn. Ⅰ.6).

그런데 일자로부터 만물의 파생은 '유출'이나 '발출' 등의 여러 가지 이름으로 언급되는데, 이것과 연관해서 우리가 주의깊게 살펴보아야 할 것은 일자로부터 만물의 파생이라는 개념은 결코 스토아 학파에서 강조되는 '범신론'의 맥락에서는 결코 이해되어서는 안 된다는 것이다. 왜냐하면 스토아 학파는 신과 신으로부터 유래된 자연을 구분하지 않는 세계관을 가진 데 반해서, 플로티노스는 일자와 일자로부터 파생된 일체의 것들을 존재론적으로 구분하기 때문이다. 이처럼 플로티노스의 존재 이해는 소박한 범신론의 세계 이해를 뛰어넘어 있는 것이다.

그런데 일자는 존재자들과 동일하지 않기에, 존재자들과 동일한 활동도 하지 않는다. 만약 일자가 존재자들과 동일한 활동을 한다면, 그것은 일자로서의 존재를 포기하는 일이 될 것이다. 하지만 완전한 침묵 가운데 있는 일자가 만약 하나의 활동을 하게 된다면, 그것은 '자기를 바라보는 것'(힐쉬베르거 1984, 367) 곧 '자기 자신을 관상하는 행위'일 것이다. 그런데 일자가 자기 자신을 관상하는 행위는 존재 세계에 엄청난 파장을 몰고 오는데, 왜냐하면 일자의 자기 관상 행위로부터 일자 아닌 일체의 것들이 파생되기 때문이다. 지성은 일자에 의해 맨 처음으로 파생된 것이다.

> 비록 정신자체가 하나는 아니지만, 하나의 형상을 가지고 있다고 본다. 왜냐하면 하나를 추구하는 자에게는 정신이 분산되지 않고 자신 안에 실재적으로 침잠하게 함으로써 자신을 분열시키지 않고 하나 아래에 가까이 존재하게끔 해주기 때문이다.(Enn. Ⅵ 9,5)
>
> 그(정신)는 ('하나' 혹은 그 '첫 번째' 안에 자리하는) 모든 것을 고지하는 사령(辭令)과 같다. 그는 언제나 자신의 다원적인 표현력 안에서 저 온통 하나로 머물러 있는 내용을 드러내주기에 말이다.(Enn. Ⅵ 9, 2)

이렇게 파생된 지성은 '다양성'과 '이중성'을 지닌다. 여기에서 왜 다양성인가? 그것은 일자가 철저히 '하나의 존재'인데 반해서 일자로부터 파생된 지성은 '하나-임'을 결여한 채

'다수의 존재'로 존재하기 때문이다. 이는 플라톤의 이데아가 하나가 아니라 여럿인 것과 마찬가지 이치이다. 그리고 왜 이중성인가? 그것은 일자가 아닌 지성의 '사유' 활동은 필연적으로 인식주체와 인식대상의 분리를 전제하기 때문이다(Enn. Ⅴ 3, 5). 이처럼 지성은 일자와 달리 존재의 다양성과 인식의 이중성이라는 한계를 가지게 되는 것이다.

그런데 일자의 활동은 2 가지 단계로 나누어 진행된다. 단적으로 말해 일자의 1차적 활동은 '가능태'로서의 지성을 산출시키는 활동이고 일자의 2차적 활동은 지성의 '현실태'를 실현시키는 활동이다. 오미라(D. J. O'Meara 2009, 130)에 의하면, 일자의 1차적 활동은 '규정되지 않은 잠재성'으로서의 지성을 산출하는 행위이고 일자의 2차적 활동은 가능태로서의 지성을 '현실적 존재'로 탈바꿈시키는 것을 말한다. 쉽게 말하자면, 일자에 의해 산출된 지성은 산출된 그 상태로서는 온전한 지성이랄 수 없기에 계속해서 일자를 지향하는 '관상적 행위'를 통해서만 완성되는데 그것을 일자가 유도하고 있다는 것이다. 이렇듯 지성은 일자를 향한 지속적인 관상행위를 통해서만 완전한 지성으로 자리 매김 할 수 있는 것이다.

지성은 일자의 활동에 힘입어 영혼을 파생시킨다. 그런데 영혼은 지성에 비해 중간자적인 존재이다. 왜냐하면 지성에 의해 산출된 영혼은 지성과 감각적인 세계를 매개하는 중간 역할을 수행하기 때문이다. 다음 4가지 원문은 영혼의 본성을 잘 설명해 주고 있다.

> 우리에게 있어 영혼은 마치 이 세상의 삶과 동시에 저 피안의

> 삶을 넘나드는 양생자(兩生者)처럼, 삶의 자리를 바꾸어 가면서 그때마다 저편에 혹은 이편에 살아가는 일이 당연하다.(Enn. Ⅳ 8, 4)
>
> 영혼은 물체처럼 애초부터 나눌 수 있는 것은 아니다. 하지만 물체들 안에서는 나눠질 수 있게 된다.(Enn. Ⅳ 2, 1).
>
> 영혼이란 비연장적이면서 동시에 연장적인 존재이다.(Enn. Ⅳ 4, 16)
>
> 모든 것들을 이해할 수 있는 총괄적인 열쇠요, 지적인 영역의 가장 끄트머리에 서 있되 (...) 이 감각적인 세계에서는 가장 높은 곳에 자리하는 어떤 것이다.(Enn. Ⅳ 6, 3)

그런데 일자는 지성에게 했던 것과 동일한 유도 작용을 영혼에게도 가한다. 즉 지성에 의해 산출된 가능적 존재로서의 영혼은 일자에 의해 일자 자체에게로 이끌리는데(물론 이것은 영혼의 관점에서는 일자를 관상하는 것이 된다), 이렇게 됨으로서 가능적 존재로서의 영혼은 현실적 존재로 탈바꿈하게 되는 것이다.

이렇게 하여 일자로부터 지성, 그리고 지성으로부터 영혼으로의 파생 과정이 간단하게나마 언급되었다. 그런데 플로티노스는 이 3가지 존재 즉 일자와 정신 그리고 영혼을 '세 가지 근원적인 실체들'이라 칭하면서 영혼으로부터 파생된 '자연' 및 '물질'과 구분하였다.

> 삼중적인 구조가 존재하는 모든 것의 원칙으로 존재한다.(Enn. Ⅵ 6, 16)
>
> 저 정신세계에는 그 존엄성의 수준에 따라 각각 첫 번째 두 번째 혹은 세 번째라 칭할 수 있는 그런 존재들의 다양함이 있겠는데, 그러나 그 모두는 저 유일한 신성의 영원한 특성을 부족하나마 닮아 있다고 말할 수 있으며, 그들은 장애나 거리(간격)를 갖지 않고 서로 결합하여 있다.(Enn. Ⅵ 5, 4)
>
> 첫 번째로서의 '하나', 곧 무엇보다도 중심이 되는 '하나'와 두 번째로서의 하나[=정신], 곧 '다수를 내포한 하나'(혹은 하나의 다수)를 서로 구별하여 말한다. 나아가 세 번째로서의 하나[=영혼], 곧 '하나이자 다수'를 서로 구별하여 소개한다.(Enn. Ⅴ 1,8)

자연은 영혼으로부터 파생된다. 그것은 육체를 지닌 다양한 생명체들의 세계이다. 정신이나 지성의 힘은 극도로 약화되어 있고 모든 것은 수동적이다. 존재의 강도가 너무나 약해 더 이상의 산출이 불가능하며, '시간'과 '공간'이라는 범주가 생기는 영역이기도 하다. 자유보다는 '본능'이 주를 이룬다.

> 참된 의미에서 분명하게 말하자면, 육체가 없다면 영혼 역시 존재를 위해 나아갈 수 없을 것이다. 왜냐하면 영혼이 자연 안에 드러날 때, 육체 없이는 실존할 수 있는 데가 없기 때문이다. 그러므로 영혼이 존재를 위해 나아갈 때 어떤 장소가 요구되며 그로써 어떤 육체를 만들어 내는 것이다.(Enn. Ⅳ 3, 9)

> 자연은 저마다 자기 내면에 질서를 무시하지 않고 표출하며 또 자신을 전개시키는 능력을 지니다. 그럼 점에서 자연은 '갈라지지 않은 원천'이라는 하나의 씨앗으로부터 감각적으로 표출되는 그 마지막 종착점까지 꾸준히 발걸음을 내딛는다. (Enn. Ⅳ 8, 6)

일자로부터의 파생에서 가장 멀리 떨어져 있는 것은 '물질(Hylē)'이다. 긍정적인 것은 조금도 없고 오직 부정적인 것만 있을 뿐이다. 악의 원리이기도 하며 일자의 반대쪽에 위치해 있다. 그런 점에서 물질은 존재와 비존재의 한계점에 서 있다.(힐쉬베리거 1984, 369)

유출보다는 발출과 체류 그리고 회귀

일자로부터 존재하는 모든 것들을 파생시키는 것에 관한 플로티노스의 언급은 고대의 형이상학적 사유가 이룩한 가장 주목할 만한 체계 중의 하나이다. 그리고 그는 이러한 파생을 이야기하면서 다양한 비유들을 사용하고 있는데, 그 예로는 빛이 태양에서 흘러나오는 것이라든지 아니면 열이 불에서 흘러나오는 것 등이 있다. 하지만 그 중에서도 그가 가장 즐겨 사용하였던 비유는 일자를 원의 중심과 동일시하는 것이었다. 이때 일자는 지성이라는 원의 중심이고 영혼은 그 일자 주위를 회전하는 원인 것이다. 이것을 도즈(E. R. Dodds 1973)는 다음과 같이 언급한다.

> '유출'에 대해서 그가 즐겨 쓴 이미지는 퍼져나가는 원의 모습이다. 원의 모든 반지름들은 퍼지지 않고 나누어지지 않는 하나의 점, 순수한 단일성에서 출발하여 밖으로 원둘레를 향하여 그 힘찬 단일성의 궤적을 펼쳐 나가며, 원이 넓게 퍼짐에 따라 점차로 희미해지기는 하지만 결코 완전히 사라지지 않는다. 잔잔한 물에 돌을 던졌을 때 나타나는 동그라미 물결이 끊임없이 넓게 퍼지면서 그 힘이 차자 약해지는 광경을 상상할 수 있겠다. 그러나 여기엔 돌을 던지는 이도 없고 물도

> 없다. 실제로는 존재하는 물결일 뿐, 다른 아무것도 없다.(Enn. Ⅳ 4, 16; 배성옥 역)

그런데 대부분의 플로티노스 연구가들(Louth 2001; O'Meara 1995; Wallis 1972)은 이러한 이미지를 문자적으로 해석하여, 일자의 활동을 '유출(emanation)'이라는 개념으로 규정한다. 하지만 이 개념은 플로티노스 일자 형이상학의 고유성을 담아내기에는 부족한 면이 없지 않아 있다. 왜냐하면 궁극적인 존재로서 일자는 무한한 능력으로서 일체의 것을 드러나게 하고, 또한 그것을 변함없이 머무르게 하고, 나아가 그 모든 것을 자신에게로 다시 불러 모으는 "'삼위일체적인 구조(Triade 혹은 Trias)'를 통해 자신의 전체성을 실현"(조규홍 2002, 28)하는데, 이러한 일자의 활동성을 담아내기에는 유출이라는 개념이 다소 한계를 안고 있기 때문이다. 프로클로스의 표현을 빌리자면, 일자는 '발출(proodos)'과 '체류(monē)' 그리고 '회귀(epistrophē)'라는 세 가지 계기를 통해 자신을 드러내고 실현하는데,[62] 유출이라는 개념은 이러한 일자의 삼위일체적인 구조와 활동을 담아내기에는 역부족인 것이다.

또한 대부분의 연구가들은 유출이라는 개념을 사용하면서 부지불식간에 일자의 활동을 '기계적·물리적 필연성' 따라 규정하고 있는데, 이 역시 일자의 자유를 구속할 위험성이 있다(Gatti, 1996). 이런 점에서 우리는 일자의 권위를 손상시키지

62) 일자는 발출과 체류 그리고 회귀의 전 과정에서도 결코 무력화되는 일이 없다.

않는 범위 안에서 일자의 활동을 설명하는 개념을 선택해야 할 것이다. 다음은 일자의 자유와 연관된 원문들이다.

> "만약 우리가 일자 안에서 활동들을 인정하고, 그 활동들을 자유에 근거 하도록 만들며, (...) 또한 이러한 활동들이 바로 (일자의) 본질이라고 한다면, 일자 안에서 자유와 본질은 동일할 것임에 틀림없다. 일자는 존재하기를 원하는 것에 따라 그 자신이 된다는 것이 받아들여진다. 일자는 원하고 행동하는 것이 그 본질인데, 그 본성이 규정하는 데로 원하고 행동한다고 말하는 것은 옳지 않다. 이런 식으로 일자는 완전하게 그 자신의 지배자이며, 그의 자유의지에 따라 자신의 존재를 유지한다."(Enn. Ⅵ 8, 13)
>
> '하나'는 그 자체로 온통 자유요, 그에게는 조금도 자유 아닌 것이 없다. (...) 그렇게 '하나'는 그 스스로로 말미암아 있으며, (...) 그 스스로를 통하여 모든 것으로 존재한다. 아니 차라리 무(無)와 같으니, 그것은 스스로를 위해 더 이상 그 밖의 모든 것을 필요로 하지 않기 때문이다. 그러므로 만일 네가 저 '하나' 에 대해 말하거나 그와 하나가 되겠다고 한다면, 그 밖의 모든 것을 청산하라. (나아가) 네가 이미 모든 것을 청산하고 오로지 저 '하나'에만 매달려 왔다면, 그에 덧붙여 이해할 만한 어떤 것을 (따로) 찾으려 하지 말고, 혹시 네가 그에 대해 미혹(迷惑)한 바를 아직 (다) 청산하지 않았는지 반성하라."(Enn. Ⅵ 8, 21)

결과적으로 일자의 자유로운 활동을 제한하려는 유출론자

들의 해석은 그 자체로 많은 문제점을 안고 있을 뿐만 아니라, 플로티노스 일자 형이상학의 고유한 의미도 살리지 못하고 있다. 이런 점에서 플로티노스 형이상학을 단순한 '유출론'으로 이해하는 제반 시도는 지양되어야 한다.

회귀와 관상

일자로 회귀하는 것은 일자로부터 파생되는 것의 반대 과정이다. 그러기에 일자로부터 파생된 것은 필연적으로 일자로 되돌아가야 한다.(Enn. Ⅲ 8, 1) 이는 연어의 회귀본능과 마찬가지이다.

일자로 회귀하는 것은 전적으로 '관상(theōria)'의 힘에 의존한다. 즉 존재하는 모든 것들은 관상하는 정도에 따라 일자로 회귀하는 것이다. 인간 영혼 역시 관상을 어느 정도 했느냐에 따라 일자와 합일하는 정도 다른 것이다. 그래서 플로티노스는 "참된 존재의 모든 형태들은 관상으로부터 생겨나고, 그것들은 관상이다"(Enn. Ⅲ 8, 7)라고 하는 것이다.[63] 이것으로부터 우리는 '모든 것은 관상에 의해서 존재한다'라는 플로티노스 관상 형이상학의 기본 테제를 정립할 수 있다(Gatti, 1996).

그런데 사실 일자가 하는 것이라곤 자기 자신을 관상하는 것뿐이다. 그런데 이러한 자기관상으로부터 일자의 활동성이 생성되고, 그러한 활동성으로부터 존재하는 것의 가지적 질료

63) ≪엔네아데스≫ Ⅲ. 8, 7의 다음 구절도 참고하라. "제1원리들이 '관상' 속에서 존재하는 것처럼, 다른 존재자들 역시 그러한 상태를 열망할 것이라는 것은 틀림없다."

가 파생되는 것이다. 지성 역시 맨 처음에 주어지는 것은 '무규정적이고(indeterminate) 무형상적인(shapeless) 가지적 질료(intelligible matter)'로서의 지성이다. 그 다음에 가지적 질료로서의 지성이 일자를 관상함으로써 형상을 획득하고 제대로 된 지성 즉 '현실태'로서의 지성이 되는 것이다.

일자와 마찬가지로, 지성도 자기 자신을 관상한다. 그런데 지성의 관상은 특별히 '살아있는 관상(living contemplation; Enn. Ⅲ 8, 8)'이라 불린다. 왜냐하면 지성의 관상은 관상 주체와 관상 대상 간의 분리를 허용하지 않는 자기 반성적인 성격을 함축하기 때문이다.

합일

회귀의 궁극 목표는 일자와의 합일이다. 영혼의 최종 목적 또한 일자와의 합일이다. 왜냐하면 일자 아닌 것들에게 있어 일자와의 합일은 존재 이유이자 존재의 목적이기 때문이다.

그런데 플로티노스는 일자와의 합일을 가리켜 비유적으로 '고향으로 돌아가는 것'이라 말한다. 즉 그에게 있어 일자와의 합일을 목표로 하는 영혼의 상승 운동은 "옛날에 우리가 떠났던 바로 그 곳, 아버지가 계신 그 곳"(Enn. Ⅰ 6, 8)[64]로 돌아가는 것과 같은 것이었다. 이처럼 플로티노스는 일자와의 합일이 인간 영혼이 '본래성'을 회복하고 '신적인 것'과 하나가 되는 그러한 것임을 언급하고 있는 것이다.

> 완전한 인간은 이 같은 소통에 의하여 점점 성장하면서 존재를 초월하고 존재의 초월자와 일체가 된다. 우리 자신이 이 같이 높이 올려 졌을 때에 우리는 지고한 분과 닮게 된다. 그 높은 데서 더욱 더 높이 올라간다면 아득한 옛날의 원래 모습

64) 영혼은 이러한 본향으로 멀어짐으로써 타락하고 불완전하게 된다. 플로티노스는 본향을 망각한 인간 영혼을 다음과 같이 묘사하고 있다. "타락한 영혼은 신성을 모두 잃어버리고 같지 않은 곳의 주민이 되어 어둠과 진창 속에서 살고 있다."(Enn. Ⅰ 8, 13)

으로 우리는 마침내 이 모든 나그넷길의 목적지에 다다른 것이다. 다시 뒤로 물러서게 된다면 우리 자신이 다시 한 번 이 모든 질서를 알게 될 때까지 우리는 미덕을 깨쳐 나갈 것이다. 우리는 다시 한 번 무거운 짐을 벗고 홀가분하게 되어 미덕의 힘으로 지성을 향하여 나아간다. 이로써 얻는 지혜를 통하여 지고한 분에게로 다다르게 된다. 이는 신들, 그리고 신과 같은 이들의 삶이요 복된 사람들의 삶이다. 세속에서 우리를 괴롭히는 이질적인 것으로부터의 해방이요, 땅 위 만물을 즐거워하지 않는 삶이요, 홀로 유일자에게로 날아오르는 삶이다.(Enn.Ⅵ 9, 11: 배성옥 역)

플로티노스 철학의 영향

플로티노스의 철학은 한편으로는 피타고라스와 플라톤 그리고 아리스토텔레스로 이어지는 고대 그리스의 관상 형이상학[65] 전통을 충실히 계승하면서도 또 다른 한편으로는 그리스도교 및 영지주의에 의해 제기되었던 '인간 구원'의 문제를 비(非)그리스도교적인 그리스 철학의 맥락 속에서 창조적으로 다룸으로써 고대 후기 철학사에 가장 거대한 형이상학적 체계를 구축하였다. 특히, 그의 일자 형이상학은 전통적인 플라톤 철학의 정신을 전혀 훼손시키지 않으면서도 그것과는 전혀 다른 철학적 패러다임을 창조하였던 것이다.

라우스(2001)에 의하면, 8세기에 걸친 그리스 철학의 모든 전통들은 그의 사유 속으로 흘러들어갔으며 그 이후에 전개된 그리스도교 철학 역시 모두 그로부터 직·간접적으로 영향을 받고 있다. 특히 아우구스티누스와 위디오니시오스 아레오파기타는 그의 직접적인 영향권 아래 놓여 있었으며, 쿠자누

65) 플로티노스가 강조하는 관상적 삶은 고대세계 철학적 사변의 특징이기도 하다. 피타고라스부터 아리스토텔레스에 이르기까지 실천적 삶에 대한 관상적 삶의 우월성은 지속적으로 강조되었다. 특히 플라톤은 참된 철학자를 진리를 관상하기 좋아하는 사람으로 규정하고 있다. 이에 관해서는 ≪국가≫ 475e를 참조하라.

스와 마이스터 에카르트, 그리고 셸링과 헤겔 등도 모두 그의 간접적인 영향권 아래 놓여 있었다. 이처럼 고대 후기로부터 현대에 이르기까지 서구의 모든 창조적인 사상가들은 모두 그로부터 영감을 제공받고 있다.

과거 그 어느 때보다 삶이 고통스럽고 허무하다는 말이 많다. 미래에 대한 두려움 때문에 생을 마감하는 사람도 있다. 플로티노스는 처음부터 끝까지 '일자를 관상하라'고 하지만, 인간들은 삶의 굴레 속에서 '일자 아닌 것들'(돈, 몸, 힘)에 함몰된 채 생의 대부분을 소비한다. 이런 점에서 플로티노스의 다음 말은 결코 시사하는 바가 적지 않을 것이다.

> 신들의 삶과 신적이고 행복한 사람들의 삶을 살아가기 위해서는 모든 것을 버리고 떠나야 한다. 버리고 떠나라, 모든 것을!(aphele panta!)"(Enn. Ⅴ 3, 17: 정달용 역, 2007)

<아고라>(Agora, 2009)

감독: 알레한드로 아메나바르
주연: 레이첼 와이즈(히파티아 역), 맥스 밍겔라(다보스 역), 오스카 아이삭(오레스테스 역), 사미 사미르(킬리로스 역)
각본: 알레한드로 아메나바르, 마테오 길

너의 침묵에 메마른 나의 입술
차가운 네 눈길에 얼어붙은 내 발자국
돌아서는 나에게 사랑한단 말 대신에
안녕 안녕 목메인 그 한 마디
이루어질 수 없는 사랑이었기에

영화 <아고라>의 포스터

이 노래는 70년대와 80년대를 통틀어 사람들의 사랑을 가장 많이 받았던 대중가요 중의 하나인 <이루어질 수 없는 사랑>이다. 통기타 가수였던 양희은이 불러 히트시켰으며 그 애절하고 잔잔한 멜로디가 많은 사람들의 눈물샘을 자극하였던 그러한 곡이다.

그런데 특이하게도 이 노래는 이번에 살펴보게 될 영화 <아고라>와 많은 점에서 닮아 있다. 왜냐하면 <아고라>는 히파티아라는 여성철학자 겸 수학자의 실존적 이야기를 다루고 있으면서 동시에 노예 다보스의 이루어질 수 없는 슬픈 사랑의 이야기를 담고 있기 때문이다.

영화의 주인공은 노예 다보스와 주인 히파티아(Hypatia)이다. 다보스 역은 맥스 밍겔라(Max Mingella)가 맡았으며 히파티아 역은 레이첼 웨이즈(Rachel Weisz)가 맡았다. 두 배우 모두 연기력이 탄탄하였다. 특히 레이첼 웨이즈는 히파티아처럼 지성과 미모 둘 다를 겸비한 연기자인 것 같았다. 영화의 시나리오 단계에서부터 감독이 그녀를 히파티아 역으로 내정하였다고 하는 것으로 보아 대단한 연기역의 소유자인 것 같다. 더하여 23번째 <007> 시리즈의 본드걸까지 맡았다고 하니 당분간의 그녀의 시대가 될 것 같다.

영화의 감독은 그 유명한 알레한드로 아메나바르(Alejandro Amenabar)이다. 1972년 칠레 출생으로 스페인에서 학교를 다녔으며 현재는 헐리우드를 중심으로 활동하고 있는 천재 감독 중의 하나이다. 만든 작품으로는 <떼시스>(1996), <오픈 유어 아이즈>(1997), <디 아더스>(2001), <씨 인사이드>(2004), 그리고 <포 더 굿 오브 아더스>(2010) 등이 있다. 특히 니콜 키드먼이 열연하였던 <디 아더스>는 뛰어난 반전으로 많은 영화팬들의 사랑을 받았다. 나 역시 재미있게 보았던 영화이다. 삶과 죽음, 그리고 현실과 꿈의 문제를 독창적인 시각으로 풀어내고 있는 것 같다. 주목할 만한 감독 중의 한 명이라 판단된다.

영화의 주제를 살펴보자면, 본 영화는 다보스와 그의 스승이었던 히파티아와의 슬픈 사랑의 이야기를 그리고 있는 로맨스 영화이다. 하지만 통속적인 로맨스 영화는 아니다. 전개되는 사랑의 형태는 일방적이고 비극적이다. 다보스의 사랑은 애잔하나 히파티아는 그의 사랑의 감정을 무시한 채, 초월적이고 관상적인 태도로 일관한다. 히파티아에 대한 다보스의 사랑은 결코 이루어질 수 없는 사랑이었던 것이다.

사실 히파티아는 사랑이라는 감정 자체에 대해서 부정적이다. 플로티노스의 영향을 받은 신플라톤주의 계열의 철학자답게, 그녀는 오직 영혼과 정신만을 강조한다. 육체는 하찮은 것이며, 육체적인 사랑 역시 고귀한 것이 못 된다는 것이 그녀의 생각이었다. 그럼에도 다보스를 비롯한 뭇 남자들은 그녀에게 육체적 사랑을 호소한다. 물어 보나마나 그 결과는 명약관화(明若觀火)한데도 말이다.

영화를 보고 있노라면 히파티아에 대한 동정심이 생기게 마련이다. 비극의 주인공은 그녀이다. 권력과 폭력에 의해서 철저하게 희생되었던 사람은 다보스도 오레스테스도 아니라 바로 히파티아였던 것이다. 하지만 그녀의 죽음보다 더 슬픈 현실은 그녀를 사랑하면서도 목 졸라 죽여야 했던 다보스였는지도 모른다. 왜 그럴까? 영화를 본 사람들은 알겠지만, 그는 그녀가 '의식이 있는 상태로' 포악무도한 그의 동료들에 의해서 비참하게 죽임을 당하는 것을 더 이상 보고 있을 수만은 없었다. 그리하여 그는 그녀의 고통을 조금이라도 완화시켜주기 위한 목적으로 자기 손으로 그녀를 죽였던 것이다. 히파티아 역시 사태의 심각성을 직감하고선 조용히 그의 제안을 받아들인다. 단 한 번도 그의 사랑을 허용하지 않던 그녀가 죽어가는 순간에서야 그의 사랑을 받아들였던 것이다.

물론 이것은 영화에서나 가능한 일일지도 모른다. 다보스는 가상(假想)의 인물이고 영화는 철저히 팩션(Faction)의 형식을 취하고 있기 때문이다. 하지만 어느 누가 역사적 사실만을 알고자 영화를 볼까? 자고로 영화는 우리 내면에 감추어진 진리를 포착해내어야 하는 법. 그런 점에서 이 영화는 적절한 객관성과 '충분한 상상력(想像力)'으로 우리의 이성과 감성을 자극한다.

어떤 사람들은 이 영화를 반(反)그리스도교적 종교영화로 보고자 한다. 물론 이 영화가 초기 그리스도교 역사를 충실히 재현하고 있다는 점에서 그러한 해석도 큰 설득력을 가질 것이다. 특히 영화에 드러나는 종교인들의 폭력은 종교에 호의적이지 않은 많은 사람들에게 히파티아를 종교에 의해서 희생된 철학자라는 인상을 주기에 충분할 것이다. 하지만 영화가 '순수한 객관성'만으로 구성되었다면, 그것은 다큐멘터리지 영화는 아닐 것이다. 그렇다고 한다면, 굳이 알레한드로 아메나바르가 메가폰을 잡을 이유도 없을 것이다. 문제는 역사적 사실의 존재 유무(有無)와 그에 대한 검증이 아니라, 사실에 대한 '재창조'와 '상상력'의 유의미성에 있다. 왜냐하면 아리스토텔레스의 말대로 "시(詩)는 역사보다 더 철학적이"기 때문이다. 이런 점에서 이 영화를 특정 종교에 대한 '비판' 내지는 '비판에 대한 재(再)비판'으로 이해하는 일차원적인 접근은 지양되어야 하고, 사실과 허구 속에서 작품이 보여주고자 하는 것을 찾는데 주력하여야 할 것이다.

감추어진 메시지를 찾기 위해서는 많은 사전 지식이 필요할 것이다. 그렇지 않고서는 감추어진 메시지를 감추고 있는 그 껍데기를 벗겨낼 수 없을 것이기 때문이다.

무엇보다도 본 영화에 등장하는 인물들에 대한 최소한의 사전 지식을 확보해야 한다. 신플라톤주의 계열의 여성 철학자인 히파티아에 대한 이해는 필수이다. 알렉산드리아 대주교였던 키릴루스(Cyrillus, 375경-444)와 알렉산드리아 총독이었던 오레스테스(Orestes)에 대한 이해도 필요하다. 아울러 히파티아의 제자이자 키레네 주교였던 시네시우스(Synesius)에 대한 이해도 있어야 한다.

먼저 키릴루스 대주교를 살펴보자. 아는 사람은 알겠지만,

이 사람은 초기 그리스도교 역사에 있어서 이단과 논쟁하며 그리스도교의 정통성을 수호한 인물로 유명하다. 동방의 신학자 네스토리우스(Nestorius, ?-451)와의 논쟁에서 승리하여 그를 파문시킨 사람이며, 히파티아 제거 후 오랫동안 알렉산드리아를 지배했던 대주교였다.

그가 알렉산드리아의 대주교로 처음 부임해 온 때는 412년이었다. 야심이 많고 질투심이 강하였던 그는 곧바로 알렉산드리아에서 가장 영향력 있는 사람이 히파티아임을 직시하였다. 알렉산드리아는 물론 로마 제국 곳곳에 영향력 있는 정치 및 종교계 인사를 양성하였던 인물이 바로 그녀였기 때문이었다. 개중에는 키레네의 주교 시네시우스도 있었고 알렉산드리아 총독 오레스테스도 있었다. 키릴루스로서는 부담이 되지 않을 수 없었을 것이다. 그런데 그의 시기심과 질투심에 불을 질렀던 것은 히파티아가 총독 오레스테스의 정치 고문 역을 수행하였다는 것이었다. 알렉산드리아의 실질적인 지배권을 놓고 오레스테스와 신경전을 벌이고 있던 키릴루스로서는 히파티아를 정치적으로 제거해야만 알렉산드리아에 대한 정치적 지배권을 공고히 할 수 있을 것이라고 판단하였을 것이다. 바야흐로 종교의 최고 권력자와 행정의 최고 권력자가전면전을 하게 되었던 것이다. 그런데 결과는 키릴루스의 판정승으로 끝났다. 예상 외로 오레스테스가 약했던 것이다. 하지만 피해는 고스란히 히파티아가 떠안았다. 그것도 아주 비극적인 방식으로 말이다. 그녀는 폭도들에 의해 온 몸이 발가벗겨진 상태에서 사지가 난자당한 채 화형에 처해졌던 것이다.

물론 키릴루스로서도 변명할 말은 있을 것이다. 그리스도교가 국교(國敎)인 만큼 최대한 빨리 이교(異敎) 세력을 몰아내고 알렉산드리아를 그리스도교 도시로 만드는 것이 로마 제국의 정책에 부합하는 행위였을 것이다. 하지만 그것은 어디까지나 법의 테두리 하에서 해야 할 일이지 폭력으로 해야 할 일은 아닐 것이다.(물론 이에 대해 키릴루스의 결백을 주장하는 사람들도 있다. 여기서는 영화에 나타난 것을 언급한다.) 그리고 나라 일을 하면서 사심을 배제한 채 공적으로 해야 하지 시기심과 질투심에서 해서는 안 되는 것이다. 어쨌든 키릴루스는 히파티아를 정치적 희생물로 만들어 버린다. 히파티아 제거 후, 징적이있던 오레스테스는 도망을 가고 키릴루스는 알렉산드리아의 전 권력을 한 손에 움켜쥐게 된다.

그런데 빛이 있으면 어둠이 있는 법. 키릴루스가 알렉산드리아를 장악한 후 알렉산드리아의 문화는 급격히 쇠퇴한다. 특히 그 이전가지 세계 최고 수준의 수학과 과학 연구자를 보유하고 있던 알렉산드리아의 뮤세이온(Museion)은 완전히 폐허로 바뀌고 만다. 케플러를 비롯한 르네상스 천재과학자들이 히파티아가 발견하였던 수학적 진리의 가치를 새롭게 밝히기까지는 근 1200년 이상의 세월이 흘러야했던 것이다.

키릴루스 다음으로 살펴보아야 할 인물은 오레스테스이다. 영화에서는 <내티비티 스토리-위대한 탄생>(2006)에서 요셉 역을 맡았던 오스카 아이삭이 오레스테스 총독 역할을 하고 있다. 현실적이고 권력 지향적인 인물이다. 히파티아가 강조하였던 신플라톤주의적인 가르침에 따라 살기보다는 정치권력을 더 추구하였다. 대담하게도 스승 히파티아에게 청혼을 하였던 사람이기도 하다. 하지만 그 결과는 그 이전에 그녀에게 청혼했다 거절당했던 사람들처럼, 그 역시 퇴짜를 당하고 말았다. 특히 히파티아는 자신이 연애니 결혼이니 하는 것들에는 전혀 관심이 없다는 것을 그에게 보이기 위해 자신의 생리(生理) 흔적이 묻은 손수건을 그에게 선물(?)로 주기까지 하였다. 진리 추구에 비하면 이성과의 사랑은 부질없는 것이라 생각하였기 때문이다. 오죽했으면 “나는 진리와 결혼하였다” 라고 까지 했겠는가?

어쨌든 이 사건 이후 오레스테스는 히파티아를 단념하였다. 대신 세속적인 권력을 추구하였다. 능력도 있어 알렉산드리아의 총독까지 되었다. 그런데 사람의 성품이란 것이 어디 그리 쉽게 바뀌겠는가? 총독이 된 오레스테스는 총독 이상의 지배권을 가지고 싶어 했다. 그런데 그의 이러한 행동은 공공연하게 권력의지를 표출하고 있던 키릴루스와 대립하지 않을 수 없었다. 아니나 다를까 두 사람은 충돌하게 되고 알렉산드리아의 권력은 그가 아닌 키릴루스의 수중에 들어가고 말았다. 그런데 앞에서도 언급했듯이 그의 탐욕으로 인해 희생되었던 사람은 그가 아니라 히파티아였다. 지혜롭지도 않았고 용맹스럽지도 않았던 제자, 그가 바로 오레스테스였던 것이다.

오레스테스 다음으로 살펴볼 사람은 시네시우스이다. 영화에서는 오레스테스와 비슷한 연배로 나오는 인물이다. 마르자드스지엘스카(2002)에 의하면, 대주교 테오필루스의 축복을 받으며 그리스도교인과 결혼하였으며 400년 초에는 키레네 또는 알렉산드리아에서 세례를 받았다고 한다. 그리스도교계의 중심인물로 활동하면서도 항상 히파티아와 긴밀한 유대 관계를 유지하였던 충실한 제자이기도 하였다. 종교와 철학, 그리고 믿음과 앎 사이를 매개하고자 노력하였으며, 신플라톤주의 철학 하에서 자신의 신앙을 강화시키고자 하였다. 키릴루스나 오레스테스와 달리 현실 정치에는 깊이 관여되지 않았던 것 같다. 독실한 그리스도교 신자로서 이후에 키레네의 주교까지 되었다. 삼위일체 교리 형성에도 일정 부분 기여하였다고 전해진다.

주인공 히파티아에 대한 이해를 빠뜨릴 수는 없다. 역사 기록에 의하면, 그녀는 355년에 태어나 415년에 사망하였다. 신플라톤주의 계열의 마지막 여성 철학자로 수학과 천문학에 있어서 당대 최고의 실력을 보유하고 있었다. 아버지 테온은 알렉산드리아의 왕립연구소라 할 수 있는 뮤세이온에서 교수이자 책임자로서 히파티아를 비롯한 많은 학생들을 가르쳤다. 히파티아는 아버지의 지도 아래 철학과 수학 등의 제반 학문들을 모두 섭렵하였으며, 그 외 교양인으로서 갖추어야 할 전반적인 것들을 모두 배웠다. 수학 및 천문학 연구에 열중하였으며, 케플러보다 약 1200년 이상이나 앞서 행성의 타원운동에 관한 과학적 법칙을 발견하였다.

르네상스 시기의 화가 라파엘로(Sanzio Raffaello, 1483~1520)는 히파티아와 연관된 흥미 있는 일화 하나를 소개해주고 있다. 그가 54명의 철학자·수학자·정치가들이 등장하는 '아테네 학당(The School of Athens)'의 그림을 그릴 때의 일이었다. 원래 그는 그림의 맨 중앙에 히파티아의 얼굴을 그려 넣고 싶어 했지만 그림을 주문하였던 교황청의 주교가 그녀가 그리스도교 신자가 아니라는 이유로 그것을 완강히 거부하자 어쩔 수 없이 히파티아를 현재의 위치에 그려 넣었다고 한다.

이처럼 히파티아는 그 학문적 업적에도 불구하고 이런 저런 오해로 제대로 평가를 받지 못하였던 철학자 중의 한 사람임에 분명해 보인다.

이 외에도 다양한 인물들 및 역사적 사실들에 대한 공부와 연구를 영화 감상과 병행한다면 많은 것들을 얻을 수 있을 것이다. 진리는 찾는 자에게 자신을 현시하니 말이다.

영화에는 생각해 볼 만한 장면들이 많다. 그 중에서도 '진리 탐구'에 대한 열정이 남달랐던 히파티아의 모습을 생각하게 해주는 장면들이 몇 있다. 이것들에 대한 분석을 통하여, 진정한 학자로서의 자세와 탐구 방법을 공부해보면 많은 것을 얻을 수 있을 것이다.

첫 번째 장면은 히파티아가 오레스테스와 시네시우스를 포함한 학생들에게 철학적 사유의 특징을 말하는 부분이다. 영화의 맨 처음 장면이기도 하다. 철학 입문자들에게 의미있는 언급일 것 같다.

<히파티아의 강의>

히파티아: 어리석은 자들은 별이 어떻게 해서 떨어지지 않는지를 고민했었네. 그런데 배운 사람들이라면 별은 달아나지도 떨어지지도 않으면서 이상적인 형태의 경로를 따라 동서로 움직인다는 것을 아네. 그것은 바로 원이지. 원으로 움직이는 한, 별은 절대로 떨어지지 않지. 그럼 지구에서는 어떨까? 물체는 떨어지면서 원이 아니

라 직선을 그리지. 다시 보도록 하지. (...)
대체 지구 내부에 무슨 조화가 있어 사람이든 사물이든 노예든 전부 아래로 잡아당기는 걸까? 무엇일까?
오레스테스: 무거워서겠죠.
히파티아: 아니, 시네시우스?
시네시우스: 중량 때문이겠죠.
히파티아: 같은 얘기잖아. '근본 원인'을 말해야지, 궁금해본 적은 없나? 여러분의 발바닥이 만물을 지탱하고 끌어당기는 우주의 중심을 향하고 있는 까닭은 무엇인가? 중심이 없다면 우주는 모양도 실체도 끝도 없는 혼동일 것이야. 그렇게 세상이 아수라장이라면, 아니 태어남만 못하는 것이다.

여기에서 히파티아는 철학적 사유의 특징을 존재의 '근본 원인'에 대한 탐구임을 분명히 한다. 즉 존재의 제1원인(aitia)을 발견하지 않고서는 철학적 탐구를 완료했다고는 할 수 없는 것이다. 그런데도 제자들은 부수적인 원인(synaitia)에 만족해하고 있는 것이다. 이 대화는 제자들의 그러한 태도를 꾸짖으면서 탈레스 이래 철학에서 계속 강조되어 왔던 전통, 즉 아르케(arche) 탐구로서의 철학 전통을 강조하는 것이다.

두 번째 장면은 히파티아가 총독으로 부임해 온 오레스테스와 대화하는 것으로, 알렉산드리아 내에서 정치적·종교적 갈등이 표면화되고 있던 시점인데도 불구하고, 진리에 대한 추구를 멈추지 않았던 진정한 탐구자로서의 히파티아의 모습이 잘 드러나 있는 장면이다.

<히파티아와 오레스테스의 대화>
히파티아: 여태 학자로만 살아서 사생활이 없었어. 그래서 인생이란 무엇인지 궁금해.
오레스테스: 낮의 일은 잊으세요.
히파티아: 이렇게만 살아야 될까?
오레스테스: 달리 무엇으로요? 현모양처는 힘들겠죠. 모르긴 해도 생리혈 사건은 온 도시가 알테니 말이에요.
히파티아: 아버지 같은 분도 사랑을 하셨지. 난 누구를 사랑했을까? (...) "만약에 [우주의] 비밀을 아주 조금이라도 푼다면, 그리고 정답에 근접해간다면, 만약 그렇게만 된다면 기꺼이 죽어도 좋을 텐데."
오레스테스 : 왜죠? 어째서 그게 그토록 중요한가요?
히파티아; 바로 지금도, 매순간마다 지구는 움직이는데 우리 둘 외엔 아무도 몰라.
오레스테스: 모르는 게 약이죠.
히파티아: 중요성을 모르겠어?
오레스테스: 무슨 근거로 움직인단 주장을 하세요?
히파티아: 배에서 함께 봤잖아
오레스테스: 지구가 움직인단 증거는 아니잖아요?
히파티아: 정말이라면?
오레스테스: 현실을 보세요. 죽음, 공포, 파괴. 별들의 이상적인 원운동에 엉망인 우리가 끼어들 자리는 없겠죠. 지구는 안 움직여요.

히파티아: 원은 아니지, 그래선 안 돼. 원이 아니었어, 원운동이 아냐. 플라톤 이후, 아리스타르코스, 히파르코스, 프톨레마이오스 모두들 천체를 원 궤도로만 설명하려고 했어, 원이 아니라면 어떨까?
오레스테스: 아니라면, 원처럼 이상적인 형태는 없어요.
히파티아: 누가 모르나 그래도 상상해봐. 원의 완벽함에 얽매여 그 이외의 것은 보지 못했다면 말이야? 번뜩이는 태양이 별빛을 가리듯 말이야. 새로운 관점으로 다시 시작해야겠어. 사고방식을 바꿔야지. 발상을 전환해야 돼.

논어(論語)에 의하면, 공자(孔子)는 '조문도석사가의(朝聞道夕死可矣)'라고 하였다고 한다(≪논어≫). "아침에 도를 들으면 저녁에 죽어도 좋다"라는 뜻이다. 히파티아 역시 진리에 있어서는 공자와 같은 생각을 하고 있다. 즉 그녀 역시 우주의 비밀을 조금이라도 풀 수만 있다면, 기꺼이 죽어도 좋다고 이야기하고 있는 것이다. 소크라테스 철학의 정신을 엿볼 수 있게 해주는 언급이기도 하다.

세 번째 장면은 히파티아와 그녀의 연구를 도와주던 노예 아스파시오스와의 대화 장면이다. 여기에서 히파티아는 원은 타원의 한 종류이며, 우주 안에 존재하는 모든 행성 운동은 '타원형 궤도'를 그리면서 이루어진다는 것을 과학적으로 입증하는데, 이는 이 분야 연구에 관한 한 역사상 최초의 성공적인 발견이기도 하였다. 그녀의 직관력과 분석력이 빛을 발하던 장면이기도 하였다.

<히파티아와 노에 아스파시오스의 대화>

히파티아: 있는 그대로 본다면 어떨까. 기존의 통념은 벗어던지고 어떤 형태라야 되지?

아스파시오스: 태양의 위치가 문제라고 하셨죠.

히파티아:그래 계속해봐

아스파시오스: 태양을 중심으로 지구가 도는데, 동시에 위치에 따라 거리도 변한다는 거죠.

히파티아: 맞았어

아스파시오스: 어떻게 그런, 어떻게 둘을 동시에 만족시키죠?

히파티아: 어떻게 둘을 동시에 만족시킨다? 어떻게 둘을 동시에? 아스파시오스, 그래 하나는 거기 그리고 다른 하나는 여기에 동일한 비율로. 좋았어, 그쪽에 묶어. 아스파시오스 이걸 지구라고 가정해 봐. 두 횃불은 태양이 가장 멀고 가까울 때 바로 겨울과 여름이 되지. 이런 두 중심이 원 하나에 공존한다면?

아스파시오스: 그건 불가능해요.

히파티아: 원이 뭔데, 중심으로부터 둘레까지 거리가 어디든지 같다며?

아스파시오스: 그렇죠.

히파티아: 그래. 그럼 중심을 둘로 나누되, 각 중심에서 거리의 합이 일정하다면? 잘 봐, 막대를 움직여서 이쪽 구간이 증가하면 다른 쪽은 줄어들지 반대도 똑 같

고. 고로 둘의 합은 항상 일정해, 알겠어? 이걸 그대로 지구의 움직임에 적용시킨다면, 어떤 형태가 얻어질까? 한쪽 중심에 태양을 둔 타원이었어. 결국 원이란 두 중심이 한 군데로 모여서 생겨난 극히 이례적인 타원에 불과했어. 헛소리인지도 몰라. 꼭 이렇단 보장도 없잖아? 알겠어, 어떻게 생각해?

아스파시오스: 훌륭한 답이네요.

이 세 장면을 통하여 확인할 수 있듯이, 히파티아는 뛰어난 직관력과 놀라운 분석력을 소유한 학자였다. 연애와 결혼을 포기 한 채, 오로지 자신의 전 생애를 진리 탐구에 바친 순수하고 열정적인 과학자·수학자였다. 하지만 남성 중심의 정치권력에 의해 정치적으로 살해당한 무고한 여성철학자이기도 하였다. 그런데도 그녀는 4세기 지중해 문명을 대표하는 당 대 최고의 지성(知性) 중의 한 명임에 분명할 것이다.

☞ 더 보아야 할 DVD

<불을 찾아서>(1981)

플로티노스 철학과 연관하여 더 보아야 할 영화로는 <불을 찾아서>가 있다. 프랑스 출신의 세계적인 거장 장 자크 아노가 1981년에 만든 이 작품은 인류 진화의 문제를 '불'이라는 요소를 통하여 집중적으로 조명하고 있는 수작이다. 불을 찾는 원시인들의 마음에서 '일자(The One)'라는 존재의 '빛'을 찾는 플로티노스 철학의 정신을 유비적으로 읽어내면 큰 수확이다. 그 외 많은 이야기도 나올 수 있는 그런 작품이라 생각한다.

사실 장 자크 아노의 작품들은 모두 다 훌륭하다. 곰을 주인공으로 하여 만든 <베어>(1988)도 재미있고 호랑이 2마리가 주인공으로 나오는 <투 브라더스>(2004) 또한 좋다. 곰과 호랑이를 주인공으로 하여 이렇게 재미있는 영화를 만들다니 감독의 상상력이 놀랍기만 할 따름이다. 움베르토 에코의 동명 소설을 영화화한 <장미의 이름>(1986)은 중세 철학 전반에 대한 사전 지식 없이는 접근하기 힘든 영화이다. 원작이 워낙 난해하다보니 영화 역시 그럴 수밖에 없을 것이라 생각된다. 그리고 달라이 라마에 관한 흥미진진한 이야기를 다루고 있는 <티벳에서의 7년>(1997) 역시 신선한 감동을 주는 영화이다. 이처럼 장 자크 아노는 다양한 장르에서 다채로운 이야기를 끄집어내는 탁월한 영화감독이다.

◆ 더 생각해 볼 문제

1. 플로티노스 철학은 헬레니즘 전통 하에 있으면서도 과거의 어느 철학에서도 찾아볼 수 없는 독창적인 철학을 전개하고 있다. 서양철학사에서 그의 철학이 차지하는 의미를 분석하면 어떤 것이 있나?

2. 플로티노스의 철학은 전통적인 그리스 철학을 옹호하였던 헬레니즘 계열의 철학자들과 그리스도교 신비주의를 지향하였던 헤브라이즘 계열의 철학자들에게 공통적으로 영향을 주었다. 그럼 그에게서 영향을 받았던 철학자들은 누구인가?

◆ 참고문헌

노영덕. 2006. ≪영화로 읽는 미학≫. 서울: 랜덤하우스코리아.

드스지엘스카, 마르자. 2002. ≪히파티아≫. 이미애 역. 서울: 우물이 있는 집.

라우스, A. 2001. ≪서양 신비사상의 기원: 플라톤에서 디오니소스까지≫. 배성옥 역. 왜관: 분도출판사.

릭켄, F. 2000. ≪고대 그리스 철학≫. 김성진 역. 서울: 서광사.

박규철. 2009. ≪소크라테스와 소피스트≫. 서울: 동과서.

베어, 게하르트. 1995. ≪유럽의 신비주의≫. 조원규 역. 서울: 자작.

오미라, 도미니크 J. 2009. ≪플로티노스 엔네아데스 입문≫. 서울: 탐구사.

장욱. 2002. ≪중세철학의 정신≫. 서울: 동과서.

전광식. 2002. ≪신플라톤주의의 역사≫. 서울: 서광사,

정달용. 2007. ≪중세독일신비사상≫. 왜관: 분도출판사.

조규홍. 2002. ≪시간과 영원 사이의 인간존재: 플로티노스의 삼위일체적인 존재론을 통한 이해 시도≫. 서울: 성바오로.

______. 2006. ≪플로티노스: 그리스 철학을 기독교에 전달한 사상가≫. 서울: 살림.

플라톤. 1997. ≪국가≫. 박종현 역. 서울: 서광사.

______. 2000. ≪티마이오스≫. 박종현·김영균 공동역. 서울: 서광사.

플로티노스. 2008. ≪영혼-정신-하나: 플로티노스의 중심개념≫. 조규홍 역. 서울: 나남.

_________. 2009. ≪플로티노스의 엔네아데스 선집≫. 조규홍 역. 서울: 누멘.

힐쉬베르거, 요한네스. 1984. ≪서양철학사, 상≫. 강성위 역. 대구: 이문출판사.

Armstrong, A. H. 1970. The Cambridge History of Later Greek and Early Medieval Philosophy. London: Cambridge University Press.

________. 1974. "Tradition, Reason and Experience in the Thought of Plotinus". In Plotino e il Neoplatonismo in Oriente e in Occidente. Atti del Convegno internazionale dell' Accademia Nazionale dei Lincei(Roma: 5-9.10.1970). Rome: Accademia Nazionale dei Lincei, 171-94.

Charrue, J. M. 1978. Plotin lecteur de platon. Paris: Les Belles Lettres.

Dillon, J. M. 1996. "An ethic for the late antique sage". In The Cambridge companion to Plotinus. Ed. Lloyd P. Gerson. Cambridge: Cambridge University Press.

Dodds, E. R. 1928. "The Parmenides of Plato and the Origin of the Neoplatonic One". Classical Quarterly 22, 129-42.

_____. 1973. "Tradition and Personal Achievement in the Philosophy of Plotinus". In The Ancient Concept of Progress. Oxford: Oxford University Press, 126-39.

Dörrie, H. 1965. "Emanation: Ein unphilosophisches Wort im spätantiken Denken". In Parusia: Studien zür Philosophie Platons und zur Problemgeschichte des Platonismus: Festgabe für Johannes Hirschberger. Ed. K.Flasch. Frankfurt am Main: Minerva, 119-41, reprinted in(1976) Platonica Minora. Studia et testimonia antiqua, 70-88.

Gatti, M. L. 1996. "Plotinus: The Platonic tradition and the foundation of Neoplatonism". In The Cambridge companion to Plotinus. Ed. Lloyd P. Gerson. Cambridge: Cambridge University Press.

Gersh, S. 1986. Middle Platonism and Neoplatonism: The Latin Tradition, 2 vols. Norte Dame: University of Norte

Dame Press.

Gerson, L. P. 1990. God and Greek Philosophy: Studies in the early history of natural theology. London and New York: Routledge.

______. 1993. "Plotinus's Metaphysics : Emanation or Creation?" Review of Metaphysics 46, 559-74.

______. 1994. Plotinus. London and New York: Routledge.

______., ed. 1996. The Cambridge companion to Plotinus, Cambridge: Cambridge University Press.

Guthrie, W. K. C. 1969. A History of Greek Philosophy III. Cambridge: Cambridge University Press.

______. 1975. A History of Greek Philosophy IV. Cambridge: Cambridge University Press.

Hadot, P. 1989. Plotin ou la simplicité du regard. Institut des Etudes Augustiniennes. Translated by Michael Chase. 1993. Plotinus or The Simplicity of Vision. Chicago: The University of Chicago Press.

_____. 1999. Plotin, Porphyre: Études Néoplatoniciennes. Paris: Les Belles Lettres.

Krämer, H.J. 1964. Der Ursprung der Ceistmetaphysik. Untersuchungen zur Geschichte des Platonismus zwischen Platon und Plotin. Amsterdam: Verlag P. Schippers.

Merlan, P. 1968. From Platonism to Neoplatonism. The Hague: Martinus Nijhoff.

O'Brien, D. 1996. "Plotinus on matter and evil". In The Cambridge companion to Plotinus. Ed. Lloyd P. Gerson. Cambridge: Cambridge University Press.

O'Brien, Elmer, S. J. 1975. The Essential Plotinus. Indianapolis: Hackett Publishing Company.

0' Meara, D. J. 1995. Plotinus: An Introduction to the Enneads. Oxford: Oxford University Press.

_______. 1996. "The hierarchical ordering of reality in Plotinus". In The Cambridge companion to Plotinus. Ed. Lloyd P. Gerson. Cambridge: Cambridge University Press.

Plotinus. Enneads. In Plotinus, 7 vols. Translated by A. H. Armstrong. The Loeb classical library. Harvard University Press, 1966-88.

_______. 1992. Plotinus: The Enneads. Translated by Stephen MacKenna. New York: Larson Publications.

Rist, J. 1996. "Plotinus and Christian philosophy". In The Cambridge companion to Plotinus. Ed. Lloyd P. Gerson. Cambridge: Cambridge University Press.

Wallis, R. T. 1972. Neoplatonism. London: Duckworth.

【찾아보기】